Erfahrungsorientierte Therapie

D1800020

EBOOK INSIDE

Die Zugangsinformationen zum eBook inside finden Sie
am Ende des Buchs.

Kilian Mehl

Erfahrungsorientierte Therapie

Integrative Psychotherapie und moderne Psychosomatik

 Springer

Herausgeber
Kilian Mehl
Klinik Wollmarshöhe, Psychosomatische Medizin, Bodnegg, Deutschland

ISBN 978-3-662-54543-0   978-3-662-54544-7 (eBook)
DOI 10.1007/978-3-662-54544-7

Die Deutsche Nationalbibliothek verzeichnet diese Publikation in der Deutschen Nationalbibliografie; detaillierte bibliografische Daten sind im Internet über http://dnb.d-nb.de abrufbar.

Springer
© Springer-Verlag GmbH Deutschland 2017
Das Werk einschließlich aller seiner Teile ist urheberrechtlich geschützt. Jede Verwertung, die nicht ausdrücklich vom Urheberrechtsgesetz zugelassen ist, bedarf der vorherigen Zustimmung des Verlags. Das gilt insbesondere für Vervielfältigungen, Bearbeitungen, Übersetzungen, Mikroverfilmungen und die Einspeicherung und Verarbeitung in elektronischen Systemen.
Die Wiedergabe von Gebrauchsnamen, Handelsnamen, Warenbezeichnungen usw. in diesem Werk berechtigt auch ohne besondere Kennzeichnung nicht zu der Annahme, dass solche Namen im Sinne der Warenzeichen- und Markenschutz-Gesetzgebung als frei zu betrachten wären und daher von jedermann benutzt werden dürften.
Der Verlag, die Autoren und die Herausgeber gehen davon aus, dass die Angaben und Informationen in diesem Werk zum Zeitpunkt der Veröffentlichung vollständig und korrekt sind. Weder der Verlag noch die Autoren oder die Herausgeber übernehmen, ausdrücklich oder implizit, Gewähr für den Inhalt des Werkes, etwaige Fehler oder Äußerungen. Der Verlag bleibt im Hinblick auf geografische Zuordnungen und Gebietsbezeichnungen in veröffentlichten Karten und Institutionsadressen neutral.

Umschlaggestaltung: deblik Berlin
Fotonachweis Umschlag: © Archiv faszinatour, Werner Vetter; alle Rechte bei Kilian Mehl

Gedruckt auf säurefreiem und chlorfrei gebleichtem Papier

Springer ist Teil von Springer Nature
Die eingetragene Gesellschaft ist Springer-Verlag GmbH Deutschland
Die Anschrift der Gesellschaft ist: Heidelberger Platz 3, 14197 Berlin, Germany

Vorwort

Die größten Wirkimpulse auf die Systemkonzeption Mensch hat zweifellos das Leben. Es macht uns mit den stets sich verändernden Umständen zu dem, was wir sind und morgen sein werden. Es wirkt sich auf unser Fühlen, Denken und Handeln aus und verlangt, dass wir uns bestmöglich an die immer neuen Situationen, die uns im Leben begegnen, anpassen. Das *Prinzip des Lebendigen* bedeutet schließlich, in Bewegung und flexibel zu sein. So prägt es unsere individuelle Persönlichkeit und unseren Charakter.

Natürlich bilden sich bei uns Menschen nicht nur optimale funktionale Fühl-, Denk- und Handlungsmuster im Anpassungsprozess heraus, sondern je nach Lebenssituation, innerem und äußerem System, auch dysfunktionale, die uns daran hindern, gut in der Welt zurechtzukommen, oder uns gar leiden lassen. Ab einem bestimmten Maß sprechen wir dann von einer psychosomatischen Erkrankung. Das ist der Moment, in dem die professionelle therapeutische Behandlung ins Spiel kommt.

Historisch bedingt haben wir die Systemkonzeption Mensch unrechtmäßig in Körper, Seele und Geist zerlegt und somit medizinisch-therapeutische Methoden der Teilbehandlungen kreiert. Da gibt es die körperlichen, nichtinvasiven Verfahren der Physio- oder Sporttherapie, die analysierenden und deutenden psychotherapeutischen in der gemütlichen Sitzecke oder gar auf der Liege in der Praxis des Behandlers oder den Versuch, über Gesprächstherapie dem Patienten die kognitive Einsicht in seine dysfunktionalen Muster zu vermitteln.

Der Mensch mit seiner Körper-Seele-Geist-Konzeption ist jedoch ein ganzheitliches, lebendiges System. Die drei Ebenen – die physische, die psychische und die kognitive –, sie funktionieren immer nur in ihrer Gesamtheit und sind durch ungeheure Wechselwirkungen aufs Engste miteinander verwoben. Nichts sollte uns im Sinne einer integrativen Medizin, eines ganzheitlichen psychotherapeutischen Ansatzes davon abhalten, den Menschen in seiner Gesamtheit zu betrachten und bei Bedarf auch mit Blick auf sein ganzes System zu behandeln. Wichtig dabei sind die Erfahrungen, die der Patient bereits vom Mutterleib an gemacht und als Vorbewusstes, Unbewusstes oder Bewusstes in seinem Gehirn abgespeichert hat. Sie beeinflussen seine gegenwärtigen Denk-, Fühl-, Verhaltens- und Handlungsmuster und müssen bei einer vorliegenden Dysfunktionalität durch korrigierende oder ergänzende Erfahrungen einer Revison unterzogen werden. Ganzheitliches Erfahren und eine gute Therapeuten-Patienten-Beziehung mit entsprechender Nachsorge für einen Transfer der Lernerfolge in den Alltag sind nachhaltige Wirkfaktoren, die beim Patienten große Effektstärken aufweisen können. Das Prinzip des Lebendigen bedeutet stetige Veränderung und sich dieser fortwährend anzupassen. Ganzheitliches Erfahren, mit Körper, Seele und Geist in Bewegung zu bleiben, Neues zu erleben und zu entdecken, das ist der Weg zu einem gesunden, gelingenden Leben und zur persönlichen Meisterschaft. Das wissen wir heute mehr denn je durch Wissenschaft, Forschung und die Betrachtung der Evolution sowie unserer eigenen Lebensgeschichte.

Im vorliegenden Buch wird in die Theorie und Praxis sowie Forschungslage der erfahrungsorientierten Therapie eingeführt, die einen integrativen und am Prinzip des Lebendigen sowie an neurobiologischen Grundlagen ausgerichteten Ansatz verfolgt. Erfahrungsräume und Aktivitäten in- wie outdoor werden von professionellen Therapeuten genutzt, um für den

Patienten in einem geschützten Rahmen korrigierende Erfahrungen zu bewirken. Beiträge über angewandte erfahrungstherapeutische Maßnahmen in Kliniken und Studien schildern eindrücklich, was ganzheitlich hilft und den Transfer der therapeutischen Lernerfolge in den Lebensalltag sichert.

Nur gesagt ist nicht verstanden, nur verstanden ist nicht gefühlt und schon gar nicht getan, so formulierte es ähnlich schon Konrad Lorenz. Das aber, was wir mit Körper, Seele und Geist ganzheitlich erfahren, hat die nachhaltigste Wirkung und Veränderungsmöglichkeit für uns. Davon handelt dieses Buch.

Kurze Anmerkung zur Lesart: Aus Gründen der besseren Lesbarkeit wird in den folgenden Beiträgen ausschließlich das generische Maskulinum verwendet. Den Formulierungen inbegriffen sind selbstverständlich sowohl weibliche als auch männliche Personen in gleichberechtigter Weise.

Vielleicht ist es uns, meinen Mitautoren und mir, gelungen, mit diesem Buch das Prinzip des Lebendigen, die unendliche Vielfalt und die Möglichkeiten erfahrungsorientierter Therapie aufzuzeigen. Nun wird der ein oder andere denken, dass sie nur mit unwahrscheinlichem Aufwand betrieben werden kann. Man braucht Hochseilgärten, Kletterwände, Bögen und aufwändiges Equipment dazu. Nein! Das braucht man nicht. Man kann mit seinen Patienten/ Klienten in der Welt, in der wir leben, Natur riechen, Kälte oder Wärme spüren, schwitzen und durchhalten, Angst und Vertrauen haben – sei es in der Stadt oder Natur, im Haus oder draußen vor der Tür. Gemäß dem Prinzip des Lebendigen zu leben, bedeutet, sich mit vielem und vielen in Beziehung und auseinanderzusetzen, es heißt: zu erfahren!

Das wünsche ich mir mit einer ganzheitlichen Therapie, die den Menschen und ihrer Systemkonzeption entspricht.

Mein Dank gilt allen Autoren dieses Buches, insbesondere Uli Lakemann, der zu diesem Buch inspirierte. Nicht zuletzt aber danke ich meinem Klinikteam, meiner langjährigen Lektorin Bettina Moll (www.texttiger.de) und meiner Sekretärin Ulla Schmid (und ihrem stabilen Nervensystem ☺).

Kilian Mehl
Bodnegg, Klinik Wollmarshöhe, am 9. Februar 2017

Über die Autoren

Kilian Mehl (Herausgeber)

Prof. Dr. med. Kilian Mehl, geb. 1953, ist Mediziner und Psychotherapeut und leitet seit 1993 die Klinik Wollmarshöhe, Fachkrankenhaus für Psychosomatische Medizin, sowie das Institut für Erfahrungslernen (infer) in Bodnegg, in der Nähe des Bodensees.

Er studierte Medizin in Köln, Durban, University of Natal (RSA) und promovierte an der Universität Ulm. Seit 2009 forscht und lehrt er als Professor an der Russian State University of Service (RGUTS) Moskau, am Lehrstuhl Psychologie und Sozialmedizin.

Auf erfahrungsorientiertes Lernen spezialisiert, eröffnete er in den neunziger Jahren im deutschsprachigen Raum auf der Wollmarshöhe den ersten therapeutischen Hochseilgarten und ergänzte dieses Therapieangebot um weitere EOT-Methoden (Niederparcours, Therapeutisches Bogenschießen, Medizinreise, Expeditionen etc.). Im Zentrum von jeglicher Arbeit, Forschung und Veröffentlichungen stehen für Kilian Mehl die Wirkimpulse ganzheitlicher Erfahrung mit Körper, Seele und Geist sowie den Weg zur persönlichen Meisterschaft für ein gelingendes Leben zu beschreiten.

Wilhelm Joos

Dr. med. Wilhelm Joos, geb. 1946, hat seine Ausbildung zum Facharzt für Innere Medizin und Kardiologie an der Universität Frankfurt am Main und an der Universität Freiburg im Breisgau absolviert. Derzeit ist er Leitender Internist und Kardiologe an der psychosomatischen Fachklinik Wollmarshöhe in Bodnegg (Allgäu). Er ist verheiratet und hat drei Kinder.

Ulrich Lakemann

Prof. Dr. Ulrich Lakemann, geb. 1957, ist seit 1994 Professor für Sozialwissenschaften am Fachbereich Sozialwesen der Ernst-Abbe-Hochschule Jena. Zuvor hat er anwendungsorientierte Forschung an den Universitäten Bielefeld und Hannover, am Wissenschaftszentrum Berlin und an weiteren Forschungsinstituten durchgeführt. Seit 20 Jahren gehört die Erlebnispädagogik für ihn zum festen Bestandteil in der Ausbildung von Studierenden der Sozialen Arbeit. Auch an der theoretischen und empirischen Forschung zur Erlebnispädagogik beteiligt er sich. Lakemann ist verheiratet und hat drei Kinder.

Thomas Lukowski

Dr. med. Thomas Lukowski, Facharzt für Psychiatrie und Psychotherapie (VT/TP/Suchtmedizin), Trainer C-Sportklettern im Breitensport (DAV/DOSB), Berg- und Höhenmedizin (UIAA/ISMM). Seit über zehn Jahren Einsatz des Therapeutischen Kletterns in der Behandlung psychisch erkrankter Menschen, Entwicklung und Durchführung von Ausbildungskursen, Vorträge, Fernsehbeiträge und Publikationen zum Thema.

Karl-Heinz Schäfer

Karl-Heinz Schäfer ist Diplom-Psychologe und Psychologischer Psychotherapeut, langjährige Tätigkeit an psychosomatischer Klinik, seit 2013 in eigener Praxis. Ausbildung in Gesprächspsychotherapie, Verhaltenstherapie und Hypnotherapie. Spezialgebiete: Entspannungsverfahren, Schmerztherapie, Therapeutisches Bogenschießen.

Thomas Klein-Isberner

Thomas Klein-Isberner ist Diplom-Psychologe und Psychologischer Psychotherapeut sowie seit 2009 Therapeutischer Leiter der Abteilung für Abhängigkeitserkrankungen an der Fontane-Klinik in Motzen. Nach dem Studium der Psychologie in Jena und Berlin widmete er sich für kurze Zeit der Kleinkindforschung, bis er seinen beruflichen Schwerpunkt in der Therapie von Abhängigkeitserkrankungen fand. Im Zentrum seiner aktuellen therapeutischen Tätigkeit steht das Thema Methamphetaminabhängigkeit (Crystal-Meth), wozu er auch im Rahmen von TV-Interviews und -Dokumentationen Stellung bezieht.

Katja Wenzel

Katja Wenzel, geb. 1982, ist diplomierte Sportwissenschaftlerin (Abschluss 2007 an der Universität Leipzig). Nach ihrem Studium arbeitete sie zunächst freiberuflich als Outdoor-Trainerin, bevor sie 2008 eine Stelle als Sport- und Erlebnistherapeutin an der Fontane-Klinik in Motzen annahm. Neben einer Weiterbildung in Erlebnispädagogik (ZQ Erlebnispädagogik, Kooperationsübungen) und als Kanuguide (B Kajak, BVKanu) verfügt sie über Fach- und Praxis-Know-how im Klettern (Hard Skills Klettern JDAV/DAV) und im Aufbau niedriger Seilgartenelemente.

Inhaltsverzeichnis

Autorenverzeichnis

Joos, Wilhelm, Dr. med.
Klinik Wollmarshöhe GmbH
Fachkrankenhaus für Psychosomatische Medizin
Wollmarshofen 14, 88285 Bodnegg
dr.joos@wollmarshoehe.de

Klein-Isberner, Thomas
Fontane-Klinik
Psychosomatische Fachklinik
Berlin-Brandenburg
Fontanestraße 5, 15749 Mittenwalde/Motzen
t.klein-isberner@fontane-klinik.de

Lakemann, Ulrich, Prof. Dr. rer. soc.
Ernst-Abbe-Hochschule Jena
Fachbereich Sozialwesen
Carl-Zeiss-Promenade 2, 07745 Jena
ulrich.lakemann@eah-jena.de

Lukowski, Thomas, Dr. med.
Zieblandstraße 19, 80799 München
praxis@dr-lukowski.com

Mehl, Kilian, Prof. Dr. med.
Klinik Wollmarshöhe GmbH
Fachkrankenhaus für Psychosomatische Medizin
Wollmarshofen 14, 88285 Bodnegg
dr.mehl@wollmarshoehe.de

Schäfer, Karl-Heinz
Praxis für Psychotherapie
Reichermoos 2, 88289 Waldburg
KHSPraxis@t-online.de

Wenzel, Katja
Fontane-Klinik
Psychosomatische Fachklinik
Berlin-Brandenburg
Fontanestraße 5, 15749 Mittenwalde/Motzen
k.wenzel@fontane-klinik.de

Das Prinzip des Lebendigen – Einführung in die Theorie und Praxis der erfahrungs- orientierten Therapie (EOT)

Kilian Mehl

K. Mehl (Hrsg.), *Erfahrungsorientierte Therapie*,
DOI 10.1007/978-3-662-54544-7_1, © Springer-Verlag GmbH Deutschland 2017

1.1 Systemkonzeption Mensch – Ort, wo Erfahrung entsteht

Hilflos liegt es da, ungelenk im Umgang mit Ärmchen und Beinchen, trübe der Blick. Vielleicht hat es vor seiner Geburt schon einmal Mozart gehört oder die besorgte Stimme des Vaters und ist je nachdem in Stimmung. Sein Gehirn ist mehr oder weniger blind und taub, gesichert in einer knöchernen Kugel, verbunden mit den Sinnen zur Außenwelt. Gerade hat es verschwommen das Licht der Welt erblickt, ausgestattet mit ein klein wenig Erfahrung, aber einem großen Schatz an genetischen, epigenetischen (Kegel 2009) und individuellen systemimmanenten Voraussetzungen und Möglichkeiten, um seine Karriere zur persönlichen Meisterschaft zu beginnen. Vielleicht liegt es in ein Wolltuch gewickelt auf einem Strohballen, vielleicht aber auch in einem königlichen Seidenbettchen, je nachdem in welchen soziokulturellen Kontext und in welche Zeit das kleine Etwas hineingeboren wurde. So beginnt der kleine Homo sapiens seinen Weg in ein gelingendes oder nicht gelingendes, längeres oder kürzeres Leben und folgt dem **Prinzip des Lebendigen**: Aus dem, was er hat oder vorfindet, macht er das Bestmögliche, indem er, wenn es gut geht, viel Wissen und Erfahrungen ansammelt oder, wenn es nicht gut geht, auch nicht und sich vielleicht etwas Neuem zuwendet. Freilich, die Zukunft ist offen. Was das Leben für das Menschlein alles noch bereithält, weiß es nicht.

Mit all seinen Sinnen wird es hören, sehen, tasten, fühlen, riechen und schmecken und sich einen Reim auf die Welt und später auch auf sich selbst machen. Es beginnt als Lebewesen, seine persönliche Geschichte zu schreiben. Nie wird es mit dieser Arbeit fertig werden, denn sie wird erst enden, wenn das Leben in ihm erlischt. Bis dahin wird das Prinzip des Lebendigen ein immerwährendes Erleben, Erfahren, Ausprobieren, Lernen, Trainieren, Behalten von subjektiv Nützlichem und Verwerfen von Unnützlichem sein. Sein Körper, seine Seele und sein Geist werden dabei miteinander interagieren und ein einzigartiges, individuelles System bilden, welches sich in Auseinandersetzung mit der Umwelt an diese anzupassen, in sie einzufügen und sich in Bezug auf diese zu optimieren versucht.

Dieses Sich-Einstellen und Sich-Anpassen geschieht unaufhörlich, denn die Dynamik des Lebens bringt permanente Veränderung mit sich, intern wie extern. Sind die Diskrepanzen zwischen Systemkonzeption Mensch (*internes System*) und Umweltsystem (*externes System*) zu groß, kann die Anpassungsleistung auch darin bestehen, dass der Mensch versucht, die gegebene Umwelt nach seinen Bedürfnissen zu formen, oder darin, dass er sich eine andere Lebensumwelt sucht, die besser zu ihm und seinen Bedürfnissen passt. Aus ganzheitlicher Perspektive betrachten wir so die **Systemkonzeption Mensch**, insbesondere auch im Hinblick auf die bedeutenden Wechselwirkungen zwischen den drei Ebenen, der körperlichen, der seelischen und der geistigen.

Die Systemkonzeption Mensch besteht aus der körperlichen, der seelischen und der geistigen Ebene, die sich gegenseitig beeinflussen und aufs Engste miteinander verbunden sind. Das Prinzip des Lebendigen und die stetige Veränderung des inneren und äußeren Systems verlangen von jedem Menschen, sich flexibel anzupassen. Seine Anpassungsleistung kann in der eigenen Veränderung bestehen, welche die Umwelt von ihm einfordert, in einer Gestaltung der Umwelt nach seinen Bedürfnissen oder aber im Aufsuchen einer anderen Lebenswelt, die ihm mehr gerecht wird.

> **Die körperliche, seelische und geistige Ebene, die über starke Wechselwirkungen verbunden sind, machen die »Systemkonzeption Mensch« aus. Gemäß dem Prinzip des Lebendigen gilt es, auf innere und äußere Veränderungen (Umwelt) zu reagieren. Das erfordert vom Menschen eine hohe Anpassungsfähigkeit.**

In der letzten Zeit jedoch – vielleicht verstärkt in den letzten zweihundert Jahren – haben wir mit Descartes' Ausführungen über den Menschen und seinem mechanistischen Menschen- und Weltbild im Gepäck die mächtigen Wirkimpulse in und zwischen den Ebenen aus den Augen verloren. Bis zum heutigen Tag werden Körper, Seele und Geist in immer kleinere Fraktionen unterteilt und mit fachwissenschaftlicher Expertise betreut. Dies ist einerseits wichtig, aber verstellt uns andererseits den Blick auf die **Ganzheitlichkeit und die inten-**

siven wechselseitigen Einflüsse innerhalb der Systemkonzeption Mensch.

Wir kennen den Ausspruch »In einem gesunden Körper wohnt ein gesunder Geist« und wissen auch, dass jeder Gedanke, jedes Gefühl letztendlich Chemie und Physik sind. Diese Wechselwirkungen zwischen den Ebenen können heutzutage noch einmal ganz anders als früher neurobiologisch belegt werden, z. B. durch die neueren Untersuchungen zum Protein BDNF (*Brain-derived neurotrophic factor*). Es ist wie andere Biomarker (Ferris et al. 2007) bei körperlicher Aktivität dafür verantwortlich, dass die Wirksamkeit und die Leistung von Nervenzellen positiv beeinflusst werden und damit auch unser zentrales Nervensystem, unser Gehirn. So gilt auch der Umkehrschluss: Eine stabile innere Haltung als Ausdruck einer ausbalancierten seelischen und geistigen Verfassung hat de facto auch eine gesundheitserhaltende und -förderliche Wirkung auf den Körper. Diese Zusammenhänge sind im Fachgebiet der Psychoimmunologie (Birbaumer u. Schmidt 2010; Schubert 2011) mittlerweile recht gut erforscht.

Der Informationsaustausch und die gegenseitigen Einflussfaktoren zwischen den Ebenen, die wir Körper, Seele und Geist nennen, sind also ungeheuer groß (Scheibmayr 2004). Vielleicht können wir uns diese am Beispiel eines allgemein bekannten Gefühls, dem Gefühl der Angst, verdeutlichen. Mit dem Wort **Angst** beschreiben wir zunächst eine unbestimmte Emotion, welche in unangenehmen Situationen auftritt und uns in den Modus Flucht, Lähmung oder Angriff versetzt.

Aus einem ersten Impuls heraus würden wir Angst wohl als einen seelischen Zustand bezeichnen, doch sind dabei immer auch der Körper und der Geist im Spiel. Ohne unseren Körper könnten wir Angst gar nicht empfinden: Die Enge in der Brust (*angustus* = eng), das mulmige Gefühl im Magen, der Schwindel oder die Hitzewallung, die feuchtkalten Hände oder die zitternden Knie, der schnelle Atem oder das Gefühl, nicht mehr man selbst zu sein, sich nicht mehr unter Kontrolle zu haben, all dies können wir nur mit unserem Körper wahrnehmen. António Damásio (1994) nannte diese physischen Regungen somatische Marker. Sie lassen uns die Angst erst körperlich spüren, beispielsweise mithilfe des durch den Körper schie-

ßenden Adrenalins, Noradrenalins oder Cortisols. Aber natürlich hat auch unser Geist seinen Anteil an der Angst. Ohne die kognitive Deutung könnte sie nicht als Gefühl empfunden werden. Unser individuell ausgeprägtes »katastrophales« Vermuten und Denken bezüglich des Ausgangs einer gegenwärtigen Situation kommen also hinzu. Wir haben Angst, abzustürzen, zu sterben, zu verarmen, zu versagen oder an einer schlimmen Krankheit zu leiden.

Der Angstmechanismus kann aber auch geradezu durch katastrophales Denken getriggert werden. Projizieren wir negative Ereignisse vor unser inneres Auge, ist zugleich das gesamte System angesprochen. Dann können sich Körper, Seele und Geist entweder gegenseitig anfeuern oder der Katastrophisierungsspirale irgendwie Einhalt gebieten und für die Beruhigung des Systems sorgen. Durch die Angstkonstruktion in unserem Kopf werden parallel in unserem Körper chemische Botenstoffe gebildet, welche wiederum organische Veränderungen zur Folge haben, die wir dann auf irgendeine Art und Weise deuten können. Es kann ein Teufelskreis entstehen.

Wie am Beispiel der Angst erläutert, funktionieren alle menschlichen Denk-, Fühl-, Verhaltens- und Bewegungsmuster. Wir könnten auch von einer Denk-Fühl-Verhaltens-Bewegung sprechen, die schlechthin das Lebendige im Menschen ausmacht. Die Abfolge von Denken, Fühlen, Verhalten, Handeln ist dabei variabel, da der Bewegungsimpuls initial auf jeder Ebene ausgelöst werden kann. Es ist demnach nicht verwunderlich, dass dieses »Lebendige«, sich stets Verändernde und Beeinflussbare, den Menschen zu einem enorm komplizierten, aber auch anpassungsfähigen Lebewesen macht. Insbesondere mit der hohen Plastizität seines Gehirns war und ist er in der Lage, Denk-, Fühl- und Verhaltensmuster gemäß der jeweils vorliegenden Situation bedürfnisgerecht zu verändern. Gleichzeitig jedoch ist sein **hochsensibles Anpassungssystem** dadurch auch sehr fragil und störbar, was wieder alle Ebenen betrifft: die »Hardware« (*unseren Körper*) und die »Software« (*unsere Seele und unseren Geist*). Wie verletzlich wir aber tatsächlich sind, hängt davon ab, wie passend wir für die jeweilige Situation unsere Denk-, Fühl-, Verhaltens- und Handlungsmuster bereits ausgebildet und in der jeweiligen

Ausprägung trainiert haben und wie stabil unser neuronales Stress- und/oder Beruhigungssystem entwickelt ist. Dies geschieht hauptsächlich durch Erfahrungen: im Erleben von Neuem, beim Handeln und Lernen – *learning by doing*.

Dies ist auch die richtige Betrachtungsweise aus Sicht einer pragmatischen medizinischen psychotherapeutischen Behandlungsplanung. Ganz so einfach ist es allerdings nicht. Das Lebendige ist sehr kompliziert und hat schließlich bereits Erfahrungen gemacht, bevor der Arzt oder Therapeut in Erscheinung tritt: vorgeburtlich im Mutterleib, in den ersten drei Lebensjahren, in denen der Mensch eine sichere Bindung zu seinen Eltern oder Bezugspersonen auszubilden versucht, in der weiteren Kindheit und Jugend bis zum Erwachsenenalter bzw. bis zu dem Zeitpunkt, in dem er sich für eine Therapie entschieden hat.

Wir unterscheiden aus heutiger Sicht verschiedene **psychoneuronale Grundsysteme**: das System der Stressverarbeitung und Beruhigung, das der Bewertung und Belohnung oder Impulshemmung sowie das unseres Bindungsverhaltens (Roth u. Strüber 2014). Neben der genetischen Disposition »reifen« diese neuromodulatorischen und hormonellen Regelkreise durch Erfahrung heran und sind dementsprechend stabil oder instabil. Stoffe wie Dopamin, Serotonin, Noradrenalin oder Oxytocin (sog. Neurotransmitter) machen sozusagen unsere Seele, unsere Psyche aus. Ohne diese Stofflichkeit, also dem menschlichen Körper mit seinen physikalischen und chemischen Vorgängen, könnten wir gar nicht empfinden oder uns verhalten. Das bedeutet für jegliche medizinische Perspektive, sei es aus der Sicht des Psychotherapeuten oder Psychiaters, sei es aus der des schwerpunktmäßig medizinisch-somatisch betrachtenden Arztes, dass es wichtig ist, diese bedeutenden Zusammenhänge und Vorgänge innerhalb der Systemkonzeption Mensch beim zu behandelnden Patienten nicht außer Acht zu lassen. Das gilt sowohl für die Diagnostik als auch für die Therapie.

> **Geistig-seelische Verarbeitungsvorgänge werden auf Basis neuromodulatorischer und hormoneller Regelkreise (psychoneuronale Grundsysteme) organisiert. Sie sind etwa zuständig für Stressverarbeitung, Beruhigung oder Impulshemmung und werden wesentlich durch unsere Erfahrungen geprägt.**

Das individuelle Stressverarbeitungssystem und das Beruhigungssystem zeigen beispielsweise deutliche Korrelationen mit der Herzratenvariabilität (HRV). Das sympathische Nervensystem, welches uns aktiviert, und das parasympathische, welches uns eher beruhigt, spielen ferner eine entscheidende Rolle für unsere psychische und physische Anpassungsfähigkeit und Ausgewogenheit (vgl. hierzu auch den Beitrag von Joos in diesem Buch, ► Kap. 2 sowie Roth u. Strüber 2014). Ebenso gibt es wichtige Zusammenhänge zwischen sozialen und psychischen Lebensgegebenheiten und chronisch inflammatorischen Prozessen, die Einfluss auf körperliche Erkrankungen wie Diabetes, Rheuma oder ganz einfach auf Alterungsprozesse haben (Schubert 2011).

Unter modernen psychosomatischen (landläufig auch psychotherapeutischen) Vorgehensweisen, zu denen auch die EOT gehört, verstehen wir deshalb solche, die Erkenntnisse aus einem individuell zu erstellenden Stresslabor, der Erfassung der Stressverarbeitung oder der HRV in ihre professionelle Arbeit einbeziehen. Insofern unterscheidet sich moderne integrative Psychosomatik von traditionellen rein psychotherapeutischen Vorgehensweisen.

> **Moderne psychosomatische Vorgehensweisen – wie u. a. die EOT – sollten diagnostische Erkenntnisse über Körper-Seele-Geist-Wechselwirkungen, etwa durch ein individuelles Stresslabor, die Prüfung der HRV etc., in ihre therapeutische Arbeit einbeziehen.**

Einleitend haben wir beschrieben, wie hilflos und unerfahren ein Menschenkind am Anfang seines Lebens ist, dass es aber schon im ersten Moment nach seiner Geburt anfängt, Erfahrungen mit sich und der Welt zu machen. Zunehmend wird es im Verlauf seines weiteren Lebens an menschlichen *Basiskompetenzen* – wie Urteils- und Entscheidungskraft, Wahrnehmungsfähigkeit, Empathie, Stresstoleranz, Zielstrebigkeit, Durchhaltevermögen, Wertschätzungspotenzial, Konsensfähigkeit oder Kommunikationsfähigkeit – dazugewinnen. Es wird sie durch möglichst viele Erfahrungen erlangen, sie immer wieder modifizieren und optimieren müssen. Je besser diese Kompetenzen bei einem Menschen ausgeprägt sind, desto erfolgreicher kann er mit neuen Gegebenheiten, auftretenden Stressoren und Anpassungserfordernissen umgehen. Je weniger er davon hat, desto anfälliger ist er für unvorhersehbare Rückschläge, gravierende Veränderungen im Leben und sich einstellende Krankheiten.

In der Wissenschaft hat sich für den guten Umgang mit Stressoren dieser Art auch der Überbegriff **Resilienz** durchgesetzt. Er kommt von dem lateinischen Verb *resilire*, welches in etwa »abprallen« oder »zurückspringen« bedeutet. Dieser ursprüngliche Wortsinn hat aber nichts mit Resilienz zu tun, hier prallt nichts ab. Sogenannte »resiliente Menschen« sind nicht dadurch gekennzeichnet, dass sie etwa schlechte Erfahrungen nicht abspeichern, besonders unempfindlich, rigide, unsensibel oder hart im Nehmen sind, ganz im Gegenteil: Sie besitzen ein hohes Maß an Basiskompetenzen und haben die Fähigkeit, die Dinge zunächst so zu erkennen und zu akzeptieren, wie sie sind. Auch wenn diese etwas beängstigend zu sein scheinen, verstehen sie sie als Herausforderung. Damit eröffnen sie sich die Möglichkeit, diese Situationen als Ausgangspunkt für Lernprozesse und inneres Wachstum zu sehen und in ihr Selbst zu integrieren, um dann, in mehr oder weniger großen Schritten, Wege der Selbsttätigkeit zu gehen, selbstwirksam und lösungsorientiert zu denken, zu fühlen und zu handeln. Wie das geht, das haben sie oft durch mannigfaltige Erlebnisse erfahren, und das hat sich bestenfalls durch das Sich-Wiederholen und Erleben von ähnlichen Situationen gefestigt. Resilient ist man also nicht per se von Geburt an, sondern Resilienz wird durch vielfältiges Erfahren und Aneignen von Basiskompetenzen entwickelt.

Um resilient zu bleiben, gilt es überdies, wie beim Sport dranzubleiben und sich im Erfahren zu trainieren. Doch was ist Erfahrung eigentlich?

1.1.1 Erfahrung aus neurobiologischer Sicht

»Es sind nicht die Dinge, die uns berühren, sondern die Sicht, die wir darauf haben.« Diese Erkenntnis hatte bereits Epiktet, ein antiker Philosoph, der ca. 55 n. Chr. lebte. Er umschrieb damit, dass es nicht die Fakten, die Dinge, wie sie wirklich oder die reinen Äußerungen der Mitmenschen sind, die uns berühren, sondern unsere Wahrnehmung und Wertung dessen sowie ihre mehr oder weniger gelingende innere Verarbeitung und Einordnung in unser System.

Das, wovon wir hier sprechen, gehört zu unserer **subjektiven Wirklichkeit**, die wir selbst kreieren, wenn wir das, was ist, erfahren (Simon 2015). Es beschäftigt uns innerlich, berührt uns, macht uns betroffen, und dann bauen wir das Erlebte als Erfahrung in unser Selbst- und Weltbild ein. Messen wir dem Erlebten keine Bedeutung bei, verwerfen oder vergessen wir es. In der Folge sind dann unsere Persönlichkeit, unser Charakter und unsere Basiskompetenzen (unser Selbst) als Produkte unserer Erfahrungen anzusehen, mit deren Hilfe wir uns dem derzeitigen Biotop anpassen. Auf diese Weise entscheiden die Erfahrungen, die wir machen, über unsere Anpassungsfähigkeit, unsere Gesundheit oder die Entstehung von Krankheiten, die durch Anpassungsstörungen ausgelöst werden können.

Denken wir an den Begriff, der neben Burn-out gerade mehr und mehr an modischer Bedeutung gewinnt – das Trauma bzw. die **posttraumatische Belastungsstörung (PTBS)** –, können wir uns den Prozess, wie es zu Anpassungsstörungen kommt, inklusive Konsequenzen für die Systemkonzeption Mensch, leicht vor Augen führen. Aus medizinischer Sicht gehört die PTBS – wie der Burn-out auch – zu den Belastungs- und Anpassungsstörungen (ICD-10, F43.-) (Deutsches Institut für Medizinische Dokumentation und Information 2016), nur leider wird die Erkrankung heute viel zu häufig diagnostiziert. Sie tritt nach gravierenden, stark belastenden Erlebnissen auf – beispielsweise lebensbedrohliche Situationen in Kriegszeiten – und resultiert aus der nicht gelungenen Verarbeitung des Erlebten. Für eine betroffene Person heißt das, dass keine schlüssige Erfahrung entstanden ist, die ins

Selbst- und/oder Weltkonzept integriert werden konnte. Das System ist hier sozusagen ratlos gewesen und hat von da an mit heftigen Symptomen auf das nicht zu verarbeitende Erlebnis reagiert. Statt sich als schlüssige Erfahrung einzugliedern, hat es die Balance der Körper-Seele-Geist-Einheit durcheinandergebracht.

Es ist aber auch vorstellbar, dass das gleiche Erlebnis auf eine andere Person ganz andere Auswirkungen hat. So kann dasselbe Kriegserlebnis für ein anderes Individuum durchaus eine schlüssige Erfahrung darstellen und in dessen Selbstkonzept sinnvoll integriert werden. In einem solchen Fall können wir z. B. von Resilienz sprechen und meinen damit vielleicht landläufig Schmerzlosigkeit oder Coolness. »Das Erlebte macht dem Hartgesottenen anscheinend gar nichts aus«, denkt dann vielleicht der ein oder andere. Dem ist aber nicht so, wie wir wissen. Die Person ist aufgrund vorhandener Basiskompetenzen, die dabei helfen, die Dinge stimmig oder einigermaßen ertragbar in ihr Selbst- und/oder Weltkonzept einzuordnen, einfach resilienter. Wieder ein anderer kann von einem solchen Erlebnis vielleicht sogar profitieren, indem er das Erlebnis als sinnvolle und konstruktive Erfahrung abspeichert, um darauf in späteren Zeiten wieder zurückgreifen zu können. Sie kann ihm nützlich werden, wenn bei einer ähnlichen Herausforderung sein System zur Bewältigung der vorliegenden Situation vorhandene Erinnerungen, Werte, Motive, Prioritäten oder Passgenauigkeiten auf den inneren Prüfstand bringt, um innere Systemeigenschaften zu bestätigen oder zu modifizieren. Calhoun und Tedeschi (2013) erfanden für diesen Prozess einen eigenen Namen: **Posttraumatic Growth**. Aber wie lässt sich Erfahrung nun beschreiben?

Erfahrung entsteht infolge eines individuell wahrgenommenen Erlebnisses, welches durch die eigene subjektive, kognitive, affektive und somatisch-motorische (Be-)Wertung in das eigene Selbstkonzept – Selbstverständnis sowie die Beurteilung der Welt – integriert wird. Anders ausgedrückt: Bei **Erfahrungen** handelt es sich um selbstbezogene Prozesse von intero- und exterozeptiven (inneren und äußeren) Stimuli, die sich auf die eigene Person (Persönlichkeitsentwicklung) und den eigenen Organismus (Körpererfahrung) auswirken. Bei einer Erfah-

rung ist das Selbst also grundsätzlich immer mit all seinen Dimensionen in Bezug auf das Erleben in Aktion: motorisch, affektiv, kognitiv (Körper, Seele, Geist).

Eine besondere Rolle beim Verwerten von Erfahrungen spielen die **Emotionen**. Ohne emotionale Bewertung (bzw. Perzeption) bleibt es maximal bei einer kognitiven Einsicht. Hierzu dient uns neurobiologisch das limbische System. Dieser Teil unseres Gehirns ist die emotionale Bewertungsstelle für unser aktuelles Denken, Fühlen, Verhalten und Handeln. Er verleiht dem möglicherweise zunächst kognitiv vorhandenen Faktischen eine emotionale Bedeutung. Damit wird das Erlebte wichtig für uns und im Gehirn fester verankert.

Nun haben wir »holzschnittartig« erklärt, was wir unter Erfahrung verstehen, und halten folgende Arbeitsdefinition fest:

> ❯ Erfahrung ist ein Zusammenspiel von miteinander interagierenden Körperregungen, Gedanken und Gefühlen, die während des Erlebens einer konkreten Situation vom Selbst eine bestimmte Bedeutung erhalten und entsprechend als Detail oder im Zusammenhang im Gehirn abgespeichert werden.

Was davon abgerufen, bewusst erinnert werden kann, im Vor- oder Unterbewusstsein vergraben wird, uns als Erfahrungsschatz weiterbringt und was nicht, davon soll im nächsten Abschnitt die Rede sein.

1.1.2 Von Bewusstem, Vorbewusstem, Unbewusstem und Erfahrungsschätzen

Unserer Natur entsprechend denken wir, wenn wir von Erfahrungen sprechen, an die Dinge, die uns aktuell präsent sind. Wir denken, und das spielt sich in unserem aktuellen Bewusstsein ab. Uns macht aber nicht nur das aus, was uns bewusst ist. Es gibt etwas, was wir ebenfalls mit Erfahrungen verbinden und umgangssprachlich »Bauchgefühl« nennen. Damit beschreiben wir etwas Schwammiges, einen Mix aus Emotionen, Gefühlen, Befindlichkeiten, Intuitionen und Ahnungen, die irgendwie und irgendwo plötzlich zutage treten und uns beeinflussen oder lenken. Um etwas Licht ins »Dunkel« zu bringen und erfahrungsorientiertes Arbeiten noch besser verstehen zu können, sollten wir uns kurz systematisch das Bewusste, Vorbewusste und Unbewusste anschauen.

Früher, noch vor hundert Jahren, war die gängige Meinung, dass die Großhirnrinde unser Bewusstsein ausmacht und alles, was »darunter« liegt, unbewusst ist. Heute wissen wir aber, dass die Großhirnrinde ebenfalls an nicht bewussten Prozessen Anteil hat, es etwas Unbewusstes gibt, das wir nie wussten und nie wissen werden, und etwas Vorbewusstes, das wir vielleicht schon einmal kurz oder etwas länger gewusst haben, uns aber aktuell nicht mehr präsent ist. Die gesamte Spannbreite von Unbewusstem zu Bewusstem müssen wir uns nicht statisch, sondern flexibel wie bei einem Lichtdimmer vorstellen. Deshalb sprechen wir besser von Bewusstseinszuständen, die von »hellwach« bis zur »Bewusstlosigkeit« reichen (Roth u. Strüber 2014). Auf dieser ganzen Bandbreite können Erfahrungen verdrahtet sein. Sie haben bewusste, aber auch – und das in größerem Maße – vor- oder unbewusste Anteile.

Wenn wir also etwas neu erleben, verbinden wir das Erlebte – je nach Reizstärke und Aufmerksamkeitsfokussierung – mit bewussten und nicht bewussten Gedächtnisinhalten. Da gibt es *das deklarative Gedächtnis*, das sich auf Fakten des Weltgeschehens und Episoden aus unserem Leben bezieht, *das prozedurale Gedächtnis*, welches anwendbare Wissenszusammenhänge und daraus resultierende Prozesse, gleich Praxiserfahrung, beinhaltet, *das autobiografische* und *episodische Gedächtnis* als Untergruppierungen des Langzeitgedächtnisses, aber auch emotionale Strukturen, die das gerade Erlebte bewerten. All dieses findet sich im Prozess des Erlebens zu einer Konferenz zusammen und kreiert aus dem Erlebten eine Erfahrung (► Abschn. 1.1.1, vgl. Arbeitsdefinition). Dabei lassen sich Bewusstes, Vorbewusstes und Unbewusstes nicht sicher den oben erwähnten Gedächtniskategorien zuschreiben, denn fast alle Kategorien beinhalten Bewusstes, Vorbewusstes und Unbewusstes.

EOT zeichnet sich dadurch aus, dass sie versucht, durch die Körper-Seele-Geist-Einbindung bestenfalls alle Bewusstseinsebenen zu berühren und so den höchstmöglichen Vernetzungsgrad zu aktivieren. Sie möchte bewusste, vorbewusste und unbewusste Anteile sowie deren Wechselbeziehungen untereinander ansprechen, die zweifellos unser Selbst und unsere Persönlichkeit, unsere Identität, konstituieren. Wir nehmen ja nicht nur einfach wahr, sondern wir tun dies auf unsere individuelle Art und Weise bewusst und/oder unbewusst. Je mehr wir nun das beschriebene System ganzheitlich (körperlich, seelisch, geistig) »reizen«, das heißt, je mehr wir vernetzte Gedächtnisinhalte stimulieren, umso größer ist die Chance, aus einem Erlebnis eine Erfahrung zu machen. Ab und an gelingt es uns auf diese Weise auch, Inhalte, die sich in einem vorbewussten Zustand befinden, in assoziativen Cortex-Arealen ins aktive Bewusstsein zu holen und der Bearbeitung zugänglich zu machen.

> ❯❯ **Durch das Einbinden von Körper, Seele und Geist möchte die EOT höchst effektiv bewusste, vorbewusste und unbewusste Anteile inklusive ihres Vernetzungsgrads aktivieren. Solche Erfahrungen konstituieren unser Selbst und unsere Identität.**

Die **Aktivierung der Gedächtnisse** fällt uns leichter und unsere **Wahrnehmungsleistung** gestaltet sich umso besser, je höher wir bei einem Erlebnis die Aufmerksamkeit fokussieren können. Das Erlebte kann neu gedeutet, neu bewertet, und es kann umgelernt werden, insbesondere mit unserer Großhirnrinde. Ein Erleben, welches unsere Aufmerksamkeit nicht besonders erregt, wird demzufolge nicht prägend zur Erfahrung, sondern ist möglicherweise in Kürze wieder vergessen. Das ist der entscheidende Unterschied zwischen Erlebnis und Erfahrung.

EOT sollte also aus neurobiologischer Sicht beim Patienten eine hohe Aufmerksamkeit (Vigilanz) erzeugen, emotionale Erregung beinhalten, um tiefergehend die unterschiedlichen Gedächtniskategorien anzusprechen. Sie sollte so gut, wie es geht, bestehende Erfahrungen in den therapeutischen Prozess einbeziehen und zugleich ein Aneignen von neuen Inhalten, erlebnisreich und ganzheitlich gestaltet, möglich machen. Dazu gehört auch grundsätzlich – durch das Reflektieren in der Vor- und Nachbereitung –, über den Schreibtisch der assoziativen Großhirnrinde zu gehen. Die emotionale und kognitive Erfahrung, die dysfunktionale oder nicht mehr brauchbare Verhaltens- und Handlungsmuster korrigiert, verankert sich durch das vorgenommene ganzheitliche therapeutische Vorgehen vielschichtiger im Langzeitgedächtnis, als dies bei separierenden Verfahren der Fall ist. Auf diese Weise sollen ein Maximum an therapeutischen Wirkimpulsen und hohe Effektstärken erreicht werden.

> **⟩** Je höher bei einem Erlebnis die Aufmerksamkeit fokussiert werden kann, desto größer sind die Wahrnehmungsleistung und die daraus resultierende Erfahrung. Fehlende Aufmerksamkeit verhindert, dass aus dem Erleben Erfahrung erwächst.

Auch die Vielfältigkeit und Intensität von Erfahrungen – insbesondere ihre Wiederholungen – sind entscheidend für die Wirkung. Das Gehirn wächst und gedeiht wie ein Muskel mit der Intensität, wie man es benutzt. »Gewusste« und »gekonnte« Inhalte und Fähigkeiten, die wir nicht mehr in Anspruch nehmen, entschwinden nach und nach. Unser Gehirn kann nicht nur lernen, sondern auch verlernen.

Verdeutlichen wir uns dies exemplarisch anhand des Vorgangs, wie man sich **Wissen** über das Fahrradfahren aneignet und wie wir schließlich Fahrradfahren wirklich lernen. Wir lernen, was ein Fahrrad und Fahrradfahren ist, wer alles Fahrrad fährt und wer nicht (*deklaratives Wissen*). Wir würden es gern selbst können, und so üben wir es mit allem, was dazugehört. Wichtige Wissenszusammenhänge – wo ist die Bremse, wo das Pedal? – verknüpfen wir zu einem Prozess, wenn wir trainieren, bis wir Fahrrad fahren können (*prozedurales Wissen*). Am Anfang müssen wir stark überlegen, was wir wann tun müssen. Auf Dauer ist unsere Großhirnrinde aber viel zu langsam und wir können erst dann Fahrrad fahren, wenn wir die ganzen Abläufe, die es zum Fahrradfahren braucht, zu einem automatisierten Vorgang gemacht haben. Wie das konkret geht, ist uns dann beim Fahrradfahren aktuell nicht mehr bewusst, wir fahren einfach. Unser deklaratives Wissen brauchen wir zu diesem Zeitpunkt nicht mehr. Wir sind von da ab in der Lage zu fahren: in unserer Freizeit, als Hobby, weil wir kein anderes Fortbewegungsmittel und einen langen Arbeitsweg haben oder weil wir bei einem Rennen gewinnen wollen. Im Moment der Aktion wird das Fahrradfahren so automatisch mit Emotionen verknüpft, beispielsweise mit schlechten, weil wir den harten Weg zur Arbeit scheuen, oder mit guten, weil wir Fahrradfahren mit Freizeitvergnügen verbinden. Vielleicht sind wir auch schon einmal schwer gestürzt und haben jedes Mal ein mulmiges Gefühl, wenn wir auf den Sattel steigen. Das Fahrradfahren unterliegt also durch damit verknüpftes Erinnertes (episodische Erfahrung / episodisches Gedächtnis) unserer emotionalen Bewertung. Jeder für sich schätzt das Fahrradfahren deshalb anders ein und konstruiert diesbezüglich individuelle Denk-, Fühl-, Verhaltens- und Handlungsmuster.

Sollte eines dieser Muster, wo und wie auch immer, dysfunktional sein, können wir daraus durch neue Erfahrungen wieder ein funktionales machen. Aus einem holprigen, unsicheren und angstbesetzten Fahrradfahren kann so wieder ein fröhliches, vergnügliches, mit positiven Gefühlen besetztes Fahrradfahren werden. Dies gelingt aber nicht so gut auf der Liege des Analytikers oder im Austausch mit einem Gesprächstherapeuten, sondern weitaus besser durch das Fahrradfahren an sich, das Reflektieren darüber, warum das so angstbesetzt ist, und durch regelmäßiges Üben.

Vielleicht wirkt unser Fahrradbeispiel etwas plump, aber wir können es auf alle menschlichen Denk-, Fühl-, Verhaltens- und Handlungsmuster projizieren und uns auf diese Weise besser verdeutlichen, was in der EOT passiert, welche zum Ziel hat, aus dysfunktionalen Zuständen wieder funktionale zu machen. Ferner hilft es uns, zu verstehen, wie Wachstums- und Lernprozesse innerhalb der Systemkonzeption Mensch vonstattengehen.

Unser gut ausgeprägtes System aus bewussten, vorbewussten und unbewussten Prozessen, unsere Gedächtnisse und das daraus resultierende Lernvermögen haben uns durch maximale **Anpassungsleistung** zu dem auf der Welt gemacht, was wir sind. Nebenbei bemerkt, die gesamte menschliche Evolution und **Evolutionsbiologie** wäre nicht denkbar, wenn sich die Spezies Homo sapiens in ihrer Geschichte nicht immer wieder neuen Umständen angepasst, sich verändert und fortentwickelt hätte. Denken wir nur an die Veränderung des Schädels, des Gebisses, der Länge und Muskulatur der Beine oder an die des Kehlkopfs, welche eine differenziertere Sprache erst möglich machte, oder an die verfeinerte Funktionsweise der Hände mit dem Pinzettengriff zwischen Daumen und den anderen Fingern der Hand, die fortan ein feineres und genaueres Greifen erlaubte. Neben den genetischen Veränderungen, die sich für uns am eindrücklichsten im Phänotypus und der Physiognomie der menschlichen Entwicklung darstellen, ist es aber vor allem die hohe Plastizität und die Entwicklung des menschlichen Gehirns, die maßgeblich dazu beigetragen haben, dass es die Gattung Homo sapiens im Gegensatz zu anderen Artgenossen geschafft hat, bis heute zu überdauern. Unser dynamisches Gehirn hat uns schließlich zum »anpassungsfähigsten Affen« auf der Welt gemacht (Mehl 2013). Nur so ist der heutige Status der Menschheit als »Krone der Schöpfung« erklärbar. Ob dem nun tatsächlich so ist und wir uns auch so verhalten, darüber lässt sich wahrlich streiten.

Uns interessieren hier vor allem die Lern- und Anpassungsmechanismen sowie die neurobiologischen Möglichkeiten, die der Mensch aufgrund seines Gehirns hat. Durch Erfahrungen kann er seine Basiskompetenzen ausbauen, so resilienter werden und den Weg seiner persönlichen Gesundheit fördern: innerlich wachsen, sich entfalten und selbstorganisierter werden. Unser Gehirn ist ein Erfahrungsreaktor mit Wachstumspotenzial.

1.1.3 Das Gehirn, ein Erfahrungsreaktor, Steuerzentrale unseres Seins

In der Hirnforschung und den Neurowissenschaften wird schon seit Langem versucht – in letzter Zeit mit eindrücklichen Fortschritten –, unser Gehirn, eines der komplexesten und beeindruckendsten Organe des menschlichen Körpers zu erforschen, ist es doch die Steuerzentrale unseres Seins. Es speichert nicht nur Wissen – Fakten über die Welt, uns selbst und unsere Bewertungen dazu –, sondern es macht in erheblichem Maße Erfahrungen und ist auf diese Weise entscheidend an der Wahrnehmung und Entstehung von Gefühlen beteiligt.

Unsere Hauptschaltzentrale beherbergt ungeheure Potenziale und Kräfte der **Selbstorganisation**,

die dort immer wieder Neues entstehen lassen. Sie ist ungeheuer komplex und variabel. Aber genau dies birgt natürlich nicht nur die fantastischen Möglichkeiten konstruktiver, funktionaler und kompetenter Aneignung von Fähigkeiten und Kompetenzen, sondern auch die eines eventuellen »Reaktorunglücks«, das heißt dysfunktionale psychische oder emotionale Zustände, die zur Krankheit führen.

Das menschliche Gehirn, unsere sich selbstorganisierende und -regulierende Steuerzentrale, seine exponierenden Funktionsweisen sowie die dort stattfindenden inhibierenden oder sich potenzierenden Wechselwirkungen sind hochkomplex. Wir können die Prozesse, die da ablaufen, einerseits noch nicht – oder nie – ganz verstehen, andererseits wird deutlich, dass wir spätestens bei der Hirnforschung ohne einen ganzheitlich systemischen Ansatz in Bezug auf Theorie, Praxis und Evaluation psychotherapeutischer Medizin nicht weiterkommen, geschweige denn adäquate Lehr- oder Lernmodelle entwickeln können. Die EOT nimmt deshalb zum einen den ganzen »Reaktor« mit allen Potenzialen, Störungen oder Befindlichkeiten in den Blick, zum anderen orientiert sie sich an dem, wie das Gehirn Informationen mittels Erfahrungen weiterverarbeitet. Die Impulse erfahrungsorientierter Methoden haben zum Ziel, im Gehirn des Patienten selbstregulierende und selbstorganisierende Prozesse auszulösen (*initiierende Wirkung*) und dysfunktionale Denk-, Fühl-, Verhaltens- und Handlungsmuster in funktionale zu überführen, die der inneren Logik des Selbst möglichst passgenau entsprechen (*Primärerfahrungen*). Das können andere Therapieverfahren natürlich auch, aber meist nutzen diese nicht die gesamte Bandbreite körperlich-seelisch-geistiger Erfahrungsmöglichkeiten.

> Erfahrungsorientierte Methoden beabsichtigen, sowohl korrigierende Erfahrungen als auch Primärerfahrungen anzustoßen, die im Gehirn des Patienten selbstregulierende und -organisierende heilsame Prozesse auslösen.

Die großen Effektstärken von EOT sind wohl u. a. durch den breiten Körper-Seele-Geist-Ansatz und den sich daraus ergebenden multimodalen therapeutischen Möglichkeitsraum zu erklären (Mehl u. Wolf 2008; Wolf u. Mehl 2011). Dieser entspricht der Systemkonzeption Mensch und seinem evolutionsbiologisch angelegten **Entwicklungspotenzial**. Beim Sich-in-Beziehung- und Sich-Auseinandersetzen, beim Erfahren, kann Neues, Fremdes über Anknüpfen an Bekanntes/Ähnliches zu Eigenem gemacht und als korrigierende Erfahrung in ein stimmiges Selbst- und Weltbild einfügt werden. Dazu gehören auch selbstorganisierende Prozesse im Gehirn, die alle Ebenen – die motorische, kognitive und emotionale – in der Verarbeitung und Bewertung betreffen.

Es sind also bei Weitem nicht nur die parallelen Wahrnehmungen, sondern vor allem auch die intrapsychischen systemimmanenten Vorgänge, die miteinander in Beziehung stehen und letztendlich das Ergebnis einer Erfahrung ausmachen. Darum kann der Therapeut auch nur Begleiter und impulsgebender Helfer sein. (Sich) Wahrnehmen, (sich) in Beziehung setzen, erfahren, lernen und sich heilen muss der Patient selbst. Der bekannte Reformpädagoge Célestin Freinet (Freinet 1998) beschreibt es für den Bereich der Pädagogik in etwa so, dass ein Schüler nicht als bloßes »Füllobjekt« des Input gebenden Lehrers angesehen werden darf, sondern selbsttätig lernen muss, sonst bleibt am Ende nichts hängen. Auf den therapeutischen Bereich bezogen, könnte man es wie folgt formulieren: **Selbstverantwortung** und **Selbsttätigkeit** bei Zurücknahme des Therapeuten sind im Heilungsprozess wichtig, sonst kann der Patient den Störfaktor in seinem »Erfahrungsreaktor« nicht beheben. Wir sprechen fachlich auf das System bezogen von dysfunktionalen Zuständen und Störungen. Was aber ist das genau und was verstehen wir unter den Begriffen Gesundheit und Krankheit?

1.1.4 Gestörtes Gleichgewicht von Körper, Seele und Geist

Mit der Frage, was Gesundheit und Krankheit eigentlich bedeuten, begeben wir uns auf schwieriges Terrain. Die bekannteste Definition von Gesundheit ist sicherlich die der Weltgesundheitsorganisation (WHO 2014): »Gesundheit ist ein Zustand vollkommenen körperlichen, geistigen und sozialen Wohlbefindens und nicht allein das Fehlen von Krankheit und Gebrechen.« Der Ansatz ist aus heutiger Sicht wohl richtungsweisend, und zwar insofern, als dass wir unser Augenmerk mehr auf die **Salutogenese**, etwa die Lehre, wie Gesundheit entsteht, richten sollten, als ausschließlich auf die Pathogenese, die Lehre, wie sich Krankheiten entwickeln (Antonovsky 1997). Die Definition impliziert einen fließenden Übergang von gesunden zu kranken Zuständen, was zweifellos ein Schritt in die richtige Richtung ist. Allerdings stellt sich hier die Frage, was bedeutet »vollkommenes Wohlbefinden«?

»Vollkommenheit« gibt es im Lebendigen nicht, weil sie einen statischen Zustand beschreiben würde. Das Leben ist aber kein Zustand, sondern ein Prozess. Körper, Seele und Geist sind in ihrer Anpassung untereinander und an die Umwelt bestrebt, einen harmonischen, synchronisierten Zustand und ihr Miteinander in einem funktionalen Gleichgewicht zu (er-)halten. Eine optimale Ausgewogenheit zwischen den Ebenen wäre zwar ideal, aber aufgrund der »Unvollkommenheit« unrealistisch. Hingegen kann ein möglichst hohes Gleichgewicht als Gesundheit und ein wie auch immer geartetes Ungleichgewicht als Krankheit in mehr oder weniger großer Ausprägung bezeichnet werden.

Das **Prinzip des Lebendigen** beschreibt also einen immerwährenden **Prozess des Ausbalancierens auf einem Kontinuum zwischen Krankheit und Gesundheit**, wobei das, was als »Wohlbefinden« körperlicher, seelischer, geistiger oder sozialer Art vom jeweiligen Individuum empfunden wird, immer etwas Subjektives ist (Uexküll u. Wesjack 2011; Egger et al. 2012). Demnach wäre ein beidseits beinamputierter Rollstuhlfahrer, wenn er sich wohl- und fit fühlt, genauso gesund wie ein Mensch mit Wahnvorstellungen, dem es ebenso gut geht. (Der Wahn ist von außen betrachtet ein von anderen als irreales Konstrukt bewertetes Gedankengebäude, welches zweifelsfrei vom Betroffenen als absolut realistisch und zutreffend eingestuft wird.) Letzterer kann sich demnach durchaus mit seinem Wahn wohl- und gesund fühlen. Ist er aber wirklich gesund?

Hurrelmann beschreibt **Gesundheit** als »Zustand des objektiven und subjektiven Befindens einer Person, der gegeben ist, wenn diese Person sich in den physischen, psychischen und sozialen Bereichen ihrer Entwicklung im Einklang mit den eigenen Möglichkeiten und Zielvorstellungen und den jeweils gegebenen äußeren Lebensbedingungen befindet« (1988, zit. nach Hurrelmann u. Richter 2013, S. 16). Nach dieser Definition sind die beiden oben beschriebenen »Zustandsbilder« – zumindest von außen betrachtet (objektiv) – der Krankheit zuzuordnen, denn das »objektive Befinden« der Personen ist nach gängiger Meinung als Krankheit definiert. Doch was ist gängige Meinung, was heißt hier »objektives Befinden« und wie geht das mit dem »subjektiven Befinden« der Betroffenen zusammen?

Die gesetzlichen Krankenversicherungen definieren Krankheit im Versicherungsrecht wie folgt: »Objektiv fassbarer, regelwidriger, anormaler körperlicher oder geistiger Zustand, der die Notwendigkeit einer Heilbehandlung erfordert und zur Arbeitsunfähigkeit führen kann« (Möller 2015). Natürlich zielt diese Definition darauf ab, festzustellen, ob ein Versicherter von der Sache her das Recht hat, eine kostenpflichtige Heilbehandlung in Anspruch zu nehmen und krankgeschrieben zu werden, oder nicht. Damit ist es eine »willkürlich« rechtliche Definition, die durchaus ihre Berechtigung hat. Mit dieser Einschätzung von **Krankheit** kommen wir hier aber nicht weiter, zumal sie nur die Außenperspektive auf das Befinden einer Person abbildet und sich die Frage stellt, was überhaupt als »regelwidrig« und »anormal« gelten kann.

Ersichtlich wird nach dieser Betrachtung folglich eines: Derartige Definitionsversuche, die mit Beschreibungen von Gesundheit und Krankheit als »objektiv« festzustellende Zustände operieren, gehen am Befinden des einzelnen Menschen vorbei. Es muss vielmehr das Subjekt in seiner Umwelt systemisch in den Mittelpunkt von Fragen rund um Krankheit, Heilung und Gesunderhaltung gerückt werden. Hurrelmanns Definition ist diesbezüglich durchaus sinnvoll, weil er sowohl der subjektiven Komponente Rechnung trägt als auch andeutet, dass es für die Kostenträger unseres Gesundheitssystems ein Auswahlinstrument geben muss, wie über Heilbehandlungen objektiv entschieden werden kann. Es muss eine Art fließenden Übergang geben, so wie Gesundheit und Krankheit nur als mehr oder weniger ausgeglichene Prozesse der Systemkonzeption Mensch beschrieben werden können. Theoretisch in Form von Definitionen ist das nur schwer fassbar, aber in der Praxis, bei einem

guten Verhältnis zwischen Patient und Arzt/Therapeut sicher von beiden Seiten (objektiv wie subjektiv) gut einzuschätzen.

So hat ein guter Arzt/Therapeut keinen Normenkatalog im Kopf, wenn ein Patient in seine Sprechstunde kommt, sondern sieht das Individuum im Zentrum, das Hilfe sucht. Er ist am Menschen orientiert und muss in der Lage sein, den körperlichen, seelischen und geistigen Zustand des Kranken wahrzunehmen und zu beurteilen, ob es einen subjektiven und/oder einen sozial-gesellschaftlichen Leidensdruck gibt. Ist der subjektive besonders groß, ist es seine Aufgabe, dem Kranken nach bestem Wissen und Gewissen zu helfen. Existiert dieser nicht, kann er überprüfen, ob ein sozial-gesellschaftlicher Leidensdruck besteht, der möglicherweise auch zu Selbst- oder Fremdgefährdung führt. Im Grenzfall des Leidens aber handelt es sich aus Sicht des Arztes/Therapeuten immer um eine subjektive Einschätzung. Sie wird sich meist danach richten, ob ärztlich-therapeutische Hilfe möglich und zielführend ist. Nie wird es aber eine Entscheidung geben, die rein auf Fakten und Diagnosen beruht, sondern immer wird und sollte es auch eine ethische Entscheidung sein. Dem zugrunde liegen sollte eine medizinisch-therapeutische Sichtweise, bei der Gesundheit und Krankheit keine Alternativen sind.

Vielleicht können wir uns dies verdeutlichen, wenn wir dabei an eine Leuchte denken, die wir mit einem Dimmer von vollkommener Dunkelheit bis zu maximaler Helligkeit regulieren können. Wir haben dieses Bild bereits zur Veranschaulichung des fließenden Übergangs unterschiedlicher Bewusstseinszustände genutzt. Vergleiche »hinken« aber manchmal, und das ist auch hier beim Dimmerbild der Fall, denn die Helligkeitsstufe einer Leuchte können wir über den Dimmer nur *von außen* einstellen. Bei lebendigen Systemen ist es jedoch anders. Erstens ändert sich unser Zustand fortwährend mal mehr, mal weniger Richtung Gesundheit oder Krankheit, und zweitens ist der Dimmer nicht außerhalb, sondern *innerhalb* von uns selbst.

> **Es gibt eine Spannbreite von gravierender Krankheit bis möglichst vollkommener Gesundheit. In diesem Kontinuum spielt sich unser individuelles Leben ab.**

Lebendige Systeme sind durch eine hohe Komplexität ständiger selbstorganisierender und autoregulativer Prozesse definiert. Insofern ist Gesundheit oder Krankheit kein Zustand wie der von außen eingestellte Helligkeitsgrad einer Leuchte, sondern wir »bewegen« uns stets mit unserer Systemkonzeption lebendig zwischen den Polen der fast höchsten Ausgeglichenheit (gesund) und der mehr oder weniger großen Imbalance (krank) im Abgleich mit der Umwelt hin und her.

Und weil die subjektive Komponente so wichtig für das ist, was durch das Selbst in Bezug auf die gewünschte Balance zu steuern geht, haben wir auch so eine große Eigenverantwortung, zum einen für unser eigenes Wohlbefinden/Unwohlsein, zum anderen in der Rolle des Patienten hinsichtlich des Behandlungserfolgs in einer Therapie. Thomas von Aquin (1224–1274) hat dies bereits im Mittelalter so beschrieben: »Gesundheit ist weniger ein Zustand als eine Haltung, und sie gedeiht mit der Freude am Leben!« Wir sind also in höchstem Grade selbstverantwortlich, uns möglichst weit in Richtung körperlich-seelisch-geistiger Gesundheit und persönlicher Meisterschaft zu entwickeln, und dazu bedarf es nicht immer der Hilfe eines Arztes oder Therapeuten. Diese kommen definitionsgemäß erst zum Zuge und sind verpflichtet zu helfen, wenn die selbstregulativen Möglichkeiten eines Menschen nicht mehr ausreichen und professionelle Hilfe von außen wirklich benötigt wird.

Was aber unterscheidet Therapie von präventiven Maßnahmen, Psychoedukation, Pädagogik oder Ratschlägen zur Lebensführung?

1.1.5 Therapie und Pädagogik: zwei unterschiedliche Arbeitsfelder?

So komplex wie die menschliche Systemkonzeption und die Facetten in dem Kontinuum zwischen den Polen »möglichst vollkommen gesund« und »gravierend krank« sind, so komplex sind auch die unzähligen Methoden, mit denen Ärzte und Therapeuten versuchen, erkrankten Menschen zu helfen, sie zu heilen oder zumindest ihr Befinden zu verbessern. Noch ausdifferenzierter und bunter sind die Namen der unterschiedlichen Techniken, Methoden und Verfahren, die kursieren, aber meist

sehr ähnlichen Inhalts sind und nahezu gleiche Vorgehensweisen besitzen. Diese verwirrende Vielfalt steht nicht nur dem Erkrankten beim schnellen Finden professioneller Hilfe im Wege, sondern vernebelt zusätzlich auch wesentliche Aspekte sinnvollen Vorgehens in der Heilpraxis, die im Kern in vielen Ansätzen zugleich vorhanden sind. Noch unübersichtlicher wird es, wenn Praktizierende in heilenden Berufen oder Anhänger bestimmter Heilverfahren die notwendigen und sinnvollen Grenzen zwischen förderlichen Vorgehensweisen bei »gesunden« Menschen und solchen bei »kranken« nicht wahren sowie eindeutig zuzuordnende Begriffe des einen Arbeitsbereiches mit dem anderen begrifflich vermengen. Dann kann es durchaus passieren, dass beispielsweise von »psychotherapeutischer Pädagogik« oder »pädagogischer Therapie« gesprochen wird.

Eine genaue Abgrenzung der unterschiedlichen Praxisfelder ist aber notwendig, um präzise Inhalt, Zweck und förderliches praktisches Vorgehen für den jeweiligen Bereich herausarbeiten zu können. Da dieses Buch von EOT handelt, eine zweifellos psychosomatisch-psychotherapeutische Vorgehensweise, beschränken wir uns hier auf die Abgrenzung des therapeutischen Arbeitsfeldes von dem der Gesundheitspädagogik und ihrer Anwendungsbereiche in Erziehung, Schule, Coaching, Training und Beratung. Bei der vorzunehmenden Unterscheidung gibt es wichtige Punkte, die wir keinesfalls außer Acht lassen sollten. Es ist zunächst unsere Vorstellung von dem Kontinuum und den beiden Polen »gravierend krank« und »möglichst vollkommen gesund«, zwischen denen sich der Mensch mit seiner Systemkonzeption im Laufe seines Lebens hin- und herbewegt, die uns einen guten Hinweis darauf gibt, ab wann ein Pädagoge nichts mehr tun kann und ein Therapeut her muss und ab wann erzieherische Maßnahmen vonnöten sind und keine therapeutischen.

In dem Bereich, der dem Pol »möglichst vollkommener Gesundheit« näherliegt, haben wir es mit Anpassungsdefiziten, Lernbedarf und Entwicklungsmöglichkeiten zu tun, die das Individuum, wenn auch mit Unterstützung von außen (durch die Eltern, Erzieher, Lehrer, Trainer, Coachs, Berater), aus eigener Kraft heraus (autonom, im Selbstmanagement) angehen kann. (Die Systemkonzeption

Mensch ist in der Lage, sich selbst zu organisieren, zu korrigieren oder andere und höher liegende Ziele zu erreichen.) Funktional gesehen geht es also in der **Pädagogik** und in ihren unterschiedlichen Anwendungsbereichen um das Erlernen körperlicher, emotionaler, charakterlicher, sozialer, kultureller oder kognitiver Kompetenzen, die es dem Lernenden ermöglichen, zum einen zufriedener, zum anderen angepasster zu leben, weil bestimmte Kompetenzen in seiner Umgebung, der Gesellschaft, in der er lebt, vorausgesetzt oder gewünscht werden – so beschreibt es jedenfalls Niklas Luhmann (1984). Anders ausgedrückt könnte man auch sagen: Pädagogen beschäftigen sich in der Praxis mit der Optimierung sinnvollen Denkens, Fühlens, Verhaltens und Handelns, der Vermittlung sozialer Kompetenzen sowie der Hilfe und Unterstützung zu einer »normal« möglichen Entwicklung. Das ist im weitesten Sinne das, was Pädagogik leisten sollte. In all ihren Anwendungsbereichen ist sie also die Lehre von der Erziehung und Vermittlung von Bildung, die es dem einzelnen Menschen erlaubt, gut in der Welt mit seinen Mitmenschen und im eigenen Leben(sumfeld) zurechtzukommen und sich selbst durch lebenslanges Lernen weiterzuentwickeln. Vor diesem Hintergrund formuliert Pädagogik in ihren Anwendungsbereichen Erziehung, Schule, Coaching, Beratung und Training mit Blick auf den zu initiierenden Lernprozess Inhalte und Ziele. Dabei muss sie voraussetzen können, dass die zu Erziehenden, Schüler oder Klienten mit ihren inneren Möglichkeiten, ihrem System, soweit im funktionalen Bereich sind, dass sie entsprechende Vorgaben erkennen, grundlegende Inhalte einordnen und bewerten können, um überhaupt in der Lage zu sein, sich das gewünschte Wissen anzueignen.

Begeben wir uns nun in den anderen Bereich, der näher an dem Pol der »gravierenden Krankheit« liegt, so haben wir es mit Menschen zu tun, die nicht mehr in der Lage sind, mit eigenen Mitteln, Fähigkeiten oder Selbstorganisation die Unausgeglichenheit, das Dysfunktionale in ihrem System – also ihre Erkrankung – zu beheben. Sie sind auf professionelle Hilfe angewiesen und benötigen eine **Therapie**, um an die systemimmanenten – oftmals nur ins Vor- und Unbewusste abgeglittenen und verschütteten – »Rechenvorschriften« wieder heranzukommen, die für das individuelle/kollektive Denken,

Fühlen, Verhalten und Handeln maßgeblich sind. Dabei handelt es sich um nichts anderes als um die Basiskompetenzen (▶ Abschn. 1.1), die man in lebenslangem Erfahren und Lernen erwirbt und durch immer wieder neues Erfahren reaktivieren und funktionsfähig (er-)halten kann. Sie sind es, die Entwicklung erst (wieder) möglich machen und dem erkrankten Menschen dabei helfen, seine eigene Heilung zu initiieren, ausgleichende Prozesse in seinem System und so Funktionsfähigkeit wiederherzustellen. Eine Unterscheidung zwischen den beiden Arbeitsfeldern Pädagogik und Therapie zu treffen, ist sehr sinnvoll, denn nichts ist schlimmer, als wenn Erzieher irrtümlich therapieren oder Therapeuten fälschlicherweise ihre Patienten erziehen wollen, wie es u. a. Kurt Ludewig in einem seiner Aufsätze (1987) beschrieben hat.

Therapie ist die Lehre vom Heilen. Es geht um die Lösung von Lebensproblemen, wenn der Patient selbst nicht mehr weiterkommt, sein »vollkommenes Versagen« (= das Versagen einer oder mehrerer Funktionen in seiner Systemkonzeption) eingetreten ist und autoregulative Mechanismen nicht mehr greifen oder diese zu untauglichen neurotischen Lösungen und Konflikten führen. Die Ursachen hierfür können vielfältig sein. Zum Beispiel kann eine Erkrankung auf die »strukturelle Beschaffenheit« eines Menschen zurückgeführt werden, wenn die vorliegende Dysfunktion auf körperlichen, chemischen oder physikalischen Defiziten beruht oder diese grundsätzlich bereits in den systeminternen Leitmustern angelegt ist; dies ist etwa bei einer Denkstörung der Fall.

In der Arbeit mit dem Patienten wird ein Therapeut zunächst versuchen, diesem Möglichkeiten und Methoden an die Hand zu geben, um damit funktionale und dysfunktionale Denk-, Fühl-, Verhaltens- und Handlungsmuster freizulegen. Dieser Prozess, der sich im Rahmen vorhandener Themen, innerer Möglichkeiten, Kompetenzen und Ressourcen des Patienten vollzieht, geschieht mehr in ihm und durch ihn selbst als an ihm bzw. durch einen Therapeuten. Also gibt der Therapeut nichts vor, weder Ziele noch Ergebnisse (wobei ein übergeordnetes Ziel durchaus immer das Streben nach der persönlichen Meisterschaft in lebenslangem Trainieren und Vervollkommnen von Basiskompetenzen darstellen sollte).

Noch einmal zurück zur Abgrenzung der Arbeitsfelder: Zweifelsohne kann ein und dieselbe Person auf der gesamten Bandbreite zwischen »sehr krank« und »mehr oder minder gesund« tätig sein und Gutes bewirken, wenn sie weiß, was sie genau tut, wenn sie Menschen in ihrer Heilung oder Entwicklung hilft. Insofern soll die **Ab- und Eingrenzung der Arbeitsfelder** hier in erster Linie eine **Orientierung für den Handelnden** sein. In der Realität – sowohl im therapeutischen als auch im pädagogischen Setting – kommen je nach individuellem Fall natürlich auch beide Vorgehensweisen vor, wobei sicherlich eine jeweils im Vordergrund stehen muss. So ist das Ziel einer Therapie zwar dann erreicht, wenn der Patient fortan selbstorganisierend und autoregulativ seine weitere Entwicklung übernehmen kann, aber nicht jeder Therapeut wird punktgenau an dieser Grenze seine Begleitung aufgeben. Der eine oder andere wird sicherlich noch Tipps, Hilfen und Ratschläge für seinen Patienten haben, wie er nun selbst weitermachen kann. Ebenso wird ein Berater, Trainer, Coach, Erzieher oder Lehrer neben der Vermittlung hilfreichen Wissens, sinnvoller Verhaltens- und Handlungsstrategien und sozialer Kompetenzen in dem einen oder anderen Fall versuchen, demjenigen, der aufgrund struktureller Defizite oder gravierend dysfunktionaler Blockierungen nicht weiterkommt, therapeutische Hilfe angedeihen zu lassen. Er muss dann aber sehr gewissenhaft vorgehen und sich genau überlegen, ob er überhaupt die Befähigung dazu hat, selbst therapeutisch wirken zu können. Wenn dem nicht so ist, gibt es gewiss andere Wege, auf professionelle Hilfe aus der Nachbardisziplin zurückgreifen zu können.

Fassen wir noch einmal zusammen: Während sich präventive, erzieherische, pädagogische Maßnahmen in Bezug auf die Systemkonzeption Mensch vorwiegend mit den äußeren bestehenden Normen, gesellschaftlichen Konventionen und sozialen Aspekten des menschlichen Zusammenlebens beschäftigen und es darum geht, individuelle und kollektive Fühl-, Denk-, Verhaltens- und Handlungsweisen zu erlernen sowie sich Wissen anzueignen, das sich derzeit als nützlich für die Integration und Anpassung an die bestehende Umwelt erwiesen hat, befasst sich Therapie idealerweise mit den vorhandenen inneren Kontexten und Dysfunktionen eines

Patienten sowie mit dessen Heilungsmöglichkeiten. Insofern kann Therapie auch gelten als »Finden der eigenen Möglichkeiten« und Pädagogik als »Lernen mit den eigenen Möglichkeiten«.

> **Pädagogik beschäftigt sich vorwiegend mit äußeren bestehenden Normen, gesellschaftlichen Konventionen und sozialen Aspekten des menschlichen Zusammenlebens, Therapie idealerweise mit den vorhandenen inneren Kontexten, der inneren Logik und den Dysfunktionen eines Patienten.**

Was ersichtlich geworden ist: Beide Bereiche haben ihre Berechtigung und sind unverzichtbar. Nichts ist schöner, als im funktionalen Bereich noch »funktionaler« zu werden und die persönliche Meisterschaft mit bereits ausgeprägten Basiskompetenzen anzustreben. Gleichzeitig ist es aber absolut entscheidend, zwischen Fördern und Heilen zu differenzieren. Der Pädagoge, der eine klare Zielerreichung zur Aufgabe hat, gerät, wenn er in therapeutisches Fahrwasser kommt, ins Ungefähre, verliert seine Zielorientierung oder schießt über sein Ziel hinaus. Der Therapeut, der anfängt, seinen Patienten erziehen zu wollen, missbraucht dessen Defizite für seine eigenen Ziele, um ihn zu einem anderen Menschen »nach seiner Fasson« zu machen – und das ist alles andere als therapeutisch. Von Bedeutung für den gesamten therapeutischen Prozess ist also, dass hier nicht auf ein konkretes Ziel fokussiert wird und das Ergebnis stets offen (für Veränderung) bleibt.

Therapie sollte sich demnach weder zu sehr in fremden Arbeitsfeldern noch zu stark in akademischen Definitionen verfangen und sich vielmehr auf die Systemkonzeption des Menschen, Sinnvolles und Anwendbares beschränken. Auf diese Weise gelingt es ihr viel eher, den Patienten in einen guten Kontakt zu sich selbst und in eine positive Beziehung zu seiner Umwelt zu bringen. Dies ist sehr wichtig, denn was er zu seiner Heilung benötigt, bringt er selbst mit. Die existenzielle Not – schwerwiegende Erfahrungen der Schuld, der Scham, des Versagens, des Verlusts, der Angst, der Krankheit, der Einsamkeit, der Hilflosigkeit, der Verzweiflung, des Todes, der Trauer – überwinden zu wollen, ist für den therapeutischen Prozess der wichtigste Katalysator. Wissenschaftliche Theoriegebilde oder

Diskurse um die richtige Therapieform gehen da in der Praxis an der Lebendigkeit menschlicher Systemkonzeption vorbei. Wie EOT den Patienten in seinem Heilungsprozess optimal unterstützen kann, davon lesen wir im einführenden ersten Absatz des nächsten Abschnitts.

1.2   EOT – eine ganzheitlich orientierte Heilmethode

Methodenreichtum, unterschiedliche Techniken, aber vor allem Erfahrungsräume, in denen sich der Patient auf allen Ebenen seines Systems wieder besser wahrnehmen, sich selbst spüren, Selbstheilungskräfte initiieren, Blockaden lösen und sich weiterentwickeln kann, sind charakteristisch für EOT. Sie sind hier bestmöglich komprimiert, damit der Patient in die Lage versetzt wird, mit Unterstützung des Therapeuten neue Erkenntnisse zu gewinnen und in geschützten, vorbereiteten Erfahrungsräumen hilfreiche Primärerfahrungen zu machen, und zwar so oft, bis er es aus seiner Dysfunktion soweit herausschafft, dass er sich fortan eigenständig, im Selbstmanagement, zur persönlichen Meisterschaft fortentwickeln kann.

Das klingt alles sehr komplex und anspruchsvoll, und so ist es auch, nicht zuletzt, weil wir uns in der Therapie mit dem hochdifferenzierten, individuell gestalteten intra- und interaktiven System eines Menschen und seiner Umwelt beschäftigen. Es erscheint logisch, dass es hier nicht um das Verfechten einer bestimmten Schulrichtung gehen kann, sondern darum gehen muss, als Therapeut aus einem vielfältigen Methoden- und Erfahrungspool zu schöpfen. In ▶ Abschn. 1.2 werden wir uns bewusst machen, warum eine integrative, ganzheitliche Vorgehensweise, wie sie hier im Folgenden bzgl. der EOT vorgestellt wird, sinnvoll und erfolgversprechend ist. Wir werden die Angst der Patienten vor Veränderung neurologisch betrachten und versuchen nachzuvollziehen, was im Gehirn beim Wahrnehmen, Verarbeiten von Informationen, Abspeichern oder Verwerfen von Wissen passiert und welche Rolle dabei das Bewusste, Vor- und Unbewusste spielen. Letztendlich, so werden wir erkennen, wirkt alles systemisch ineinander und ganzheitlich: die unterschiedlichen Gehirnareale,

Körper, Seele und Geist, die Systemkonzeption Mensch und seine Umwelt. Allein deswegen brauchen wir als Antwort auf therapiebedürftige Menschen eine ganzheitliche Therapie, die diese interagierenden Zusammenhänge berücksichtigt und dem Prinzip des Lebendigen gerecht wird, Veränderungen möglich macht. Dies geschieht am leichtesten, wenn Emotionen im Spiel sind, sie bringen Bewegung ins System.

1.2.1   Emotionale Kopplung und echte Netzwerkarbeit

Vor einiger Zeit erklärte mir ein russischer Lehrer Folgendes: Er sei Sohn eines Bauern. Schon früh habe er bei der harten Arbeit auf dem Feld oder im Stall mithelfen müssen. Schnell habe er die wichtigsten Dinge gelernt, die ein Bauernleben ausmachen. Sein Vater habe ihn auf die Wiesen und Felder mitgenommen. Wahrlich meisterlich habe dieser das Korn und das Gras gemäht, während er sich selbst anfänglich mit der Aufgabe sehr schwer getan habe. Dabei habe sein Vater ihm doch ganz sorgfältig die verschiedenen Kniffe vorgemacht. Er sei mit ihm sehr geduldig und nachsichtig gewesen. Immer wieder habe er ihn mit ruhiger Stimme auf Fehler hingewiesen, seine Hand geführt, ihm den Schritt- und Schnittrhythmus gezeigt und Erklärungen abgegeben. Als er dann endlich nach einiger Zeit mehrere Sensenhiebe perfekt hinbekommen habe, habe der Vater ihn gelobt und ihm dann mit den Worten »Merk Dir das!« eine Ohrfeige verpasst. Dies habe ihn sehr gewundert, denn zuvor hatte der Vater jeden seiner Fehler beim Sensen ganz ruhig ertragen und ihn einfach nur korrigiert. Wie konnte er ihm, seinem Schüler, da nur – obwohl es ihm gelungen war, vollkommen fehlerfrei mehrere Sensenhiebe hintereinander durchzuführen – eine schallende Ohrfeige verpassen? Nicht anders sei es im Stall gewesen und nicht anders bei der Käsezubereitung: Sei der Käse nicht gelungen, habe der Vater ihn aufgefordert, eine große Portion davon zu essen und ihn dabei schweigend beobachtet. Sei der Käse gelungen, habe er hingegen eine Ohrfeige mit dem Hinweis bekommen: »So schmeckt guter Käse!« Später sei er schließlich Lehrer geworden und habe das Erziehungsprinzip seines Vaters ebenfalls bei seinen Schülern angewandt. Er habe Mathematik unterrichtet. Habe einer seiner Schüler im richtigen Moment die passende Formel gewusst, habe er diesem ebenso eine Ohrfeige gegeben oder ihn mit den Worten »So kommt man auf die richtige Formel!« am Ohr gezogen, bis dieser vor Schmerz aufjaulte. Ausnahmslos hätten seine Schüler das notwendige Wissen so verinnerlicht, dass sie allesamt bessere Rechner geworden seien, als die Schüler seiner Kollegen, die dies nicht so machten.

Jedem Pädagogen werden sich jetzt gewiss die Nackenhaare aufgestellt haben, widerspricht doch diese Erziehungsmethode jeglicher Mainstreampädagogik heutiger Zeit. Welche **Auswirkung Körperempfindungen** jedoch auf die menschliche **Merkfähigkeit** hat, dazu hat es jüngst eine Studie an der New York University gegeben, die im Fachjournal *nature* veröffentlicht wurde (Dunsmoor et al. 2015). Wissenschaftler um Elizabeth Phelps hatten hundert Probanden Bildreihen vorgelegt. Beim Betrachten einiger Bildreihen wurden den Studienteilnehmern unangenehme Stromstöße in die Handgelenke verabreicht. Anschließend prüfte das Forschungsteam, wie gut sich die Probanden jeweils an die Bilder erinnern konnten. Es zeigte sich insgesamt, dass sie sich an die Fotos, die mit den Stromstößen gekoppelt waren, viel besser erinnerten, sogar viel besser, als an die, die sie erst kurz zuvor gesehen hatten. Die Fotos – allesamt ohne großen emotionalen Inhalt und ohne Bezug zueinander – waren durch den Stromstoß mit einer unangenehmen Emotion gekoppelt worden. Diese Erfahrung auf der körperlichen Ebene hatte das Gesehene für die Betrachter emotional bedeutsam gemacht und dafür gesorgt, dass sie sich an die jeweiligen Bilder besser erinnern konnten.

Nun handelt es sich bei der Vatergeschichte und bei der amerikanischen Verhaltensstudie um zwei Beispiele, die wir aus heutiger Sicht als ausgesprochen bedenklich und ethisch unvertretbar einstufen würden. Sie dienen uns aber als Hinweis darauf, dass Erfahrungen, die mit starken Emotionen – wie in unserem Beispiel des Schmerzes – gekoppelt werden, nachhaltiger im Gehirn hängenbleiben als reine Informationen oder Wissensinhalte. So können wir den gleichen Effekt erzielen, wenn wir Inhalte, die vermittelt werden sollen, mit positiven Emotionen koppeln. Diese Zusammenhänge sind in der Neurobiologie zwar nicht ganz neu und in der Pädagogik empirisch schon wesentlich länger belegt, aber für (erfahrungs-)therapeutische Zwecke und das Umsetzen/Verankern von gewünschten Veränderungen von größter Bedeutung.

> **Erst durch die emotionale Koppelung entsteht aus einem Erlebnis eine Erfahrung. Je stärker die damit verbundenen Emotionen sind, desto besser und langfristiger wird die Erfahrung im Gehirn verankert und genutzt.**

Neurobiologisch arbeitet unser Gehirn in riesigen Netzwerken. Das heißt, es gibt dort an keiner bestimmten Stelle einen »Sensen-können-« oder »Belanglose-Bilderfolge-merken-Chip«. Das, was wir lernen, uns sinnvoll erscheint, unsere subjektiven Fähigkeiten ausmacht, ist dort in Teamarbeit von unterschiedlichen Gehirnarealen entstanden und wird im Erfahrungsreaktor meist als kognitiv-emotionales oder motorisch-sensorisches Bindungsgefüge repräsentiert. Insbesondere höhere motorische, emotionale oder kognitive Leistungen sind nicht an einem Ort im Gehirn zu lokalisieren, sondern oft miteinander gekoppelt und erfordern eine komplizierte Arbeitsaufteilung im Gehirn.

Dass dem so ist, ist nicht verwunderlich, denn im Laufe unserer Evolution waren und sind wir bis heute immer »ganzheitlich« unterwegs gewesen, das heißt mit Körper, Seele und Geist. Waren es zunächst wahrscheinlich vor allem die Erfahrungen für die notwendige Feinabstimmung beim Koordinieren von Bewegungen und Berührungen – unser Kleinhirn, welches die Aufgaben überwiegend übernommen hat, weist ungefähr viermal so viele Neuronen wie die gesamte Großhirnrinde auf –, so sind unsere Netzwerke im 21. Jahrhundert wohl mittlerweile mehr mit höheren seelischen und geistigen Leistungen beschäftigt. Diese hochkomplexen und ausdifferenzierten Kompetenzen verlangen ein Zusammenspiel verschiedenster Hirnareale, welche wiederum unterschiedliche Funktionen übernehmen. So ist unser Kleinhirn beispielsweise nicht nur bei körperlichen Bewegungsabläufen im Einsatz, sondern ebenfalls bei unserer Selbstwahrnehmung und unserem Empfinden für Zeit.

EOT ist eine Methode, die dem neurobiologischen Prinzip der Netzwerkarbeit Rechnung trägt, indem sie die komplexen neuronalen Vernetzungen sowie die verschiedenen Bewusstseinszustände ▶ Abschn. 1.1.2) im Menschen ganzheitlich ansprechen will. Sie ist weder Psychoanalyse, Tiefenpsychologie, Verhaltens- noch Körpertherapie und umfasst dennoch irgendwie alles. Durch die gleichzeitige Beteiligung von Körper, Seele und Geist versucht sie, dem Konstruktivismus unseres Seins (Simon 2015; Pörksen 2001) gerecht zu werden, und schafft mittels ihres integrativen Ansatzes bei der Entstehung und/oder Transformierung von Denk-, Fühl-, Verhaltens- und Handlungsmustern größere Spielräume des Möglichen.

> ❯❯ EOT unterscheidet sich methodisch von anderen Verfahren dadurch, dass sie bemüht ist, bei der Wahrnehmungslenkung, Aufmerksamkeitsfokussierung, Bindungs- und Selbsterfahrung möglichst alle inneren Systemebenen in den Erfahrungsraum aktional einzubeziehen.

Mit ihrer Fokussierung auf die unterschiedlichen System- und Wahrnehmungsebenen erreicht sie im Gehirn eine höhere Aktivität, ein tiefergreifendes, emotional geprägteres Lernen und Behalten von Erfahrenem in dem, was wir Gedächtnis nennen. Sie bedient sich dabei u. a. der Wahrnehmungslenkung, der Aufmerksamkeitsfokussierung, der Bindungs- und Selbsterfahrung, ähnlich wie wir es aus der Tiefenpsychologie oder von verhaltenstherapeutischen Verfahren kennen. Der methodische Unterschied ist nur – und dieser ist wesentlich –, dass sie darum bemüht ist, zugleich alle inneren Systemebenen und die den jeweiligen Menschen umgebenden äußeren Systeme in den Erfahrungsraum aktional miteinzubeziehen. Sie zielt darauf ab, das Gesamtsystem des Patienten, das im Kern dieser miteinander wechselwirkenden Beziehungsgeflechte steht, mittels therapeutischer Effekte in Richtung Gesundheit zu bewegen.

Insofern ist es günstiger, wir benutzen in der EOT eher Begriffe wie **klärungs-, lösungs- oder bewältigungsorientiertes Vorgehen**, um nicht mit methodisch anders besetzten Begriffen wie »Psychoanalyse«, »Tiefenpsychologie« oder »Verhaltenstherapie« in Kollision zu geraten. Gleichwohl werden sich natürlich inhaltliche oder methodische Begrifflichkeiten aus vielen Schulen bei den beschriebenen Wirkimpulsen in der EOT wiederfinden, aber das ist ja gerade die Pointe! EOT kann aufgrund ihrer ganzheitlichen Ausrichtung auf die Systemkonzeption Mensch und ihrer Bezugnahme auf neurobiologische Erkenntnisse nur ein **integratives Konzept** verfolgen. Deshalb sind in ihr im Wesentlichen auch die unterschiedlichen Facetten und Ausrichtungen der übrigen Therapieformen enthalten.

Sie tritt weder in Konkurrenz zu irgendeiner Schule noch schließt sie andere Methoden kategorisch aus, sondern integriert sie. Im Vordergrund steht für sie der therapeutische, heilsame Prozess im Patienten. Dieser wird bestenfalls mehrkanalig und auf unterschiedlichen Systemebenen inszeniert, sodass neurobiologisch eine Flexibilität erreicht wird, die durch den Patienten selbst einen direkten Einfluss auf dessen Denk-, Fühl-, Verhaltens- und Handlungsmuster sowie generell positive Veränderungen zulässt. Aktional ergibt sich dabei optimalerweise ein vielseitiger therapeutischer Fragenkomplex, wie beispielsweise der folgende: Was nimmst du körperlich wahr? Was denkst du darüber? Wie fühlt sich das an? Was willst du machen oder nicht machen? Was für Alternativen und Perspektiven gibt es? Wofür entscheidest du dich? Gibt es dafür dir bewusste Gründe? Welche könnten das sein? Bei dieser Art des Vorgehens integriert der erfahrungsorientierte Therapeut die Bestandteile psychotherapeutischer Schulen, die ihm für den Heilungsprozess des Patienten und das Initiieren dafür notwendiger Erfahrungen nützlich und förderlich erscheinen.

Erfahrungslernen hat in vielen therapeutischen integrativen Konzepten mittlerweile seinen festen Platz gefunden. Viele Institutionen, die sich mit Therapie beschäftigen, öffnen sich für diese Vorgehensweise.

1.2.2 Erfahrungslernen in therapeutisch-integrativen Konzepten

Therapeutisch-integrative Konzepte gehen davon aus, dass jeder Mensch in seiner aktuellen Lebenssituation und Verfassung, ob mehr oder weniger gesund oder krank, mit all seinen körperlichen, seelischen und geistigen Ressourcen und Problemen einmalig ist. Vor diesem Hintergrund ist nachvollziehbar, dass nicht jede Richtlinien- oder Schultherapie für jeden Patienten geeignet ist, es passt ja auch nicht jedem Menschen die gleiche Kleidergröße. Idealerweise ist es demnach so, dass sich die jeweilige therapeutische Vorgehensweise nach den strukturellen und konfliktbezogenen Vorgaben und Rahmenbedingungen des Patienten ausrichtet. So können individuelle Aspekte und allgemeine Erkenntnisse der Systemkonzeption Mensch gleichermaßen in den therapeutischen Prozess einbezogen werden. Therapeutisch-integrative Konzepte folgen konsequenterweise einem schulen- und methodenübergreifenden Ansatz, welcher spätestens seit Klaus Grawes' Forschungen und Veröffentlichungen immens an Bedeutung gewonnen hat. Er beschreibt diese Entwicklung ausführlich in seinem Buch *Psychotherapie im Wandel* (Grawe et al. 1994).[1]

Bei Therapien mit integrativen Konzepten wird zunächst mit einem klärungsorientierten Vorgehen begonnen. Wie ist das individuelle Denken, Fühlen, Verhalten, Handeln vor dem Hintergrund lebenslanger Erfahrungen und angeeigneter Muster? Welches sind die dysfunktionalen und welches die funktionalen Muster? Wie sind die vorliegenden Probleme, das oder die Störungsbild/er zu verstehen? Schon in dieser Phase ist es sinnvoll, über das therapeutische Gespräch hinaus den Menschen mit all seinen körperlich-seelisch-geistigen Anteilen in den therapeutischen Prozess einzubeziehen. Dies kann beispielsweise in der EOT methodisch über die Begehung eines Hochseilgartens geschehen, während der sich die Denk-, Fühl-, Verhaltens- und Bewegungsmuster eines Patienten zu diagnostischen Zwecken gut erkennen lassen. Mögliche Erklärungsmuster dysfunktionaler kognitiv-rationaler Art, wie sie uns oft in therapeutischen Gesprächen präsentiert werden – die das tatsächliche »innere Verhalten« eher verschleiern – haben spätestens hier keinen Bestand mehr. Erfahrungsorien-

tiertes Vorgehen ist insofern nicht nur Therapie, sondern auch Diagnostik.[2]

❯❯ **Wesentlich im erfahrungstherapeutischen Prozess ist, was dem Patienten am meisten hilft und dazu beiträgt, hohe Effektstärken zu erzielen. Da EOT einen integrativen Ansatz vertritt, ist es dabei unerheblich, welcher schulischen Richtung die angewandten therapeutischen Verfahren angehören.**

Im Mittelpunkt integrativer Konzepte stehen also immer Erkenntnis und Erfahrung sowie im späteren Therapieverlauf der durchlaufene innere Prozess des Patienten. Wie sehr dabei analytische, tiefenpsychologische, verhaltenstherapeutische oder systemische (Schul-)Aspekte eine Rolle spielen oder im Nachhinein spielten, ist vollkommen unerheblich. Im Vordergrund steht für den Therapeuten allerdings, sie im Therapieverlauf so einzubringen und zu dosieren, dass der Patient den größtmöglichen Benefit davonträgt und hohe Effektstärken erreicht werden.

Um es poetisch zu beschreiben: Auf der Blumenwiese verschiedener therapeutischer Möglichkeiten, die der Therapeut auf die inneren und äußeren systemischen Voraussetzungen des Patienten abstimmt, wird sich dieser unter professioneller Begleitung die Kräuter pflücken, die ihm Linderung seiner Schmerzen oder Zugewinn neuer Kompetenzen verschaffen. Je bunter diese Wiese ist, sprich, je mehr Aspekte der Körper-Seele-Geist-Umwelt-Konzeption des Individuums angesprochen werden, desto größer ist der Möglichkeitsraum therapeutischen Fortschritts. Der Patient integriert entsprechend mit professioneller Hilfe und Begleitung das, was ihm nützt, und desintegriert das, was er nicht gebrauchen kann. Wieso benötigt er dafür aber einen Therapeuten? Ist er selbst nicht in der Lage, das zu suchen und zu finden, was er für ein gelingendes Leben braucht?

Aus welchen Gründen auch immer sind dysfunktionale Denk-, Fühl-, Verhaltens- und Hand-

---

1 Dieser Richtung folgen auch immer mehr Ausbildungsinstitute, wie beispielsweise das Zentrum für Integrative Psychotherapie (CIP) mit Sitz in München und Bamberg, welches vormals seinem Selbstverständnis nach rein verhaltenstherapeutisch ausgerichtet war.

2 Wenn wir hier den Hochseilgarten nennen, hat dies übrigens ausschließlich Beispielcharakter für eine erfahrungsorientierte Methode. Es muss nicht immer das Mittel der Wahl sein. Die Möglichkeit erfahrungsorientierten Vorgehens ist vielfältig, nicht zuletzt um den unterschiedlichen Bedürfnissen und individuellen Systembedingungen der einzelnen Patienten gerecht werden zu können.

lungsmuster oft so stabil, dass mögliche autoregulative und selbstorganisierende Kräfte nicht ausreichen, um funktionale Muster zu erstellen oder wiederherzustellen. Die Menschen sind quasi blockiert, in einer Sackgasse, auf dem Holzweg, innerlich wie äußerlich handlungsunfähig. Aus diesem Grunde bedürfen sie professioneller Hilfe, Denk-, Fühl-, Verhaltens- und Handlungsfiguren sowie Anregungen von außen und somit einer Behandlung. Das Ziel dabei ist, den einzelnen Patienten mit allen zur Verfügung stehenden Mitteln wieder vom Behandeln in den möglichen inneren und äußeren aktiven Handlungsmodus zu versetzen. Ist dieser Durchbruch gelungen, endet damit zwar definitionsgemäß die Therapie, aber meist nicht der Entwicklungsprozess.

Um mit der Blumenwiesenmetapher zu sprechen, hieße dies, dass eine behandlungsbedürftige Person nicht alleine in der Lage ist, sich den passenden Cocktail an Kräutern zusammenzusuchen, der sie zu heilen vermag. Um noch besser zu verstehen, wie es innersystemisch dazu kommt, müssen wir uns mit der neurobiologischen Relevanz von Veränderungsprozessen befassen. Hier interessiert auch, was den einzelnen Menschen dazu veranlasst, eine Therapie aufzusuchen, sich einerseits Veränderung in seinem Leben zu wünschen, sie andererseits wiederum zu scheuen.

1.2.3 Wunsch nach Veränderung, aber auch Angst davor

Meist steht am Anfang jeder Behandlung der Wunsch des Patienten, dass sich etwas verändert. »Meist« heißt, hier gibt es manchmal auch andere Motivationen, die indirekt auf Veränderungsnotwendigkeiten im System zurückzuführen sind, sich aber in Form von anderen Strategien oder Wünschen ausdrücken. Da wären beispielsweise die Realitätsflucht, das Sich-nicht-auseinandersetzen-Wollen mit anstehenden Veränderungsprozessen oder andere Vermeidungsstrategien, weil dem Patienten das Verlassen bekannter und das Betreten neuer Denk-, Fühl-, Verhaltens- und Handlungswege schlichtweg Angst machen. Manches Mal wird auch vom Therapeuten erwartet, dass er für einen aktuellen Lebensumstand oder ein momentanes

Verhalten die Absolution erteilt oder den Patienten von irgendeiner Schuld freispricht, die dieser für sich selbst im Jetzt nicht verantworten will oder kann (Exkulpierung). Ein anderes Mal erhofft sich der Betroffene vom Therapeuten moralische Verstärkung, einen Rückhalt als Rechtfertigung für sein bisheriges (Fehl-)Verhalten, Erleichterung hinsichtlich der Disharmonie, die er in sich verspürt, oder einfach Verständnis bzw. eine Erklärung für seine desolate Situation. Vordergründig gibt es also eine Vielzahl und Vielfalt an Beweggründen und Motivationen, sich für eine Therapie zu entscheiden. In der Regel ist es aber der dringliche **Wunsch nach einer Veränderung, um das seelische oder körperliche Leid zu beenden.** Diesbezüglich setzt der Patient große Hoffnungen in den Therapeuten; vom therapeutischen Prozess erwartet er entsprechend Abhilfe, Erleichterung, Heilung. Doch selbst wenn Veränderung einerseits so dringlich herbeigesehnt wird, um an Leib und Seele wieder gesund zu werden, wird sie andererseits aber auch extrem gefürchtet, da sich zu verändern gleichbedeutend damit ist, bekannte, sichere Gefilde verlassen und Neuland betreten zu müssen. Veränderung hat also immer etwas mit zunächst instabilen Prozessen zu tun und in solchen ungewohnten Situationen bekommen wir Menschen oftmals Angst. Wie kommt das und was passiert da konkret in unserem System?

> ❯❯ Werden wir mit inneren und äußeren systemischen Veränderungen konfrontiert, die Disharmonie bei uns auslösen, und reicht unsere Anpassungsfähigkeit nicht aus, damit zurechtzukommen, oder ist diese gar dysfunktional geworden, dann fühlen wir uns nicht wohl oder krank.

Sind alte innersystemische Anteile in unserem Selbstkonzept dysfunktional und unbrauchbar geworden oder passen bestimmte externe Systemkontexte in unserer Umwelt nicht mehr zu unserem Selbstkonzept, gerät unser System in ein Ungleichgewicht. Sind zusätzlich auch noch die selbstorganisierenden und autoregulativen Kräfte im Gehirn nicht (mehr) vorhanden oder ausreichend, empfinden wir unsere Situation als nicht stimmig und fühlen uns in irgendeiner Weise unwohl und krank.

Wir verspüren dann ein unangenehmes oder schmerzliches Gefühl, welches sich mit unterschiedlichen Schwerpunkten auf einer oder mehreren Systemebenen unserer Körper-Seele-Geist-Einheit Ausdruck verschafft. Was dann mit uns los ist, können wir entweder bewusst verbalisieren oder es ist uns nicht bewusst. Dann sind wir sprachlos und es drückt sich nonverbal durch unterschiedlichste Blockaden in unserer Systemkonzeption aus. So kann es passieren, dass wir in manchen Fällen sogar einen ganz konkreten Konflikt vor Augen, eine kognitive Beschreibung parat haben, in anderen aber nur das Gefühl des Nicht-im-Gleichgewicht-Seins, des Nicht-Wissens, Nicht-Wohlfühlens, der Traurigkeit und/oder des Schmerzes und nicht einmal wissen, warum das so ist.

Allen, die wie auch immer in ein Ungleichgewicht geraten sind, ist aber eines gemein: der sehnliche Wunsch, möglichst schmerz- und angstfrei aus diesem als höchst negativ empfundenen Zustand wieder herauszukommen. Dabei muss es uns nicht einmal permanent schlecht gehen, allein das **Gefühl der Instabilität** kann verursachen, dass wir darunter leiden, zu spüren, dass mit uns etwas nicht in Ordnung ist. Gelingt uns eine Veränderung überholter interner Denk-, Gefühls-, Verhaltens-, Handlungsmuster oder externer Kontexte, die uns nicht mehr gut tun, aus eigenen Kräften nicht mehr, suchen wir professionelle Hilfe oder sie wird uns angeraten. Dann steht sozusagen meist die emotionale Operation am offenen Herzen – anders ausgedrückt: am Selbst – bevor. Verständlich, dass dies **Angst** macht und innerlich gegen therapeutische Veränderungsprozesse nicht selten Widerstände aufgebaut werden. *Wir können das Alte nicht loslassen, wobei wir das Neue, eine Veränderung, so sehr ersehnen, wenn auch mit Angst.* Vielleicht ist es die Angst, das eigene Selbstkonzept revidieren zu müssen, die Angst vor unerträglicher Erkenntnis oder bislang noch nicht bewussten Wahrheiten in unserem Inneren. Doch wir möchten das Belastende, Schmerzende weghaben und unsere Balance durch das Neue wiedergewinnen.

> **Stabilität und Sicherheit sind systemkonzeptionelle Grundbedürfnisse. Sie hängen eng mit unseren Bindungserfahrungen zusammen. Für ihre Ausprägung besonders relevant ist die Zeit vor der Geburt bis zum dritten Lebensjahr.**

Der Angst, die diesen Prozess begleitet, liegt zugrunde, dass **Stabilität** und **Sicherheit systemkonzeptionelle Grund-, gar Urbedürfnisse** sind, mit denen wir auf die Welt kommen. Schon als Kind suchen wir von Natur aus nach einer sicheren Bindung und Schutz, nach einem sozialen System (z. B. Familie), das uns Geborgenheit und Fürsorge schenkt, damit wir uns mit unserem Körper-Seele-Geist-System gut entwickeln können. So ist es im Erwachsenenalter auch. Wir sehnen uns nach einem Sicherheitsnetz, das uns vor Verletzung schützt, uns auffängt, sollten wir fallen, und nach einer Richtschnur, nach Regeln, an die wir uns halten können, weil sie sich bewährt haben und uns ein Stück Verlässlichkeit auf Erfolg bieten. Auf diese Weise funktioniert einerseits auch unser System: Bekanntes, Bewährtes, Gelerntes, was sich über Jahre als nützlich erwiesen hat, gibt dem Selbst Sicherheit, Bestätigung und ein gutes Gefühl. Andererseits bedarf es aber auch der Innenrevision und Anpassung an die Umwelt: Altes muss auf Brauchbarkeit überprüft, vielleicht revidiert und durch Neues ersetzt werden. Dies bedeutet für unser Gehirn und unseren Körper eine gewaltige Kraftanstrengung, schließlich ist »das Alte« bereits in festen, meist unbewussten Erfahrungsmustern – gleich neuronalen Netzen – als fertig bearbeitet abgelegt und für richtig befunden worden. Jene ins Selbstkonzept fest integrierten Muster bilden quasi das stabilisierende Gerüst, die Rechenvorschriften, nach dem unser Sein aufgebaut ist. Bei ihnen kann es sich aber auch um teilfunktionale neurotische oder komplett dysfunktionale Muster handeln. Unser (neurobiologisches) Urbedürfnis nach Stabilität ist es dann, das uns an diesen unbrauchbaren und für unser System unguten Mustern oftmals festhalten lässt. Innersystemisch hieße Veränderung hier schließlich, die schon vorhandenen Denk-, Fühl-, Verhaltens- und Handlungsmuster verwerfen zu müssen, was uns zunächst Haltlosigkeit und Unsicherheit bescheren, uns sozusagen den Boden unter den Füßen wegziehen, an unserem Selbstkonzept rütteln würde. Davor schrecken wir natürlicherweise erst einmal zurück. Im Außen ist es ähnlich, wenn es nötig sein sollte, unsere Lebensumstände zu verändern. Egal ob es die Beziehung, die Arbeitsstelle oder andere Dinge betrifft, eine Veränderung kommt hier ebenso einem Verlust an

Stabilität und Sicherheit gleich, da die Dinge, an die wir gewohnt sind, uns Halt schenken und uns dadurch das Gefühl geben, einschätzen zu können, was auf uns zukommt. Unbekannte Situationen, ein neuer Partner, ein neuer Job etc. sind erst einmal vergleichbar mit einer Blackbox. Es stellt sich erst nach und nach heraus, ob das, was drin ist, zu uns passt. Da erscheint es auf den ersten Blick leichter (»sicherer«), beim Alten zu bleiben. Bert Hellinger brachte diese – auch neuronale – Wirklichkeit mit dem Ausspruch **»Leiden ist leichter als lösen«** auf den Punkt (Döring-Meijer 2000). Bezogen auf den therapeutischen Prozess muss demnach berücksichtigt werden, dass für den Patienten das Sich-Einlassen auf etwas Neues immer erst einmal Instabilität bedeutet, eine Bedrohung, (zum wiederholten Mal) ins Wanken zu kommen. Die Situation, in die er sich begibt, ist für ihn unberechenbar, weil er ohne groß zu wissen, wie es laufen wird, einwilligt, an den Bewertungs- und Rechenvorschriften der Schaltzentrale seines Seins herumzuprogrammieren.

❯❯ Das »Prinzip des Lebendigen« gebietet fortwährend, aus disharmonischen/instabilen Zuständen wieder harmonische/stabile zu machen, denn zu leben bedeutet, sich anzupassen, sich zu verändern und in Bewegung zu bleiben.

Wer sich ein wenig mit chemischen Prozessen auskennt, denke an dieser Stelle einmal an Atome oder Moleküle. Diese wollen sich stets zu stabilen, energetisch ausgeglichenen Zuständen formieren. Das liegt in der Natur der Sache. Erst dann geben sie Ruhe. Beim Menschen ist es genauso: Der Wunsch danach, immer in harmonischen stabilen inneren und äußeren Zuständen zu leben, ist groß. Es bleibt aber ein Ideal, Harmonie und Glück auf Dauer festhalten zu können, denn **das Leben beinhaltet die permanente Veränderung aller Systeme.** Zu leben heißt also, ständig darum bemüht zu sein, aus disharmonischen oder instabilen Umständen harmonische und stabile zu machen. Das ist das Prinzip des Lebendigen. Im ungünstigsten Fall jedoch verbleiben Menschen in inneren oder äußeren Disharmonien, wenn sie es nicht vermögen, diese selbst aufzulösen und sich den fortwährenden Veränderungen anzupassen. Sie sind krank. Die Angst, sich

der Dynamik des Lebens zu stellen, ist dann so groß geworden, dass sie sich nicht trauen, allein neue begehbare Wege und Lösungen zu finden.

Oft ist die Angst frei flottierend und entkoppelt, da das eigene System aufgrund vieler nicht bewusster Anteile sich selbst nicht begreift und ratlos bleibt. Je ratloser es ist, umso mehr bedarf es einer Führung von außen, eines Sicherheitsnetzes. Es ist ähnlich wie bei Kindern: So wie ein Kind, das sicher gebunden ist, sich relativ sorglos immer mehr von den Eltern entfernen kann, um Neues in der noch unbekannten Welt zu entdecken, weil es im Hintergrund immer noch die für Sicherheit sorgenden und richtungsweisenden Eltern weiß, braucht der Patient ein ebensolches **Setting, um Neues ausprobieren und heilsame Erfahrungen machen zu können.** Er braucht den Blick von außen durch einen Therapeuten, der sich einfühlt, Wohlwollen ausstrahlt, Sicherheit vermittelt und ihm eine Position verschafft, von der aus er seine Pläne aufgeben, unglückliche Beziehungen und Bindungen überdenken und »überfühlen« kann, eine Position, die es ihm ermöglicht, das drohende Lebensende zu bewältigen oder neue Hoffnung zu schöpfen, aus dem tiefen Tal der Depression herauszukommen oder seine inneren Verstrickungen und »Kurzschlüsse« zu verstehen, aufzulösen oder zu vermeiden. Worauf es beim therapeutischen Prozess besonders ankommt, wird im nächsten Abschnitt besprochen.

1.2.4   Die sichere und gute Bindung

Das Wichtigste in jeder Therapie ist – wie in jeder zwischenmenschlichen Beziehung – die Qualität der Bindung. Es gibt natürlich auch die Auffassung, dass die therapeutische Methode und Vorgehensweise entscheidend für den Erfolg einer Therapie sind. Bei Weitem überwiegen jedoch die Ansichten, dass dafür eine positive Bindung zum Therapeuten, dessen Persönlichkeit und Empathiefähigkeit sowie seine bisherigen Erfahrungen ausschlaggebender sind.

Man darf nicht vergessen: Der Patient befindet sich in einer Krise, in einem hilflosen, schutzlosen Zustand. Wir hatten bereits den Vergleich mit dem Kind, dem es ebenso ergeht, wenn es sich in die unbekannte, weite Welt immer mehr hinauswagt. Je sicherer und bedingungsloser die Bindung zu seinen Bezugspersonen – meist Mama und Papa – ist, desto unbedarfter und seiner selbst sicherer kann es sich aus dem geschützten Rahmen hinausbegeben, um seine Umgebung zu erkunden und eigene Erfahrungen zu machen. Dabei gewinnt es motorische, emotionale und kognitive Fähigkeiten und entwickelt auch Basiskompetenzen, die es ihm ermöglichen, sich an die Umwelt anzupassen und ein gelingendes Leben zu kreieren. Da es relativ unerfahren ist, kann es auf seinen Entdeckungstrips natürlich hin und wieder mal fallen oder scheitern. Es kann sich aber immer gewiss sein, dass seine nächsten Bezugspersonen da sind und es jederzeit auffangen werden. Die stabile Bindung gewährleistet das Vertrauen, stets bei ihnen geborgen zu sein. Auf diesem Weg des Sich-Hinauswagens, mit der stabilen Bindung im Rücken, implementiert es die äußere Sicherheit und das Vertrauen in andere, die es immer wieder erfährt, in sein Selbst, sodass in ihm **Selbstsicherheit** und **Selbstvertrauen** wachsen. Nein, halt, nicht immer: Es gibt auch Kinder, die unsicher gebunden sind. Sie haben Unberechenbarkeit, Zurückweisung oder Ablehnung erfahren und kein sicheres Bindungsverhalten entwickelt. Deshalb erleben sie ihre Forschungsexpeditionen mit großer Angst und hohem Stress. Ihnen fehlt das »Sicherungsseil«. Es ist ähnlich wie bei Personen, die sich zum ersten Mal in unbekannte Höhen vorwagen und klettern wollen, sie benötigen die Gewissheit, dass sie durch erfahrene Bergsteiger gesichert werden, sonst trauen sie sich den Aufstieg nicht unbedingt zu. Ist die Erfahrung einer sicheren Bindung demnach in der Kindheit nicht vorhanden, hat das oft Auswirkungen auf das spätere Leben. Menschen mit einem derartigen Defizit verfügen meist weder über einen sicheren emotionalen Reifungsgrad noch konnten sie in ausreichendem Maße stabile Basiskompetenzen für ein gelingendes Leben ausbilden.

In der therapeutischen Praxis finden wir solche strukturellen Schwächen in großer Ausprägung am eindrücklichsten bei emotional instabilen Persönlichkeiten (z. B. Borderline-Typus), aber auch bei Menschen mit anderen Persönlichkeitsstörungen. Meist scheitern sie in der Bewältigung ihres Lebens und benötigen als **unabdingbare Voraus-**setzung für anstehende Veränderungsprozesse umso mehr eine **sichere Bindung** zu ihrem Therapeuten. Nur so können sie der Korrektur, die nun von außen kommen muss (Nachreifung), Vertrauen und Glauben schenken. Aber auch Kranke mit anderen Problemen und Konflikten – ohne solche strukturellen Defizite – befinden sich, ist ihr System einmal aus dem Gleichgewicht geraten, zumindest vorübergehend in einer sehr instabilen Verfassung; bezeichnen wir dies mit dem Begriff **allgemeine funktionelle Störungen**. Diese Menschen brauchen ebenfalls eine sichere Bindung zum Therapeuten, um mit seiner Hilfe Neues erarbeiten und erfahren zu können. Nur so entsteht für sie ein möglichst angstreduzierter Raum, wo sie Unbekanntes wagen, neue Lösungen für Probleme oder Konflikte finden und alte, unbrauchbare Strategien und Muster verwerfen können. Die Aufgabe des Therapeuten ist insofern an erster Stelle das Herstellen von Vertrauen und dem Patienten das Gefühl von Sicherheit zu geben. Auf dieser Grundlage können erkrankte Menschen Altes, Unnützliches loslassen und Neues zulassen.

Um bei diesem Prozess den Patienten in seinem Tempo wahrzunehmen und zu unterstützen, ist vom Therapeuten Feingefühl und maßvolles Vorgehen gefragt. Mehr noch sollte seine Haltung geprägt sein von uneingeschränkter Akzeptanz des Patienten in seinem Sosein, der Motivation, diesem gegenüber stets eine wertschätzende Beziehung auf Augenhöhe zu signalisieren, einem hohen Einfühlungsvermögen sowie der Fähigkeit, auch die nötige **professionelle Distanz** einnehmen zu können. Ein guter Therapeut sollte weder belehren, Ratschläge erteilen, Lösungen oder zu erzielende Ergebnisse vorgeben noch irgendwelche Bedingungen stellen. Gleichwohl, dass er verständnisvoller Partner ist, darf er auch – oder gerade deshalb – provozierender Partner sein. Auf diese Weise vermag er es, den Patienten in kleinen Schritten in das Neue zu begleiten.

Aber nicht allein die Erfahrung des Neuen ist wichtig für den Heilungsprozess, sondern ebenso – und das gilt für den Patienten wie für den Therapeuten gleichermaßen – die Aufgabe ernst zu nehmen, auch das Alte anzuschauen und in einem neuen Licht erscheinen zu lassen. Das kann methodisch durch einen Perspektivwechsel geschehen, indem

Vergangenheit, Gegenwart und Zukunft aus einem anderen Blickwinkel betrachtet werden, oder durch die Arbeit mit dem Inneren bzw. dem inneren Kind, um sich selbst mit all seinen Stärken und Schwächen, Unzulänglichkeiten und Ressourcen zu akzeptieren, neu wahrzunehmen und einzuordnen – vielleicht auch ohne gravierende Änderungen im Basisprogramm, dem Selbst, vornehmen zu müssen.

> ❯ Alle Denk-, Fühl-, Verhaltens- und Handlungsmuster sind im Selbstkonzept als »Rechenvorschrift« hinterlegt. Bei dort nötigen Änderungen bedarf es oft professioneller Hilfe, weil die subjektiv »gefärbte Brille« unser Selbst- und Weltbild konstruiert und damit im System Korrekturpotenziale reduziert.

Die Arbeit am **Selbstkonzept** ist in der Therapie zweifellos das Schwierigste überhaupt, weil hier unsere gewohnten Denk-, Fühl-, Verhaltens- und Handlungsmuster, unsere Rechenvorschriften, gespeichert sind, die uns in der Vergangenheit ein gewisses Maß an Sicherheit gegeben haben. Es ist außerdem der Ort, wo die für uns stimmige subjektive Wahrheit, unser Welt- und Selbstbild, entsteht. Um dort, in diesem Kern unseres Seins, unserer Identität, (oft sehr schmerzliche) Einsichten zu gewinnen und neue Erfahrungen zuzulassen, bedarf es meist der Intervention, der Verstörung und des Inputs von außen durch die professionelle Hilfe eines Therapeuten.

Die **Selbsterfahrung** ist meist sehr schmerzhaft und intensiv, das muss nicht nur der Patient, sondern auch der Therapeut aushalten können. Er muss die Stärke besitzen, den Patienten diese tiefgreifenden und wirksamen Erfahrungen unter seiner Anleitung (durch-)machen zu lassen. Weil das eine sehr anspruchsvolle Aufgabe ist, bedürfen selbst ausgebildete Therapeuten – auch die mit einer hohen Selbsterfahrungskompetenz – stets der Sicht von außen, um sich und ihr Verhalten durch andere kritisch reflektieren zu können. Denn wie jeder von uns ist auch ein Therapeut in seinem Selbstkonzept sowie in seinen Rechenvorschriften geprägt durch eigene Vorerfahrungen und hat aufgrund dessen bewusst und unbewusst seine Persönlichkeit mitsamt Charaktereigenschaften in seinem Selbstbild verinnerlicht. Es ist die subjektiv geprägte Brille, mit der wir in die Welt schauen, wahrnehmen, fühlen,

denken, handeln und beurteilen. Dieser vom Selbst und durch Vorerfahrungen gefärbte Blick nach außen ist unser **Weltbild**.

Wichtig ist also, dass auch wir als Therapeuten wie die Patienten unsere eigene Programmierung verändern, anpassen oder revidieren können, sollten wir beispielsweise in einem Punkt irren, sich etwas als nicht nützlich oder erfolgversprechend erweisen. Denn zweifelsohne gibt es auch bei uns wie bei jedem anderen Menschen den sogenannten »blinden Fleck«, der uns davor bewahren will, bei notwendiger Veränderung die Bindung zu uns selbst, die innere Sicherheit, infrage stellen zu müssen. Psychotherapeuten sollten deshalb das Instrument der Supervision nutzen und ihr Vorgehen von außen beleuchten lassen. Auf diese Weise lässt sich der eigene blinde Fleck, die Selbstblindheit, ausmachen und bearbeiten. **Selbstreflexion und Selbsterkenntnis** sind – genau wie für die Patienten – nicht immer leicht, aber für gute therapeutische Arbeit notwendig. Auch beim Therapeuten unterliegen Veränderungsprozesse also den Gegebenheiten der Systemkonzeption Mensch sowie den neurobiologischen Funktionsweisen und können von innerer Unruhe und Angst begleitet werden. Dies ist ein weiterer Grund, warum sich eine gute Therapie immer auf Augenhöhe, von Mensch zu Mensch, vollziehen sollte, denn wir sitzen alle in einem Boot.

Interne Veränderungsprozesse verursachen also meist zunächst Unsicherheit und Imbalance im System. Wenn wir genauer darüber Bescheid wissen, was bei der Innenrevision im Gehirn geschieht und welche Prozesse dabei ausgelöst werden, können wir dies sowohl in unserer therapeutischen als auch in unserer eigenen Veränderungsarbeit besser berücksichtigen und wahrscheinlich einen größeren Erfolg erzielen. Über die neurobiologischen Hintergründe erfahren wir mehr im nächsten Abschnitt.

1.2.5 Von Innenrevision und synergetischen Prozessen

Gehen wir gedanklich nochmals zurück zum Anfang unseres Seins: Zu Beginn unseres Lebens ist unser Gehirn noch ziemlich unerfahren. Mit all seinen Sinnen und Antennen versucht es, sich einen

Reim auf die Welt und sich selbst zu machen. Sein Ziel ist es, aus ungeklärten, instabilen Zuständen, Gedanken, Gefühlen und Ungeschicklichkeiten stimmige, alltagstaugliche Muster zu machen. Dafür muss es so viele Erfahrungen wie möglich machen, die es abwägt, einordnet und bewertet, um sie dann in stabile, nützliche Strukturen zu überführen. Auf diese Weise werden Primärerlebnisse mit einem hohen Energieaufwand – stofflich als Glucose und Sauerstoff vorstellbar – bearbeitet, interpretiert und so zur Erfahrung. Dies geschieht in teils bewussten, teils unbewussten Arbeitsschritten.

Wie alle anderen Erfahrungen später auch sind Primärerfahrungen den systeminternen selbstorganisierenden und autoregulativen Prozessen im Gehirn unterworfen. Einige Dinge werden dabei ins Selbstkonzept integriert, indem sie an vorhandene angepasst werden, andere werden verworfen. Alles, was in den Erfahrungsreaktor hineinkommt, wird also auf Brauchbarkeit und mögliche Passung gescannt und hauptsächlich das, was nützlich ist oder zumindest zu sein scheint, wird integriert und bleibt. Aus diesen Prozessen entstehen als Ergebnis dann grundlegende Denk-, Fühl-, Verhaltens- und Handlungsmuster, die fortan, teils automatisiert, meist in un- oder vorbewussten Speichern des Gehirns abgelegt werden.

Ist diese Arbeit gelungen, belohnt uns das Gehirn mit körpereigenen Opiaten. Wir haben eine schlüssige, sich gut anfühlende Lernerfahrung gemacht. Die Akte ist bearbeitet, die Arbeit ist geschafft und so wird das, was als Produkt dabei herausgekommen ist, quasi als Rechenvorschrift, Anleitung für das Neue, was noch auf uns zukommt, stabil in unseren Gedächtnissen gespeichert. Es wird uns zur Gewohnheit, hiernach zu denken, zu fühlen und zu handeln. Auf der neurobiologischen Ebene ist es zu einer **Synchronisierung und Harmonisierung neuronaler Netzwerke** gekommen, aus disharmonischen Zuständen sind harmonische geworden. Das ist es, was Leben ausmacht: Es ist das immerwährende Prinzip des Lebendigen, sich möglichst optimal den sich stetig verändernden Gegebenheiten und der gegenwärtigen Umwelt anzupassen.

Nun ist es leicht vorstellbar, dass die bereits integrierten Erfahrungsstrukturen – oft mit Sitz in den Basalganglien verankert und unbewusst – nur ungern wieder vom Gehirn durch ein erneutes, energieaufwändiges Bearbeiten verändert werden, zumal für die Umbauarbeiten viele neue emotionale Erfahrungen nötig sind. Das käme schließlich einem extremen Arbeitsaufwand gleich, einer Veränderung, die nicht einfach mal schnell durchdacht ist. Meist braucht es dazu viel Selbsterfahrung und in den Fällen, die uns hier beschäftigen, zusätzlicher professioneller Unterstützung von außen, beispielsweise durch eine Therapie.

Um nachvollziehen zu können, wie die stabilen und instabilen Strukturen im menschlichen System entstehen und sich verhalten, insbesondere beim Erfahrungslernen, müssen wir uns ein wenig in physikalische und chemische – also biologische – Überlegungen vertiefen. Dafür nehmen wir das physikalische **Synergetik-Modell** von Hermann Haken zur Hilfe, welches dieser in zahlreichen Schriften (u. a. 1981) beschrieben hat, sowie das daraus abgeleitete **Psychosynergetik-Modell** meines langjährigen Kollegen und Mitstreiters Dietmar Hansch, das dieser sehr ausführlich in einem seiner ersten Bücher *Evolution und Lebenskunst* (2002) behandelt. Beide Modelle verdeutlichen sehr gut das Prinzip des Lebendigen und die neurobiologischen Grundlagen des Erfahrungslernens.

Unser Sein – und so auch wir mit unserem Körper – bestehen zum einen aus eher stabilen, recht festen und zum anderen aus nicht so festen, eher veränderlichen, dynamischen Strukturen. Hierzu ein Bild: Stellen Sie sich die festen Strukturen eines in Fels gewaschenen Flussbettes vor und darin veränderliche, fluide, bewegliche instabile Strukturen in Form von strömenden oder wabernden, vielleicht dampfenden oder schäumenden Wasser- und Wellenmassen. Am Flussbett wird sich so schnell nichts verändern, an den Wasser- und Wellenmassen vielleicht schon, je nach Strömungsgeschwindigkeit, Temperatur, Wind oder sonstigen Kräften. Das Zusammenwirken der Kräfte, welche diese instabilen Strukturen entstehen lassen, formen und wieder verändern, nennen wir Synergetik. In einer Art Selbstorganisation, die durch Zufall und gegenwärtig vorliegende Kräfteverhältnisse bestimmt wird, entstehen im Flussbett also synergetische Strukturen, die aus Wasser, Wasserdampf oder je nach Wetterlage auch aus Eis bestehen können. Diese sind aber nicht stabil, sondern dynamisch, sie existieren nur bis zu dem Moment, bis sich mit der Temperatur, der Fließgeschwindigkeit und den anderen Kräften der aktuelle (instabile) Zustand wieder verändert; dann nehmen sie entsprechend eine andere Form an.

Betrachten wir diese instabilen, dynamischen Strukturen als System, sprechen wir von einem offenen, komplexen selbstorganisierenden System, wo eine Menge an Wirkimpulsen positiver wie negativer Rückkopplungen, exponentieller Verstärkungen und Bewegungen stattfinden, die natürlich meist nicht ganz aus den Fugen geraten. So schnell wird auch der Fluss sein Bett – die stabile Struktur – nicht verlassen. In der Synergetik bezeichnet man dieses Phänomen (in unserem Bild: das Flussbett) als *Schranken des Systems*, was in etwa – je nach Systembetrachtung – den stabilen oder stabileren Strukturen gleichkommt. Den Fluss hingegen, also genau genommen den Wasserstrom, das, was fließt, versteht man als *Bereich der Dynamik*. Damit sind die instabilen, flexiblen Strukturen gemeint. Die Gesetze und die Eigendynamik, nach der sich diese Strukturen und mit ihnen die unterschiedlichen Zustände des Flusses ändern, um in unserem Bild zu bleiben, könnten schließlich mit dem Begriff »**synergetische Selbstorganisation**« beschrieben werden.

Über eine längere Zeit hinweg betrachtet, beeinflusst das Instabile (der Wasserstrom) natürlich das Bett, vielleicht sogar den Verlauf des Flusses. Dann verändert sich mit dem Flussbett das Stabile, was sich in der Folge wiederum auf die instabilen Strukturen auswirkt: auf die Form des Fließens, die Gestalt und den Zustand des Wassers. Bei einem reißenden Fluss kann so mit einem sich nach und nach verändernden Flussbett wieder ein neuer stabiler Zustand entstehen.

Zur Verdeutlichung der Dynamik von stabilen und instabilen Zuständen in einem sich stetig mehr oder weniger verändernden System haben wir ein relativ vereinfachtes Bild, nämlich das eines reißenden Flusses, gewählt. Die Synergetik, die dort wirkt, ist aber ein Grundprinzip, das fast allen physikalischen und chemischen Vorgängen im Körper zugrunde liegt. Insbesondere findet sie sich wieder in den selbstregulierenden und autoregulativen Prozessen viel komplexerer und beweglicher Systeme, wie dem menschlichen Leben oder – wie hier von besonderer Bedeutung – dem menschlichen Gehirn.

Der Mensch ist aufgrund seines hochentwickelten Gehirns in Bezug auf Selbstregulation und Anpassung zu Höchstleistungen fähig. Vor diesem Hintergrund ist auch die enorme individuelle und evolutionäre Entwicklung des Menschen zu verstehen. Individuelle Erfahrungen mit Körper, Seele und Geist (fließender Fluss, Wasserstrom) hinterlassen im Gehirn stabilere Strukturen (vergleichbar mit der Form eines Flussbettes). Erfahrungen, die wir definitionsgemäß im Idealfall mit Körper, Seele und Geist machen, können wir demnach als instabile, sich selbstorganisierende, eigendynamische Prozesse ansehen, die innerhalb z. B. genetisch vorgegebener Schranken bei einer Art Versuchs- und Irrtumslernen vollkommen Neues, Stabileres entstehen lassen können. Hierbei richten sich die Veränderungsprozesse im besten Fall nach den Anpassungserfordernissen an unsere Umwelt. Die stabileren Muster, die infolgedessen entstehen, sind entsprechend, wenn es optimal läuft, Anpassungsergebnisse, die es uns erleichtern, mit den bestehenden Gegebenheiten besser klar- und in der Welt bzw. in unserem Leben besser zurechtzukommen. Aus diesem Grunde können wir hier auch von *psychosynergetischen Anpassungs- und Lernvorgängen* sprechen.

Es wäre natürlich gut, wenn diese Vorgänge kontinuierlich unter den optimalsten Rahmenbedingungen (Zeit und Ort) abliefen und stets ergebnisorientiert wären. Ein ideales Setting gibt es aber so gut wie nie, stattdessen existieren meist äußere Faktoren, manchmal auch höhere Gewalten, die diesem erfolgversprechenden Anpassen hinderlich sind, wie beispielsweise unser derzeit **rasanter Biotopwandel**. Wir leben in einer Welt, in der sich die äußeren Umstände so schnell ändern, dass unsere psychosynergetische Anpassungskapazität auf breiter Ebene meist gar nicht mehr mithalten kann. In der Gegenwart zeigt sich dieses Phänomen in dem signifikanten Anstieg von sogenannten Burn-out- oder auch **Stressfolgeerkrankungen**.

> **Durch den derzeit rasanten Wandel der Lebensumstände und Werte reicht unsere psychosynergetische Anpassungsfähigkeit oft nicht aus, um uns auf neue Situationen und Inhalte einzustellen. Dies führt zu einem signifikanten Anstieg von Stressfolgeerkrankungen.**

Das Spektrum individueller Ungleichgewichte stabiler und instabiler Zustände ist natürlich bei Weitem vielschichtiger und extremer. Es reicht von völlig normalen, gesunden Anpassungs- und Verarbeitungsprozessen bis hin zu völlig gestörten, kranken Prozessen. So wie es zu totalen Überschwemmungen oder zum kompletten Austrocknen des Flussbettes kommen kann und zu vielen anderen Zuständen dazwischen, so sind in unserem Körper-Seele-Geist-System natürlich auch vielfältige Störungen in unterschiedlicher Ausprägung möglich.

Vor dem Hintergrund dieser Erkenntnisse wird in der EOT versucht, natürliche und künstliche Erfahrungsräume in ihrer Ganzheit so anzulegen und zu nutzen, dass im Patienten eine möglichst passgerechte synergetische Selbstorganisation und Eigendynamik erzeugt werden kann, die eine maximale Anpassungsleistung entstehen lässt und zugleich für den Alltag und das Leben tauglichere, stabilere Denk-, Fühl-, Verhaltens- und Handlungsmuster hervorbringt. Das Prinzip der Synergetik beschreibt also Strukturbildungsprozesse in Physik und Chemie, welche sich mit dem Modell der Psychosynergetik auf psychische sowie allgemein menschliche Anpassungs- und Strukturbildungsprozesse genauso übertragen lassen.

Mehr pragmatisch gedacht stellt sich zuletzt dann noch die Frage, warum das Prinzip des Lebendigen überhaupt aus stabilen und instabilen Mustern besteht. Warum weist die Natur Strukturen auf – hier: Denk-, Fühl-, Verhaltens- und Handlungsmuster –, die einerseits den Verlauf unseres Lebens bestimmen, also stabil angelegt und nur sehr schwer zu verändern sind, und andererseits instabilere, für die genau das Gegenteil gilt? Die Antwort, die wir auf diese Frage finden können, ist ziemlich simpel: **Unser Gehirn arbeitet sehr ökonomisch und Bewährtes muss konserviert werden.** Das erspart eine Menge Arbeit und Zeit. Stellen Sie sich nur vor, Sie müssten jeden Morgen alles neu erlernen. Undenkbar, welcher Kraft- und Zeitaufwand das wäre! Wir wären nicht überlebensfähig und würden immer den Wissensstand eines Neugeborenen haben. Folglich brauchen wir, um existieren zu können, unbedingt eine gewisse Stabilität und zu diesem Zweck automatisieren wir bewährte Denk-, Fühl-, Verhaltens- und Handlungsmuster. Auf diese Weise können wir blitzschnell und unbewusst in gegebenen Situationen auf einen vorhandenen Erfahrungsschatz – Bewährtes – zurückgreifen, Aktuelles aufgrund dessen ohne großen Aufwand einordnen und bewerten. Daraus folgt dann gegebenenfalls ein Handlungsimpuls. Nichtsdestotrotz dürfen unsere Muster natürlich auch nicht so »betonstabil« sein, dass wir sie überhaupt nicht ändern können. Das wäre fatal, denn dann könnten wir uns keinen neuen Gegebenheiten anpassen, nicht dazulernen, uns weiterentwickeln.

Sicher, die Sache hat diesen einen Haken: die **Innenrevision**. Dieser Vorgang geht in unserem System nicht spurlos und ohne Widerstände vonstatten. Aus stabilen Strukturen müssen zunächst instabilere und daraus wieder andere, neue stabile Strukturen gemacht werden. Treten dysfunktionale Zustände in unseren Mustern auf und fehlen entsprechend adäquate Anpassungsmuster, so bedarf es sehr viel Energie und Arbeit, diese oft lange Zeit bewährten Muster zu revidieren. In einem Zeitalter wie dem unsrigen, das durch einen rasanten Biotopwandel und gravierende Veränderungen auf verschiedenen Ebenen geprägt ist – Informationsflut, Macht der Medien, zeit- und raumlose Kommunikationsmöglichkeiten, demographischer Wandel, Schnelllebigkeit und Unbeständigkeit, Zeit- und Leistungsdruck, Arbeitsverdichtung, um nur einige zu nennen –, stellt dies eine besondere Herausforderung dar.

Deshalb ist es für uns alle so wichtig, ein Gefühl für **das richtige Maß an Stabilität, Veränderungsbereitschaft und Möglichkeiten für neue, wirkungsvolle Erfahrungen** zu entwickeln, um mit dem schnellen Wandel unseres Biotops gut klarzukommen, uns bestmöglich anpassen und gesund bleiben zu können. Dazu bedarf es jedoch oft großer Nachhol- und Innenrevisionsarbeit im Gehirn, nicht nur im therapeutischen, sondern auch im präventiven Bereich. Immer mehr Menschen sind heutzutage mit dem Alltag, in Familie und Beruf überfordert, geraten aus dem Gleichgewicht und werden krank. Genau an dieser Stelle setzt EOT an.

> EOT hat zum Ziel, unbewusste, automatisierte Denk-, Fühl-, Verhaltens- und Handlungsmuster zu optimieren. Kern des therapeutischen Prozesses ist die »Arbeit im Tiefbau«.

Doch welche Rolle spielen dabei bewusste und nichtbewusste Muster bzw. Wissensbestände im Gehirn des Patienten?

1.2.6 Relevanz von Bewusstem, Vorbewusstem und Unbewusstem

Als eine der ersten Assoziationen kommt uns beim Begriff Gehirn wohl unser Denken in den Sinn. Wir denken über das eine oder andere nach und treffen eine Entscheidung. Natürlich wissen wir jetzt, dass da – in unserer Steuerzentrale unseres Seins, die unser gesamtes Leben systemisch auf körperlicher, seelischer und geistiger Ebene bestimmt – weitaus mehr passiert und alles viel komplexer ist.

Das menschliche Gehirn besitzt ca. 80 Milliarden Nervenzellen, die über ein hochkomplexes Netzwerk miteinander verknüpft sind und der Informationsverarbeitung dienen. Infolge der Prozesse, die da ablaufen, entstehen gewaltige Salven an elektrischen Potenzialen und unzählige chemische Vorgänge. Es gibt dort verschiedene Abteilungen, die von uns Menschen mit den buntesten Namen belegt worden sind. Da ist – im Gegensatz zur Großhirnrinde (*Cortex cerebri*), auf die wir sehr stolz sind, weil wir glauben, mit diesem »vernünftigen« Organ die Welt verstehen und beherrschen zu können – beispielsweise das *Cerebellum*, das Kleinhirn. Es sorgt für das Feingefühl beim Bewegen, das Zeitempfinden und die Selbstwahrnehmung. Ein paar sehr wichtige und gar nicht so kleine Aufgaben. Ohne das Kleinhirn wäre die Großhirnrinde bestimmt nicht in der Lage, Bewegungsabläufe, Zeit oder das Selbst bewusst wahrzunehmen. Dies sei nur ein anatomisches Beispiel für die Komplexität und das Ineinanderwirken neuronaler Vorgänge. Ein anderes Phänomen, die **implizite Informationsverarbeitung**, wollen wir jetzt mit Blick auf die EOT näher betrachten. Sie zählt zu den zentralen Gegebenheiten im Gehirn, mit denen wir im Therapieprozess arbeiten werden. Es geht um die **therapeutische Arbeit mit dem Bewussten, Vorbewussten und Unbewussten über neues Erfahren.**

Viele Gedächtnisinhalte sind uns nicht bewusst, aber auch viele Denkprozesse laufen »implizit« ab.

Das Gleiche gilt auch, so vermutet es Damásio (1994), für Gefühle. Wenn wir über Gefühle sprechen, müssen wir uns vergegenwärtigen: Emotionen auf der Körperebene sind schon da und neurochemische Prozesse laufen schon ab, bevor (!) wir ihnen eine Bedeutung beimessen und sie als Gefühle wie Angst, Trauer oder Ähnliches bewerten und empfinden. Das Nichtbewusste hat also eine große Bedeutung in Denk-, Gefühls-, Verhaltens- oder Handlungsprozessen.

> **Emotionen und Gefühle lassen sich so unterscheiden: In und am Körper können wir durch neurochemische Prozesse etwas spüren, ohne dass es zunächst eine Bedeutung für uns hat. Verleihen wir dieser Emotion dann eine Bedeutung, wird aus der Emotion – etwa Angst oder Trauer – ein Gefühl.**

Denken wir zurück an die Anatomie im Gehirn und das Beispiel für das Zusammenwirken der unterschiedlichen Areale bei bestimmten Arbeitsprozessen, so liegt die Schlussfolgerung nahe, dass sich auch das Vor- und Nichtbewusste an keinen bestimmten Stellen in unserem interaktiven Netzwerk verorten lassen. Prinzipiell gibt es im Gehirn keine Orte, wo irgendetwas »sitzt«. Es sitzt nicht links oben die Freude, links unten das Glück oder ganz hinten rechts das Zentrum für Angst. In der Schaltzentrale unseres Seins entsteht jegliche Regung als nicht verort- oder fassbares Produkt, und zwar aus verschiedensten Reaktionen und Wechselwirkungen an und zwischen den unterschiedlichsten Orten mit einer enormen Variationsbreite an elektrischer oder chemischer Intensität sowie bewussten, vorbewussten und nichtbewussten Anteilen. Auch das Bewusste befindet sich nicht eindeutig oben im Gehirn und das Unbewusste nicht unten oder tiefer in unserem Kopfinneren vergraben. Wenn wir im Gehirn überhaupt etwas lokalisieren, dann tun wir dies aus rein didaktischen Gründen. Bewusstsein, Vorbewusstsein und Nichtbewusstsein betrachten wir korrekterweise besser ausschließlich als unterschiedliche Bewusstseinszustände.

Die Transferleistung von Informationen, Vorgängen und Gedanken, die in unser Bewusstsein vordringen, also das, was bei uns bewusst ankommt, beträgt – computeräquivalent beschrieben – zwischen 1–40 Bits pro Sekunde. Die Übertragungs-rate der Informationen, die jedoch über den Input der Sinne – Sehen, Hören, Riechen, Schmecken, Fühlen – unbewusst in unser Gehirn gelangt, ist mit 100–1.000.000 Bits pro Sekunde weitaus größer. Wo bleibt also der gesamte große Rest an Informationen, der uns nicht bewusst ist und dennoch irgendwo abgespeichert wird? Nun irgendwo wird er wohl schon noch sein und in der einen oder anderen Situation – wenn auch nicht immer voll-umfänglich – abgerufen werden können, vielleicht aber auch nicht, wenn die Daten im gänzlich Unbe-wussten verborgen bleiben.

Es handelt sich also bei den unterschiedlichen Bewusstseinszuständen um veränderliche, fließen-de, graduelle Zustände mal mehr oder weniger prä-senter Informationen. Dass die Bewusstheit bio-logisch begrenzt wird, hat wieder ökonomische Gründe. Würde uns jederzeit der ganze Informa-tionspool präsent sein, würde uns das überfordern und unser System kollabieren (es gibt entsprechende Krankheitsbilder). In unserem Gehirn existieren demnach Denk-, Fühl-, Verhaltens- und Handlungs-muster – gebildet aus persönlichen **Erfahrungen** –, die uns teils bewusst, aber zum größten Teil vor- oder unbewusst sind. Sie **beeinflussen mit ihrer ganzen Wirkkraft**, selbst wenn sie uns nicht bewusst sind, unser aktuelles Handeln, Verhalten, Denken oder Fühlen. Daraus kann gefolgert werden, dass die Bearbeitung solcher uns ausmachender Erfahrun-gen und Muster sich auch oder vielmehr vornehm-lich auf den nicht bewussten Anteil beziehen sollte. Diese wichtige Erkenntnis bildet die Basis und Essenz für Erfahrungslernen und ist ausschlag-gebend dafür, dass in den Therapie- oder Entwick-lungsprozess Körper, Seele und Geist mit ihren bewussten wie vor- und unbewussten Erfahrungen und Mustern einbezogen werden. In logischer Kon-sequenz kann Erfahrungslernen als eine der ergie-bigsten Vorgehensweisen oder Methoden bezeichnet werden, mit der am ehesten und leichtesten bewusste und vorbewusste Anteile und Muster der Persön-lichkeit exploriert und bearbeitet werden können.

> **Unser Gehirn beherbergt Denk-, Fühl-, Ver-haltens- und Handlungsmuster in Form von gespeicherten Erfahrungen, die uns teils bewusst, aber zum größten Teil vor- oder unbe-wusst sind. Unabhängig vom Bewusstseins-grad beeinflussen sie, wie wir im Hier und Jetzt denken, fühlen, uns verhalten und handeln.**

Es gibt bestimmte Vorgehensweisen, um ganz ge-zielt aktuell nicht präsente, vorbewusste Wissens- und Erfahrungsanteile anzusprechen. Diese sind uns natürlich nicht erst seit gestern bekannt. Ent-spannungsverfahren, Hypnose, auch Schamanismus basieren beispielsweise darauf – mit welchen Metho-den auch immer herbeigeführt –, die kortikalen Erregungen und damit den Grad des Bewusstseins zu senken. Erfahrungsorientierte Methoden, wie etwa die Hochseilgartenbegehung, erschließen sich das zunächst Nichtbewusste jedoch anders als die oben genannten Methoden. Zum einen wird die Aufmerksamkeit des Patienten auf eine bestimmte Erfahrung gelenkt, welche fortwährend fokussiert wird, um sie in hochaktiviertem, emotional auf-gewühltem, rational-kognitiv sehr wachem und motorisch-sensitiv erregtem Zustand als Ganzes neu wahrzunehmen und zu bearbeiten. Zum ande-ren ist anzunehmen, dass durch die Hyperstimula-tion, die bewusste Ansprache und das gezielte Erzeu-gen von Emotionen, der sogenannte **Arousal-Effekt** (Verstörungseffekt) auftritt, der feste Muster lockert bzw. »verschüttet« und diese dann für eine Neuord-nung freigibt. Auf diese Weise bleibt es nicht bei rein oberflächlichen rational-kognitiven Erklärungs-mustern, sondern es werden zusätzlich zunächst nichtbewusste Fühl-, Denk-, Verhaltens- und Hand-lungsmuster freigelegt, bewusst und der therapeu-tischen Intervention zugänglich gemacht. (Vgl. dazu auch den Beitrag von Mehl in diesem Buch: »Thera-peutisches Setting Hochseilgarten. EOT in der Klinik Wollmarshöhe«, ▶ Kap. 4)

Wir können uns dies – anatomisch nicht ganz korrekt, aber didaktisch vereinfacht ausgedrückt – so vorstellen, dass Erfahrungen mit einem quasi dreidimensional ausgebreiteten bewussten, vorbe-wussten und nichtbewussten Anteil sowie der Kör-per-Seele-Geist-Dimension neuronal verankert sind. In der EOT setzen wir uns zum Ziel, durch die Wahl des Settings und der Vorgehensweise mög-lichst alle Anteile des neuronalen Erfahrungsnetz-werks anzusprechen. Neurophysiologisch gesehen handelt es sich bei der jeweiligen momentanen Aus-prägung der Bewusstheit um spezifische, präzise und synchronisierte Erregungsmuster verschiedener im Gehirn lokalisierter Neuronen, die passgenau ineinandergreifen. Wir können uns das wieder mit der Gradualität eines Lichtdimmers verdeutlichen. Wie das Licht von ganz dunkel bis ganz hell stufenlos geregelt werden kann, sind auch Bewusstseinszustände fließend veränderbar.

Dass wir diese komplexen Zusammenhänge im Gehirn, die bei jedem Erfahrungslernen ablaufen, mittlerweile besser nachvollziehen können, dazu haben die Neurowissenschaften wesentlich beigetragen. Wir wissen, dass wir Informationen, Geschichten, Erfahrungen in einem komplexen neuronalen Netzwerk mit teils bewussten, teils vor- und teils nichtbewussten Anteilen abspeichern und verankern. Doch wie geht das vonstatten mit der Informationsaufnahme, dem Wahrnehmen, Abspeichern, Ausbilden von Strukturen und Mustern sowie dem Entstehen von Erfahrungen?

1.2.7 Selbstoptimierung durch Erfahrung – Menge und Vielfalt sind entscheidend

Unser Gehirn kommt mehr oder minder als »Rohmasse« auf die Welt. Es besteht zunächst ausschließlich aus angeborenen Strukturen und ist unerfahren. Wenn es das Licht der Welt erblickt, scheint es nur darauf zu warten, Neues aufzunehmen, Erfahrungen zu machen, Informationen abzuspeichern, sich weiterzuentwickeln. Dies passiert, indem das kleine Menschlein, u. a. über seine Sinne, mit der Umwelt in Kontakt tritt und eine Beziehung zu ihr aufnimmt (ab dem Lebensalter von etwa drei Jahren nimmt es auch eine Beziehung zu sich selbst auf).

Auf die Sinnesorgane und das Gehirn eines Neugeborenen prasseln so zunächst viele Tausende Informationen aus dessen Lebensumwelt ein, bestehend aus vielfältigen einzelnen Komponenten. Da sein Gehirn am Lebensanfang noch recht unerfahren ist und es somit nur wenige Vergleichsmöglichkeiten hat, ist es aber noch gar nicht in der Lage, differenziert wahrzunehmen, Informationen ökonomisch und mit einem bestimmten Aufmerksamkeitsfokus zu filtern sowie die gewonnenen Sinneseindrücke adäquat einzuordnen. Seine **Wahr-**

nehmungsfähigkeit wird erst mit fortschreitendem Alter wachsen und ausgefeilter werden, dann wird auch das Kategorisieren und Abspeichern von Informationen optimaler laufen, je mehr und vielfältiger es im Leben Erfahrungen macht. (Wahrnehmungs- und Selektionsfähigkeit kann man ein Leben lang lernen und verbessern.)

> Wahrnehmungs- und Selektionsfähigkeit kann man ein Leben lang – wie andere Basiskompetenzen auch – lernen und verbessern, um gut für intensive Erfahrungen gerüstet zu sein.

Schaut ein Baby nach dem Aufwachen aus dem Mittagsschlaf aus dem Kinderwagen plötzlich in eine vollkommen unbekannte Landschaft, nimmt es den Ort wahr, die Zeit, die Bewegungen. Vielleicht spielen da Kinder auf einer Wiese Fangen, und es erkennt nur die Schemen der vorbeilaufenden Mädchen und Jungen, irgendwelche Figuren, Formen oder Farben. Möglicherweise spürt es die Temperatur auf seiner Haut, die wärmende Sonne, riecht und hört etwas, z. B. ein Klacken – die Mama hat gerade einen wohlduftenden Babybrei geöffnet. Neben diesen Eindrücken nimmt das Babyhirn noch Tausende anderer Dinge wahr, und zwar nahezu alle auf einmal. Sein Gehirn wird dann versuchen, diese Eindrücke zu einem stabileren Konstrukt, einer möglichst stimmigen Wahrnehmung, zusammenzufügen. Weil die Begrifflichkeiten und Definitionen in der Wissenschaft dazu nicht ganz eindeutig sind, sprechen wir bei dem, was dabei als Produkt herauskommt, von einem Perzept.

Dass das ziemlich unerfahrene Babyhirn, welches nur über wenige Vergleichsmöglichkeiten verfügt, sich sehr schwer tut, ein präzises Bild aus den vielen hundert einzelnen Komponenten passgenau zusammenzupuzzeln, ist leicht vorstellbar. Anlagebedingt sind zwar bereits ganz grobe Strukturierungsmöglichkeiten vorhanden, vielleicht auch durch erste Lebenserfahrungen, aber es stehen noch mehr Input und Vergleichsmöglichkeiten für eine optimalere Informationsaufnahme, -verarbeitung und -verwertung aus.

Dazu benötigt es bestenfalls viele verschiedene Erfahrungen, die sich gegensätzlich oder disharmonisch zueinander verhalten. Denn erst im Gewahrwerden des Unterschiedlichen im Gegenteiligen, des Anderen im Fremden, des Neuen im Unbekannten, wird das Eigene, Bekannte, bereits Gelernte und zuletzt das Selbst bewusst. Dass die **Differenziertheit der Erfahrungen so bedeutsam** ist, ist leicht vorstellbar, wenn wir uns vergegenwärtigen, wie schwer es uns fallen würde, Licht wahrzunehmen, wenn es keine Dunkelheit gäbe, Wärme, wenn Kälte in unserem Wahrnehmungsbereich fehlte, Freude und Unbeschwertheit zu schätzen, wenn es in unserem Leben noch keine traurigen Momente gegeben hätte, Wohlstand, wenn wir noch nie einen wirklichen Mangel erlebt hätten. Wenn wir keine »Tiefen« erfahren (und unser Gehirn daran eichen können), können wir auch keine »Höhen« wahrnehmen und nur schlecht die zahlreichen Stufen dazwischen bemessen. Erst im Vergleich von Erfahrungen erhält unser Gehirn die notwendigen Bemessungsparameter, um neue Eindrücke adäquat einordnen und verwerten zu können. Durch Rückkopplungsphänomene in den Beziehungen, die der Mensch von Kindheitstagen nach außen hin aufbaut, durch das ständige Feedback von anderen und der Umwelt, Trial-and-Error und andere Lernprozesse wächst und gedeiht er im günstigsten Fall mit steigender Selbstoptimierung (Weg der persönlichen Meisterschaft). Er wird sich mehr und mehr bewusst, was er will (Aufmerksamkeitsfokussierung) und stimmt daraufhin seine Wahrnehmungsfilter ab, sodass er vorwiegend nur die Informationen in sein Hirn hineinlässt, die er wirklich gebrauchen kann.

> ❯ Durch Vergleichsmöglichkeiten erhält unser Gehirn erst die nötigen Parameter, um Neues adäquat einordnen, be- und verwerten zu können. Ohne Tiefe zu kennen, können wir keine Höhe wahrnehmen. Je differenter unsere Erfahrungen, desto besser – desto ausgefeilter die Eichung unserer Wahrnehmungsfilter.

Je mehr das Gehirn erfährt – vor allem Neues –, desto besser gelingen eine differenzierte Wahrnehmung, der Wissens- und Erfahrungszuwachs auf allen Ebenen sowie letztendlich die Optimierung des Selbst. Bei der Einordnung aktuell erfahrener Dinge kommt es zu einer Art »Selbsteichung«. Dabei wird das Neue abgeglichen mit den aktiv bewussten (expliziten) und den mehr oder minder unbewussten (impliziten) Erfahrungsbeständen:

mit Erinnerungen, mit Geschehenem, Ausgearbeitetem, Bewährtem oder Gefürchtetem. Zum größten Teil handelt es sich dabei um Denk-, Fühl-, Verhaltens- und Handlungsmuster, die wir für uns gültig als Automatismen, aber nicht direkt unserem Bewusstsein zugänglich, in unserem subkortikalen unbewussten Speicher abgelegt haben. Beim Vergleich mit gegenwärtig Erfahrenem werden nun bestimmte Inhalte aus den bewussten, aber mehr noch aus den unbewussten Wissensschätzen aktiviert, um in Interaktion mit dem Neuen angepasst, erweitert oder verworfen zu werden. So vermag das Selbst am besten den Weg zur persönlichen Meisterschaft zu beschreiten und die Chance zu nutzen, sich stetig weiterzuentwickeln.

Zusammengefasst: Informationsaufnahme, -verarbeitung, -bewertung und -einordnung in für das Selbst Relevantes oder Irrelevantes vollzieht sich auf diese Weise in einem komplexen Erfahrungsprozess. Je ausgefeilter unsere Wahrnehmung (Nutzung unterschiedlicher Wahrnehmungskanäle), je umfassender der Einbezug der im Gehirn vorhandenen Erfahrungsbestände im Abgleich mit dem vielfältigen Neuen ist, desto differenzierter ist auch die Bewertung des Neuerlebten und die Konstruktion der subjektiven Wirklichkeit, die dabei als Produkt herauskommt. Bei diesen Prozessen, die in unserem Erfahrungsreaktor zeitlebens ablaufen, spielen Emotionen (Körper), Gefühle (Seele) und Kognition (Geist) gleichermaßen eine wichtige Rolle. Einerseits werten wir grundsätzlich das, was geschieht, auch im Gefühl, andererseits befähigt uns erst die bewusst wahrgenommene Erfahrung, unsere Sinne für genauere Unterscheidungen zu sensibilisieren und somit zu einer sehr fein abgestimmten Bewertung des Geschehenen zu kommen.

Kehren wir noch einmal zurück zu unserem Kinderwagenbeispiel. Dem Babyhirn ist mit der Wahrnehmung des Dufts und der Farbe des noch warmen Karottenbreis im Gläschen, das die Mutter gerade geöffnet hat, eine Situation bewusst geworden. Viele andere Sinneseindrücke sind zuvor auf das kleine Hirn eingeströmt: das Vogelzwitschern im Park gleich nach dem Mittagsschlaf, die vorbeirennenden Kinder, das Grün der rauschenden Blätter, die von Sonnenlicht beschienene, sehr warme Decke im Kinderwagen usw. Zu diesem Zeitpunkt sprechen wir noch nicht von einer Erfahrung, sondern zunächst von bewertungsfreiem Erleben, vielleicht auch Wahrnehmen. Erst durch den Abgleich mit Vorerfahrungen, durch emotionale Bewertung und kognitive Verarbeitung in Form von mentalen Modellen, möglicherweise auch von Musterbildungen, die Handlungsimpulse auslösen, wird aus dem Wahrgenommenen für das Baby eine Erfahrung.

Der Geruch des warmen Breis ist wichtig für das Baby, vor allen anderen Sinneseindrücken. Denn nach dem Mittagsschlaf hat es immer Hunger. Es weiß, dass es dann immer ein Gläschen Brei gibt. Möhrenbrei, der süßlich-warm duftet, ist besonders lecker. Das Baby schreit, um zu zeigen, dass es schon wach und bereit ist, gefüttert zu werden. Als es von der Mutter aus dem Wagen herausgenommen und auf den Arm genommen wird, weicht das Schreien einem vergnügten Quieken, es macht den Mund auf, der Löffel mit dem Brei naht.

Das Baby setzt sich also durch Sehen, Hören, Riechen mit der Umwelt und einer gegebenen Situation in Beziehung. Durch unbewusste, aber auch bewusste Filter, nimmt es verschiedenste Teilinformationen und einige davon besonders deutlich wahr (Aufmerksamkeitsselektion: für das Baby ist bspw. nicht das Rauschen der Blätter oder das, was die vorbeilaufenden Kinder tun, von Bedeutung, sondern wichtig sind der wohlduftende Möhrenbrei, das Hochgenommen-Werden und Füttern durch die Mutter). Die Teilinformationen werden im Gehirn zunächst zu einem Perzept zusammengefügt, bevor aus dem folgenden konstruktiven Verarbeitungsprozess – mit Beteiligung des assoziativen Cortex –, bestehend aus Erkennen, Erinnern, Kombinieren, Assoziieren, Zuordnen, Beurteilen, Akzeptieren, im Abgleich mit vorhandenen Vorstellungen, Konstrukten und Schemata entweder eine neue Erfahrung entsteht (in unserem Fall vielleicht, dass das Baby kombinieren lernt, dass es auch draußen bei Spaziergängen nach dem Mittagsschlaf, da, wo Kindergeschrei im Hintergrund ist, leckeren Brei gibt und nicht nur nach dem Aufwachen zuhause) oder eine alte Erfahrung in ihrer Gültigkeit bestätigt wird (bspw. wenn es das Klacken eines Deckels hört, dass es dann etwas zu essen gibt, bestenfalls den süßlich-warm duftenden Lieblingsbrei, den es schon am Geruch erkennt).

Der Vorgang der Informationsverarbeitung vom singulären Sinneseindruck bis zur letztendlichen Erfahrung ist hier recht vereinfacht dargestellt, soll uns aber an dieser Stelle genügen.[3] Es reicht, zu wissen, dass sich eine Erfahrung aus vielen einzelnen Aspekten zusammensetzt, die meist an schon vorhandenem Vorerfahrenen bemessen wurden. Mit dem sukzessiv anwachsenden Erfahrungsschatz bilden sich dann mit zunehmendem Lebensalter auch immer mehr die Wahrnehmungsfilter heraus. Wir passen uns an, nehmen wahr und verarbeiten, was uns für unser Leben und Fortkommen wichtig erscheint. Dabei prägen wir **individuelle Wahrnehmungsfilter** in Abhängigkeit von gewonnenen Erfahrungen mit dem Lebensumfeld aus: sozialer (Familie, Gemeinschaft, in die man hineingeboren wird, dort bestehende Konventionen, Werte, Normen, in Abhängigkeit von Zeit und Ort), kultureller (Tradition, Religion, Wertvorstellungen) und individueller Art (Vererbtes, Charakter, persönliche Erfahrungen, eigene Glaubenssätze).

Beim Menschen jedoch sind bestimmte Wahrnehmungskanäle genetisch gar nicht erst vorhanden, da sie für die Lebensführung unserer Spezies keine Bedeutung haben. So können wir rein physiologisch gesehen bestimmte physikalisch messbare Phänomene nicht wahrnehmen, wie bestimmte Frequenzen, die aber eine Fledermaus hören kann. Das ist so, weil unser System zielorientiert und ökonomisch angelegt ist und auch so arbeitet.

Informationsaufnahme, Wahrnehmung, Filtern von Sinneseindrücken, Aufmerksamkeitsselektion und das Entstehen von Erfahrungen in unserem Gehirn lassen ahnen, dass die Ansatzpunkte und **Eingriffsmöglichkeiten in der EOT** entsprechend breit gefächert sind. Sie erstrecken sich von der Fokussierung der Aufmerksamkeit während der Wahrnehmung über die Beobachtung unbewusster und bewusster Filtervorgänge, die Reflexion am Perzept, die assoziative Einordnung des Geschehenen oder ihrer kognitiven Bewertung bis hin zum Erkennen von Mustern, Konstrukten und Schemata, um letztendlich die Initiierung förderlicher Verarbeitungsprozesse anzukurbeln und dabei funktionale Denk-, Fühl-, Verhaltens- und Handlungsmuster zu fördern.

---

3 Weiterführend beschäftigen sich Maturana und Pörksen (2002) mit dieser Thematik.

> Die Aufnahme, Verarbeitung und Verwertung von Informationen – die Art und Weise, wie wir wahrnehmen und Erfahrungen in unserem Selbstkonzept bewerten – bietet in der EOT ein breites Feld für wirksame Interventionen, auch um Förderliches aus erst einmal schmerzlichen Erfahrungen zu ziehen.

Das **Ingangsetzen von Selbstoptimierungs- und Selbstheilungsprozessen** durch das Bereitstellen entsprechender Erfahrungsräume steht bei der EOT ganz oben auf dem Plan. Sie sollen das passende Setting bieten, Umdeutungsprozesse inszenieren zu können, Situationen mit Vorbedeutung neu zu erfahren und dieses Erleben im Gehirn neu zu vernetzen. Hier kann gelernt werden, wie man auf plötzlich sich einstellende Veränderungen adäquat(er) reagieren, sich auf das Prinzip des Lebendigen einlassen und sich an eine sich stetig wandelnde Welt besser anpassen kann. Nicht Gleichklang, Harmonie und Gewohntes bringen den förderlichen Lernimpuls, funktionale Strukturen und Muster auszubilden, sondern das Erfahren von Vielfalt, Polarität und Kontrast. Auf das Leben bezogen bedeutet dies, dass die Vielschichtigkeit des Seins die Würze des Lebens ausmacht, und hinsichtlich therapeutischer Prozesse und methodischen Vorgehens, dass wir besser und mehr am Unterschied und Konflikt lernen als durch harmonisches Miteinander und gewohnte Umgebungen (Settings). Zur Reduktion von Stressoren ist eine gute, präzise, integrative Wahrnehmung und Bewertung der gegenwärtigen Welt sowie unseres Selbst von hoher Bedeutung. Vielfältige Erfahrungen und die Ausprägung der Basiskompetenzen sind hier der Leim.

Der dafür so wichtige Zusammenhang zwischen vielfältigem Erfahren, Ausbilden einer differenzierten Wahrnehmung und funktionalen Mustern sowie die Macht der bereits vorhandenen bewussten, mehr noch der unbewussten Erfahrungsschätze für unser aktuelles Denken, Fühlen, Verhalten und Handeln ist uns in diesem Abschnitt vor Augen geführt worden. Werfen wir nun aus Sicht des Erfahrungstherapeuten einen Blick auf den Körper und gehen wir der Frage nach, inwiefern körperliche Aktivität und Herausforderungen eine gesundheitsförderliche Systemveränderung bewirken, auch hinsichtlich der

Ausbildung und Weiterentwicklung lebenswichtiger Basiskompetenzen.

1.2.8 Körperliche Aktivität und Herausforderungen

Alle Erfahrungen, Emotionen und Gefühle sind unauflösbar mit dem Körper verbunden, quasi dort abgespeichert. Ohne Körper könnten wir weder Emotionen noch Gefühle empfinden. Wir erinnern uns an die »somatischen Marker« von Damásio (► Abschn. 1.1) und an die unglaublich großen Wechselwirkungen innerhalb der Systemkonzeption Mensch. Dass körperlich aktiv zu sein die Gesundheit fördert und sich positiv auf Seele und Geist auswirkt, ist ein Allgemeinplatz. Kommt zur Bewegung auch noch das Element Konfrontation mit Neuem, Ungewohntem, einer Herausforderung ins Spiel – wie bei der EOT –, trägt dies zusätzlich wesentlich dazu bei, Basiskompetenzen und psychische Widerstandskraft zu fördern.

Vor diesem Hintergrund ist nur schwer nachvollziehbar, warum heutzutage »moderne« Eltern ihren Kindern nur ungern erlauben, auf Bäume zu klettern, die Natur zu durchstreifen, zu raufen oder wild zu spielen. Vermutlich haben sie vor allem Angst, ihre Kinder könnten sich verletzen oder zu wild geraten. In einer Überblicksstudie der University of British Columbia aus dem Jahr 2015, bei der 50.000 Teilnehmer aus insgesamt 18 Studien untersucht wurden, kam heraus, dass »risky outdoor play« gesundheitsförderlich ist (Brussoni 2015). Kinder, die ein höheres Niveau an körperlicher Bewegung und gemeinschaftlichen Bewegungsspielen aufweisen, entwickeln durch ihre körperliche Aktivität und soziale Interaktion nicht nur ihre Geschicklichkeit und ihr Koordinationsvermögen weiter, sondern sind insgesamt auch sozial kompetenter, kreativer und besitzen eine höhere Resilienz. Das Forscherteam unterstreicht, wie wichtig es ist, Heranwachsenden **natürliche Erfahrungsräume** zugänglich zu machen, damit diese sich frei ausprobieren, Eigeninitiative zeigen, freies Spiel trainieren und sich selbst herausfordern können (Brussoni 2015; UBC News 2015).

❯❯ **Kinder, welche sich durch einen höheren Grad an körperlicher Bewegung auszeichnen, auch im Rahmen von Gruppenspielen, fördern durch ihre körperliche Aktivität und soziale Integration auch soziale Kompetenzen, ihre Kreativität und die Herausbildung einer höheren Resilienz.**

Die Studien weisen nach, dass die **Mischung aus Herausforderung, Kreativität und Bewegung** direkt alle drei Systemebenen erreicht und zur Stabilität der gesamten Systemkonzeption Mensch beiträgt. Sie löst dort gesundheitsförderliche chemische und physikalische Prozesse aus, die teilweise auch mit Medikamenten künstlich herbeigeführt werden könnten. Denken wir hier etwa an Kinder mit den sogenannten ADS-/ADHS-Diagnosen, die erfolgreich statt Ritalin (Medikament) freiem Spiel und körperlicher Herausforderung ausgesetzt werden. Dass körperliche Schonhaltung sich im Heilungsprozess wie im normalen Leben eher kontraproduktiv auswirkt, ist nicht verwunderlich, denn das Prinzip des Lebendigen in der **Systemkonzeption Mensch ist von Natur aus auf Veränderung und Bewegung gepolt.**[4]

Körperliche Aktivität ist beispielsweise verantwortlich für die Entstehung und das Wachstum von Nervenzellen, für ihre Wirksamkeit und Leistung. Auch sorgt sie für eine bessere Durchblutung und das Verringern bestimmter Ablagerungen (bspw. von Amyloid-Plaques, die die Grundlage für die Alzheimer-Krankheit bilden). Wenn wir unseren Körper bewegen, uns ausprobieren und uns dabei auch noch durch neue Situationen herausfordern lassen, werden in unserem interaktiven Netzwerk fortlaufend interne Denk-, Fühl-, Verhaltens- und Handlungsmuster sowie insbesondere Bewegungs- und Koordinationsmuster optimiert. So entsteht neurobiologisch gesehen durch Bewegung nicht nur das uns bereits bekannte, Gehirnzellen fördernde neurotrophe Protein BDNF, sondern es sind auch andere Biomarker nachweisbar (Hohn et al. 1990).

BDNF ist insgesamt förderlich für das Wachstum neuer Neuronen und Synapsen und hat positive Auswirkungen auf die Großhirnrinde und den Hippocampus. Diese Regionen sind sowohl verantwortlich für die Gedächtnisleistung als auch für das abstrakte Denken. Weiterführende Untersuchungen haben zudem bestätigt, dass BDNF auch antidepressiv wirkt und zusätzlich die Wirkung von Antidepressiva verbessert. In einigen Studien konnte außerdem belegt werden, dass ein bewegungsreiches Leben die Wahrscheinlichkeit verringert, an Alzheimer oder Demenz zu erkranken (vgl. s. o. verminderte Ablage von Amyloid-Plaques), sowie Depressionen vorbeugt (Brandt u. Pederson 2010).

❯❯ **Den Nutzen durch Bewegung sehen wir oft nur in Verbindung mit dem Körper. Stets wird aber dabei unser ganzes Netzwerk (Körper, Seele, Geist) aktiv beeinflusst, egal auf welcher Ebene initial ausgelöst. Körperliche Aktivität bewirkt u. a. das Wachstum von Neuronen und Synapsen (z. B. durch BDNF).**

Dass der körperlich Aktive Durchhaltevermögen, Leidensfähigkeit, Zielstrebigkeit und andere wichtige Basiskompetenzen (weiter-)entwickelt, ist bekannt. Durch richtige, angemessene körperliche Herausforderung erlebt er, dass sich sein Körper verändert, flexibler wird, sich leichter anfühlt und sich Wohlbefinden einstellt. Als Belohnung für seine Anstrengung erfährt er ein durch Dopamin und Endorphine erzeugtes Glücksgefühl, das das gesamte Körper-Seele-Geist-System positiv beeinflusst. »Anstrengung lohnt sich!«, »Durchhalten zahlt sich aus!« und »Eigenes Tun fördert das Gefühl der Selbstwirksamkeit!« – das sind die Basisbotschaften, die in Form von Schemata oder generellen Mustern im Gehirn abgespeichert werden können. Der körperlich aktive Mensch erhält bewusst oder unbewusst das Signal, dass Beweglichkeit und Flexibilität – ob körperlich, seelisch oder geistig – Veränderung und Weiterkommen beinhalten. Darum gehört auch zu jeder erfahrungsorientierten und ganzheitlich ausgerichteten Persönlichkeitsentwicklung oder Psychotherapie, dass man den ganzen Menschen in die Arbeit einbezieht, also auch den Körper.

---

4 In Krankenhäusern gibt es zwar schon länger Ansätze, die diese Erkenntnis berücksichtigen – etwa die Frühmobilisation oder ergänzende Sportprogramme –, aber leider ist insgesamt gesehen bislang der salutogenetische Wert körperlicher Herausforderung und Aktivität in vielen medizinisch-therapeutischen Bereichen noch viel zu wenig (an-)erkannt oder umgesetzt worden. Gerade in klassischen Krankenhäusern wird er meist noch sehr stiefmütterlich behandelt. Vielleicht wird auch der ganzheitlich psychophysische Aspekt unterbewertet.

Beim Erfahrungslernen nutzt man dafür u. a. insbesondere den Outdoor-Bereich, denn hier lässt sich innerhalb einer Therapie auch die körperliche Ebene unmittelbar und mit einem hohen Wirkungsgrad ansprechen. Wer auf dem Hochseilgarten oder anderen erfahrungsorientiert angelegten Therapiemodulen unterwegs ist, muss demnach nicht nur mit seinen Denk- und Fühlmustern umgehen, sondern auch mit seinem Körper, der untrennbar in dem ganzheitlichen Prozess beansprucht wird. Körperliche Herausforderungen und gesundheitsförderliche Bewegungsanlässe sind in der EOT, die alle drei Systemebenen tangieren soll, darum unverzichtbar. (Damit ist aber keinesfalls Leistungssport mit seiner Du-musst-um-jeden-Preis-gewinnen- oder Millisekunden-Mentalität gemeint, sondern vielmehr die Bewegung mit Maß.)

Die Beweislast, die für mehr Bewegung spricht, ist also groß und belegt, warum Körper und Körpererfahrung unbedingt zur EOT dazugehören. Unser Körper liefert nicht nur unserem Gehirn wichtige Informationen, sondern bildet ebenfalls die kinästhetische Repräsentanz unserer Gefühlslage. Unser Gehirn ist sozusagen die Steuerzentrale für alle Körper-Seele-Geist-Belange. Es koordiniert, bewertet und speichert alles, was uns betrifft und ausmacht. Körperliche Aktivität wirkt sich zudem positiv auf den Verlauf unzähliger Krankheiten aus. Nicht nur das Herz-Kreislauf-System, Bewegungs- und Stützapparat profitieren von mittelmäßiger körperlicher Betätigung, sondern auch Schlaganfall- und Tumorrisiken sollen sich nach Forschungsstudien dadurch vermindern. Das hat auch damit zu tun, dass die Muskeln große sensorische Organismen sind, die durch ihre komplexe Verdrahtung zum zentralen Nervensystem mit fast allen Organsystemen korrespondieren und mit ihnen in Wechselwirkung stehen. Auf diese Weise werden durch körperliche Bewegungen nicht nur die Kontraktionen der Muskeln, Neuronen und Spindeln ausgelöst, sondern zugleich auch vegetative und hormonelle Effekte. Diese stehen wiederum in einem engen Wirkungszusammenhang mit dem Immunsystem und dem Gemüt. Körperliche Aktivität und seelische Verfassung bedingen und beeinflussen sich so gegenseitig, und dazu reicht durchschnittliche Bewegung vollkommen aus.

Gesund zu sein oder zu werden, hat demnach wesentlich **damit zu tun, beweglich zu sein oder es**

wieder zu werden. Dies geschieht generell und am besten durch eigene Motivation und eigenes Handeln und weniger dadurch, dass man sich behandeln lässt. Sich bewegen – gleich welcher Art, ob geistig, seelisch oder körperlich – bedarf folglich eigenen Zutuns. Bewegung können wir weder kaufen noch uns von außen angedeihen lassen. Wir müssen es einfach selbst tun.

> **»Vom Behandeln zum Handeln!« So lautet die Maxime in der EOT. Es betrifft stets Körper, Seele und Geist und bedarf letztendlich eigener Motivation und eigenen Zutuns.**

EOT hilft also dem Menschen deshalb auch indirekt, zu einer angemessenen körperlichen Gesamtbewegung zu kommen. Dabei mag der Spaß- und Spielcharakter Erleichterung verschaffen – das kennen wir von Kindern. Haben sie Freude am Bewegen, am Lernen, ihrem Tun, gedeihen und wachsen sie wie von selbst. Therapie ist demnach für den Patienten nicht nur harte Arbeit, sondern kann auch Freude bereiten.

Die ungemeinen Wechselwirkungen zwischen Körper, Seele und Geist sind jetzt aus anderer Perspektive noch einmal mehr deutlich geworden und haben erneut vor Augen geführt, wie wichtig besonders für medizinische und therapeutische Belange, für zu initiierende (Selbst-)Heilungsprozesse, der ganzheitliche Ansatz ist. Um mit den unterschiedlichen miteinander agierenden Systemebenen gut arbeiten zu können, ist es hilfreich zu verstehen, wie diese im Gehirn repräsentiert sind und welche Prozesse dort wie und an welcher Stelle ablaufen. Im Prinzip können wir uns das genauso wie in einem Unternehmen vorstellen. Es gibt dort Abteilungs- oder Teamleiter, Sachbearbeiter, Service-, Produktions- oder Verkaufspersonal, Entscheider und Controller. Je besser die Arbeitsabläufe der einzelnen Abteilungen aufeinander abgestimmt und organisiert sind, desto besser funktioniert der Workflow, desto erfolgreicher ist das Unternehmen, desto besser kann es wachsen.

1.2.9 Unternehmen Gehirn

Beginnen wir mit dem limbischen System, einer Gehirnregion, zu der Teile wie der Hippocampus oder die Amygdala gehören. Es dient überwiegend der Bewertung und Bedeutungsbeimessung von Inhalten und Fakten. Zwischen ihm und den Gehirnteilen der Großhirnrinde (*Cortex* und *Neocortex*) laufen gewaltige Bahnen. Der Großhirnrinde dient das vom limbischen System erstellte Gutachten als Hilfsmittel zur Handlungsplanung. Dieser Vorgang geschieht zu einem großen Teil in einem uns nicht bewussten Vorgang.

Hier wird deutlich, wie teamorientiert die unterschiedlichen Areale im Gehirn zusammenarbeiten. Unser Gehirn setzt auf Kooperation und baut wirkungsvolle interne Unterstützungssysteme auf. In diesem Zusammenspiel entsteht ein Gesamtprodukt. So beschäftigt sich beispielsweise die Abteilung Großhirnrinde (*Cortex*) mit der Wahrnehmung, eine Region, die wir *formatio reticularis* nennen, steuert hierzu die Aufmerksamkeit bei und das limbische System mit seinen Abteilungen Hippocampus und Amygdala verwaltet am Ende die Erfahrungen und Gedächtnisse zur gutachterlichen Stellungnahme und Bewertung. Derartig vernetzt, arbeitsteilig und teamorientiert können wir uns in etwa das **Zusammenspiel der unterschiedlichen Areale im Unternehmen Gehirn** vorstellen. Natürlich sind die neurologischen Abläufe in Wirklichkeit noch viel komplexer und komplizierter.

Bezogen auf therapeutische Möglichkeiten und Wirksamkeit müssen wir uns nun überlegen, welche Abteilungen im Unternehmen Gehirn leichter veränderbar sind und mit welchen Veränderungen wir dort für das Körper-Seele-Geist-System die größte Hebelwirkung erreichen können. Dies entspricht in etwa den Überlegungen eines externen Beraters, der dysfunktionale Abläufe in einem Unternehmen orten, analysieren und mithilfe der Mitarbeiter der einzelnen Abteilungen funktional neu gestalten soll.

Unsere Gehirne sind von ungeheurer Plastizität. Mit dem Unternehmensmodell vor Augen können wir leicht nachvollziehen, dass die Gehirnabteilung, die für das Erstellen von Gutachten zuständig ist und von langjährig erfahrenen, alten Experten mit bewährten Beurteilungsmaßstäben und daraufhin gebildeten Musterabläufen geführt wird, sehr viel schwerer zu beeinflussen ist als die Abteilung für den Warenein- und -ausgang, die mit der bewussten Großhirnrinde gleichzusetzen ist. Das ist nicht überraschend, denn hier sind die jungen, flexiblen, lernwilligen Ein- und Verkäufer am Werk. Das heißt, **emotionales Umlernen**, das den Einzugsbereich der ziemlich sicheren Gutachter tangiert, ist viel schwieriger um- und durchzusetzen als kognitives Umlernen, das bei den »jungen Wilden« vom Einkauf und Vertrieb wesentlich schneller auf fruchtbaren Boden fällt.

Dennoch, den größten Einfluss, etwas zu sagen und zu bestimmen, haben die alten Herren, die Gutachter aus dem limbischen System. Sie beziehen sich auf ihre Erfahrung langjähriger Unternehmensgeschichte, greifen die Vorschläge und Schilderungen der jungen Einkäufer und Vertriebler auf und gleichen diese mit ihren langjährigen Erfahrungen ab. Entweder sie sagen: »Nein, das haben wir schon immer so und so gemacht!« oder sie halten die Vorschläge für sinnvoll und integrieren diese in Unternehmensabläufe und in die Unternehmenskultur. Manchmal bilden sie auch Kompromisse. All dies ist sehr mühsam und vielleicht kommt gerade schon wieder ein junger Wilder mit einer neuen Meinung oder Idee um die Ecke und sie müssen reagieren.

Unser Gehirn funktioniert ähnlich. Alle Sinneseindrücke, Wahrnehmungen, Geschichten und wilden Erlebnisse, die zunächst in der Großhirnrinde landen (Außendienst), werden den alten Herren mit der langjährigen Erfahrung zur Bewertung vorgelegt (Innendienst, limbisches System). Es ist einleuchtend: Die alten Herren sind schwerer zu überzeugen als die jungen Außendienstler. Genauso stabil und schwierig zu beeinflussen sind die Muster und »Meinungen« im limbischen System. Anders ausgedrückt: Die Formbarkeit unseres Gehirns nimmt nach oben hin vom Stammhirn beginnend bis zu den höher gelegenen Abteilungen, wie der erwähnten Großhirnrinde, stufenweise zu.

Wir können uns zur Veranschaulichung auch einen Baum vorstellen. Das Stammhirn und die emotionalen Bewertungsstellen sind bei diesem Bild vergleichbar mit dem Holzstamm des Baumes. Dieser bildet im Laufe seines Lebens zunehmend Äste, daran grüne Zweige und an deren Ende frisches Blattgrün aus. Das Holz des Baumes (= das weniger Bewusste, stark Vernetzte) ist Sommer wie Winter nahezu nicht zu verändern, die weitaus jüngeren grünen Zweige und Blätter hingegen (= das Bewusste, noch nicht so gut Vernetze) sind deutlich mehr von Wind, Wetter, Temperatur und Licht beeinflussbar.

Wesentliches Ziel in der Psychotherapie ist die Veränderung, beispielsweise der Erkenntnisse, Einstellungen oder Gefühle in Bezug auf Erfahrenes – neurowissenschaftlich gesprochen: die Beeinflussung und Umbahnung neuronaler Strukturen. Mit dem Baumbild im Kopf können wir uns gut vorstellen, dass die äußeren Schichten des Gehirns (das Blattwerk), also die kognitiven Erkenntnisse, leichter zu verändern sind als die tiefer liegenden Schichten (der Holzstamm), also die impliziten Gedächtnisse, denn diese emotionalen **Bewertungsstrukturen** wurden wesentlich früher und tiefer verankert und weitaus differenzierter angelegt als die äußeren Schichten – sie sind sozusagen mit der Zeit schon »hart wie Holz« und damit viel schwieriger zugänglich geworden. In ihnen schlummern die strukturellen Muster und Fertigkeiten, die wir an früherer Stelle bereits auch mit Persönlichkeit und Charakter bezeichnet haben – und wir wissen, wie schwer es ist, hier Einfluss zu nehmen. Die **Konstruktion der subjektiven Wirklichkeit** – das, was für wahr und richtig gehalten wird – wird, wie wir uns durch das neurologische Unternehmensbild verdeutlicht haben, letztendlich von den älteren, mächtigeren Hirnregionen festgelegt.

Wenn wir also etwas erleben, bekommen zunächst unsere unterschiedlichsten Nervenzellen, ob sie für das Sehen, Hören, Riechen oder etwas anderes zuständig sind, Eindrücke zu ein und derselben Geschichte geliefert, nur jeweils aus einer etwas anderen Perspektive, über verschiedene Wahrnehmungskanäle. Diese Informationen werden dann im Unternehmen Gehirn in den unterschiedlichen Abteilungen bearbeitet, im kooperativen Austausch zusammengebracht, und es entsteht mit dem Perzept ein Teil der subjektiven Wirklichkeit. Ein anderes Unternehmen Gehirn, ein anderer Mensch, betrachtet mit seinen Nervenzellen vielleicht die gleiche Geschichte wiederum aus ganz anderen Perspektiven und mit unterschiedlicher Gewichtung der Wahrnehmungskanäle, je nachdem, ob es sich um einen visuellen, auditiven, kinästhetischen, olfaktorischen oder gustatorischen Typ handelt. Hinzu kommt, dass die Altvorderen, die Bewerter, Gutachter und Experten dieses Unternehmens, anders ausgebildet, durch andere Erfahrungen geprägt sind und sich deshalb auch ein anderes Urteil bilden. So hat jedes Unternehmen mit seiner ganz individuellen subjektiven Wirklichkeit sein eigenes Produkt, sein eigenes Label, seine eigene Unternehmenskultur, und die will es auch nach außen hin aufrechterhalten. Die ganze Angelegenheit soll stimmig bleiben und so sollen Einflüsse, die die gewohnten Abläufe im Unternehmen stören, möglichst vermieden werden. Man könnte auch sagen, dass es primär für die Wahrnehmung von störenden Ereignissen, Konflikten und Dissonanzen nicht sehr empfänglich ist. Das Gehirn strebt vielmehr an, den Ablauf zwischen den Abteilungen harmonisch zu gestalten, um ein synchronisiertes Produkt – die subjektive Wirklichkeit – aufrechtzuerhalten. Dieser interaktive Prozess sollte möglichst nicht stark beeinträchtigt oder durch ein Dazwischenfunken von neuen Ideen behindert werden. Mechanismen zur Störungsabwehr sind uns diesbezüglich aus dem therapeutischen Bereich hinreichend bekannt. Wir nennen sie Vermeidungsstrategien oder kennen sie unter dem von Herrn Freud geprägten Begriff der (inneren) **Widerstände**. Die Mechanismen der Störungsabwehr sind also eine intuitive Abwehr des Bewusstwerdens.

Deshalb ist es für das Unternehmen Gehirn auch oft so schwierig, bei Unstimmigkeiten und Konflikten im eigenen Hause tätig zu werden. Es ist in diesem Bereich nicht sehr introspektionsfähig, um nicht zu sagen meist blind und taub. Das hat seinen guten Grund, den wir uns nochmals mit unserem Unternehmensbild klarmachen wollen: Stellen Sie sich vor, in einem Unternehmen haben sich alle Abteilungen auf die Herstellung eines Produktes mit einem bestimmten Label und auf entsprechende Produktionsabläufe geeinigt. Dann ist es sehr störend, wenn kurz darauf irgendeine Abteilung Einspruch erhebt und das Produkt und sein Label »schon wieder« ändern will. Im Gehirn ist es nicht anders, eine stetige Verstörung und Infragestellung wäre zwar oft in gewisser Weise förderlich, aber im Großen und Ganzen für das Gehirn auch ziemlich lästig, da Stetigkeit und Kohärenz gefährdet sind.

> Eine häufige Verstörung basaler Muster unseres Systems wäre für Anpassungsprozesse ggf. förderlich, jedoch braucht unser Gehirn eine gewisse Stetigkeit, Stabilität und Kohärenz in der Interaktion von Körper, Seele und Geist. Nur auf einem guten Fundament lassen sich komplizierte Gebäude errichten.

Gibt es gravierende Störungen im Unternehmen, holt sich die Geschäftsführung deshalb Berater von außen. Diese betrachten dann als Externe alle Arbeitsabläufe, und zwar aus einer vollkommen anderen Perspektive. So vermögen sie, punktuell dort etwas zu verändern, wo die größten Fehler und Blockaden im Unternehmensgefüge sitzen. Sie bemühen sich, mit hoher Hebelwirkung zu arbeiten und nicht gleich alle Abteilungen und Mitarbeiter mit neuen Ideen, Änderungen oder alternativen Abläufen zu verstören – zumindest die guten sind dazu in der Lage.

Bei Menschen mit Problemen, die das Unternehmen Gehirn (die Systemkonzeption Mensch: Körper, Seele, Geist) betreffen, ergibt sich auch oft die Notwendigkeit der Beratung oder Therapie durch einen externen Professionellen, der auf tiefgreifende und effektive Veränderungsarbeit spezialisiert ist. Ohne Blick und Intervention von außen ist es für jene Menschen kaum möglich, ein Bewusstsein für einen internen »Systemfehler«, potenzielle Vermeidungsintentionen und blinde Flecken zu erarbeiten. Das Gehirn eines jeden Menschen will schließlich die Bewusstwerdung von Diskrepanzen zwischen Ist- und Sollwerten vermeiden, da dies auch wehtun kann. Therapeuten tun dies aber oder sollten dies zumindest tun.

> Interne Systemfehler, Widerstände oder blinde Flecken aufzudecken, ist für einen selbst oft kaum möglich und bedarf des Blicks und der Intervention von außen durch einen professionellen Begleiter.

Indem wir unser Gehirn mit einem Unternehmen verglichen haben, sind uns für ein förderliches therapeutisches Vorgehen wichtige neurologische Zusammenhänge und Abläufe klar geworden. Deshalb ist es hier nicht mehr nötig, zur Erklärung jener sich gegenseitig selbst beratenden und organisierenden psychischen Instanzen Hilfskonstrukte wie »Ich«,

»Es« oder »Über-Ich« zu bemühen. Zudem scheint gar abwegig – denken wir an das Bild vom Baum oder vom Unternehmen –, eine definitive Trennungslinie zwischen Bewusstem und Unbewusstem anzunehmen. Egal welche Bilder, Konstrukte oder Konzepte als Vergleiche für die Funktionsweise unseres Unternehmens Gehirn herangezogen werden, um in der therapeutischen Praxis die »entscheidenden« Abteilungen besser beraten zu können, sie sollten nicht hinken oder gar neurobiologischen Grundannahmen widersprechen.

Der nächste Abschnitt fasst noch einmal den wesentlichen Inhalt von EOT zusammen. Auch hier wollen wir ein anschauliches Beispiel verwenden: Die Arbeit mit dem, was dem Patienten meist nicht bewusst ist, ähnelt den Arbeiten im Tiefbau.

1.2.10 Stabilisierende Arbeit im Tiefbau

Als Leiter einer Klinik für psychosomatische Erkrankungen habe ich derzeit viel mit Baumaßnahmen zu tun. Im Vorfeld, als es ans Planen für den neuen Klinikanbau ging, stellte ich mir *on the top* des bereits entworfenen Gebäudes einen wunderschönen Versammlungssaal vor. Ich hatte ihn ganz klar vor Augen: die Fensterfronten, die Bodenbeläge, die Farben und die Dachneigungen. Dann kamen auch schon die Berater einzelner Firmen mit ihren Katalogen. Farben, Fenster, der Bodenbelag, die Armaturen und die technische Ausstattung des Saals sollten ausgewählt werden. Diese detailreiche Planung verbrauchte viel Zeit, aber schließlich waren alle Entscheidungen getroffen, auch hinsichtlich des Baus und der Terminierung der einzelnen Schritte bis zur Fertigstellung. Was dann geschah? Die Bagger kamen und stellten fest, dass man das Gebäude so wie geplant nicht gründen konnte. Der Boden eignete sich nicht – zu instabil –, man musste tiefergraben, deswegen die Baugrube anders sichern, einen Hang befestigen, da Nachbargebäude durch das tiefere Graben gefährdet werden könnten. Zwangsläufig änderten sich damit auch die Lage, die Dimension und die Höhe des Gebäudes. Der zuvor von mir so liebevoll durchdachte Versammlungssaal bekam andere Fluchtwege, andere Fenster, eine andere Größe, eine andere technische Ausstattung und so im Ganzen auch eine andere architektonische Ausgestaltung. Zum ursprünglich geplanten Fertigstellungstermin des wunderschön konzipierten Versammlungssaals befanden sich in der betreffenden Baugrube, 20 Meter tief, riesige Bagger und Spezialmaschinen, Stützwände und Hangnägel, und alles, aber auch wirklich alles wurde anders.

Im Nachhinein musste ich mir eingestehen, ziemlich beratungsresistent gewesen zu sein. Hinweise wie »wir müssen erst einmal graben und schauen« oder »das Fundament muss stimmen« überhörte ich und bastelte stattdessen an meiner eigenen Vision vom neuen Klinikanbau. Die Erfahrung hat mich aber inzwischen eines Besseren belehrt und bei folgenden Baumaßnahmen ließ ich erst graben, den Ist-Zustand von Geologen und Statikern feststellen, das Fundament planungssicher entwerfen, um dann erst mit der genaueren Planung des Gebäudes und schließlich mit dessen Bau zu beginnen.

Das »Arbeiten im Tiefbau« zur Stabilisierung und zum Wiederherstellen der Funktionsfähigkeit der Systemkonzeption Mensch ist das Kernstück angewandter EOT. Wie es mir mit meiner Sturheit ging, an meinem Traum des Versammlungssaals festhalten zu wollen, ergeht es dem zu Beratenden oft, wenn er die Hilfe eines Therapeuten sucht. Er verharrt meist in einem statischen Modus, indem er unbeweglich seinen Ist-Zustand betrachtet und diesen mehr oder weniger unbewusst festzuhalten versucht. Um den Patienten nun in einen arbeitsfähigen, flexiblen Modus zu bringen, ist es nützlich, ihn geistig, emotional und körperlich zu bewegen. Das ist die primäre Vorgehensweise beim **Erfahrungslernen**. Der Patient soll aus einem starren in einen bewegungsorientierten Modus gelangen, um so selbst bessere Arbeitsbedingungen für tiefer anzusiedelnde Veränderungsprozesse herzustellen. Befindet er sich nicht oder noch nicht in einem solchen Modus, ist es die Aufgabe des Therapeuten, diese Modusveränderung zu fördern.

Ziel von EOT ist es, dass der Patient nicht nur (kognitive) Erkenntnisse gewinnt, sondern möglichst grundlegende, eventuell nicht gerade präsente Denk-, Fühl-, Verhaltens- und Handlungsmuster sowie deren Rechenvorschriften in den Veränderungsprozess einbezieht. Neurobiologisch gesprochen bedeutet dies, dass in der Kontexterfahrung nichtförderliche Verbindungen im limbischen System lahmgelegt und durch förderliche neurologische Verbindungen ersetzt werden sollen. **Neuerfahrung bahnt den Weg einer operanten Konditionierung** – so beschrieb es der Behaviourist Burrhus F. Skinner (1904–1990) für die Verhaltenstherapie –, um zu besseren Konzepten durch neuronale Umstrukturierungen zu gelangen.

> ❯❯ Grundlegende präsente und nicht präsente Denk-, Fühl-, Verhaltens- und Handlungsmuster im Veränderungsprozess zu aktivieren, bedeutet neurobiologisch, nicht funktionale Verbindungen im limbischen System durch funktionale zu ersetzen. Das ist der Kern von EOT.

Natürlich muss es zu Beginn einer Therapie erst einmal darum gehen, die vorliegende Situation zu klären. Der Berater fragt: »Wie ist der Ist-Zustand?« Er macht eine Analyse und schaut sich das »Unternehmen Gehirn« des Patienten von außen an. Dies ist vergleichbar mit erklärenden psychodynamischen Therapiemodellen. Erst nach diesem Schritt lässt sich vom Patienten in Zusammenarbeit mit dem Außenberater – daran bemessen – ein wünschenswerter Soll-Zustand entwerfen. Ohne die Erarbeitung eines solchen realisierbaren Soll-Zustands ist jegliche innere und äußere Bewegung von Körper, Seele und Geist ziellos, ja vielleicht sogar sinnloser Aktivismus. Trotz der Vision eines Soll-Zustands, eines anvisierten Ziels der **Veränderungsarbeit** seitens des Patienten bleibt der damit in Gang gebrachte Therapieprozess stets ergebnisoffen, die Richtung, der Veränderungsbedarf muss aber klar sein.

Deshalb ist im Vorfeld einer Therapie, besonders wenn es um erfahrungsorientiertes Lernen geht, ein klärungsorientiertes Gespräch und Vorgehen vonnöten, denn es fördert zunächst einmal ein Problem zutage und generiert sowohl beim Patienten als auch beim Therapeuten ein erstes Auseinandersetzen mit und Bewusstwerden über den Ist-Zustand, die gegenwärtige Situation, in der sich der Patient befindet. Kommt es infolgedessen zu einer Bewegungs- oder Handlungsorientierung, ist der Modus hergestellt, körperliche, seelische oder geistige Ressourcen und Möglichkeiten für veränderte Denk-, Fühl-, Verhaltens- und Handlungsmuster zu entdecken oder zu erarbeiten und dann in die Tat umzusetzen. Wir können diesen Schritt des Vorgehens im Gegensatz zum klärungsorientierten Teil dann bewältigungsorientiert nennen. Grawe hat diese Vorgehensweise untersucht und als **integrative Psychotherapie** in seinem Buch *Allgemeine Psychotherapie* (1998) näher beschrieben.

Zunächst einmal muss aber jemand den Vorsatz fassen, alte Muster oder Verhaltensweisen überprüfen und für die Zukunft gegebenenfalls verändern zu wollen. Dies entspricht in der einführenden Vergleichsgeschichte dem Bauwunsch. Es ist natürlich erst einmal nur ein Vorsatz. Das genaue Entwerfen, Planen und Umsetzen der Veränderungsarbeit, das Verwirklichen des Wunsches, dass am Ende etwas Stabiles, Funktionstüchtiges mit Substanz herauskommt, geschieht dann letztendlich durch ein ganzheitliches Vorgehen mit Körper, Seele und Geist. Grawe untersuchte und verglich hierzu zwei verschiedene Therapieszenarien – ausgeprägt klärungsorientierte mit eher bewältigungsorientierten Therapien – und kam so zu dem Schluss, dass es hilfreich sei, eine integrative allgemeine Psychotherapie zu entwickeln, die auf einer breiten Basis therapeutischer Methoden und Konzepte beruht. Natürlich kannte er die Vorstellungen einer expliziten EOT in dieser Form, wie sie hier in diesem Buch beschrieben wird, nicht. Seine Schlussfolgerungen sollten dennoch bei erfahrungsorientierten Vorgehensweisen weitestgehend und umfassend berücksichtigt werden, in der Art, dass verschiedene psychotherapeutische Schulen nicht mehr unverbunden nebeneinanderstehen, sondern in sämtlichen Phasen von Veränderungsprozessen Berücksichtigung finden können, um den ganzheitlich wirkenden (neurobiologischen) Grundbedingungen der Systemkonzeption Mensch gerecht zu werden (integrativer Ansatz in der Therapie).

Grundlegend ist es für die Arbeit mit dem Patienten, Veränderungsprozesse erst einmal möglich zu machen. Dabei sollte der Therapeut jedoch bestimmte Dinge beachten: Zum einen haben wir schon von **Vermeidungsstrategien** und (inneren) Widerständen gehört, den Mechanismen, mit denen das Unternehmen Gehirn seine Stabilität und den gewohnten Ablauf im System zu schützen versucht. Dies ist vom Prinzip her erst einmal eine nor-

male neurobiologische Reaktion, und es gibt ja durchaus auch einen gesunden Widerstand und eine gesunde Vermeidung, an denen der Therapeut auf keinen Fall herumdoktern sollte, damit sich die Prozesse im Gehirn nicht permanent in einem Verstörungszustand befinden, sondern dort auch einmal Ruhe einkehren kann. Es kann nicht förderlich sein, sich ständig infrage zu stellen, sondern es muss auch auf das psychische Gleichgewicht geachtet werden. Das heißt, **die Psyche des Menschen braucht eine gewisse Stetigkeit und Stabilität.** Hierauf ist insbesondere bei strukturell primär instabilen oder psychosenahen Störungsbildern Rücksicht zu nehmen. In der Therapie sollte zum einen daher sicher eingeschätzt werden können, welcher Widerstand, welche Vermeidungsstrategien förderlich oder nicht förderlich sind und wo es um den gesunden Schutz des Bestehenden geht. Zum anderen sollte im angestrebten Veränderungsprozess nicht nur die Betrachtung des Negativen, Falschen und Kranken im Mittelpunkt stehen, sondern gleichzeitig eine positive Lösung in Aussicht gestellt werden. Hierzu ist es wichtig, sich im therapeutischen Prozess nicht nur mit der Fehlersuche zu beschäftigen, sondern auch positive Emotionen zum Bestandteil der Arbeit zu machen (Salutogenese; Antonovsky 1997).

> ❯❯ In therapeutisch geplanten Veränderungsprozessen sollte nicht nur das Negative, Falsche oder Kranke fokussiert werden, sondern gleichzeitig auch Richtiges, Gesundes und Förderliches.

Letztendlich sollte sich die Therapie nicht nur auf die Beratung von operativ tätigen Gehirnmitarbeitern« (Kognition) beschränken, denn für wirkungsvolle Veränderungen, langfristige Verbesserungen, Entwicklungsarbeit im System, müssen in erster Linie zunächst die alten Herren, die Experten und Gutachter, in den Basisabteilungen von neuen förderlichen Denk-, Fühl-, Verhaltens- und Handlungsmustern überzeugt werden. Das bedeutet, dass die Alteingesessenen, die Entscheidungsträger (Gefühle und Erfahrungen) immer mit eingeladen sind, wenn es darum geht, Veränderungs- und Entwicklungsprozesse im Unternehmen Gehirn des Patienten einzuleiten und nachhaltig umzusetzen.

Bezogen auf den Beruf oder die Berufung des Therapeuten heißt das: Der erfahrungsorientiert arbeitende Therapeut nimmt mit allem Drum und Dran bereitwillig das gesamte Körper-Seele-Geist-Unternehmen eines hilfesuchenden Menschen unter seine Fittiche und scheut auch nicht, die schweren Arbeiten im Tiefbau anzugehen: Er führt zuerst ein klärendes Vorgespräch und fühlt sich in den Patienten ein. Dabei berücksichtigt er vorhandene Denk-, Fühl-, Verhaltens- und Handlungsmuster sowie die Möglichkeiten der Modifikation durch kognitive und emotionale Umstrukturierungen, um darauf funktional Neues oder Weiterführendes aufzubauen. Ganz wie es ein Bauherr richtigerweise machen sollte: Er lässt erst einmal graben, um den Boden, seine Tragfähigkeit und die Voraussetzungen für ein stabiles Fundament zu prüfen. Sobald er sich dessen gewahr ist, kann er beginnen, mithilfe von Beton, Ziegeln, Fenstern, Farben und Gerüsten ein funktionales Gebäude zu errichten.

Was sind übertragen auf das Erfahrungslernen aber Beton, Ziegel, Fenster, Farben und Gerüste? Werfen wir im nächsten Abschnitt einen Blick auf den Raum anwendbarer EOT.

1.3   Angewandte EOT

Wie nun beim Bauen wesentliche Faktoren das gute Fundament, die Tragwerksplanung und die Statik sind, so konzentriert sich gute erfahrungsorientierte Therapie innerhalb der Systemkonzeption Mensch, bezogen auf die Psyche, besonders auf das, was für ein gelingendes Leben wichtig ist: sprich auf die Basiskompetenzen, welche eine stabile Grundlage für alle darauf aufbauenden Denk-, Fühl-, Verhaltens- und Handlungsmuster darstellen. So wie beim Bauen bestimmte sekundäre Elemente wie Ziegel, Fenster, Balkone oder Farben nur Sinn machen und nachhaltig Bestand haben, wenn zuvor das Tragwerk ausreichend durchdacht und folgerichtig konstruiert wurde, sie ein gutes Fundament trägt, so ist es auch mit förderlichen Mustern im Denken, Fühlen, Verhalten und Handeln; sie setzen eine stabile Tiefenstruktur hinsichtlich Persönlichkeit, Charakter, Selbst und »Rechenvorschriften« der jeweiligen Person voraus. Weisen solche tieferen Strukturen in bestimmten Bereichen Dysfunktio-

nalitäten auf, sind nicht ausreichend **Basiskompetenzen für die »Tragwerksplanung«** vorhanden (gewesen), kann die darauf gründende Systemkonzeption psychosomatisch aus der Balance und ins Wanken geraten. In der Medizin sprechen wir dann von struktureller Schwäche oder Strukturdefiziten, die darauf aufbauende Anpassungsleistungen und Konfliktlösungspotenziale nicht stabil verankern. Dann kann der Mensch krank werden. An dieser Stelle setzt EOT mit Arbeiten »im Tiefbau« – sprich: mit Korrekturen im Bereich Persönlichkeit, Charakter, Selbst oder eben »Rechenvorschriften« – an.

Dass hier ein Patient – der sowieso schon verunsichert ist und an Stabilität verloren hat – zunächst einmal einer absolut sicheren Bindung zum Therapeuten bedarf und Zutrauen in die therapeutische Beziehung und Behandlung gewinnen muss, um sich für Notwendiges zu öffnen, ist nicht verwunderlich. Es ist wie bei einem zukünftigen Hauseigentümer, der sich für sein neues Heim ein gutes Fundament und eine zuverlässige Statik wünscht: Er braucht einen professionell arbeitenden Architekten und Tragwerksplaner, dem er vertrauen kann, um sicher zu sein, dass es sich lohnt, Kapital zu investieren (steht das Gebäude schon, sind gerade nicht so viel finanzielle Ressourcen vorhanden und müssen Korrekturarbeiten im Tiefbau getätigt werden, natürlich umso mehr).

Auch wenn mit diesem Vergleich einige Aspekte von EOT deutlich werden, so gibt es doch einen gravierenden Unterschied: Ein Gebäude wächst Stein auf Stein und kann vom Baumeister bis zur letzten Dachpfanne durchkonstruiert und mithilfe von Gerüsten und Hilfskonstruktionen durch die Bauarbeiter aufgebaut werden. Es wächst nicht von selbst und kann seine Grundkonstruktion nicht an Veränderungen im Außen anpassen. Hier und da wird zwar nach Jahren von außen nachgebessert, sollte es z. B. irgendwo reinregnen, aber im Grunde ist das Gebäudekonzept mit allem Drum und Dran auf Dauer für den gegebenen Standort angelegt. Ganz anders verhält es sich bei der **Systemkonzeption Mensch**, denn hier handelt es sich um ein **komplexes lebendiges System eines Individuums**, das von Natur aus innerlich wie äußerlich in Bewegung ist. Es hält sich in unterschiedlichen Umwelten auf und ist im Inneren normalerweise durch selbstorganisierende und -regulierende Prozesse geprägt, die bewirken, dass es sich so optimal wie möglich an die vorliegenden Lebensbedingungen anpassen kann.

Wenn die Selbstregulation und Selbstorganisation aufgrund von psychosomatischen Erkrankungen und unvorteilhaften tieferen Strukturen in der Jetzt-Zeit nicht mehr ausreichend funktionieren und das System an Dynamik und Flexibilität verloren hat, sollte es bekanntlich bei der EOT darum gehen, **Primärerfahrungen** zu **initiieren**, welche die für die Gesundheit des Menschen wichtigen Anpassungs- und Veränderungsprozesse wieder in Gang bringen. Analog zu unserem Baubild könnte man sie als die ausführenden Bauarbeiter betrachten, die u. a. für den Gerüstbau zuständig sind. Der Unterschied bei der EOT ist allerdings, dass die Primärerfahrungen als Hilfsmittel Flexibilität ins System bringen sollen. Alte, nicht mehr hilfreiche Konstrukte (Gerüste) – Denk-, Fühl-, Verhaltens- und Handlungsmuster – sollen von ihnen ins Wanken gebracht werden, damit Platz für neue, förderliche gemacht wird, die jederzeit je nach Situation, Umwelt und Bedürfnissen der Person wieder neu justiert werden können. Im Gegensatz zu einem statischen Bauwerk ist das Lebendige immer in Bewegung.

Als übergeordnetes Ziel von EOT haben wir festgehalten, dass das System des Patienten ganzheitlich wieder in förderliche Bewegung gebracht werden soll, sodass er aus eigener Kraft, mit eigenen Kompetenzen und Strategien sein Leben wieder selbst organisieren und nach seinen Vorstellungen gestalten kann. Dafür stellt die EOT dem Patienten möglichst viel Raum zum Entdecken förderlicher Erfahrungen zur Verfügung.

Es sei an dieser Stelle daran erinnert, dass es in der EOT kein vorher festgelegtes, zu erreichendes Ergebnis gibt. Die Inhalte und Lösungen in Bezug auf die wiederzuerlangende Balance im eigenen System liegen im Patienten selbst. Entsprechende Erfahrungsmöglichkeiten im Therapieprozess zu schaffen, damit der Patient **aus eigener Kraft zur Heilung nötige Korrekturerfahrungen machen** und wichtige Basiskompetenzen trainieren kann, ihm dabei begleitend Sicherheit und professionelle Unterstützung zu geben, das ist die Aufgabe eines Erfahrungstherapeuten.

Dies bedeutet jedoch nicht vollkommene Beliebigkeit oder Grenzenlosigkeit bei der therapeutischen Vorgehensweise, denn immerhin besitzt jeder von uns schon eine gewisse Vorstellung, wie funktional ein gesunder Mensch sein sollte. Vielleicht entspricht das therapeutische Vorgehen in etwa dem Entwurf eines Architekten. Der Architekt entwirft mit bunten Stiften grob und holzschnittartig ein Gebäude und gibt diesem nicht nur ästhetisch, sondern auch funktional eine gewisse Richtung. Die Detailplanung kommt erst später und im Lebendigen übernimmt sie im günstigsten Fall der Patient selbst. Im Folgenden wollen wir erfahrungsorientiertes therapeutisches Vorgehen und den Prozess, der in der Systemkonzeption des Patienten dadurch initiiert wird, näher betrachten.

Gute EOT ist im Gegensatz zum Bauen von Häusern dem Grunde nach ergebnisoffen. Ähnlich wie beim Bauen können jedoch bestimmte Elemente (Ziegel, Fenster, Farben, Balkone, Gerüste) und Maßnahmen (die durch die Bauarbeiter ausgeführt werden, sowie die Wahl eines bestimmten Baustoffs, z. B. Beton) sowie das Berücksichtigen von bewährten Prinzipien für die Umbauarbeiten der Tiefenstruktur im Gehirn in den therapeutischen Prozess einbezogen werden, zum einen damit der Patient sich in der therapeutischen Beziehung ausreichend sicher fühlt, zum anderen um den Ablauf der Therapie individuell und förderlich auf die Systemkonzeption des Patienten auszurichten und diesem möglichst viel Raum für das Auffinden heilsamer Erfahrungen zu lassen.

Die Gestaltung des therapeutischen Raumes und Prozesses richtet sich also vordergründig nach den inneren Erfahrungsprozessen des Patienten. Es kommt aber auch vor, dass der Therapeut eine ganz konkrete Zielvorstellung hat, dem Patienten einen speziellen Erfahrungsraum für bestimmte Inhalte zur Verfügung stellen möchte. Dann trifft der Patient auf einen dafür eigens vorbereiteten Erfahrungsraum. Zu Beginn des nächsten Abschnitts werden dafür jeweils Beispiele aus erfahrungsorientierten Therapien gegeben, die den Hochseilgarten als therapeutischen Raum für innere Veränderungen nutzen.

1.3.1 Raum für heilsame Veränderung: Patient und Therapeut im Prozess

Um auf einem Hochseilgarten therapeutisch zu arbeiten, bedarf es ganz sicher schon vor der ersten Begehung einer guten therapeutischen Arbeitsbeziehung. Prima vista stellen sich Patienten, besser Neulinge, zunächst vor, es gehe darum, Ängste zu überwinden oder körperliche Fitness zu trainieren, manche sprechen von Schwindelfreiheit und Ähnlichem. Das sind jedoch sicher nicht die therapeutischen Inhalte einer Hochseilgartenbegehung, zumal man Ängste nicht »überwinden« sollte, sondern – wenn schon – dann lernen, mit ihnen umzugehen. Meist geht es aber um andere Dinge, die schon im Vorfeld, in der **Vorbesprechung**, deutlich werden können: Wie verhält sich ein Patient vor einer vollkommen neuen Aufgabe? Gibt es Vermeidungstendenzen, die er aus seinem Leben kennt? Welche rational-kognitiven Erklärungsmuster nutzt er? Bei der Begehung selbst wird zum Thema, welche Soll- und Mussvorstellungen jemand hat – »Ich kann nicht!«, »Das geht nicht!« –, ob er Hilfe annehmen kann oder nicht. Überschätzt oder unterschätzt sich der Patient? Wie sozial kompetent verhält er sich, wie sind Empathie und Mitgefühl ausgeprägt? Ist er eher vermeidend, zielstrebig oder gar verbissen? Wie bemisst er seinen Erfolg oder Misserfolg? Kann er um Hilfe bitten? Wie groß ist sein Durchhaltevermögen, sprich seine Leidens- und Frustrationstoleranz? Entwickelt er ängstliche Muster, die er aus dem Leben kennt? Wie viel Selbstvertrauen ist vorhanden? Die Liste ist unendlich und weist darauf hin, dass in einer aufgewühlt-emotionalen Situation – wie beispielsweise im Vorfeld und schließlich bei einer Hochseilbegehung – im Inneren des Patienten Denk-, Fühl-, Verhaltens- und Handlungsmuster in Bewegung kommen und bearbeitet werden können. Bearbeiten heißt für den Patienten (hier: potenziellen Hochseilbegeher) auch, die Chance zu bekommen, Alternativen zu erfahren, neues Erleben emotional bewerten und dieses in den eigenen Erfahrungsschatz integrieren zu können. Depressive beispielsweise haben durch den therapeutischen Prozess die Möglichkeit, eine Initialerfahrung zu implementieren, dass durch Selbsttun Veränderung möglich ist.

Es ist wichtig, dass dieser Prozess, da, wo es angebracht ist, vom Therapeuten moderiert wird, etwa indem er Elemente verstärkt, etwas deutlich macht, dabei aber schon rein sprachlich Möglichkeiten offen lässt. Dementsprechend bedarf es hier von seiner Seite einer Kommunikation im Konjunktiv (»Möglicherweise erfahren Sie, dass …«), einer Sprache, die sehr an hypnotische **Kommunikationsverfahren** erinnert, die mit Metaphern, Anekdoten und – wenn gewollt – mit einem suggestiven Vorgehen arbeitet. Sie sollte dafür sensibilisiert sein, nicht schon im Verbalen den potenziellen Erfahrungsraum für den Patienten einzuschränken. Dem zugrunde liegt die Erkenntnis, dass der Erfahrungs- oder Veränderungsprozess – das Entdecken innerer Themen, Formulieren von Zielen, Aufspüren von Möglichkeiten und Wegen, Aktivieren vorliegender Ressourcen und Entwickeln von Basiskompetenzen – prinzipiell im Patienten vor sich geht und nicht vom Therapeuten vordiktiert werden sollte. Der Therapeut darf aber durchaus Vorschläge machen, richtungsweisend unterstützen, auch Hilfe bei der Interpretation (im Konjunktiv!) anbieten. (Vgl. dazu auch den weiteren Beitrag von Mehl in diesem Buch mit Fallbeispielen zu dieser Thematik, ▶ Kap. 4.)

An dieser Stelle sei darauf hingewiesen, dass Erfahrungsprozesse generell – auch die, die beim Erfahrungslernen, u. a. bei der Hochseilbegehung, in Gang gesetzt werden – mit der Aktion an sich meist nicht enden, sondern im Inneren der Person fortwirken. Insofern wird der Patient möglicherweise in nachfolgenden Gesprächen, im stationären Setting oder in weiteren Therapien diese nochmals zur Sprache bringen, mit alten Erfahrungen abgleichen und sie weiter modifizieren. Auch dies ist ein Gesetz des Lebendigen.

Die **psychophysische Exposition** – hier auf dem Hochseilgarten – hat also zum Ziel, den Patienten Primärerfahrungen machen zu lassen und so weitere anstehende Prozesse des inneren Wachstums und der Heilung zu initiieren. Der Therapeut hat natürlich eine Vorstellung davon, auf welche aus seiner Sicht problematischen Denk-, Fühl-, Verhaltens- und Handlungsmuster er die Aufmerksamkeit des Patienten lenken will, und dementsprechend gestaltet er den »Eingriff«. Was jedoch dann im Zuge des Erfahrens tatsächlich im Patienten geschieht, das bleibt unbestimmt.

> Bei der Integration der Erfahrung ins eigene Selbst- und Weltbild obliegt die Verarbeitung bezüglich der Wertung im Gefühl, der kognitiven Beschreibung, der Modifizierung oder dem Andocken an vorhandene Erfahrungen ganz der inneren Logik der Systemkonzeption des Patienten.

Nun gibt es auch Erfahrungen, die vom Patienten sprachlich nicht in Worte gefasst werden können. Das ergibt sich aus den möglichen beschriebenen Bewusstseinszuständen: Was in irgendeiner Form vorbewusst war oder geschehen ist, bevor der Patient sprachliche Konstruktionen beherrschte, stellt sich möglicherweise nun bei einer psychophysischen Exposition wiederum sprachlos dar. Es fühlt sich einfach an! (Dies hat mit der Implizität und Explizität von Gedächtnissen und deren Inhalten im menschlichen Gehirn zu tun.) Auch hier ist es wichtig, den Patienten da abzuholen, wo er steht, ohne schnelle Deutungsversuche seitens des Therapeuten, und das Nichtverbalisierbare mit therapeutischer Geduld nur wirken zu lassen. Das kann einige Zeit dauern und weit über die aktuelle Erfahrungssequenz hinausgehen. In diesem Zusammenhang ist es von Bedeutung, sich mit dem Patienten nicht ausschließlich auf die sprachliche Kommunikation zu beschränken. Es gilt also, im und um den Erfahrungsprozess herum auch die Körpersprache des Patienten zu beachten, sein Verhalten wahrzunehmen, aber auch zu erahnen, welche Glaubenssätze oder möglichen Abwehrmechanismen bei ihm bestehen. Das lässt sich, wenn man darin etwas geschult ist, anhand nonverbaler Kommunikation, Gestik und Mimik, gut ablesen.

Dennoch ist zu beachten, dass es **kein Standardrezept** gemäß dem Motto gibt: Auf Patientenverhalten A sollte seitens des Therapeuten immer Reaktion B folgen. Hat der Patient z. B. Angst, aus einer misslichen Lage nicht mehr herauszukommen, und steigert sich in eine Panik, beruhigt ihn die Nähe des Therapeuten, die auf seine Schulter gelegte Hand (Nähe, Bindung), die ruhige Stimme. Bekommt er aber Angst, weil ihn seine Vorerfahrungen (körperlicher Missbrauch) Ohnmacht und Hilflosigkeit spüren lassen, wird die erlebte Nähe oder Berührung des Therapeuten dazu beitragen, dass sich diese Gefühle beim Patienten noch mehr verstärken.

Driftet der Patient durch das starke Erleben aus der Realität, beispielsweise in eine Dissoziation (was in der EOT gar nicht so selten ist), wird der Therapeut durch Blickkontakt und einen körperlichen Impuls versuchen, ihn aus der Situation herauszuholen. Das darf er aber nicht, wenn es sich etwa um eine Nähe-Distanz-Problematik oder körperliche Missbrauchserfahrung handelt. Dann nämlich besteht die Gefahr, ein erfahrenes Trauma beispielsweise zu reaktualisieren, also die negative Erfahrung zu verstärken. Oft ist die Dissoziation, das Abdriften aus der Realität, auch einfach ein Schutzmechanismus, um die frühe (und nun) erlebte Realität »nicht zu fühlen«.

Geht es um den **Aufbau einer Vertrauenserfahrung** (Vertrauen in andere), kann der Therapeut dem Patienten die Hand reichen und ihn durch das Erleben führen. Handelt es sich aber um den notwendigen **Selbstvertrauensaufbau**, beispielsweise einer abhängigen Persönlichkeit, wird der Therapeut dies tunlichst vermeiden. (Dieser Art gibt es viele Beispiele, vgl. dazu auch den weiteren Beitrag von Mehl in diesem Buch: »Therapeutisches Setting Hochseilgarten. EOT in der Klinik Wollmarshöhe«, ▶ Kap. 4.)

Es versteht sich von selbst, dass – je größer der Erfahrungsschatz und das angesammelte Wissen des Therapeuten sind – ein umso facettenreicherer Erfahrungsraum und ein umso größerer »Spielraum« für den Patienten verfügbar gemacht werden kann. Deshalb gehören zu den entscheidenden Qualifikationen eines erfolgreichen erfahrungsorientierten Therapeuten auch die eigenen – möglichst weitreichenden – Erfahrungen sowie ein schulübergreifender »Methodenkoffer« (vgl. dazu auch ▶ Abschn. 1.3.2). EOT und erfahrungsorientiertes Vorgehen lassen sich schließlich mit ihrer integrativen, ganzheitlichen Sichtweise keiner der unzähligen Schulen und Methoden und darunter auch nicht den gängigsten Methoden (psychodynamische Verfahren, Psychoanalyse, Verhaltenstherapien, Körperwahrnehmungstherapien) eindeutig zuordnen. Bei der Durchführung richtet sich der erfahrungsorientierte Therapeut deshalb ganz nach den Wirkimpulsen, die sich aus der Kenntnis und dem Verständnis der Systemkonzeption Mensch und den neurobiologischen Erkenntnissen ergeben. Denken wir beispielsweise an Greenbergs emotionale Schemata, seine narrativen Vorgehensweisen, die kohärente Geschichten liefern (Greenberg u. Angus 2011; Hermann u. Auzra 2010), an Csíkszentmihályis Flow-Konzept (1987, 1997), die von meinem Kollegen Hansch beschriebene kognitive Modulation (2002) bis hin zu psychodynamischen und tiefenpsychologischen Modellen mit all ihren Variationen, zurückgehend auf Freuds Psychoanalyse. Die Wirksamkeit eines für den therapeutischen Prozess gewählten Ansatzes samt Methode, Technik und Gestaltung des Erfahrungsorts entscheidet sich allein daran, ob die getroffene Wahl zum einen der Systemkonzeption Mensch gerecht wird, zum anderen inwieweit sie dem individuellen Körper-Seele-Geist-System des Patienten entspricht.

Wie man nun bei EOT am besten vorgeht, die vorliegenden Rahmenbedingungen sowie die Notwendigkeiten für den Erfahrungsprozess berücksichtigt, die sich aus der Situation des Patienten ergeben, können wir uns wieder mit einem Bild verdeutlichen: Stellen Sie sich eine große, klaffende, blutende Platzwunde am Körper vor. Wird hier keine Hilfe von außen zuteil, ist die Gefahr einer Infektion, Verkrüppelung oder des Verblutens groß. Der Therapeut (hier der somatische Arzt) wird die Wunde reinigen, die Blutung stillen und die Wundränder per Nylonfaden oder Klammern zusammenfügen. Damit ist sein Eingriff erledigt, aber die Wunde ist längst nicht geheilt. Jetzt erst wird der Körper in der Lage sein, autoregulativ und selbstorganisierend die Wunde zu heilen.

Wenn sich ein Mensch für eine Therapie entscheidet, haben meist psychisch **dysfunktionale Muster** in der Systemkonzeption Mensch so viel Raum eingenommen, dass er nicht mehr in der Lage ist, sich den Anforderungen und Veränderungen im Hier und Jetzt aus eigener Kraft anzupassen oder seine Lebenssituation entsprechend in angemessener Weise zu gestalten. Er bedarf der »emotionalen OP am offenen Herzen« durch einen erfahrenen Psychooperateur, um mit seiner Hilfe die autoregulativen und selbstorganisierenden Kompetenzen wiederherzustellen. Ist dieser Zustand erreicht, hört weitestgehend die Arbeit des Therapeuten auf. (Im Bild des Vergleichs mit dem somatischen Operateur bleibend, könnte man auch sagen: Platzwunde gereinigt, Wundränder zusammengefügt, Nähte oder Klammern gesetzt, verbunden und jetzt Zeit zum

Heilen lassen.) Das sind Inhalt und Bedeutung von Therapie bzw. vom Eingriff eines professionellen Außenberaters, wie wir ihn bei unserem Vergleich der Vorgänge im Gehirn mit denen in einem Unternehmen kennen gelernt haben.

Als wohlwollender und zugewandter Begleiter von Veränderungs- und Heilungsprozessen hat der Therapeut während der Therapie den Patienten zunächst beobachtet, wahrgenommen, sich ein- und mitgefühlt, dessen Problemlage nachvollzogen sowie Verständnis gezeigt. Die Voraussetzungen für den Therapeuten, beim Erfahrungslernen wahrzunehmen, um welches Thema es geht, welche dysfunktionalen Muster beim Patienten existieren, sind vielversprechend, denn durch die ganzheitliche, alle Sinne betreffende Vorgehensweise und die psychophysische Exposition ist bei einiger Erfahrung meist rasch zu erkennen, was wirklich ist. Kommt es im Verlauf der Therapie zu einem Erstarren oder Verharren in alten, nicht förderlichen Denk-, Fühl-, Verhaltens- und Handlungsmustern oder tritt die Angst vor Veränderung oder das Unvermögen auf den Plan, sich zu neuen Schritten zu entschließen, Altes anzuerkennen oder loszulassen, so muss dies vom Therapeuten bedingungs- und vorbehaltlos akzeptiert werden (therapeutische Haltung, professionelle Distanz). Erst so entsteht ein ausreichend festes **therapeutisches Arbeitsbündnis**, welches erstens per se hilfreich ist und wirkt sowie zweitens die Grundvoraussetzung für die darauf folgenden therapeutischen Interventionen darstellt (vgl. dazu auch ► Abschn. 1.3.4, zweite Abschnittsüberschrift: »Der therapeutische Vertrag«) Man darf nicht vergessen, dass der Patient in vielen Fällen eigenes Selbstvertrauen weitestgehend verloren hat und in sich selbst für notwendige Erfahrungsprozesse nicht mehr die erforderliche Sicherheit verspürt. Ein Vertrauensverhältnis zum Therapeuten aufbauen und das Misstrauen in das eigene Können überwinden zu können, ist für einen möglichen Therapieerfolg demnach immens wichtig.

Stellen Sie sich nun vor, Sie möchten als Therapeut und verständnisvoller Partner bei Ihrem Patienten etwas in Bewegung bringen, z. B. durch eine **therapeutische Provokation**. Neurobiologisch ausgedrückt beabsichtigen Sie, einen Arousal- bzw. Verstörungseffekt im starren pathologischen Muster herbeizuführen: Frau B., die Ihnen schon aufgefallen ist durch ihr Opfer- und Hilflosigkeitsverhalten, mit dem sie sich Zuwendung und Unterstützung holt, steht vor einer Übung und verfällt in den Modus »Ich kann nicht!«, »Geht das überhaupt?« oder Ähnliches. Der Therapeut weiß genau, dass in Frau B. mehr steckt und ihr Verhalten ein nicht vorteilhaftes Opferverhalten ist. Nun ruft er in die Gruppe: »Kann mal jemand der kleinen, hilflosen grauen Maus dort drüben helfen?« Oder er spricht Frau B. direkt an: »Ihr graues Mausverhalten nehme ich Ihnen nicht ab, Sie könnten auch anders, wenn Sie nur wollten!« Beide Äußerungen würden in einem schlechten therapeutischen Arbeitsverhältnis zu Konfrontation, Beleidigtsein oder einer anderen missbilligenden Reaktion führen. Bei einer guten Beziehung zwischen Therapeut und Patientin hingegen, wäre Frau B. zwar zunächst verstört, wütend oder irgendwie anders genervt (was ja gewollt ist!), aber letztendlich würde durch die Aktion das Arbeitsbündnis zwischen den beiden nicht grundsätzlich infrage gestellt. Frau B. würde die Äußerung als liebevolle Provokation annehmen.

Dazu gehört bei allem Vorgehen und Intervenieren jedoch auch, dass sich der Therapeut bewusst macht, dass das, was er wahrnimmt, seine eigene Wirklichkeit, etwas subjektiv Konstruiertes ist. Wie der Patient und jeder andere Mensch nimmt er mit seinem individuell geprägten »Erfahrungsreaktor Hirn« die Wirklichkeit vor seinem eigenen Horizont wahr. Das hat sich seit Freuds Konzept der Gegenübertragung nicht geändert, und darum sind auch **Selbsterfahrung, -reflexion und Supervision** in therapeutischen Berufen so wichtig. Sie helfen dem Therapeuten, sich die eigene subjektive Sichtweise im therapeutischen Prozess bewusst zu machen und eigene Wahrnehmungen auf persönliche Färbung hin kritisch zu hinterfragen. Mithilfe eines Blicks von außen aus der Metaperspektive auf das eigene Denken, Fühlen, Verhalten, Handeln kann er so den individuellen Erfahrungen des Patienten besser folgen. Die subjektiv konstruierten Wirklichkeiten des Therapeuten und des Patienten beeinflussen die Therapeuten-Patienten-Beziehung und die Interaktion gleichermaßen.

Therapeutische Angebote sollten darum nur als Möglichkeit, nie aber als absolute Wahrheit, »so und so ist es«, kommuniziert werden. Kann der Patient eine vom Therapeuten angebotene Erklärung für

seine eigene Geschichte annehmen und diese konstruktiv integrieren, ist es für ihn hilfreich. Übernimmt er aber die Deutung des Therapeuten als Expertise des Fachmanns und nicht als seine eigene subjektive Wirklichkeit, so gerät er schnell auf den Holzweg. Dem Therapeuten ist dann ein Kunstfehler unterlaufen. Der Patient versucht dann, in dieser für ihn möglicherweise gar nicht zutreffenden »therapeutischen« Belehrung eine Lösung zu finden, die aber weder seiner inneren Logik, noch seinen unbewussten, vorbewussten oder bewussten Erfahrungen entspricht (»Mein Therapeut hat gesagt, das läge an meiner lieblosen Kindheit, dabei waren meine Eltern immer für mich da!«). Es kann dann ein innerer Bruch entstehen, der eine förderliche Entwicklung verhindert. Der Patient verharrt in Erklärungsmustern, findet aber keine lebendigen Lösungswerkzeuge. Weitaus **besser ist es** deshalb, dem Patienten **Raum für viele Erklärungsmöglichkeiten zu lassen**, damit er die für ihn persönlich passenden Lösungsstrategien für vorhandene Probleme, Blockaden und Dysfunktionen (in sich) selbst finden kann.

In der Prozessbegleitung beschränkt sich ein Therapeut am besten nicht ausschließlich auf Sprache bzw. verbale Kommunikation. Vielmehr sollte hier genau beobachtet und mit allen Sinnen wahrgenommen werden, was beim Patienten passiert, um die Bedeutungen und Wertungen oft nicht sprachlicher Natur in seinem Inneren folgerichtig zu erahnen. Es bedarf eines gewissen Gespürs. **Das Wesen erfahrungsorientierter Vorgehensweisen basiert** ja gerade nicht ausschließlich auf der Versprachlichung von Problemen und der Analyse mittels Kommunikation, sondern in bedeutendem Maße **auf nicht- oder vorbewussten Körper-Seele-Geist-Erfahrungen, nicht in Worte fassbaren Emotionen sowie kinästhetisch-repräsentierter Körpererfahrung.** Dies ist uns auch aus anderen therapeutischen Verfahren bekannt, z. B. aus den kreativen, die mit Gestaltung arbeiten (Malen, Arbeiten mit Ton, Meißeln etc.), aus der Musiktherapie oder aus der systemischen Therapie, wie etwa der des Familienstellens. Hier bedient man sich zwar auch der Sprache, aber in erster Linie möchte man für die Therapie andere Wahrnehmungskanäle und emotionale Zugänge nutzen, um beim Patienten vorhandene Muster und Schemata – eventuell un- oder vorbewusster Art – präsent und bearbeitbar zu machen. Insofern ist die Abgrenzung zu der hier beschriebenen klassischen EOT nicht ganz scharf. Etwas genauer umrissen zeichnet sich klassische EOT vielleicht durch die möglichst lebensnahe Exposition und umfassende Einbeziehung von Körper, Seele und Geist aus. In diesem Sinne sind die oben genannten kreativen therapeutischen Verfahren sicherlich ähnlich, wobei sich klassisch erfahrungsorientierte Prozesse dahingehend unterscheiden, dass sie vom Therapeuten ein sehr umfassendes, verfahrenübergreifendes Können, eigene Erfahrung, weitreichende Methodenkenntnis, Persönlichkeit und Selbstreflektiertheit verlangen. Nur so kann es ihm gelingen, dem Patienten einen möglichst großen Erfahrungsraum zu öffnen, sodass dieser dort seine ganz persönlichen Erfahrungsprozesse durchleben kann.

Die für die EOT geforderte **Ergebnisoffenheit** hat dabei natürlich immer etwas Unberechenbares, Unsicheres, Riskantes. Immerhin soll und wird ein stabiler neurobiologischer Zustand ins Wanken gebracht, damit Neues entstehen kann. Konstruktivistisch gesehen ist der Patient dann im Prozess der Verarbeitung neuer Erfahrungen, indem er vorhandene (alte) Erfahrungen, Muster und Schemata durch eine emotionale Neubewertung und innerliche Umdeutung modifiziert. Diese Prozesse und daraus hervorgehende Veränderungen im Denken, Fühlen, Verhalten und Handeln brauchen ihre Zeit (wie das Abheilen einer Wunde). Überdies können wir, da unser Gehirn sozusagen ein Erfahrungsreaktor mit hohen selbstorganisierenden und autoregulativen Mechanismen ist, nicht immer von einem einmaligen plötzlichen Aha-Erlebnis oder einer punktuellen Erkenntnis ausgehen. Obwohl es das natürlich auch gibt: die punktuelle korrigierende Erfahrung. In den meisten Fällen ist es aber anders: Der Therapeut muss den Erfahrungsprozess im Auge behalten und über eine gewisse Zeit professionell begleiten, auch um ihn durch Wiederholungsangebote zu verstärken (die Selbstheilung zu unterstützen).

Neben der sorgfältigen **Wahl und Abstimmung der passenden äußeren Methoden**, wie Therapeutisches Bogenschießen, Hochseilexposition, Niederparcours, therapeutisch geleitetes Wandern in freier Natur oder meditativ eintägige Medizinreise, wird

der Therapeut für den Patienten genau die therapeutische Vorgehensweise auswählen, von der er sich die größten Wirkimpulse verspricht. Diese kann sowohl aufdeckend-analysierend als auch verhaltenstherapeutisch oder anders ausgelegt sein. Auf die unglaublich umfangreiche methodische Auswahl an Vorgehensweisen, Aufgaben, Spielen in Gestaltungsräumen wollen wir an dieser Stelle nicht näher eingehen, zumal im praktischen Teil des Buches einige vorgestellt werden und es hierzu hervorragende Bücher erlebnispädagogischer Autoren gibt, wie beispielsweise von Michl (2015) oder Gilsdorf und Kistner (1995, 2000, 2013).

Welche Kompetenzen wir für die innere Methodik, sprich die therapeutische erfahrungsorientierte Vorgehensweise, für besonders wichtig halten, wollen wir im folgenden Abschnitt zusammenfassen.

1.3.2 Notwendige Kompetenzen für die Praxis

An einen erfahrungsorientiert arbeitenden Therapeuten werden hohe Anforderungen gestellt. Offenheit, Methodenreichtum, einen weiten Erfahrungshorizont, Einfühlungsvermögen und Körper-Seele-Geist-Beweglichkeit sind nur einige der Qualitäten, die er mitbringen sollte, um dem Patienten einen möglichst offenen Raum für notwendige Erfahrungen bieten zu können. Angewandte EOT findet in der Regel weder auf der Couch von Sigmund Freud statt, auf der der Patient in Bewegungslosigkeit verbleibt und der beisitzende Therapeut weitestgehend in Sprachlosigkeit verharrt, noch ist sie grundsätzlich auf reißenden Flüssen oder an steilen Gebirgswänden vorstellbar, bei denen die Bewältigung der Aufgabe oder die herausfordernde Aktivität an sich eindeutig in den Vordergrund rücken. Stattdessen umfasst sie immer alle Ebenen der Systemkonzeption Mensch – Körper, Seele und Geist – und damit Bewegungen, Emotionen, Gefühle und kognitiv-rationale Muster. Sie beschäftigt sich mit impliziten und expliziten Erfahrungsinhalten, somatischen Markern und insgesamt mit dem Versuch, das Erfahrene gegebenenfalls in sprachliche Form und sprachliches Verständnis zu bringen.

Verschiedenste **Ansichten zur erfahrungstherapeutischen Vorgehensweise** finden wir schon bei den nordamerikanischen Erlebnispädagogen Bacon (2003), Priest (Priest et al. 2000) und Gass (1993). Bacons Ansicht »Let the mountains speak for themselves« ist in der Erlebnispädagogik geradezu sprichwörtlich geworden. Andere Autoren bieten mehr durchstrukturierte Modelle des Vorgehens (oder legen auch nahe, mit bestimmten Kommunikationsmethoden zu arbeiten; vgl. dazu auch den Beitrag von Lakemann in diesem Buch, ► Kap. 3, insb. ► Abschn. 3.8.2: »Arbeit mit Metaphern« u. ► Abschn. 3.8.3: »Konzeption und Verlauf einer Intervention« sowie in dem weiteren Beitrag von Mehl in diesem Buch, ► Kap. 4, insb. ► Abschn. 4.2.2: »Therapeut und Patient im Dialog«). Im Vordergrund von EOT sollte aber immer stehen, für den Patienten mögliche **Erfahrungsräume weitestgehend offen zu lassen** und diese Einstellung sollte auch tragend für die therapeutische Vorgehensweise sein. Natürlich können die Berge für sich sprechen bzw. allein durch ihre Erscheinung, ihr Dasein, können bedeutende Erfahrungen im Patienten initiiert werden. Eine davon wäre die relative Bedeutungslosigkeit des eigenen Problems angesichts der mächtigen Kulisse. Ebenso bedarf es aber oft einer zielgerichteten, engmaschigen Führung des Patienten, möchte man ihn etwa dabei unterstützen, Widerstände und Abwehrmechanismen zu überwinden oder einen Perspektivwechsel vorzunehmen.

Bringen wir einmal die bedeutendsten Faktoren, die Einfluss auf förderliche Effektstärken und Wirkimpulse in der EOT haben, auf den Punkt:

Theoretisches und praktisches Wissen des Therapeuten: Je umfangreicher und vielfältiger die Fertigkeiten und Kompetenzen des Therapeuten sind, umso effektiver kann das Setting, das therapeutische Arbeitsbündnis, der aktionale Prozess und die Utilisation gemachter Erfahrungen gestaltet werden. Hierzu gehören eine umfangreiche »Werkzeugkiste« in Bezug auf Optionen des Settings und Vorgehens sowie größtmögliche eigene Erfahrungsschätze, theoretisches und praktisches Wissen. Von Bedeutung ist es zudem, wichtige neurobiologische Gegebenheiten des Unternehmens Gehirn und der Systemkonzeption Mensch zu kennen. Dazu zählen auch das Wissen um psychische Erkrankungen und notwendige Basiskompetenzen sowie mögliche Wege, wie man aus dysfunktionalen Zuständen

heraus- und wieder in funktionale Zustände hineinfinden kann. Dafür braucht man entsprechendes Praxis-Know-how, wie ein Setting professionell gestaltet wird und Methoden richtig eingesetzt werden, sowie prozedurale Fähigkeiten, wie unterschiedlichste Kommunikationsmittel verwendet werden, mit Metaphern oder hypnotischen Sprachmodellen gearbeitet wird und auch nonverbal, über den Körper, kommuniziert werden kann.

Hier noch einmal die wichtigsten therapeutischen Hard und Soft Skills auf einen Blick:

- gute Kenntnisse der Systemkonzeption Mensch und neurobiologischer Grundlagen (Wie denken, fühlen, handeln wir? Wie verhalten wir uns und warum? Was passiert da in Körper, Seele und Geist, in unserem Unternehmen Gehirn?)
- mindestens eine fundierte therapeutische Ausbildung und Praxiserfahrungen in der therapeutischen Arbeit, um eine Grundsicherheit im Umgang mit Patienten zu erlangen, weil das vertrauensvolle, sichere Arbeitsbündnis in der EOT besonders wichtig ist
- einen zunehmend souveränen Umgang mit offener therapeutischer Sprache und Vorgehensweise (Beherrschen entsprechender Fragetechniken sowie Erfahrung in der flexiblen Anwendung unterschiedlicher therapeutischer Methoden nach Bedarf)
- mindestens etwas Sportlichkeit und Beweglichkeit
- ein gutes Verhältnis zu eigenen Ängsten sowie eigene Erfahrung, sich der Angst vor Neuem zu stellen (Selbsterfahrung)
- Bereitschaft zu Introspektion, Selbstreflexion, Supervision, Austausch und Weiterbildung (Anreichern der hauseigenen »Werkzeugkiste«)
- etwas technische Begabung

Das therapeutische Arbeitsbündnis: Von sehr hoher Bedeutung ist ein gutes therapeutisches Arbeitsbündnis. In der Therapeuten-Patienten-Beziehung spielen das Vertrauensverhältnis, das Einfühlungsvermögen (Empathie) seitens des Therapeuten, seine Selbsterfahrung und Selbstreflexion, seine Beobachtungsgabe, die Fähigkeit, sich selbst immer wieder zurücknehmen zu können, und der selbstkritische Blick auf das eigene aktuelle therapeutische Verhalten ebenso eine entscheidende Rolle wie die Fähigkeit, ad hoc, sozusagen aus dem Stand heraus, den therapeutischen Prozess zu begleiten oder zu lenken. Viele Untersuchungen, aber auch die Erfahrung zeigen, wie groß gerade zu Beginn einer Therapie der Einfluss eines guten Arbeitsbündnisses auf den Therapieerfolg ist.

Flexibilität und Handlungsspielraum im Prozess, Ergebnisoffenheit – das Wie und der Weg sind das Ziel: Mit seinem möglichst weitreichenden Theorie- und Praxiswissen und auf Basis einer notwendigen guten Beziehung zum Patienten gestaltet der Therapeut den therapeutischen Prozess. Es liegt in seiner Hand, zu entscheiden, wie suggestiv oder direktiv er vorgeht und wie ergebnissoffen er den Prozess lässt. Um dem Patienten für seine Erfahrungen möglichst viel Handlungsspielraum gewähren zu können, sind außerdem vonseiten des Therapeuten Unvoreingenommenheit, Flexibilität und die Fähigkeit, Ergebnisoffenheit aushalten zu können, vonnöten. Der Prozess, also die Erfahrung, geschieht, wie wir wissen, im Patienten, und es wäre fatal, den Patienten dabei mit nicht passenden Deutungen und Ablenkungen zu stören. Eine vorschnelle Interpretation verstellt nicht nur dem Therapeuten, sondern auch dem Patienten den Blick. Die Kommunikation betreffend ist hier wohl das offene Fragen, bezogen auf die Wahrnehmung eine vorurteilsfreie Einstellung methodisch die richtige Herangehensweise. Eine zu enge Strukturierung oder Systematisierung ist in den meisten Fällen nicht zu empfehlen.

Natürlich sind wir als Therapeuten nicht frei, unser »vorhandenes Wissen«, unsere diagnostischen Informationen oder sich anbahnende Deutungen, die insgesamt zu einem Erfahrungskonstrukt eigener Fasson in Bezug auf den Patienten führen, ganz und gar zurückzuhalten, aber so viel Selbsterfahrung bezüglich notwendiger Zurücknahme und zu erwartender Professionalität sollte dennoch sein, dass nicht vorzeitig in den therapeutischen Prozess unvorteilhaft eingegriffen wird. Auch Ratlosigkeit ist erlaubt; es ist allemal besser, nichts zu interpretieren, als falsche Konstrukte vorzuschlagen. Das nötige Maß an aufzubringender Ergebnisoffenheit ist sehr hoch, wobei natürlich manchmal doch direktivere oder auch suggestive Abschnitte im erfahrungs-

orientierten therapeutischen Prozess notwendig und somit berechtigt sind.

Im Mittelpunkt erfahrungsorientierten Arbeitens steht in jedem Fall **der Prozess** und nicht unbedingt ein bestimmtes Ergebnis. Es geht meist nicht um die Bewältigung einer konkreten Aufgabe oder das Erreichen eines bestimmten Ziels, sondern um das Wie des Erfahrens und darum, welche Gedanken, Gefühle, Emotionen und Bewegungen mit dieser Prozesserfahrung verbunden sind.

Im Gesamtpaket hört sich das alles zugegebenermaßen für den Therapeuten ziemlich anspruchsvoll und fordernd an. »Sportlichkeit, Selbsterfahrung, Ahnung von Technik? So schwierig kann das doch nicht sein!«, wird sich mancher denken. Wir Menschen, insbesondere in den modernen Gesellschaften, sind es doch mittlerweile gewohnt, uns große Teile der Lebensbewältigung mit Regeln, Tipps, Tricks und Gebrauchsanweisungen zu erschließen. Dies hat im Leben oft durchaus auch seine Berechtigung, nur für ein verantwortungsvolles therapeutisches Arbeiten reichen diese Kenntnisse bei Weitem nicht aus. Dennoch verlangen Aus- oder Weiterzubildende der EOT im Lehrgang ebenso wie auf seine Weise auch der Patient während des therapeutischen Prozesses oft nach Techniken, Tipps und Tricks für die Praxis, am liebsten in Form von CDs oder Skripten, die nach der Veranstaltung gleich mit nach Hause genommen werden können. Den Teil der Ausbildung, in dem sie selbst Erfahrung machen müssen, empfinden sie hingegen meist als inhalts- und nutzlos, langweilig oder sie geben an, dies sei ihnen schon längst alles bekannt. Das hat etwas mit der beschriebenen Angst und der Mühe bei Selbsterfahrungsprozessen zu tun. »Erfahrungsmeisterschaft« gibt es jedoch nicht auf CD und man kann sie sich auch nicht als Pokal ins Regal stellen. Erfahrungsmeisterschaft heißt auch für den Therapeuten, eine gewisse innere Haltung einzunehmen, die einen durch jegliche Therapie, wenn nicht sogar durch das Leben trägt.

Selbst wenn also ein Patient im therapeutischen Prozess nach Ratschlägen, Tipps, »Bewältigungshinweisen« und Gebrauchsanweisungen verlangt – und das ist nicht selten der Fall –, sollte darauf vonseiten des Therapeuten besser verzichtet werden, denn diese blockieren meist nur Diagnostik und Therapie vorhandener innerer dysfunktionaler Logik und Muster. Letztere müssen ja erst einmal vom Patienten wahrgenommen, erfühlt und erkannt werden, um sie gegebenenfalls modifizieren zu können. Wir als Therapeuten sollten uns besser auf den Patienten »einschwingen« und als Partner an seiner Seite sein und versuchen wahrzunehmen, wie es sich in ihm anfühlt, wenn bei Tiefbauarbeiten bzw. bei der Innenrevision im Unternehmen Gehirn bei den »alten Herren« erst einmal Unsicherheit wegen der sich anbahnenden tiefgreifenden Änderungen und der damit einhergehenden Destabilisation angesagt ist. Dann können wir auch besser nachvollziehen, welche Prozesse während der Therapie im Patienten ablaufen.

Weil es beim Erfahrungslernen in besonderem Maße darauf ankommt, das System des Patienten, das an Dysfunktionen oder Blockaden leidet, (wieder) in Bewegung zu bringen, sind also rational-kognitive (Erklärungs-)Muster, Tipps oder Gebrauchsanweisungen seitens des Therapeuten zunächst einmal hinderlich, denn EOT spielt sich primär und zu einem überwiegenden Teil auf einer nicht rein rational-kognitiven Ebene ab.

Erfahrung und Selbsterfahrung sind Prozesse, die viel Zeit in Anspruch nehmen, schmerzlich und auch anstrengend sein können. Deswegen ist es auch so wichtig, dass der Therapeut aus eigenem Erleben weiß, was die beiden Begriffe für den Patienten – besser gesagt – für jeden Menschen bedeuten. **Erfahrung und Selbsterfahrung** haben etwas mit schonungsloser Offenheit sich selbst gegenüber, mit instabilen Zuständen, mit Ahnung, Intuition und Selbstüberwindung zu tun. Selbsterfahrung heißt, seine innersten Stärken und Schwächen zu kennen, seine Sehnsüchte, das Eigene in aller Tiefe zu erleben ebenso wie die Welt. Oft jedoch haben wir Angst davor, Angst vor dem, was wir noch nicht kennen, Angst auch, wenn wir nicht wissen, wer wir selber sind (vgl. ▶ Abschn. 1.2.3).

Weil Therapeuten während der Therapie ihr Eigenes, ihre Erfahrungen, ihre Filter, ihre subjektive Wirklichkeit und ihre Vorannahmen nicht immer gänzlich ausschließen können, kommt es in der Therapie nicht selten zu eigenem Abwehrverhalten, zu Aggression oder gar zu Liebe dem Patienten gegenüber, zur unreflektierten Schutzübernahme bei entsprechendem bedürftigem Appell des Patienten oder zu unangemessener Härte gegen-

über dem vermeintlichen »Weichei«. Das ist nichts anderes als das, was wir – aus der Psychoanalyse stammend – »Gegenübertragung« genannt haben. (Die Liste ließe sich ohne Weiteres fortsetzen.) Selbst erfahren zu haben und es immer wieder zu tun, heißt für den Therapeuten jedoch nicht, all diese eigenen Impulse fortan ignorieren zu können, sondern bedeutet, diese nach und nach bei sich selbst wahrnehmen und adäquat im Beziehungsprozess zum Patienten verarbeiten zu können. Es meint, solche Impulse patientenfördernd einzubringen und nicht selbstheilend zu missbrauchen.

Nun ist es natürlich bei der Komplexität beruflicher Anforderungen und notwendiger therapeutischer Selbsterfahrung nicht möglich, als erfahrungsorientierter Therapeut je zu einer abschließenden Qualifikation zu gelangen. Es gibt nicht *die* zwanzig Dinge, die man lernen kann, wie beim Segeln oder Klettern die unterschiedlichen Knoten, und dann ist alles gut. Ebenso lassen sich auch nicht *die* zwanzig wichtigsten Techniken ausmachen, die man nur »schulmäßig« anwenden muss, um therapeutisch erfolgreich zu sein. Natürlich sind die Art und das Vorhandensein der grundlegendsten Instrumente, Methoden, Techniken, Fertigkeiten und ausreichende Selbsterfahrung und Introspektionsfähigkeit von Bedeutung, wenn man sich als Therapeut auf der Spielwiese der EOT bewegt. Aber fertig sind wir nie. Dazu ist die ganzheitliche, integrative therapeutische Vorgehensweise viel zu komplex, zu lebensnah und zu dicht an unserem Selbst. Sie ist vom Prinzip des Lebendigen durchzogen, sich stetig verändern und weiterentwickeln zu müssen. Deshalb sind unsere Selbsterfahrung, ein liebevoller Umgang mit uns selbst und unseren Mitmenschen sowie unser guter Draht zum Patienten, kurzum unsere ganze innere Haltung, so wichtig. Sie ist das Fundament förderlicher und heilsamer Lehr- und Lernprozesse. Wie sollten wir auch dem Patienten beispielsweise eine »von Herzen« wertschätzende Grundhaltung anderen Menschen gegenüber zugänglich machen, wenn wir selbst gar nicht erfahren konnten, was dies eigentlich ist.

1.3.3 Die Bedeutung der inneren Haltung

Der erfahrungsorientiert arbeitende Therapeut misst sich nicht mit seinem Gegenüber und lässt seinen Patienten niemals unnötig Schmerz, Angst oder Leid spüren. Er begegnet ihm auf Augenhöhe und leitet ihn an, Möglichkeiten zur Lösung zu finden, die er bereits in sich trägt oder selbst entwickeln kann. Er verströmt Wohlwollen; sollte es aber nötig sein, dass er als provozierender Partner auftritt, dann macht er dies auf eine förderliche, kameradschaftliche Art. Seine Haltung drückt aus, dass er selbst das Leben bejaht und bereit ist, sich handelnd seinen eigenen Herausforderungen zu stellen. Er signalisiert seinem Patienten, dass er ihn ganz sieht und mit seinen Stärken und Schwächen annimmt. Stets ist er bemüht, eine gute Beziehung zu ihm zu halten. Wir lernen und erfahren schließlich in Beziehungen, und die eigene Haltung sowie das eigene Verhalten und Handeln sind für ihre Gestaltung von größter Bedeutung.

Man sollte sich nicht über manch östliche Weisheiten und Wahrheiten erheben, aber der Vergleich mit einer buddhistischen Grundhaltung passt hier ganz gut, um am Gegenteiligen zu verstehen, worauf es bei einem Erfahrungstherapeuten im Wesentlichen ankommt. Manche Buddhisten sind der Ansicht, dass das Leben Leid, Schmerz und Probleme mit sich bringt. Die Lösungen dafür sehen sie jedoch nicht im Annehmen dieser Gegebenheit mit allen Herausforderungen, die damit verbunden sind, sondern im vollkommenen Abwenden von der generellen Herausforderung »Leben«, also in der Aufgabe jeglicher emotionaler oder tatsächlicher Bindung zum Lebendigen und im Rückzug ins innere Nirwana. Die **Grundhaltung**, die ein erfahrungsorientiert arbeitender Therapeut – und letztlich auch sein Patient – notwendigerweise einnehmen sollte, gestaltet sich dazu genau konträr: lebensbejahend, sich den Herausforderungen des Schicksals stellend, **bewältigungs- und lösungsorientiert**.

Indem man als Therapeut das Leben mit allem Drum und Dran annimmt, ist man in der Lage, dem Patienten vorzuleben, wie hilfreich eine solche innere Haltung ist. Das Leben als Ganzes, als Komplettpaket mit all seinen Freuden und Leiden zu akzeptieren und zu versuchen, an ihm zu lernen und zu wachsen, das beinhaltet Entwicklung und ein Voranschreiten auf dem Weg zur persönlichen Meisterschaft wie der Gesundung. Diese Botschaft gilt es als Therapeut durch die eigene Haltung glaubhaft vorzuleben, zumindest, wenn wir unsere westlichen Lebensweisen akzeptieren und wollen, dass sich Patienten darin gesund zurechtfinden. Insofern spielen innere Haltung und die Persönlichkeitsmerkmale des Therapeuten hinsichtlich seiner Eignung, erfahrungs- und handlungsorientiert arbeiten zu können, sicher auch eine entscheidende Rolle.

> Eine lebensbejahende, lösungs-, bewältigungs- und wachstumsorientierte Einstellung sollte für erfahrungsorientierte Therapeuten als Vorbild für den Patienten grundlegend sein. Diese Haltung inspiriert zu indivdueller Entwicklung, auf dem Weg zur persönlichen Meisterschaft und Gesundheit.

Wir können uns vorstellen, dass das Ziel, ein vollkommen perfekter erfahrungsorientiert arbeitender Therapeut zu werden, mindestens so schwierig zu erreichen ist, wie das, ein vollkommener Buddhist zu werden. Erst wenn der Therapeut sich selbst und dem Patienten gegenüber eingesteht, auch auf dem Weg und nicht am Ziel zu sein, hat er es nicht mehr nötig, zu probieren, seine mögliche Ratlosigkeit in der einen oder anderen Situation zu überspielen, und kann sich transparent geben. Der berührte oder betroffene Therapeut ist authentischer und somit viel näher am Patienten als der (über-)kluge Ratgeber. **Ergebnisoffenheit** im Prozess zuzulassen, spielt hier eine bedeutende Rolle. Es bedeutet für Patienten wie für Therapeuten, **das Unerwartete, nicht sofort Klare und Berechenbare mit all seinen Unwägbarkeiten zu akzeptieren und dafür Zeit und Raum zu geben**, denn dieses geschieht oft jenseits jeglicher, oft platter rational-wissenschaftlicher Gesetzmäßigkeiten, Regeln und möglicher praktischer therapeutischer Kausaldeutung, die Therapeut wie Patient am Ende zu einer Wirklichkeitsverleumdung führen können. Jemandem authentisch in seiner Subjektivität als Therapeut und Mensch beratend zur Seite zu stehen, ist eine andere Wahrheit.

Die vom Therapeuten gewählten Wege sollten also nicht dessen Vorstellungen von der Welt entsprechen oder davon, wie man sich in ihr zu verhalten habe, um darin zurechtzukommen, sondern sich ganz nach den Möglichkeiten des Patienten richten. Eine sehr geeignete Beschreibung für eine förderliche Therapeutenhaltung liefert Yalom in seinem Buch *Theorie und Praxis der Gruppenpsychotherapie* (2012). Eigenes Erleben, Verhalten und Handeln bewusster wahrzunehmen, zu verstehen und gegebenenfalls zu verändern, egal aus welcher Sicht, ob Patient, Therapeut oder einfach Mensch, sollte universell als therapeutische (!) Grundhaltung angenommen werden, weil sie der Gesundheit dient und dazu beiträgt, auf dem Weg persönlicher Meisterschaft voranzuschreiten.

Neben einer förderlichen therapeutischen Haltung hat aber auch der sichtbare und unsichtbare erfahrungsorientierte Raum, in dem sich der therapeutische Prozess vollzieht, einen nicht zu unterschätzenden Einfluss auf den Therapieerfolg – davon mehr im nächsten Abschnitt.

1.3.4 Sichtbare und unsichtbare Bühne, innerer und äußerer Erfahrungsraum

Unter einem Raum stellt man sich landläufig ein Zimmer oder Ähnliches vor. Ein erfahrungsorientierter Raum ist aber eher etwas Atmosphärisches. Es ist ein Raum innerer und äußerer Möglichkeiten, am besten in wohlwollender oder gar geschützter Umgebung. Er hat etwas mit Dingen zu tun, die Therapeuten gemeinhin »Setting« nennen.

> Der erfahrungsorientierte Raum ist etwas Atmosphärisches. Er bietet dem Patienten eine Vielfalt an inneren und äußeren Möglichkeiten, sodass dieser in einem geschützten Rahmen mit professioneller Begleitung eines wohlwollenden Therapeuten heilsame Erfahrungen machen kann.

Möchte man als Therapeut einen »Möglichkeitsraum« einrichten, beginnt man mit einer guten **Planung** sowohl der äußeren als auch der inneren Abläufe. Er muss so konzipiert sein, dass jederzeit alles auch ganz anders kommen kann. Seine wesentlichen Merkmale – gemäß dem Prinzip des Lebendigen – sind die Vorläufigkeit, das nicht Perfekte,

das Veränderbare. Je nach Setting und Fokus besteht er aus maximaler oder minimaler Strukturierung und definiert den Spaß- bzw. Ernstcharakter. Insofern stellt der erfahrungsorientierte therapeutische Raum quasi die Bühne für das dann folgende Schauspiel dar und muss aus diesen Gründen sorgfältig überlegt sein.

Wie es für den Therapeuten von Bedeutung ist, äußere und innere Fähigkeiten zur Begleitung erfahrungsorientierter Prozesse zu erlangen, so spielen auch für die Gestaltung(-smöglichkeiten) und die Auswahl des tatsächlichen Raums, in dem Erfahrung stattfinden soll, innere wie äußere Komponenten eine große Rolle. EOT findet mit Körper, Seele und Geist statt, insofern ist sie nicht nur dreifach wirksam, sondern auch dreifach anstrengend und dreifach gefährlich. Keine Wirkung ohne Nebenwirkung, keine Handlung ohne Risiko. Deshalb ist es besonders wichtig, dass neben dem äußeren Raum (*Location*) und dem Material (Seile, Gurte, Stangen und anderes Equipment) auch die äußeren Rahmenbedingungen (*Design*) stimmen. Möchte man also zum Patienten eine vertrauliche, geschützte Beziehung auf Augenhöhe aufbauen, so signalisiert man ebensolches durch einen vertraulichen, geschützten Raum und ein entsprechendes Design.

Die **Gespräche und Auswertungen** (Reflexionsrunden) vor und nach jeder erfahrungsorientierten Einheit gehören grundlegend zum therapeutischen Prozess dazu. Sie tragen zu einer förderlichen Gestaltung des Erfahrungsraumes und einer Sicherheit und Geborgenheit gebenden Atmosphäre bei. Sie finden an einem dafür eigens festgelegten Ort statt. Dort empfängt der Therapeut den oder die Patienten und beginnt, eine Beziehung aufzubauen. Fester Ort und feste Zeit bieten ihm die Möglichkeit, in ritualisierter Weise das anfängliche Warm-up und die regelmäßigen Nachbereitungen durchzuführen.

Für Gruppen eignet sich dafür am besten das Sitzen im Kreis, weil so jedes Gruppenmitglied mit Körper, Seele und Geist direkt zu den anderen Personen eine Beziehung aufnehmen kann. Auch der Therapeut sitzt mit im Kreis und nicht etwa auf einem besonderen Stuhl oder Platz. Ebenso steht er nicht – wie in Weiterbildungen oft üblich – vor der Gruppe an einem Flipchart, sondern signalisiert, wie die anderen sitzend, der Gruppe von vornherein, mit ihnen ebenfalls rein körperlich auf gleicher Augenhöhe zu sein. Das Kreissitzen als Rahmen für die Reflexionsrunden richtet man am besten für jede erfahrungsorientierte Sitzung ein. Selbst wenn man als Location den Hochseilgarten wählt, lässt sich für jedes Wetter in unmittelbarer Nähe ein geeigneter Platz dafür finden, beim Niederparcours und in der freien Natur auch, bei Indoor-Settings sowieso.

Was notwendige Lebensmittel für die Verpflegung in den Pausen betrifft, so sollten diese immer vorhanden sein. Während einer Vor- oder Nachbesprechung oder während einer Aktion sollte allerdings nicht plötzlich gevespert werden. Natürlich dürfen bei heißem Wetter Getränke eingenommen werden, aber die Verpflegungspausen sollten immer außerhalb der Therapieeinheit liegen. Außerhalb der Therapie heißt, dass der Therapeut klar formuliert, dass jetzt eine Pause zum Einnehmen der Mahlzeit gemacht wird. Das Butterbrotessen auf dem Hochseilgarten oder das Kaffeetrinken vor dem Spinnennetz nähmen der Therapieeinheit ansonsten etwas von ihrem notwendigen Ernstcharakter (es sei denn, es wird zu einem wichtigen Element der Therapiekonzeption erhoben: Kochen auf dem Hochseilgarten ☺). Selbstverständlich gelten diese Regeln auch für Einzeltherapien, die *face to face* ebenfalls am besten im Sitzen stattfinden. Auf diese Weise spiegelt schon **der äußere Rahmen mit seinen Ritualen** die Ernsthaftigkeit des Vorhabens wider und lässt Vor- und Nachbesprechungen nicht zwischen Tür und Angel oder bei Butterbrezel und Kaffee zum Smalltalk werden.

Der Therapeut soll dem Patienten also zugewandt und – schon rein körperlich gesehen – auf gleicher Augenhöhe begegnen. Darüber hinaus soll er ihm vermitteln, dass er über genügend Kompetenz und Erfahrung verfügt, den Therapieprozess sicher begleiten zu können. Er sollte jedoch nicht als Held, harter Kerl oder Naturfreak auftreten (kein Konkurrenzkampf, kein Narzissmus, sondern ein partnerschaftliches Verhältnis und Authentizität!). Dies hat auch etwas mit dem äußeren Auftreten zu tun und gilt natürlich für Outdoor- wie Indoor-Aktivitäten. Man stelle sich beispielsweise vor, man kommt als Patient im Rahmen der Therapie zum Hochseilgarten und trifft dort auf braun gebrannte,

durchtrainierte Mitarbeiter mit freiem Oberkörper, eingerüstet mit Klettergurt, unzähligen Utensilien, Haken, Karabinern und Sprechfunkgerät. Wie wird das wohl wirken? Therapeuten sind ja keine Helden, sondern wollen Patienten helfen, Helden zu werden, und zwar auf Augenhöhe!

> **Auf Augenhöhe und innerlich zugewandt begegnet der Therapeut dem Patienten. Sein äußeres Erscheinungsbild (Kleidung/Equipment) ist der Situation angemessen. Er vermittelt dem Patienten, dass er über genügend Kompetenz und Erfahrung verfügt, um den Therapieprozess sicher zu begleiten.**

Nach einer eingehenden Kontaktaufnahme zu dem Patient oder den Patienten, wenn schon eine gründliche Beziehungsgestaltung stattgefunden hat, gibt der Therapeut Informationen zu **Technik, Sicherheit und nähere Ablaufhinweise** zur anschließend stattfindenden Aktion bekannt. Es handelt sich um spezielle Elemente von EOT, die auf das, was folgt, vorbereiten, und so sollten sie auch betrachtet und behandelt werden. Der Vorteil, dieses Organisatorische später zu klären, liegt darin, dass nicht gleich zu Beginn suggeriert wird, etwas Gefährliches, Technisches, Forderndes stünde an. Zu einem späteren Zeitpunkt abgehandelt, behalten die Informationen zwar ihren Ernstcharakter, prägen sich aber nicht als Erstes beim Patienten ein und bekommen so keine überbordende Bedeutung. Selbstverständlich werden bei einer Erfahrungsaktion immer Notfall- und Rettungsequipment, trockene Kleidung, gegebenenfalls auch Medikamente mitgeführt und für den Ernstfall bereitgehalten.

Ein weiterer wichtiger Faktor, der für das Erfahrungslernen eine große Bedeutung einnimmt, ist Zeit. **Erfahrung braucht Zeit**, eine Zeitdauer, die oft nicht kalkuliert werden kann. Man gibt der Erfahrung die erste Präferenz, nicht dem Absolvieren unzähliger Übungen! Lieber lässt man die eine oder andere Maßnahme weg, wenn man das Gefühl hat, der Patient oder die Patienten befinden sich gerade in einem wichtigen Erfahrungsprozess, der für ihren Fortschritt relevant ist. Schon der präaktionale Zeitdruck, etwa bei der Vorbesprechung oder während der Aufwärmphase, würgt im Vorfeld das Entstehen und Sich-Entfalten von Erfahrungsräumen ab (ausgenommen wieder spezielle Settings, die beispielsweise mit Selbstmanagement und eigens initiiertem Stress zu tun haben). Gute Planung von Location, Design und Zeit machen es dem Patienten leichter, seinen bestmöglichen Erfahrungsraum zu betreten. Schon im Vorfeld ist also höchste Sorgfalt geboten.

Einige Erlebnispädagogen präferier(t)en die **Natur** mit all ihren heilsamen Kräften als Erfahrungsraum bzw. Bühne ihrer Pädagogik. Dies ist zweifelsohne nachvollziehbar, ist sie doch meist unverfälscht, mit archaischem Potenzial versehen und beinhaltet viele Möglichkeiten der Erfahrung. Allerdings kann die Natur nicht als ausschließlicher Ort für EOT gelten. Über Outdoor-Aktivitäten im Freien hinaus, kann es durchaus auch sinnvoll sein, sie indoor durchzuführen. Sie muss also nicht per definitionem draußen stattfinden. Möglicherweise kennen Sie Darkroom-Restaurants. Dort wird Ihnen Ihr Essen in absoluter Finsternis serviert. Sie können sich vorstellen, welch unbegrenzten Erfahrungsraum so eine Location zu bieten hat. Nicht nur die ganz andere Wahrnehmung der Mahlzeit, sondern auch die im Raum (unsichtbar) spürbare Beziehung zu den anderen Anwesenden sind möglicherweise unmittelbar neue Erfahrungen. Auch solche Orte laden dazu ein, äußere Erlebnisse zu innerer Erfahrung werden zu lassen.

Alle Hinweise zur förderlichen Beeinflussung und Gestaltung des äußeren wie inneren Erfahrungsraumes sind für Therapien sowohl mit Einzelpersonen als auch mit Gruppen relevant. Insbesondere bei gruppentherapeutischen Prozessen ist es von großer Bedeutung, eine Atmosphäre gegenseitiger Wertschätzung und Akzeptanz zu schaffen und die Teilnehmer zur Kooperation und Teamarbeit zu motivieren, um ihnen die Tür zu einem Raum zu öffnen, der ihnen ein Erfahren in einem geschützten, wohlwollenden Rahmen bietet und sie auf ihrem Weg gewähren lässt.

Eine förderliche Gestaltung des Therapieprozesses manifestiert sich also nicht nur in der angebotenen konkreten Maßnahme, sondern wesentlicher in der Erscheinung und Vorgehensweise des durchführenden Therapeuten sowie in seiner Interaktion mit dem oder den Patienten. Es ist beispielsweise hilfreich, die Aufmerksamkeit nicht gleich zu Beginn auf die konkrete Maßnahme zu lenken, sondern auf den anstehenden Erfahrungsprozess. Zu

schnell kommen heute Menschen, konditioniert auf Leistung und Bewältigung von zahlreichen Aufgaben im Alltags- und Arbeitsleben, in den Höher-Schneller-Weiter-Modus und erfüllen, was verlangt wird, haken ab, bewältigen und erledigen ihre Aufgabe so, wie sie es im Leben gewohnt sind. Der Fokus liegt dabei jedoch auf etwas rein Äußerlichem, nämlich auf der **Bewältigung** und nicht auf den inneren (alleinigen oder gemeinschaftlichen) Erfahrungsprozessen und Beziehungsmustern.

EOT darf auch keine Art »Behandlung« durch einen Arzt oder Therapeuten sein. Ziel sollte immer sein, vom Behandlungswunsch des Patienten zu einer intrinsischen Handlungsbereitschaft/einem intrinsischen Handlungswunsch des Patienten zu kommen – Handeln statt Behandeln sollte die Devise sein. Schon von Anfang an muss dem Patienten diese Intention angetragen und verdeutlicht werden. Es geht um ihn selbst, um *seine* Entscheidungen sowie *seine* Entwicklung, und es liegt letztendlich in *seiner* Verantwortung, aus der Falle der Dysfunktionalität wieder herauszukommen. In dieser Beziehung ist es sehr förderlich, wenn der Patient oder die Patienten erkennen, wie bedeutsam Introspektion und Selbstverantwortlichkeit für die eigene Heilung sind.

❯❯ **Dem Patienten gleich zu Beginn zu verdeutlichen, dass es um *seine* Entscheidungen, *seine* Entwicklung und *seine* Verantwortung geht, ist von grundlegender Bedeutung. Nach dem Grundsatz der EOT: »Vom Behandeln zum Handeln«.**

In einer bestimmten Form des erfahrungsorientierten Gruppensettings in der Klinik erleben wir diese Dichotomie sehr oft. Diejenigen, bei denen es gelingt, den Fokus auf die inneren Erfahrungsprozesse zu lenken, profitieren vom Gruppengeschehen und akzeptieren es meist. Diejenigen hingegen, die auf die »vom Therapeuten verordnete und befohlene« Erledigung der Aufgaben fokussiert sind, kommen schnell ins Bewerten und beispielsweise zu dem Schluss: »Was soll es mir auch helfen, mit anderen Patienten über eine Holzwand zu klettern? Mein Problem resultiert aus meinen Problemen mit meinen Kolleginnen und Kollegen am Arbeitsplatz, die mich mobben!« Wäre es gelungen, bei einem dieser Patienten die Aufmerksamkeit auf die Kompetenz der Beziehungsgestaltung und Kooperation zu richten, wäre seine Beurteilung der therapeutischen Aktion sicherlich anders ausgefallen. Freilich ist zu Beginn eines erfahrungsorientierten Prozesses oft mit solcherlei Widerständen zu rechnen. Deshalb ist es auch von Anfang an die Aufgabe des Therapeuten, hier die Aufmerksamkeit des Einzelnen oder der Gruppe sogleich in die richtige Richtung zu lenken, zumindest es zu versuchen.

Weiterhin ist es wichtig, auch im gruppentherapeutischen Prozess, die Muster, die man als Therapeut beim einzelnen Patienten wahrnimmt, diesem zu kommunizieren. Allein deshalb sollten erfahrungsorientiert arbeitende Gruppen nicht allzu groß sein. Ausnahme: Der therapeutische Plan ist von vornherein so angelegt, dass die Erfahrungen während der Aktion gar nicht oder erst nach der Maßnahme reflektiert werden sollen.

Zuletzt ist bei aller Gestaltung und therapeutischer Begleitung, insbesondere aber auch wegen der eingeschränkten Übersichtlichkeit gerade in Gruppen, besonders darauf zu achten, dass man als Therapeut immer die Verfassung des Einzelnen im Auge behält. Der Patient kann in einen (zu) kritischen Zustand geraten sein. Er darf nicht ohne Weiteres zu instabil ohne Aufsicht, Begleitung oder Nachbearbeitung sich selbst überlassen werden. Das kann kontraproduktiv, wenn nicht gar gefährlich werden!

Setting – Einzel- oder Gruppentherapie?

EOT/Erfahrungslernen kann sowohl im einzel- als auch im gruppentherapeutischen Setting stattfinden. Was aber sind die Gemeinsamkeiten und Unterschiede? Was ist wann die richtige Wahl? Was ist die richtige Vorgehensweise?

Therapeutisches Vorgehen nutzt traditionsgemäß eher das einzeltherapeutische Setting, wohingegen pädagogisches eher das gruppendynamische (historisch) bevorzugt(e). Mittlerweile haben gruppentherapeutische Settings aber auch einen hohen Stellenwert gewonnen, wenn nicht gar einen dem einzeltherapeutischen Setting gleichwertigen – zumindest für stationäre Konzepte kann dies konstatiert werden – und sogar einen mehrwertigen (vgl. dazu auch die Beiträge von Lakemann, ▶ Kap. 3 u. 8 sowie den Beitrag von Klein-Isberner u. Wenzel, ▶ Kap. 7). Dieser Umstand und die Auseinandersetzung mit der Fragestellung, welches Setting zu bevorzugen ist, spiegeln sich in zahlreichen Fachbeiträgen zur Thematik wider, wobei hier wieder stellvertretend die Arbeit von Yalom (2012) erwähnt werden soll. Beide Vorgehensweisen – Einzel- wie Gruppentherapie – haben sich im Laufe der Geschichte innerhalb unterschiedlicher Schulen (weiter-)entwickelt, ganz wie andere spezialisierte Vorgehensweisen, wie z. B. die großen Therapierichtungen Psychoanalyse, Tiefenpsychologie und Verhaltenstherapie.

Es liegt auf der Hand, dass die Dynamik in Einzel- wie Gruppensettings jeweils unterschiedliche therapeutische Arbeitsfelder eröffnet. Die **Einzelpsychotherapie** basiert auf der Beziehung zwischen Therapeut und Patient und arbeitet sehr persönlichkeitsrelevant, die Gruppenpsychotherapie hingegen auf Beziehungen, der Beziehung zwischen Therapeut und dem einzelnen Patienten sowie den Beziehungen zwischen den Patienten. Das bedeutet aber nicht, dass Gruppenpsychotherapie ausschließlich sozialrelevante Themen (soziale Kompetenz, etc.) bearbeitet und erfahrbar macht, sondern auch Themen, die auf die einzelne Person bezogen sind. So lässt sie neben der sozialen Erfahrbarkeit von Denk-, Fühl-, Verhaltens- und Handlungsmustern auch persönlichkeitsrelevante Rückschlüsse dysfunktionalen Verhaltens, Handelns, Fühlens, Denkens im Kontext der Gruppe zu. Diese Bandbreite findet sich in der Einzelpsychotherapie wiederum nicht, sie birgt aber den Vorteil, dass sie aufgrund des vertraulichen Rahmens, in dem sie stattfindet, Raum für sehr persönliche und intime Themen bietet.

Im gruppentherapeutischen Kontext werden eigene Geschichten und die der anderen in den therapeutischen Prozess einbezogen, gesehen und für alle erfahrbar gemacht. Schon in den 1970er-Jahren erlangte so **Gruppenpsychotherapie** durch Rogers Encountergruppen (1974) einen hohen Bekanntheitsgrad. Hinter all dem steckt sicherlich auch immer das jeweilige Menschen- und Weltbild sowie der seinerzeit zugrunde liegende Zeitgeist, verbunden mit den Fragen: »Wollen wir überhaupt autonome, selbstbewusste, in sich selbst funktionierende Einzelwesen?« und »Ist der Mensch unabdingbar ein soziales Wesen, welches sich nur in der Gemeinschaft einer Gruppe erfährt und entfaltet?« Heutzutage sind diese Fragestellungen überholt, sie können so nicht mehr formuliert werden. Mittlerweile weiß man, dass beides, die Autonomie des Einzelnen und seine soziale Kompetenz, das Fundament für ein gelingendes Leben bilden. Insofern ist beim therapeutischen Vorgehen sowohl das eine als auch das andere einzubeziehen, wobei der Patient grundsätzlich da abgeholt werden sollte, wo er professionelle Hilfe bezüglich seiner Defizite benötigt, gehen wir doch in der EOT genau von dieser Grundmaxime aus.

>> Für ein gelingendes Leben bilden sowohl die Autonomie des Einzelnen als auch seine soziale Kompetenz das Fundament. Insofern wird grundsätzlich beides in die Therapie einbezogen.

Ob nun einzel- oder gruppentherapeutisch vorgegangen wird, ist individuell und von Fall zu Fall (zu behandelnde Thematik) zu entscheiden. Denkbar ist auch, beide Vorgehensweisen in einem integrativen Setting anzubieten. Nur weil Freud gruppentherapeutische Methoden nicht kommentierte oder nicht kannte, sagt dies nichts über die Richtigkeit oder Falschheit dieses Vorgehens aus. Die grundlegenden Erkenntnisse der vielschichtigen und ungeheuer komplexen Systemkonzeption Mensch belegen, dass beide Vorgehensweisen im therapeutischen Kontext von Bedeutung sind. Während es Kliniken gibt, die ausschließlich im Gruppensetting oder einzeltherapeutisch arbeiten, lässt die erfahrungstherapeutische Vorgehensweise dem Therapeuten bzw. dem/den Patienten die Wahl, das für die Situation und für das jeweilige Individuum passende Setting auszusuchen. Dies hat nichts mit Beliebigkeit in der Therapie zu tun, sondern damit, dass dem Patienten zugetraut wird, mithilfe des Therapeuten aus der Fülle ihm erfahrbar gemachter Methoden, Settings und Erfahrungsräume, auf der Wiese aller vorhandener Möglichkeiten, die heilenden Kräuter pflücken, die Lösungen für sich finden zu können, derer er bedarf. Yaloms Ansicht nach, dass es keinerlei Forschungsergebnisse über die beste Methode und Technik gibt, die hier Schulen in dem einen wie in dem anderen Fall bevorzugen könnten, stützt die von der EOT vertretene Meinung, dass u. a. **Flexibilität in der Gestaltung der Therapie, ein großer Spiel- und weiter Möglichkeitsraum von größter Bedeutung für einen positiven Verlauf des therapeutischen Prozesses** sind. In seiner Monographie *Theorie und Praxis in der*

Gruppenpsychotherapie (2012) betont er, dass eine erfolgreiche Therapie auf der Grundlage einer guten Therapeuten-Patienten-Beziehung entstehe, die durch Vertrauen, Wärme, einfühlsames Verstehen und Akzeptanz gekennzeichnet sein sollte. Selbstverständlich weist er auch auf die begrenzte Gruppentauglichkeit mancher Patienten hin. Je nach Leiden ist nicht unbedingt ein Gruppensetting passend und nicht jede Person ist für die Einzelpsychotherapie geeignet. Deshalb sollte der Therapeut stets in Zusammenarbeit mit dem Patienten entscheiden, welches Setting in welchem Fall möglich und sinnvoll ist. Es kann natürlich sein, dass ein Patient, der am meisten von einem Gruppensetting profitieren würde, bei dem Vorschlag, in der Gruppe zu arbeiten, zunächst einen großen Widerstand aufbaut. Das kann passieren, muss aber nicht per se darauf hinweisen, dass ein bestimmtes Setting geeignet ist oder nicht. Es ist lediglich ein Aspekt von vielen, der im Planungs- und Durchführungsprozess mit berücksichtigt werden muss.

Egal für welches Setting sich entschieden wird, ist es also die Kunst des Therapeuten, das jeweils geeignetste therapeutische Mittel (Methode und Setting) mithilfe des Patienten zu finden, um so für ihn die Wiese der Möglichkeiten (Erfahrungsraum) und seine Heilung so förderlich, wie es nur geht, zu gestalten. Dies ist eine große und verantwortungsvolle Aufgabe, die vom Therapeuten sehr viel Einfühlungsvermögen und Wissen, aber auch Bescheidenheit und Demut verlangt.

Der therapeutische Vertrag

Nach all diesen Gedanken und Abwägungen zur notwendigen Haltung des Therapeuten, zur Wahl und Gestaltung des richtigen Settings und der meist förderlichen Vorgehensweise muss noch einmal darauf hingewiesen werden, wie wichtig und wertvoll es ist, den Patienten im Vorfeld der Therapie bei diesen Überlegungen einzubinden.

>> Vor dem Beginn der Therapie sollte über Grundlegendes wie Rollenverteilung, Freiheiten und Selbstverantwortung im Rahmen des erfahrungstherapeutischen Prozesses gesprochen und in einer Art therapeutischen Vertrag zwischen Patient und Therapeut festgelegt werden.

Immer wieder kann man als Therapeut erleben, dass während der Therapie große Missverständnisse aufkommen können, die die therapeutische Arbeit erschweren. Es ist also ratsam, in den Vorbesprechungen für den Patienten deutlich zu machen, wem welche Rolle zukommt und gemeinsam Grundlegendes für den anstehenden erfahrungsorientierten Therapieprozess zu besprechen. Weil Regeln dem Menschen oft die Selbstverantwortung für das, was passiert, abnehmen und ihn eher in die Passivität als in die Aktivität bringen, sind sie therapeutisch gesehen meist kontraproduktiv. Deshalb und weil erfahrungsorientiertes Vorgehen großer Freiheiten bedarf, ist es vorzuziehen, im Vorfeld jeder Therapie mit dem oder den Patienten eine Art mündlichen Vertrag – den erfahrungsorientiert therapeutischen Vertrag – auszuhandeln und wesentliche Prinzipien des erfahrungsorientierten Prozesses zu erläutern. Letztendlich geht es darum, hier den Patienten falsche Vorstellungen zu nehmen und so zu einem besseren Gelingen beizutragen.

> **❯ Zu viele Regeln sind therapeutisch gesehen eher hinderlich, weil sie Selbstverantwortung nehmen, Passivität fördern und Aktivität bremsen. Erfahrungsorientiertes Vorgehen impliziert geradezu, Raum für große Freiheiten zu lassen.**

Dem Patienten sollte beispielsweise klargemacht werden, dass er nicht vom Therapeuten etwas lernt, sondern dass er selbst zum aktiven Teilnehmer wird, indem er mit Körper, Seele und Geist sich selbst und Neues erfährt (vgl. s. o. **Introspektion und Selbstverantwortung**). Diesem Vorhaben, so sollte ihm bewusst werden, gilt die gesamte Aufmerksamkeit. Es basiert auf dem bedeutsamen Prinzip der EOT, dass der Patient über das Eigene mithilfe des Therapeuten dahin kommt, sein System selbst wieder in die Funktionsfähigkeit zu bringen und eigenständig zu handeln. Dazu gehört auch, dass der Patient einen großen Teil der Verantwortung für seinen Genesungsprozess selbst trägt. Das fängt in den Vorbesprechungen schon mit der Formulierung von Zielvorstellungen in Bezug auf den sich anschließenden therapeutischen Prozess an. Ebenso wichtig ist es, zu vereinbaren, wie viel Spaß- und wie viel Ernstcharakter die folgenden Schritte beinhalten sollen. Jedoch wie viel Verant-

wortung für sein Tun kann, soll, darf dem Patienten zugemutet werden, inklusive der Konsequenzen, die sich aus seinem Handeln ergeben können? Wichtig ist also die klare Definition der Rollen und des Arbeitsbündnisses zwischen dem Therapeuten und Patienten. Derartig vorbereitet können dann beide gemeinsam in den erfahrungsorientierten Prozess einsteigen.

1.4 Ist ein psychosomatisch-psychotherapeutischer Methodenstreit sinnvoll?

Bevor wir uns nach den theoretischen Überlegungen zur EOT in den folgenden Beiträgen Praxisbeispielen zuwenden, sollten wir einen Blick nach links und rechts auf andere Vorgehensweisen werfen und abschließend noch einmal die wesentlichen, typischen Aspekte von EOT zusammenfassen. In diesem Abschnitt soll zum einen danach gefragt werden, worin sich die anderen Vorgehensweisen von der hier vorgestellten erfahrungsorientierten Methode unterscheiden, zum anderen, welche Aspekte wir uns für unseren integrativen Ansatz zunutze machen können.

Um die Antwort auf die in der Überschrift gestellte Frage vorwegzunehmen: Nein, einen solchen Methodenstreit brauchen wir nicht. Schon Grawe war bekanntlich in seinen Büchern bemüht (u. a. 2004), eine Betrachtung verschiedener Wirkimpulse allgemeiner Natur durchzuführen, um auf diese Weise unterschiedliche psychotherapeutische Verfahren (Schulen) integrativ zusammenzubringen. Nicht nur für die erfahrungsorientierte Herangehensweise, sondern für jegliche psychosomatisch-psychotherapeutische Verfahren ist es sinnvoll, die Systemkonzeption Mensch und seine neurobiologischen Voraussetzungen zugrunde zu legen, um darauf basierende **Wirkimpulse schulübergreifend** zu nutzen. Wir können davon ausgehen, dass in vielen der unzähligen existierenden Psychotherapieverfahren wesentliche Aspekte der Systemkonzeption Mensch als Wirkfaktoren in den therapeutischen Prozess einbezogen werden. Zum Teil wird auch das eine oder andere Element speziell fokussiert und in den Vordergrund gerückt. So verstanden, haben die unterschiedlichen Therapieformen also durchaus alle ihre Berechtigung, aber ihre Schöpfer müssen einräumen, dass sie nicht die Gesamtbreite möglicher Wirkimpulse ausschöpfen. EOT hingegen ist mit seinem integrativen Ansatz darauf bedacht, dies möglichst zu tun. Insofern tritt EOT nicht als »Schule« in Konkurrenz mit anderen Verfahren, sondern versucht, durch ihre breit aufgestellte, umfassende Vorgehensweise möglichst hohe Effektstärken zu erreichen. Dies gelingt erstens durch den ganzheitlichen Ansatz bei der therapeutischen Arbeit, zweitens indem sie vor dem Hintergrund der Körper-Seele-Geist-Einheit des Menschen für den Patienten optimale Möglichkeitsräume für Veränderung und Verbesserung bereitstellt.

> **Im neurowissenschaftlichen Bereich stets** *up to date* **zu bleiben, das sollte jedem erfahrungsorientiert arbeitenden Therapeuten ein unverzichtbares Bedürfnis sein.**

Die Hirnforschung ist bei der Erforschung unserer Systemkonzeption sicherlich auf einem auch für die Praxis verwertbaren Weg, beispielsweise indem sie neurobiologische Funktionssysteme wie die Stressverarbeitung, das damit zusammenhängende Beruhigungssystem, das Bewertungs- und Belohnungssystem, unsere Impulshemmung und Risikobewertung sowie das Bindungssystem kategorisiert und beschreibt (vgl. dazu Roth u. Strüber 2014 sowie den Beitrag von Joos in diesem Buch, ▶ Kap. 2). Neurowissenschaftlich auf dem Laufenden zu bleiben, sollte für einen erfahrungsorientiert arbeitenden Therapeuten demnach ein Muss sein. Gibt es hier doch immer wieder etwas dazuzulernen, was für die Praxis und eine erfolgreiche Therapie relevant ist. (Einen grundlegenden Schritt haben Sie durch den Kauf dieses Buches und das Studieren des theoretischen Teils aber schon gemacht ☺.)

1.4.1 Spezifische Wirkimpulse

In diesem Abschnitt wollen wir nun beispielhaft die großen therapeutischen Schulen der psychodynamisch-analytischen und der verhaltenstherapeutischen Verfahren ins Visier nehmen, um die wichtigsten Wirkimpulse zu beschreiben. Trotz einiger Fehlansichten und nicht zutreffender Annahmen

weisen beide Therapierichtungen spezielle Wirkimpulse auf. Des Weiteren gibt es allgemein wirksame Faktoren, die quasi auf fast jedes therapeutisches Vorgehen zutreffen. Dieses aus Metastudien extrahierte Ergebnis führte zu Untersuchungen allgemein wirksamer Faktoren (Benish et al. 2008; Imel u. Wampold 2008), die uns in ▶ Abschn. 1.4.2 näher beschäftigen werden.

Psychodynamisch-analytische Verfahren

Sie sind im Prinzip geboren aus Sigmund Freuds Ideen und seiner Begründung der psychoanalytischen Psychotherapie. Im Wesentlichen geht es darum,»unbewusste« Ereignisse und Erfahrungen in der Vita des Patienten aufzudecken. Der klassische Analytiker macht sich aus den Äußerungen seines Patienten und seiner Biografie einen mehr oder weniger wahrscheinlichen Reim, um auf die Ursachen seiner aktuellen Befindlichkeit oder Störung schließen zu können, aber am Ende ist es dennoch sehr fraglich, ob und wie überhaupt die »Erkenntnis« der Ursache positiv auf das aktuelle Störungsbild wirken kann. Aus neurobiologischer Sicht nutzt das reine Erkennen zunächst wenig, solange es nicht mit einer neuen emotionalen Erfahrung – also Umdeutung – und Neubewertung in Zusammenhang gebracht wird. Außerdem muss das Kausalitätsprodukt, welches der Therapeut meist mit dem Patienten gemeinsam erarbeitet, nicht unbedingt der Realität entsprechen. Es entsteht schließlich im Nachhinein aus der aktuellen, subjektiv geprägten Perspektive von Therapeut und Patient und ist sozusagen eine Deutung.

Dennoch ist für den Patienten diese **Kohärenzerkenntnis der eigenen Geschichte** oft sehr hilfreich – egal, ob sie konstruiert ist oder nicht –, da sie seine neuronalen Netzwerke synchronisiert und harmonisiert sowie ihm dabei hilft, sein Sosein zu verstehen und mit der vorliegenden Situation besser umzugehen (Akzeptanz; vgl. auch Mehl 2013, Kap. 3.3.1:»Vom Glauben als Klebstoff der [eigenen] Geschichte« und Kap. 8.4: »Die Geschichte vom Glück«). So geht es ihm bereits etwas besser, denn Kennen und Verstehen des Ganzen mindern Bedrohlichkeit und Angst und damit auch sein Leiden. Im besten Fall ist er in der Folge nicht mehr ganz so fokussiert darauf, im schlechtesten Fall ist er es aber umso mehr, nämlich dann, wenn aus der klärungsorientierten Therapie keine Bewältigungsstrategien erwachsen.

Die psychodynamischen therapeutischen Verfahren, die sich im Laufe der Zeit entwickelt haben, kümmern sich neben der Analyse mehr oder weniger auch um die notwendige neue emotionale Erfahrung. Im Wesentlichen besteht diese aber aus der Beziehungserfahrung zum Therapeuten, die durch Verständnis und Vertrauen gekennzeichnet ist. Insofern lassen sich hier gewiss spezielle bedeutungsvolle Wirkimpulse ausmachen, die sowohl – wie Grawe es benennt – aus überwiegend expliziten (sprachlichen) als auch aus impliziten (nichtsprachlichen, bindungsbezogenen) Anteilen bestehen. Sicherlich sollte aus so einer elementaren Therapieform unbedingt Weiteres, für die Heilung des Patienten Nutzbringendes folgen: Erfahrungsaufbau und damit das Bilden neuer Denk-, Fühl-, Handlungs- und Verhaltensmuster, die das therapeutische »Basisergebnis« festigen und verfeinern. In der Praxis wäre es deshalb wichtig, analog zu den Therapieresultaten Primär- und Begleiterfahrungen zu initiieren, auch um für die Heilung zuträgliche Basiskompetenzen zu erlernen und wieder aufzufrischen. Für stationäre Therapien empfiehlt sich deshalb ein integrativer multimethodaler Ansatz und im Anschluss daran unbedingt eine weiterführende ambulante Therapie.

Zusammengefasst: Psychoanalytisch-psychodynamische Verfahren zeichnen sich dadurch aus, dass sie zum Ziel haben, auf der Basis einer verständnis- und vertrauensvollen therapeutischen Allianz zwischen Therapeut und Patient überwiegend klärungsorientiert eine kohärente Lebensgeschichte mit dem Hilfesuchenden zu erarbeiten.

Verhaltensorientierte Verfahren

Sie gründen im Wesentlichen auf der Einsicht schädlichen Verhaltens, also dysfunktionaler Verhaltensmuster und ihrer sukzessiven Veränderung, gleich Rückführung in die Funktionalität, durch Umkonditionierung und andere Lernprozesse. Verhaltenstherapeuten halten meist die tiefe Introspektion und das Verstehen der eigenen Geschichte für nicht so relevant und sehen tatsächliche Veränderungsprozesse eher gewährleistet, wenn »umgelernt«, also eine bestimmte neue Verhaltensstrategie für ein gewünschtes Ziel entwickelt wird. Neuro-

biologisch gesehen ist diese therapeutische Maßnahme – dieser Wirkimpuls – tatsächlich möglich und auch für das Wieder-in-Balance-Kommen des Körper-Seele-Geist-Systems des Patienten nötig. Doch entsteht ein solcher Therapieeffekt nur im Kontext auch korrigierender emotionaler Erfahrung. Deshalb ist die von Aaron Beck (2010) begründete rein kognitive Verhaltenstherapie aus Sicht der Neurobiologie kritisch zu sehen.

Zusammengefasst: Die kognitive Verhaltenstherapie – wie der Name schon sagt – geht von dysfunktionalen Kognitionen aus, die es nachzuvollziehen gilt, und spricht allein der kognitiven Erkenntnis einen therapeutischen Wirkimpuls zu. Das Dogma ist hier, dass das Denken letztendlich das Fühlen bestimmt, jedoch ist es genau umgekehrt. Aus diesem Grunde integrieren verhaltenstherapeutische Schulen das Emotionale Zug um Zug in ihre Praxis, weil dies der Systemkonzeption Mensch gerechter wird und Erfolg versprechender ist.

1.4.2 Typische Wirkimpulse und allgemein wirksame Faktoren

Schon lange werden im Rahmen psychotherapeutischer Forschung allgemeine Wirkfaktoren untersucht (Pfammatter et al. 2012). Bereits in den 1930er-Jahren machte der amerikanische Psychologe Saul Rosenzweig (1936) deutlich, dass in jedweder Psychotherapie implizite Faktoren auszumachen sind, die wesentlich zum Gelingen einer Therapie beitragen. Nach den Studien der letzten Jahrzehnte können als wichtiger oder gar wesentlichster Faktor für eine erfolgreiche Therapie die Wirkimpulse einer guten **Therapeuten-Patienten-Beziehung** gelten. Hier muss Vertrauen vorhanden sein, die Kommunikation stimmen, sodass sich der Patient sicher und wohlfühlt, in der Gewissheit, dass der Therapeut weiß, was er tut. Je differenzierter und (selbst-)erfahrener der Therapeut in seiner Vorgehensweise und mit seinen therapeutischen Angeboten ist, desto größer wird infolgedessen der therapeutische Möglichkeits- und Modifikationsraum, der sich mit der Systemkonzeption Mensch und seinen funktionalen und dysfunktionalen Mustern deckt – und desto wirkungsvoller auch unter Umständen der Effekt.

> **Als wichtiger oder gar wesentlichster Faktor für eine erfolgreiche Therapie können die Wirkimpulse einer guten Therapeuten-Patienten-Beziehung gelten.**

Grawe (2004) ergänzt hierzu in seinen Ausführungen über die Neuropsychotherapie, dass des Weiteren wichtige Teilbereiche die **Bearbeitung positiver motivationaler Ziele, eine Ressourcenaktivierung und Stärkenfokussierung, der Umgang mit Ängsten und letztendlich die kognitive Modulation** sind. Andere Autoren ergänzen die Liste allgemeiner Wirkfaktoren mit unspezifischen Wirkimpulsen, wie beispielsweise mit der Gestaltung eines geeigneten Raums und dem zeitlichen Aufbau einer Therapie.

Zusammengefasst: Nach der Gestaltung einer wirkungsvollen, verständnis- und vertrauensvollen therapeutischen Allianz – also der Bindung zwischen Patient und Therapeut – sollte ein umfangreicher therapeutischer Möglichkeitsraum gemeinsam mit dem Patienten erarbeitet und diesem angeboten werden. Dieser Erfahrungsraum sollte ihm zunächst klärungsorientierte, dann bewältigungs- und lösungsorientierte Veränderungen erlauben. Hierbei spielt auch – aber nicht nur – die Erkenntnis eine wichtige Rolle. Unverzichtbar bleiben das Einbeziehen alter und neuer Erfahrungen und damit emotionaler Bewertungen sowie das Erleben heilsamer neuer emotionaler Erfahrungen. Dieses Potenzial bieten am umfassendsten erfahrungsorientiert gestaltete Möglichkeitsräume.

1.5 Kern von EOT – eine Zusammenfassung

Die Essenz erfahrungsorientierten Lernens ist die Revision dysfunktionaler, vorhandener alter kognitiver und emotionaler Verhaltensmuster durch neue Erfahrungen mit Körper, Seele und Geist (Primärerfahrungen). Dabei kommt es vielleicht zunächst beim Patienten zur Aktivierung von Abwehr- und Kontrollmechanismen (Widerstand), die im therapeutischen Prozess vom Therapeuten professionell zu händeln sind. Das Unbekannte kann Angst machen und zunächst Unsicherheit im System verursachen. Es wird aber auch ein Erregungszustand

im Gehirn herbeigeführt, der den Patienten besonders empfänglich für korrigierende Erfahrungen macht. Hier sind die vertrauensvolle Allianz, die sichere Bindung und das uneingeschränkte Wohlwollen seitens des Therapeuten von großer Bedeutung, soll die Balance mit Hinarbeiten auf das Neue, mit Hoffnung auf heilsame Veränderung gehalten werden.

Ein erfahrungsorientierter Prozess erzeugt nicht nur quantitativ mehr Stress, sondern auch Dysstress im Sinne von Selye (1974; 1983). Das gehört zum erfahrungsorientierten Lernen dazu. Sicherlich ist es anzustreben, therapeutische Lerninhalte über salutogenetische Wege und Flow-Erleben (Csíkszentmihályi 1987, 1997) zu verinnerlichen, aber es gibt auch Phasen, in denen man als Therapeut die Patienten ihre Dysfunktionalität erfahren lassen muss, z. B. was es für Folgen hat, wenn man kein Vertrauen in die Fähigkeit anderer aus der Gruppe hat oder keine Hilfe annehmen kann.

Auch hierzu muss der Patient den unsicheren und instabilen Weg gehen, und es ist Aufgabe des Therapeuten, zu überlegen und zu entscheiden, ob der Patient die Kontrolle behalten oder aufgeben soll. Er muss ihn sehr gut beobachten, um einschätzen zu können, welche bewussten und unbewussten Anteile eine Rolle spielen, und beurteilen zu können, wie viele Anteile intrinsisch oder extrinsisch zur Motivationslage gehören. Der Patient geht bei Veränderungsprozessen immer ein Risiko ein, aber erfährt durch einen erfahrenen Therapeuten auch Sicherheit und Kompetenz. Schlimmstenfalls, so kann er gewiss sein, wird dieser ihn auch durch einen längeren Verstörungsprozess (Arousal) führen können.

Erfahrungsorientierte Arbeit ist für den Patienten oft hart, aber das Ergebnis dementsprechend wertvoll.

1.5.1 Warum so viel Outdoor-Setting?

Typisch für EOT ist, dass sehr oft ein Setting draußen, in freier Natur gewählt wird, auch wenn wir erwähnt haben, dass sowohl in- wie outdoor passende Möglichkeitsräume je nach anzuvisierendem Erfahrungsinhalt zu finden sind. Warum ist das so? Outdoor-Aktivitäten durchzuführen, besagt erst mal nur, dass etwas im Freien geschieht, sei es in der Wildnis oder etwa auf der grünen Wiese vor dem Haus. Für »klassisches« therapeutisches Vorgehen ist die Vorstellung ungewöhnlich, das berühmte Besprechungs- und Behandlungszimmer mit den netten Plaudersesseln zu verlassen.

Weil sich grundsätzlich die Auswahl von Setting, Medien und Ort für eine Therapie an der Aufgabe und dem Anliegen orientiert, wird schnell klar werden, warum drinnen, aber auch draußen geeignete Möglichkeitsräume für EOT zu finden sind. Umlernen mit Körper, Seele, Geist in der Aktivität, Bewegung erfordert einen entsprechenden Möglichkeitsraum.

Hinzu kommt, dass heutzutage Aktivitäten draußen im Grünen und in der Natur an sich für die westliche Zivilisation einen hohen Stellenwert besitzen. Ein Fleckchen »unberührter« Natur zu entdecken, an dem man einmal herunterkommen kann, ist schon etwas ganz Besonderes. Die Beweggründe, sich in der Natur aufhalten zu wollen, sind sehr unterschiedlich. Sie reichen vom Gefühl der existenziellen Verbundenheit mit Mutter Natur bis zum Wunsch nach einer Disneyland-Ersatzkomfortzone. Das war in der Vergangenheit nicht immer so, denken wir an unsere großen Anstrengungen, die Natur »zu beherrschen« und uns »die Welt untertan zu machen« sowie an den technischen Fortschritt.

John Miles (1993) hat untersucht, was es mit unserer Beziehung zur Natur auf sich hat. Es ist das Gefühl der Freiheit im Gegensatz zum Gefühl, in Alltag und Beruf ganz eingespannt, in Städten »eingesperrt« zu sein. **Natur vermittelt uns das Gefühl der Entspannung, des Loslassens.** Sie hilft uns, die Kontrolle abzugeben und einen leichteren Zugang zu uns selbst zu bekommen, in einen Zustand der Kontemplation zu gelangen, weg von Reizüberflutung und Entfremdung. Dies, so Miles, seien die Themen, die unsere derzeitige Beziehung zur Natur ausmachten.

Das können gewiss viele von uns unterstreichen, und diese Umschreibung mag auch insbesondere in derzeitigen modernen Gesellschaften ihre Berechtigung haben, aber vielleicht ist es noch viel einfacher zu fassen: Wir haben ein Verlangen nach Natur, weil wir zurück zu unseren archetypischen Qualitäten wollen, quasi zu dem, was wir sind und woher wir kommen.

In der Natur spüren wir unsere Begrenztheit, unsere Ursprünglichkeit, ein Gefühl der Heilung und Geborgenheit (Jung 2011). Genau deshalb ist sie auch meist so wert- und sinnvoll als Raum für EOT. In der Natur lassen sich auch gut zur Verstärkung und Mentalisierung auf dem anstrengenden Weg der Veränderung Schwellenrituale oder zur Beendigung einer therapeutischen Aktivität Symbolarbeit einsetzen. Die Übergangsrituale (z. B. die Medizinreise) helfen etwa dabei, instabil gewordene Muster auszuhalten und sich auf Neues einzulassen (Sachon 1999a, 1999b). Man tritt über eine Schwelle, verlässt die alte Welt und tritt in eine neue ein.

> ◆ **Wenn wir uns in der Natur aufhalten, spüren wir unsere Begrenztheit, wo wir herkommen. Sie ist wohltuend, heilsam und vermittelt uns ein Gefühl der Geborgenheit.**

Diese **Rituale** sind für viele Menschen sehr hilfreich. Denn nicht wenige leiden in unserer heutigen Zeit durch den rasanten Biotopwandel an Anpassungsstörungen (ugs.: Burn-out). Es ist ein Symptom unserer modernen Gesellschaften, dass der Mensch mit den neuen technischen Entwicklungen und den überbordenden Ansprüchen, die an ihn gestellt werden, nicht mehr mithalten kann. Das Alte, was man gewohnt war, ist weg, das Neue wird (noch) nicht verkraftet. Die Natur kann für sie ein heilsamer Ort sein, auch der Ruhe, ein prädestinierter Raum, um erst einmal zu entschleunigen, sich wieder selbst zu spüren und das eigene Leben wieder selbst in die Hand zu nehmen, zu gesunden. Sicherlich sind Schwellen- und Übergangsrituale oder die abschließende **Symbolarbeit** keine neue therapeutische Erfindung und in der Erlebnispädagogik weit verbreitet. Therapeutisch modifiziert und angepasst unterstützen sie aber sehr die Trennung vom Alten, den Übergang zum Neuen sowie die heilsame Wirkung der neu etablierten Denk-, Fühl-, Verhaltens- und Handlungsmuster (Sachon 1999a, 1999b).

In der EOT wird für Ritual- und Symbolarbeit bevorzugt der archetypische Ort der Natur genutzt. Der ungewohnte, ursprüngliche Raum eröffnet dem Patienten viel metaphorisches Potenzial und die Vertiefung der Beziehung zu sich selbst. Erfahrungsprozesse für sich einmal stehen zu lassen und nicht »zu zerreden«, kann in vielen Fällen sehr wertvoll sein. Im Vorfeld der Arbeit mit Ritualen oder Symbolen wählt der Therapeut aus, ob er eine bestimmte Problematik bearbeiten will und wie das Vorgehen an die aktuelle Situation anzupassen ist. Dennoch bleibt auch hier das Ergebnis offen, da therapeutische Rituale meist konstruktivistisch angelegt sind.

Neben der Ritual- und Symbolarbeit gibt es natürlich noch viele andere therapeutische Möglichkeiten, den oft harten Weg der Veränderung beim Patienten methodisch gut zu begleiten, sowohl in natürlichen als auch in künstlichen Erfahrungsräumen. Da wir uns gerade schon outdoor befinden, nämlich in der Natur, seien hier einige weitere genannt, die dort angewandt werden können: beispielsweise die mehr oder weniger vorstrukturierten Expeditionen (Reisen in das Unbekannte), das erlebnispädagogische Solo (therapeutisch »Medizinreise« und anders genannt), welches bis in die Urgeschichte der Menschheit zurückgeht, das Klettern im Gebirge sowie das Abseilen, die therapeutische Wanderung, die Therapie auf einem Niederparcours (Übungen auf dem Boden) im Gegensatz zu der Arbeit auf dem Hochseilgarten. Hinzu kommen handlungsorientierte therapeutische Projektarbeiten wie Floßbau und vieles andere mehr. Der therapeutische Tenor liegt hier wie sonst auch ganz auf den Erfahrungsprozessen und nicht auf ein zu erzielendes Ergebnis, Produkt, denn individuelle Erfahrung ist meist nicht plan- oder eingrenzbar. Bei der Wahl und Entscheidung für die therapeutische Maßnahme und der entsprechenden Medien sollte sich der Patient wieder ganz auf die Kompetenz, das Einfühlungsvermögen und die Erfahrung des Therapeuten verlassen können.

Wegen dieser Vielfalt, die die Natur als Möglichkeitsraum für die Gestaltung von EOT bereithält, wird sehr oft das Outdoor-Setting gewählt.[5]

1.5.2 Spaß- oder Ernstcharakter?

Die EOT ist immer ein »geschützter Raum«, egal ob in- oder outdoor, welcher ein Probehandeln in

einer Quasi-Realität ermöglicht. Gerade weil es hier um wichtige Veränderungsprozesse im Selbst geht, sollte trotz »Probehandeln« vom Therapeuten sehr behutsam der Spaß- und Ernstcharakter im Vorfeld festgelegt werden. »Wie viel Spaß und Spiel sollen die Übungen begleiten?«, »Wie viel Ernstcharakter benötigen sie, um wirkungsvoll Muster zu revidieren?«, das sind hier die entscheidenden Fragen. Allein durch die therapeutische Begleitung verliert das therapeutische Vorgehen an Spielcharakter und gewinnt mehr Ernsthaftigkeit. Dennoch ist für eine gute Arbeit notwendig, dass Patient und Therapeut definieren, wie die Gewichtung von Spaß- und Ernstcharakter aussehen soll, um auch spätere Missverständnisse zu vermeiden. Dieser Aspekt sollte als grundlegender Bestandteil im therapeutischen Vertrag nicht fehlen.

Vielleicht zusammenfassend etwas Anekdotisches zur Verdeutlichung: Von einem bekannten Magazin wurde ich gefragt, ob ich glaube, dass die Begehung eines Hochseilgartens tatsächlich förderlich auf die Gesundheit wirkt und deshalb überall Hochseilgärten aufgebaut werden sollten. Ich antwortete mit folgender Geschichte: »Ihre Frage gleicht der Frage, ob die Nutzung eines Messers sinnvoll ist. Aber die Nutzung eines Messers kann sehr unterschiedliche Folgen nach sich ziehen, je nachdem, ob es sich in der Hand eines Mörders, eines Metzgers oder eines Chirurgen befindet.« Die Journalistin hatte verstanden. Daraus lässt sich schlussfolgern: Hochseilgärten, die als touristische Belustigung und Sportattraktion aufgebaut werden, haben erstens einen ganz anderen Zweck und zweitens wirkt ihre Begehung vollkommen anders als Hochseilgartenübungen, die ein Therapeut nutzt, um heilsame Erfahrungsmöglichkeiten zu schaffen. Das hat mit der Vorgehensweise und dem Spaß- oder Ernstcharakter einer Begehung zu tun.

Ob in- oder outdoor, therapeutische Erfahrungsräume sind – was ihre Wirkung anbelangt – ergebnisoffen. Ihr Zweck, ihr Anliegen ist die Gesundung des Patienten. In der Therapie steht also nicht die Auswahl eines spektakulären Mediums im Vordergrund, sondern es zählen die gute therapeutische Arbeit und die Beherrschung methodischen Vorgehens.

---

5 Weiterführende Literatur dazu bieten, wie bereits erwähnt, die ausgezeichneten Bücher von Michl (2015), Gilsdorf (2004) sowie Gilsdorf und Kistner (1995, 2000, 2013) neben den vielen anderen Publikationen, in denen man ebenso nahezu grenzenlos Anregungen zu erfahrungsorientierten Aktivitäten und therapeutischen »Spielen« findet.

Literatur

Antonovsky, A. (1997). *Salutogenese. Zur Entmystifizierung der Gesundheit*. Tübingen: DGVT.

Bacon, S. (2003). *Die Macht der Metaphern* (Dtsch. Übers. u. Einl. Schödlbauer, C.). Augsburg: Ziel. Englische Originalausgabe: Bacon, S. (1983). *The conscious use of metaphor in Outward Bound*. Denver (CO): Colorado Outward Bound School.

Beck, A. (2010). *Kognitive Therapie der Depression*. Weinheim: Beltz.

Benish, S. G., Imel, Z. E., & Wampold, B. E. (2008). The relative efficacy of bona fide psychotherapies for treating post-traumatic stress disorder. A meta-analysis of direct comparisons. *Clinical Psychological Review*, 28(5), S. 746–758. doi: 10.1016/j.cpr.2007.10.005.

Birbaumer, N., & Schmidt, R. (2010). *Biologische Psychologie*. Heidelberg: Springer.

Calhoun, L. G., & Tedeschi, R. G. (2013). *Posttraumatic growth in clinical practice*. New York: Routledge.

Brandt, C., & Pederson, B. K. (2010). The role of exercise-induced myokines in muscle homeostasis and the defense against chronic diseases. *Journal of Biomedicine and Biotechnology*. http://dx.doi.org/10.1155/2010/520258. Zugegriffen: 19. Juni 2016.

Brussoni, M. (2015). What is the relationship between risky outdoor play and health in children? A systematic review. *International Journal of Environmental Research and Public Health*, 12(6), S. 6423–6454.

Csíkszentmihályi, M. (1987). *Das flow-Erlebnis. Jenseits von Angst und Langeweile im Tun aufgehen*. Stuttgart: Klett-Cotta.

Csíkszentmihályi, M. (1997). *FLOW. Das Geheimnis des Glücks*. Stuttgart: Klett-Cotta.

Damásio, A. R. (1994). *Descartes' Irrtum – Fühlen, Denken und das menschliche Gehirn*. München: List.

Deutsches Institut für Medizinische Dokumentation und Information (2015). Internationale statistische Klassifikation der Krankheiten und verwandter Gesundheitsprobleme, ICD-10-GM, Version 2015. http://www.dimdi.de/static/de/klassi/icd-10-gm/index.htm. Zugegriffen: 19. Juni 2016.

Döring-Meijer, H. (2000): *Hellinger, Bert. Leiden ist leichter als lösen. Ein Praxisbuch mit Bert Hellinger. Familienaufstellungen mit Suchtkranken*. Paderborn: Junfermann.

Dunsmoor, J. E., Murty, V. P., Davachi, L., & Phelps, E. A. (2015). Emotional learning selectively and retroactively strengthens episodic memories for related events. *Nature*. http://davachilab.org/wp-content/uploads/2015/01/Dunsmoor_Murty_Davachi_Phelps_Nature2015.pdf. Zugegriffen: 19. Juni 2016.

Egger, J. W., Fazekas, C., Pieringer, W., & Wisiak, U. V. (Hrsg.). (2012). *Biopsychosoziale Medizin. Nachhaltig leben, lernen, forschen*. München: Springer.

Ferris, L. T., Williams, J. S., & Shen, C.-L. (2007). The effect of acute exercise on serum brain-derived neurotrophic factor levels and cognitive function. *Medicine and Science in Sports and Exercise*, 39(4), S. 728–734.

Freinet, C. (1998). *Pädagogische Werke* (Dtsch. Übers. Jörg, H.). 2 Bd. Paderborn: Schöningh.

Gass, M. A. (1993): *Therapeutic application of adventure programming. Adventure Therapy*. Dubuque (IA): Kendall Hunt.

Gilsdorf, R. (2004). *Von der Erlebnispädagogik zur Erlebnistherapie. Perspektiven erfahrungsorientierten Lernens auf der Grundlage systemischer und prozessorientierter Ansätze*. Bergisch Gladbach: EHP.

Gilsdorf, R., & Kistner, G. (1995, 2000, 2013). *Kooperative Abenteuerspiele. Eine Praxishilfe für Schule, Jugendarbeit und Erwachsenenbildung*. Bd. 1–3. Stuttgart: Klett.

Grawe, K. (1998). *Allgemeine Psychotherapie*. Göttingen: Hogrefe.

Grawe, K. (2004). *Neuropsychotherapie*. Göttingen: Hogrefe.

Grawe, K., Donati, R., & Bernauer, F. (1994). *Psychotherapie im Wandel. Von der Konfession zur Profession*. Göttingen: Hogrefe.

Greenberg, L. S. & Angus, L. E. (2011). *Working with narrative in emotion-focused therapy. Changing stories, healing lives*. Washington, D. C.: American Psychological Association.

Haken, H. (1981). *Erfahrungsgeheimnisse der Natur. Synergetik – die Lehre vom Zusammenwirken*. Stuttgart: DVA.

Hansch, D. (2002). *Evolution und Lebenskunst. Grundlagen der Psychosynergetik*. Göttingen: Vandenhoeck & Ruprecht.

Herrmann, I. & Auzra, L. (2010). Emotionsfokussierte Therapie. http://www.dgvt-fortbildung.de/interaktive-fortbildung/archiv-der-fachartikel/archiv/herrmann-i-auszra-l-2010-emotionsfokussierte-therapie/. Zugegriffen: 8. September 2016.

Hohn, A., Leibrock, J., Bailey, K., & Barde, Y. A. (1990). Identification and characterization of a noval member of the nerve growth factor/brain-derived neurotrophic factor family. *Nature*, 344, S. 339–341.

Hurrelmann, K., & Richter, M. (2013). *Gesundheits- und Medizinsoziologie. Eine Einführung in sozialwissenschaftliche Gesundheitsforschung*. Weinheim: Beltz.

Imel, Z. E., & Wampold, B. E. (2008). The importance of treatment and the science of common factors in psychotherapy. In S. D. Brown, & R. W. Lent (Hrsg.), *Handbook of counseling psychology* (S. 249–266). Hoboken (NJ): John Wiley & Sons.

Jung, C. G. (2011). *Die Archetypen und das kollektive Unbewusste. Gesammelte Werke 9/1*. Ostfildern: Patmos.

Kegel, B. (2009). *Wo Erfahrungen vererbt werden*. Köln: Dumont.

Luhmann, N. (1984). *Soziale Systeme. Grundriß einer allgemeinen Theorie*. Frankfurt a. M.: Suhrkamp.

Ludewig, K. (1987). Therapie und Erziehung – Widerspruch oder Ergänzung? In W. Rotthaus (Hrsg.), *Therapie und Erziehung in systemischer Sicht* (S. 90–100). Dortmund: modernes lernen.

Maturana, H. R., & Pörksen, B. (2002). *Vom Sein zum Tun. Die Ursprünge der Biologie des Erkennens*. Heidelberg: Carl-Auer-Systeme.

Mehl, K. (2013). *Burn on, Homo sapiens! Essays über die Menschen*. Göttingen: V&R unipress.

Mehl, K., & Wolf, M. (2008). Erfahrungsorientiertes Lernen in der Psychotherapie. Evaluation psychophysischer Expositionen auf dem Hochseil im Rahmen eines multimethodalen stationären Behandlungskonzeptes. *Psychotherapeut*, 53, S. 35–42.

Michl, W. (2015). *Erlebnispädagogik*. Stuttgart: UTB.

Miles, J. C. (1993). Wilderness as healing place in adventure therapy. In M. Gass (Hrsg.), *Adventure therapy. Therapeutic applications of adventure programming* (S. 43–56). Dubuque (IA): Kendall Hunt.

Möller, R. (2015). Präsentation zum Thema: »20 Jahre Hochschule der Gesetzlichen Unfallversicherung 28. Januar 2015«, Präsentation transkript, Punkt 70. http://slideplayer.org/slide/3052487/. Zugegriffen: 21. Juni 2016.

Pfammatter, M., Junghan, U. M., & Tschacher, W. (2012). Allgemeine Wirkfaktoren der Psychotherapie. Konzepte, Widersprüche und eine Synthese. *Psychotherapie*, 17(1), S. 17–31.

Pörksen, B. (Hrsg.) (2001). *Die Gewissheit der Ungewissheit. Gespräche zum Konstruktivismus*. Heidelberg: Carl-Auer-Systeme.

Priest, S., Gass, M. A., & Gillis, L. (2000). *The essential elements of facilitation*. Dubuque (IA): Kendall Hunt.

Rogers, C. (1974). *Encountergruppen. Das Erlebnis der menschlichen Begegnung*. München: Kindler.

Rosenzweig, S. (1936). Some implicit common factors in diverse methods of psychotherapy. *American Journal of Orthopsychiatry*, 6, S. 412–415.

Roth, G., & Strüber, N. (2014). *Wie das Gehirn die Seele macht. Stuttgart*: Klett-Cotta.

Sachon, W. P. (1999a). Vision Quest. Ein Übergangsritus in der Natur *e&l – erleben & lernen*, 7(2), S. 8–13.

Sachon, W. P. (1999b). Vision Quest. Ein Übergangsritual in der Natur. Teil II. *e&l – erleben und lernen*, 7(3/4), S. 29–33.

Scheibmayr, W. (2004). *Niklas Luhmanns Systemtheorie und Charles S. Peirces Zeichentheorie. Zur Konstruktion eines Zeichensystems*. Berlin: De Gruyter.

Schubert, Christian (2011). *Psychoneuroimmunologie und Psychotherapie*. Stuttgart: Schattauer.

Selye, H. (1974). *Stress without Disstress*. New York: Lippincott Williams & Wilkins.

Selye, H. (1983). The stress concept. Past, present and future. In C. L. Cooper (Hrsg.), *Stress Research: Issues for the Eighties* (S. 1–20). Chichester: Wiley and Sons.

Simon, F. B. (2015). *Einführung in die Systemtheorie und Konstruktivismus*. Heidelberg: Carl Auer.

UBC News: Risky outdoor play positively impacts children's health: UBC study. Media Release (9. Juni 2015). http://news.ubc.ca/2015/06/09/risky-outdoor-play-positively-impacts-childrens-health-ubc-study/. Zugegriffen: 12. November 2015.

Uexküll, T. von, & Wesjack, W. (2011). Integrierte Medizin als Gesamtkonzept der Heilkunde: ein bio-psycho-soziales Modell. In T. von Uexküll, *Psychosomatische Medizin* (S. 3–40). München: Elsevier.

WHO (2014): Verfassung der Weltgesundheitsorganisation (dtsch. Übers.). https://www.admin.ch/opc/de/classified-compilation/19460131/201405080000/0.810.1.pdf. Zugegriffen: 19. Juni 2016.

Wolf, M., & Mehl, K., (2011). Experiental learning in psychotherapy. Ropes course exposures as an adjunct to inpatient treatment. *Clinical Psychology and Psychotherapy*, 18(1/2), S. 60–74.

Yalom, I. (2012). *Theorie und Praxis der Gruppenpsychotherapie*. Stuttgart: Klett-Cotta.

Wie die Seele im Körper schwingt! – Autonomes Nervensystem und Herzratenvariabilität als somatischer Marker

Wilhelm Joos

K. Mehl (Hrsg.), *Erfahrungsorientierte Therapie*,
DOI 10.1007/978-3-662-54544-7_2, © Springer-Verlag GmbH Deutschland 2017

Zwischen Körper, Seele und Geist bestehen bedeutende Wechselwirkungen und Wirkimpulse. Deshalb ist es so wichtig, sich als Arzt oder Therapeut ganzheitlich zu orientieren und vor allem auch die körperlichen Aspekte bewusst in erfahrungsorientierte Therapiekonzepte einzubeziehen. Was bedeutet aber Ganzheitlichkeit in modernen psychosomatischen Konzepten?

Anpassungsstörungen werden in der internationalen Klassifikation von Krankheiten (ICD-10) unter der Ziffer F43.xx subsumiert. Die meisten Stressfolgeerkrankungen, die umgangssprachlich »Burn-out« genannt werden, fallen auch in diese Kategorie. Die jeweilige Ausprägung der Anpassungsstörung – ob Angst, Depression oder im Vordergrund stehende Erschöpfung – ist sehr individuell und je nach Fall unterschiedlich. Erst in der klinischen Gesamtschau des Einzelfalles ergibt sich hieraus für den Psychotherapeuten eine genaue Diagnose des Krankheitsbildes eines Patienten.

Die einzelnen Ausprägungen gehen – wie auch bei sehr vielen anderen psychisch gestellten Diagnosen – fast immer mit deutlich erkennbaren körperlichen Symptomen einher. In der Vergangenheit wurde hier wenig die **Ganzheitlichkeit der Systemkonzeption Mensch** (Körper, Seele, Geist) gesehen und genauer betrachtet. Durch die klinischen Untersuchungen an der Klinik Wollmarshöhe (Fachkrankenhaus für Psychosomatische Medizin) sehen wir aber genau dort gravierende Zusammenhänge und Wechselwirkungen zwischen Körper, Seele und Geist. Aus systemischer Perspektive sollte bei jedem einzelnen Patienten eine umfassende Betrachtung des »Falls« vorgenommen werden, d. h., sowohl die seelisch-geistige als auch die körperliche Dysfunktionalität sollte in der Behandlungsplanung unbedingt berücksichtigt werden.

Dies gilt jedoch nicht nur für Psychotherapeuten, sondern auch für Somatiker, also den »Körpermediziner«. Krank wird immer der ganze Mensch, nicht nur ein Organ oder ein Organsystem. So stehen bei dem einen Patienten die somatischen Symptome mehr im Vordergrund, bei einem anderen mehr die psychischen. Wir können sagen, dass die gesamte Systemkonzeption Mensch in ihrem Bemühen, sich der Umwelt und dem zurzeit rasanten Biotopwandel anzupassen, komplexe Anpassungsreaktionen in Körper, Seele und Geist bewirkt. Wir wollen hier explizit einen Blick auf die körperlichen Vorgänge werfen, die durch negative und positive Erfahrungen, Lebensereignisse oder – allgemein gefasst – Stressoren im Körper vor sich gehen.

> **Das bedeutsamste neuronale Anpassungssystem, das Körper, Organe und Organsysteme mit der Psyche verbindet, ist das autonome Nervensystem (ANS).**

2.1   Stress- und Anpassungssystem des menschlichen Organismus

Die isolierte Betrachtung innerer Organe oder Organsysteme des Menschen ist ebenso nicht mehr zeitgemäß wie das isolierte Betrachten der Psyche. Die Beschreibung des lebendigen Organismus als Organisation von Organnetzwerken, die miteinander aufs Engste kooperieren und kommunizieren, kommt der tatsächlichen, komplexen physiologischen Realität weitaus näher. Für die Steuerung und Koordination des Gesamtorganismus sind bestimmte Gehirnzentren zuständig, wobei der präfrontale Cortex, der Hypothalamus, das limbische System und der Hirnstamm jeweils eine besondere Rolle spielen. In diesem multifaktoriellen Modell der Gesunderhaltung und Krankheitsentstehung sind demnach genetische, biologische, psychologische und soziale Faktoren von Bedeutung. Zudem liegt neben der erwähnten physiologischen Komplexität eine erhebliche individuelle Heterogenität vor, d. h., bei jedem Menschen bestehen individuell unterschiedliche Regulationsmuster, auch bei gleichen oder ähnlichen subjektiven Beschwerden.

Wir sprechen von zwei wesentlichen **Kommunikationszentren**, die praktisch die Funktion aller Körperorgane mitsteuern und regulieren. Die Kommunikation zwischen diesen Organnetzwerken, z. B. Herzkreislaufsystem, und die damit verbundene Koppelung an andere Organnetzwerke, z. B. Atmung, obliegen sowohl zentralen Steuerungsfunktionen im Gehirn als auch peripheren, neuronalen und hormonalen biochemischen Prozessen im gesamten menschlichen Körper.

Das bedeutsamste neuronale Regulierungssystem ist **das ANS**, bei dem der zentrale Anteil überwiegend im Bereich des Hypothalamus (*locus* *caeruleus*) und der periphere Anteil im Bereich des Nebennierenmarks (Katecholamine) verortet ist. Das andere lebenswichtige Kommunikationszentrum ist **das neuroendokrine System**, das ebenfalls einen zentralen Steuerungsanteil im Gehirn (CRH-Neurone) und einen peripheren hormonellen Anteil im Bereich der Nebennierenrinde (Cortisol) besitzt und zudem aufs Engste mit dem Immunsystem verbunden ist. Beide Kommunikationszentren zusammen bilden das lebenswichtige Stress- und Anpassungssystem des Organismus, das praktisch die Funktion aller lebenswichtigen Körperprozesse reguliert und kontrolliert.

Das ANS besteht also aus einem aktivierenden, leistungsfördernden Anteil, dem sog. Sympathikus, und seinem Gegenspieler, dem sog. Parasympathikus, der für Entspannung und Regeneration sorgt. Hauptbestandteil des Parasympathikus ist der *Nervus vagus*, der sich vom Hirnstamm bis ins kleine Becken zieht und mit dem **enterischen Nervensystem**, das alle Verdauungsvorgänge kontrolliert und reguliert, eng verknüpft ist. Sowohl Sympathikus als auch Parasympathikus sind über Nervenfasern praktisch mit allen inneren Organen verbunden. Auf diese Weise werden Informationen von den Gehirnzentren zu den Organen (absteigende Nervenbahnen) und von den Organen zu den Gehirnzentren (aufsteigende Nervenbahnen) transportiert. Die beteiligten Hirnregionen sind über diese absteigenden (efferenten) und aufsteigenden (afferenten) sensorischen Nervenbahnen mit allen Körperorganen in einem kommunikativen Austausch. Über spezialisierte Rezeptoren in den jeweiligen Organen erhält so das Gehirn fortlaufend Informationen über wichtige Parameter – z. B. Puls, Druck, Dehnung, Schmerz, Temperatur, pH-Wert, Sauerstoffkonzentration, Blutgase, Blutzuckerspiegel, Hormonkonzentration, Emotionen, Angst, Panik usw. – und kann über absteigende Bahnen laufend Anpassungsvorgänge veranlassen.

Wir haben es also beim gesunden Menschen mit einem äußerst dynamischen Regulations- und Steuerungssystem zu tun, das sich nicht nur auf natürliche Grundrhythmen – wie beispielsweise den Tag- und Nachtrhythmus – einstellt, sondern vor allem auch mit allen geplanten oder unerwarteten Anforderungen und nötigen Anpassungen zurechtkommt, etwa aufgrund von visuellen oder akustischen Wahrnehmungen, bei bestimmten Emotionen, Gefahren, körperlichem Lagewechsel, sportlicher Betätigung usw.

> **Wenn man einen einfachen Vergleich mit einem Kfz wählt, kann man den Sympathikus als Gaspedal und den Parasympathikus als Bremse beschreiben.**

2.1.1 Autonomes Nervensystem und Stressbelastungen

Bei Erfahrungen, die mit akuten oder chronischen Stressbelastungen zusammenhängen, spielt das ANS eine besondere Rolle. Bei scheinbarer oder wirklicher seelischer oder körperlicher Bedrohungslage müssen Psyche und Körper innerhalb kürzester Zeit reagieren und sich der Situation neu anpassen können, z. B. um zu fliehen oder zu kämpfen. Diese Reaktionen waren im Verlauf der menschlichen Evolution überlebenswichtig. Genauso entscheidend ist aber, dass nach einer Stressaktivierung die Stressreaktion wieder beendet wird, damit in einem Zustand der Regeneration die zuvor bestehende Balance zwischen Sympathikus und Parasympathikus wiederhergestellt werden kann. Der Organismus ist erst, wenn er wieder im Gleichgewicht ist, für neue Herausforderungen in vollem Umfang gewappnet und wieder anpassungsfähig. Somit ist klar, dass der **Umgang mit Stress erzeugenden Situationen** ein flexibles Zusammenwirken der beiden Teilbereiche des ANS – des Sympathikus und Parasympathikus – erfordern. Störungen dieser dynamischen Balance oder erhebliche Dominanzverschiebungen in eine bestimmte Richtung des ANS haben deutliche Auswirkungen auf psychisches und körperliches Befinden, Verhalten sowie auf die menschliche Gesundheit insgesamt (vgl. hierzu auch die ganzheitliche Gesundheitsdefinition nach Hurrelmann in dem Beitrag von Mehl, ▶ Kap. 1, ▶ Abschn. 1.1.4).

2.1.2 Bedeutung des autonomen Nervensystems und der Psychoimmunologie

Ein besonderes Risiko für Psyche und Körper sind chronische Stressbelastungen – das betrifft beispielsweise psychische Belastungen am Arbeitsplatz, körperliche oder psychische Überlastungen, zwischenmenschliche Konflikte, aber auch körperliche Erkrankungen, die dauerhaft bestehen. Bei chronischen Erkrankungen kann etwa an den Zustand nach einem Herzinfarkt gedacht werden, an permanente Veränderungen des Körpergewichts, beständige Schmerzsyndrome oder fortdauernde Erhöhungen des Blutzuckers. In all den hier genannten Fällen von chronischen **Stressbelastungen** kann es zur Erschöpfung oder Leistungsminderung des neuronalen Anpassungsmechanismus kommen, sodass psychische und körperliche Anpassungen nur noch eingeschränkt möglich sind. Das kann Ausgangspunkt und/oder Begleiterscheinung von körperlichen und seelischen Erkrankungen sein. Diese Erkenntnis unterstreicht zum einen die wichtige Rolle des ANS für die Regulation psychosomatischer Prozesse sowie deren Bedeutung für die Entstehung somatischer und psychischer Symptome, zum anderen aber auch die Relevanz der Psychoneuroimmunologie, deren Forschungsergebnisse für die Diagnose und Therapie zunehmend bedeutsame Informationen bereithalten.

Körperliche und psychische Auswirkungen auf den menschlichen Organismus, beispielsweise einer chronischen Stressbelastung, einer psychischen oder organischen Erkrankung (wie Depression oder Herzinfarkt), können heutzutage mittels der HRV erkannt und gemessen werden. Auf diese Weise lassen sich Aussagen über die **Anpassungs-, Leistungs- und Regenerationsfähigkeit des ANS** einer bestimmten Person treffen, aber auch Informationen über deren Stressbelastung, Gesundheitspotenzial und -prognose, Regenerationsvermögen, Stressresistenz, Fitnesszustand gewinnen sowie überprüfen, ob diese Infos mit den Symptomen und Beschwerden bzw. dem Zustand der untersuchten Person kongruent sind. So können in Bezug auf einen bestimmten Menschen individualisierte Aussagen zu wichtigen biologischen Faktoren von Krankheits- und Gesundheitszuständen festgehal-

ten werden, die u. a. wertvolle Hinweise für eine individuelle Behandlungsplanung darstellen.

2.2 Herzratenvariabilität

Der Durchbruch der HRV-Messung kann auf das Jahr 1996 datiert werden, als unter strengen wissenschaftlichen Kriterien die Grundlagen der HRV-Analyse erarbeitet und publiziert wurden (The European Society of Cardiology 1996). Diese Grundlagen und Normwerte gelten seither und bis heute für die Durchführung der HRV-Messung als valides Messverfahren zur Quantifizierung und Beurteilung der autonom-neuronalen Regulationsprozesse.

2.2.1 Grundlagen der HRV-Messung

Bei der Messung der HRV ist nur die chronotrope Funktion der Herztätigkeit (die Schlagfrequenz des Herzens) von Bedeutung. In der rechten Vorkammer des Herzens existiert ein Nervenknoten, ca. 2 mm breit und 1,5 cm lang, der konstant sowie in einem bestimmten Rhythmus, z. B. 70 S/min, elektrische Impulse abgibt, die dann über das Nervenleitsystem des Herzens auf den Herzmuskel übertragen werden. Dies führt im Weiteren zur Kontraktion bzw. Pumpbewegung des Herzmuskels und zum entsprechenden Auswurf eines bestimmten Blutvolumens, dem sog. Schlagvolumen aus der linken Herzkammer in die Hauptschlagader (Aorta). Der oben erwähnte Nervenknoten heißt **SA- oder Sinusknoten** und der daraus resultierende normale Herzrhythmus des Menschen wird entsprechend als **Sinusrhythmus** bezeichnet.

Dieser Sinusknoten wird über direkte sympathische und vor allem parasympathische Bahnen des ANS innerviert und steht damit unter Kontrolle und Regulationsdominanz des ANS. Durch das Zusammenwirken von sympathischer und parasympathischer Aktivierung bzw. Hemmung kommt es zu dauerhaften **Veränderungen in der Geschwindigkeit der Herzschlagentstehung**. Die dadurch resultierenden geringen zeitlichen Unterschiede in der Herzschlagkurve (EKG) sind die Grundlage zur Beurteilung der HRV.

2.2.2 Gewinnung von HRV-Messdaten

Die übliche Kurzeitmessung dauert ca. fünf Minuten und besteht im Wesentlichen aus einer EKG-Kurve. Entscheidend für die Messung ist ein artefaktfreies EKG-Signal mit einem möglichst hohen, positiven Ausschlag (R-Zacke). Zweite wichtige Voraussetzung ist, dass das HRV-Messsystem alle R-Zacken genau erkennt und keine Störfaktoren, z. B. Extrasystolen des Herzens oder andere Rhythmusstörungen vorliegen. Diese Daten sind dann die Grundlage sowohl für die Berechnung von Normwerten, die auf der Messung der geringen zeitlichen Unterschiede zwischen den einzelnen Herzschlägen beruhen, als auch für die Berechnung von Normwerten, die sich auf unterschiedliche Frequenzanteile (schnelle und langsame Frequenzen) der Herzschlagfolge stützen.

Mit diesen Messdaten, die analog des jeweiligen Lebensalters ausgewertet werden müssen, können dann **Aussagen zur Gesamtleistung, Flexibilität und Dynamik des ANS** einer Person getroffen werden, d. h., es können nähere Angaben zur Veränderung der Gesamtregulation des sympathischen, aktivierenden Anteils und des parasympathischen, bremsenden Anteils ihres ANS gemacht werden. Auf diese Weise lässt sich das ANS als eine wichtige Regulationsebene zwischen Körper, Organen, Organsystemen und Psyche beschreiben, qualifizieren und quantifizieren.

2.2.3 Fallbeispiele zur Datenauswertung

Folgende Fallbeispiele sollen die enorme Bedeutung der Wechselwirkungen und Zusammenhänge zwischen Körper, Seele und Geist verdeutlichen und zeigen, dass es aus erhobenen Daten durchaus nützliche Hinweise zu sinnvollen therapeutischen Konsequenzen gibt.

▪ Regelmäßiger Freizeitsport

In einem 6-monatigen Ausdauertraining mit 373 Frauen im Alter von 45 bis 75 Jahren, bei einer Trainingsbelastung von 8 bis 12 kcal/kg Körpergewicht pro Woche, zeigte sich ein signifikanter Anstieg der parasympathischen Aktivierung und damit

eine messbare Verbesserung der autonom-neuronalen Regulations- und Regenerationsfähigkeit bzw. des Gesundheitszustandes (Earnest et al. 2008).

▪ Chronischer Arbeitsstress – »Burn-out«

Bei chronischem langjährigem Arbeitsstress kommt es zu Veränderungen der autonomen Regulationsmechanismen, die sich nicht nur während der Arbeit, sondern auch in der Freizeit und im Nachtschlaf zeigen. Am konstantesten kommt es zu einer Reduzierung des parasympathischen Aktivitätsniveaus, d. h. zu einer Reduzierung der Regenerations- und Erholungsfähigkeit. Das sympathische Aktivitätsniveau kann normal oder leicht erhöht sein. Bei vitaler Erschöpfung kommt es zusätzlich häufig zu einer deutlichen Reduktion bzw. einem Zusammenbruch der sympathischen Aktivierung (Togo u. Takahashi 2009).

▪ Patienten nach Herzinfarkt

Die Mortalitätsraten von Postinfarktpatienten unterscheiden sich anhand der HRV-Werte erheblich. Bei Postinfarktpatienten mit normaler HRV betrug die Mortalitätsrate innerhalb der ersten drei Jahre nach Infarkt 8,1 %, bei Patienten mit reduzierter Gesamt-HRV 21,7 %. Das bedeutet, dass die Wahrscheinlichkeit bei Postinfarktpatienten mit reduzierter HRV-Gesamtvariabilität auch nach Berücksichtigung traditioneller Risikofaktoren um das fast Dreifache erhöht war, innerhalb der nächsten drei Jahre zu versterben (Buccelletti et al. 2009).

Fallbeispiele aus der Klinik Wollmarshöhe

Die oben genannten Studienergebnisse spiegeln sich auch bei unseren Patienten in der Klinik Wollmarshöhe wider. Im Folgenden seien ein paar Fallbeispiele genannt.

▪ Patient mit psychischen Problemen und koronarer Herzerkrankung mit Vorhofflimmern

Ein 75-jähriger Patient mit erheblichen psychischen Problemen und einer koronaren Herzerkrankung mit Vorhofflimmern zeigt sehr gute HRV-Werte (mittlere Herzfrequenz ca. 60 S/min; Total-Power: 3074 ms^2, RMSSD: 50 msec, HF-Power: 1091 ms^2, LF-Power: 876 ms^2, LF/HF: 0,8).

Die formal sehr guten Werte für einen 75-jährigen Mann sind jedoch wegen des bestehenden

Vorhofflimmerns nicht verwertbar; das Vorhofflimmern täuscht durch seine unregelmäßige Herzschlagfolge eine gute HRV vor. Auch solche Aspekte gilt es, in einer ganzheitlichen Betrachtung zu erfassen und zu berücksichtigen.

- **Patient mit Angststörung, Panikattacken und koronarer Herzerkrankung**

Ein 44-jähriger Mann mit Angststörung und Panikattacken sowie einer koronaren Herzerkrankung (mittlere Herzfrequenz 80 S/min; Total-Power: 5729 ms², RMSSD: 584 msec, HF-Power: 409 ms², LF-Power: 3846 ms², LF/HF: 9,41).

Normale autonom-neuronale Gesamtregulation mit starker Sympathikusdominanz – trotz guter Gesamtregulierungsfähigkeit sind die psychische Belastungsfähigkeit und die psychische bzw. körperliche Stressresistenz aufgrund der sympathischen Überaktivierung beeinträchtigt. Mit Hinweisen auf ein erhöhtes emotionales Anspannungsniveau und Beanspruchungsgefühl sowie durch die zusätzliche Reduzierung der protektiven parasympathischen Einflüsse sind sowohl die psychische und körperliche Regenerationsfähigkeit altersbezogen reduziert als auch die Kontrollfähigkeit hinsichtlich der vorhandenen Panikattacken vermindert. Deshalb kommt es zur Manifestation einer Angst- und Panikstörung.

Wir sehen, es gibt nicht nur enorme Wechselwirkungen zwischen Psyche und Körper, sondern auch zwischen Körper und Psyche!

- **Patientin mit Erschöpfungsdepression infolge eines »Burn-out«**

Eine 69-jährige Frau mit sog. »Burn-out«-Erkrankung, die sich in einer Erschöpfungsdepression zeigt und unter erheblichen psychischen, zwischenmenschlichen Belastungen sowie quantitativen und qualitativen Überlastungen am Arbeitsplatz leidet (mittlere Herzfrequenz: 64 S/min, Total-Power: 114 ms², RMSSD: 27 msec, HF-Power: 34 ms², LF-Power: 30 ms², LF/HF: 1,1).

Erheblich reduzierte autonom-neuronale Gesamtregulation mit niedrigem sympathischem und parasympathischem Aktivierungsniveau: Sowohl das Abwehr- und Leistungssystem als auch das protektive Regenerationssystem zeigen durch die chronische psychische Belastung einen hohen Aktivitätsverlust.

2.3 Fazit und Ausblick

In der individuellen erfahrungsorientierten Therapiegestaltung geht es darum, sowohl von psychischer als auch von körperlicher Seite her die geeigneten Maßnahmen zu ergreifen, um aus dysfunktionalen Zuständen durch Verbesserung der körperlichen und psychischen Anpassungsfähigkeit wieder funktionale Zustände zu machen. Hierzu eignen sich erfahrungsorientierte Körper-Seele-Geist-Maßnahmen, die der Systemkonzeption Mensch gerecht werden, weil sie die interagierenden Prozesse, die auf der physischen, psychischen, emotionalen Ebene stattfinden, ganzheitlich ansprechen.

Alle in diesem Buch angeführten erfahrungsorientierten Therapieansätze sind potenziell in der Lage, die HRV zu verbessern. Es wird Aufgabe der nächsten Monate sein, zu untersuchen, welche Therapien bei welchen Patienten bzw. Problemstellungen in besonderer Weise geeignet sind, die autonomneuronale Regulationsfähigkeit zu normalisieren.

Die weitere genaue Erforschung dieser Körper-Seele-Geist-Zusammenhänge wird auch Konsequenzen in der individuellen, spezifischen psychosomatischen Psychotherapie haben.

Literatur

Buccelletti, F., Gilardi, E., Scaini, E., Galiuto, L., Persiani, R., Biondi, A., Basile, F., & Gentiloni Silveri, N. (2009). Heart rate variability and myocardial infarction: systematic literature review and metaanalysis. *European Review for Medical and Pharmacological Sciences*, 13, S. 299–307.

Earnest, C., Lavie, C. J., Blair, S. N., & Church, T. S. (2008). Heart rate variability characteristics in sedentary postmenopausal women following six month of exercise training. The DREW study. *PloS ONE*, 3(6). http://journals.plos.org/plosone/article?id=10.1371/journal.pone.0002288. Zugegriffen: 9. Januar 2017.

The European Society of Cardiology (Hg.) (1996). Heart rate variability standards of measurement, physiological interpretation and clinical use. *European Heart Journal*, 17, S. 354–381. http://www.escardio.org/static_file/Escardio/Guidelines/Scientific-Statements/guidelines-Heart-Rate-Variability-FT-1996.pdf. Zugegriffen: 9. Januar 2017.

Togo F., & Takahashi, M. (2009). Heart rate variability in occupational health. A systematic review. *Industrial Health*, 47(6), S. 589–602.

Die Wurzeln erfahrungs-orientierter Therapie (EOT): Stand der internationalen Forschung

Ulrich Lakemann

K. Mehl (Hrsg.), *Erfahrungsorientierte Therapie*,
DOI 10.1007/978-3-662-54544-7_3, © Springer-Verlag GmbH Deutschland 2017

Im Jahr 1901 brachte das Manhattan State Hospital East einen Teil seiner psychisch erkrankten Patienten aufgrund einer Tuberkuloseinfektion in Zelten außerhalb des Krankenhausgebäudes unter. Damit sollte vermieden werden, dass sich weitere Patienten ansteckten. Unerwarteterweise machten die »ausgelagerten« Patienten einen auffälligen psychischen Gesundungsprozess durch. Nach dieser Erfahrung platzierte man weitere Patienten in Zelten außerhalb des Klinikums und stellte auch bei diesen deutliche Gesundungsprozesse fest. Einige von ihnen konnten sogar entlassen werden (Gillis u. Priest 2003, S. 25).

Seit Mitte der 1990er-Jahre hat in den USA die Anzahl der Programme, in denen therapeutisch mit Abenteuerelementen gearbeitet wird, deutlich zugenommen. Dies hängt auch mit der Schließung vieler traditioneller psychiatrischer Kliniken und Behandlungszentren für Substanzmittelabhängigkeit zusammen (Davis-Berman et al. 1994). In Deutschland hingegen sind Therapien, die explizit auf Erfahrungsprozesse zielen oder sich erlebnispädagogische Methoden zunutze machen, kaum verbreitet.

3.1 Begriffsvielfalt

Die Diskussion zu unserem Thema ist geprägt durch zum Teil sehr unterschiedliche Begriffe.[1] Im deutschen Sprachraum werden vor allem die Begriffe »Erlebnistherapie« (Fontane-Klinik 1997, 1998; Adler et al. 2010; Lakemann 2014, weiterer Beitrag von Lakemann in diesem Buch, ▶ Kap. 8 sowie Klein-Isberner u. Wenzel, ▶ Kap. 7), »erlebniszentrierte Maßnahmen« (Schag 2009) und »EOT« (Mehl 2014; Mehl u. Wolf 2007; die Beiträge von Mehl, ▶ Kap. 1 u. 4, den Beitrag von Joos, ▶ Kap. 2 sowie Schäfer, ▶ Kap. 6) verwendet. Der Begriff **Erlebnistherapie** stammt ursprünglich von Kurt Hahn, der damit

jedoch nicht eine Therapie im psychotherapeutischen Sinne meinte, sondern an eine Therapie gegen die »Verfallserscheinungen der Gesellschaft« durch die Erlebnispädagogik dachte. Aus der Überlegung heraus, dass ein Erlebnis noch keine therapeutische Wirkung entfalten kann, sondern dafür erst in Erfahrung übergehen muss, entstand der Begriff »erfahrungsorientierte Therapie«.

Im angelsächsischen Sprachraum werden hauptsächlich die Begriffe »Adventure Therapy« und »Wilderness Therapy« benutzt.[2] Einheitliche Definitionen zu den beiden Begriffen liegen allerdings nicht vor, wenngleich dies öfters gefordert wird (Russell 2001; Itin 2001), vor allem um durchgeführte Therapieprogramme mit dem Ziel einer Qualitätssicherung einheitlich evaluieren und vergleichen zu können. Außerdem würde es einer weiteren Professionalisierung Vorschub leisten und dazu beitragen, abenteuertherapeutische Angebote zunehmend als formalen Bestandteil in der therapeutischen Behandlung – z. B. von psychisch erkrankten Jugendlichen – zu etablieren (vgl. Berman u. Davis-Berman 2013).[3] Im Folgenden werden in aller Kürze die wesentlichen Ansätze aufgeführt, die Abenteuer- und Wildnistherapie näher charakterisieren.

Nach Gass (1993) findet die **Wildnistherapie** in entlegenen Wildnissettings statt, während die abenteuerbasierte Therapie eher wohnortnah angesiedelt ist. (Für andere Autoren ist diese räumliche Unterscheidung aber weniger bedeutsam.)

Gillis und Ringer (1999) sprechen von **Abenteuertherapie**, wenn eine bewusste, strategische Kombination von Abenteueraktivitäten mit therapeutischen Wandlungsprozessen vorliegt. Damit wird das Ziel verfolgt, dauerhafte Veränderungen im Leben der Teilnehmenden zu erreichen. »Adventure Therapy is the deliberate, strategic combination of

---

1 Diese Begriffsvielfalt wird in diesem Beitrag gemäß der verwendeten Literatur beibehalten, um den Bezug zu den unterschiedlichen Autoren zu gewährleisten. Was die Auswahl der zu besprechenden Inhalte betrifft, so werden lediglich die Aspekte vorgestellt, welche ausschlaggebend für den Ansatz der EOT sind. Dort, wo von »erfahrungsorientierten Therapieansätzen« gesprochen wird, werden unter dem Oberbegriff die vielen abenteuer-, wildnis- und erlebnistherapeutischen Ansätze subsumiert, die hier im Beitrag vorgestellt werden.

2 Weitere Begriffe sind: *adventure based counceling, outdoor adventure pursuits, therapeutic adventure programs, therapeutic camping, wilderness therapy, wilderness-adventure therapy*. Diese sollen hier nicht näher definiert werden. Vgl. dazu ausführlicher Gillis und Ringer (1999).

3 In diesem Beitrag wird hauptsächlich auf Studien zur Zielgruppe der Jugendlichen Bezug genommen. Daran lässt sich exemplarisch gut zeigen, wie erfahrungsorientierte Therapiemaßnahmen in die psychotherapeutische Behandlung eingebracht werden können, worauf der Therapeut zu achten hat, wie das Lernen über Erfahrung wirkt und ein Transfer geleistet werden kann.

adventure activities with therapeutic change processes with the goal of making lasting changes in the lives of participants« (Gillis u. Ringer 1999, S. 29). Ein wichtiges Element ist dabei, eine Umgebung zu schaffen, in der sich die Teilnehmenden ändern können. Die spezifische Aktivität wird idealtypischerweise gewählt, um ein festgelegtes therapeutisches Ziel zu erreichen. Denkbar sind auch Problemlösungsaktivitäten, wie z. B. der Säureteich (Reiners 2007a, S. 121) oder Seilgärten mit unterschiedlichem Grad an Herausforderung. Diese Aktivitäten finden normalerweise in der Nähe der therapeutischen Institution statt (Gillis u. Ringer 1999).

Eine aktuelle Definition von Abenteuertherapie legen Gass et al. (2012) vor. Sie definieren Abenteuertherapie als »the prescriptive use of adventure experiences provided by mental health professionals, often conducted in natural settings that kinesthetically engage clients on cognitive, affective, and behavioral levels« (Gass et al. 2012, S. 1).

Zwischen einem therapeutischen Abenteuer und der Abenteuertherapie unterscheidet Itin (2001). Das therapeutische Abenteuer ist für ihn direkt auf eine Veränderung des Verhaltens ausgerichtet. Im Vordergrund stehen hier u. a. die heilenden Funktionen der Natur oder des Gruppenerlebnisses. Im Gegensatz dazu ziele die Abenteuertherapie, so Itin, eher auf eine positive Beeinflussung von unbewussten, als Metaprozesse zu bezeichnenden Merkmalen der Persönlichkeit ab.

Nach Peeters (2003) wird es in abenteuertherapeutischen Ansätzen durch die Direktheit, Handlungsorientierung und Ganzheitlichkeit des therapeutischen Rahmens eher möglich, bestehende, als dysfunktional wahrgenommene Verhaltensweisen zu erkennen. Durch die Erkenntnis könnten sie bearbeitet werden, und es werde möglich, neue funktionalere Verhaltensweisen zu schaffen. Dabei sei, so Peeters (2003), der Wandel vor allem ein emotionaler Wandel. Schlüsselereignisse oder bestimmte Elemente – beispielsweise ein bestimmter Geruch, eine Bewegung, ein Körpergefühl oder eine Erinnerung – könnten im Erleben und Erfahren Emotionen hervorrufen, die im weiteren therapeutischen Prozess nutzbar sind.

Der Begriff »**Wildnistherapie**« betont vor allem den Outdoor-Charakter der durchgeführten Aktivitäten. Hill (2007) definiert Wildnistherapie als ein Outdoor-Setting mit erlebnis- und abenteuerbasierten Aktivitäten, in denen traditionelle professionelle Therapiemethoden angewendet werden. Erfolg in den körperbasierten Aktivitäten, so Hill, trage dann dazu bei, das Selbstkonzept und die Selbstwirksamkeit zu stärken. Die Gruppenorientierung helfe, interpersonale Fähigkeiten zu stärken, Vertrauen zu erfahren, das Team zu entwickeln und ein Gefühl der Zugehörigkeit zu bekommen.

Auch Berman und Davis-Berman (2005, 2013) nutzen den Begriff Wildnistherapie. Mit dem Ziel, psychosoziales Wachstum zu fördern, werden in der Wildnistherapie traditionelle Therapietechniken speziell aus der Gruppentherapie in einem Outdoor-Setting mit zum Teil herausfordernden Aktivitäten eingesetzt (vgl. auch Larivière et al. 2012).

Russell (2001, zit. nach Russel u. Phillips-Miller 2002), der auch von Wildnistherapie spricht, betont dazu vor allem Folgendes: Auf der Basis einer klinischen Einschätzung muss zunächst eine sorgfältige Auswahl der Teilnehmenden stattfinden und ein übergreifender Behandlungsplan mit klaren Zielen entwickelt werden. Mit dieser Hilfe kann professionell ausgebildetes Personal die jeweiligen individuellen Fortschritte der Teilnehmenden besser beurteilen. Die Effektivität der Behandlung sollte systematisch evaluiert werden. Ferner sollte zum Abschluss der Maßnahme in Zusammenarbeit mit dem weiter betreuenden therapeutischen Personal ein Nachsorgeplan entwickelt werden, der auf die Festigung der individuellen therapeutischen Fortschritte ausgerichtet ist.

Neben den Begriffen Abenteuertherapie und Wildnistherapie soll an dieser Stelle der in diesem Buch in der Regel verwendete Begriff der »**erfahrungsorientierten Therapie**« (Mehl) erläutert werden. EOT grenzt sich nach Mehl von anderen erlebnispädagogisch ausgerichteten Ansätzen ab, indem es darum geht, Menschen wieder in eine Balance zu bringen, deren Systemkonzeption (Körper, Seele, Geist) durch dysfunktionale Störungen so sehr blockiert oder ins Wanken geraten ist, dass sie die Hilfe eines professionell ausgebildeten Therapeuten benötigen. Meist outdoor begleitet dieser den Patienten nach einem Vorgespräch und einer Problemfokussierung in Erfahrungsräume, die ihn physisch, psychisch und kognitiv herausfordern. Bei den ganzheitlichen Erfahrungen geht es um eine

Korrektur der Systemkonzeption. Der Therapeut unterstützt den Patienten meist in mehreren »Sitzungen« in seinem Veränderungsprozess durch eine transderivationale Suche nach Themen, die in der Aktion aufzulösen sind, mit Metaphernarbeit und nachbereitender Reflexion. (Vgl. dazu auch die Beiträge von Mehl in diesem Buch, ▶ Kap. 1 u. 4.)

Den Begriff »**Erfahrung**« charakterisiert Mehl (2014) folgendermaßen: Erfahrung ist ein wahrgenommenes Erlebnis, das subjektiv in kognitiver, affektiver und somatisch-motorischer Hinsicht bewertet wird. Diese Bewertung findet durch innere und äußere Stimuli statt und wirkt sich auf die Persönlichkeitsentwicklung sowie die Körpererfahrung aus. Bei Erfahrung ist also das Selbst immer ganzheitlich einbezogen, und zwar in motorischer, affektiver und kognitiver Hinsicht (Körper, Seele, Geist):

> » Erfahrung ist ein individuell wahrgenommenes Erlebnis, das durch die eigene subjektive, kognitive, affektive und somatische (Be-)Wertung in das persönliche Selbstkonzept und Selbstverständnis sowie in die Beurteilung der Welt mit einfließt. Sie ist ein Zusammenspiel miteinander interagierender Gedanken und Gefühle, die im Erleben des Selbst eine bestimmte Wertigkeit erhalten und entsprechend als bewusste oder unbewusste Erinnerungen (Muster) im Gehirn abgespeichert werden. Erfahrungen sind die Essenzen, auf die wir bei der aktuellen Wahrnehmung, Bewertung und Gestaltung unseres Lebens immer zurückgreifen. (Mehl 2014, S. 166)

Begrenzen wir uns letztendlich nur auf eine kognitive Einsicht, so fehlen die emotionale Bewertung und die Verankerung. Bei einer Erfahrung handelt es sich also immer um ein Zusammenspiel aus miteinander interagierenden Gedanken und Gefühlen, die erst im Erleben selbst eine bestimmte Wertigkeit erhalten und dann im Gehirn als bewusste oder vorbewusste Erinnerung abgespeichert werden können.

Die heutige Gesellschaft ist durch eine solche Vielzahl an Optionen gekennzeichnet, dass daraus in der Regel keine Orientierungsmöglichkeiten mehr resultieren. Umso wichtiger ist es deshalb, dass die Menschen durch die **Bereitstellung geeigneter Erfahrungsräume** lernen, für sich selbst ver-

haltens- und handlungsrelevante Werte und Leitlinien zu produzieren.

EOT bezieht gleichzeitig Körper, Seele und Geist in den Heilungs- oder Entwicklungsprozess ein. Nur durch diese **ganzheitliche Sichtweise** ist es möglich, dass der Mensch sein gesamtes Potenzial für sich selbst und seine Anpassungsfähigkeit an eine komplizierte Umwelt erweitert bzw. ausschöpft:

> » Die erfahrungsorientierte Therapie ist eine ganzheitliche Methode, die sich darum bemüht, dieser Einheit gerecht zu werden, die versucht, alle Wechselwirkungen von Körper, Seele und Geist mit einzubeziehen und sich die Wirkimpulse, also den Dialog zwischen Körper, Seele und Geist, zunutze zu machen. (Mehl 2014, S. 160)

3.2   Grundannahmen und Ziele

Die meisten therapeutischen Ansätze, die sich erlebnispädagogischer Methoden bedienen, gehen mit einem Wechsel des räumlichen und sozialen Umfeldes einher. Dies eröffnet dem Patienten eine Distanzierungsmöglichkeit zu etablierten Interaktionsstrukturen, die zwar nicht zwangsläufig, aber manchmal schon einen Anteil an dem als problematisch eingestuften Verhalten haben. Damit verbunden ist für den Patienten die Möglichkeit, Kompetenzen zu entdecken und selbst auferlegte Grenzen zu überwinden (Bandoroff u. Scherer 1994).

Das ursprüngliche Gleichgewicht, in dem die psychische Störung oder die Abhängigkeitserkrankung eine wichtige Funktion einnahm, wird verstört. Schneller und intensiver, als es viele andere pädagogische oder therapeutische Ansätze können, erzeugen die physischen und emotionalen Risiken im erfahrungstherapeutischen Kontext ein »Disequilibrium« (Nadler 1993). Der Patient wird hier eher zu einem aktiven Teilnehmer, als dass er von außen therapiert wird. Er muss Motivation und Verantwortung entwickeln und bekommt direkt die Konsequenzen seines Verhaltens zu spüren. Diese Erfahrungen sowie die **Rolle von Motivation und Verantwortung** können anschließend reflektiert und in ihrer Bedeutung für Gegenwart und Zukunft so besser eingeschätzt werden (vgl. Gass 1993).

Hinzu kommen neue Interaktionsformen in und mit der Natur. Allein die Tatsache, dass ein Großteil der therapeutischen Aktivitäten in der Natur stattfindet, macht bereits viele heilsame Potenziale möglich. Die Umgebung in der **Natur** ist mit elementaren Sinnesempfindungen wie Kälte, Wärme, Wind, weichem Waldboden oder scharfkantigem Fels verbunden. Hier können Kontrasterfahrungen gemacht werden, wie die Stille in einer Höhle oder das Tosen einer Stromschnelle. Sonnenuntergänge, Sonnenaufgänge oder Lagerfeuer aktivieren lange zurückliegende, teilweise auch archetypisch gespeicherte Erfahrungen. Im Großen wie im Kleinen finden sich in der Natur viele Perspektivenwechsel, wie z. B. der Blick vom Berg in die Weite oder auf kleine Biotope in einer Felsritze (Schad 1997). Gleichzeitig wird die Erlebnisfähigkeit gestärkt, und es können korrigierende Erfahrungen gemacht werden, mithilfe derer überholte Lebens-, Denk- und Gefühlsmuster abgelegt werden können (Haf u. Michl 1994). Die Situationen, in die man sich dazu begibt, sind neu, einzigartig und teilweise durch starke **Herausforderungen** gekennzeichnet. Sie stehen im Kontrast zu vielen Lebenssituationen des Alltags, sind einfacher und direkter und bringen Probleme auf den Punkt, die gelöst werden müssen (Gass 1993).

Durch gezielte, erfolgreich bewältigte Aufgaben eröffnet EOT z. B. ein Gefühl von Selbstwirksamkeit. Dies ist vor allem für solche psychisch erkrankten Menschen eine wichtige Erfahrung, die im Zugang zu ihren Emotionen blockiert sind und sich eher als fremdbestimmt wahrnehmen (vgl. auch Adler et al. 2010).

Auch **Regeln** bekommen hier einen neuen Stellenwert. Sie werden nicht von oben aufgedrückt, sondern gehen aus der Situation unmittelbar hervor. Die Witterungsbedingungen setzen ebenso Grenzen wie der Rhythmus von Tag und Nacht. Eine Gruppe, in der die elementaren Regeln des Zusammenlebens nicht beachtet werden, wird viel Energie verbrauchen, die ihr an anderer Stelle fehlt. So können die Teilnehmenden selbst erfahren, dass Regeln im Leben einer Gemeinschaft notwendig sind (Ungar et. al 2005).

In diesem Sinne kontrastiert das ungewohnte Umfeld mit dem normalen Lebensumfeld des Patienten. Herausforderungen und Regeln sind andere als im Alltag, haben aber oft einen metaphorischen Bezug zu diesen. Die Herausforderungen und Problemaufgaben im Kontext erfahrungstherapeutischer Maßnahmen erzeugen einen Spannungszustand, der sich durch die Handlung in der Aktion lösen kann. Es kommt in der Zielsetzung zu einer »positiven Selbstaktualisierung und einer größeren Motivation, sich neuen Herausforderungen zu stellen« (Schag 2009, S. 48 f.).

Anknüpfend an die **Grenzsituationstherapie** von Helmut Schulze (1971) lässt sich feststellen, dass das Selbstwertgefühl mit der Zahl der überwundenen Hindernisse steigt. In der Grenzsituationstherapie soll der Patient deshalb in Situationen gebracht werden, in denen er sich bewähren kann und eine neue innere Stärke findet (vgl. Michl 1998).

Das vielzitierte »Zonenmodell« von Nadler und Luckner (1992), bei dem die Erlebnispädagogik aus der Komfort- in die Lernzone führt, muss im Rahmen von EOT allerdings anders betrachtet werden. Menschen mit psychischen Störungen befinden sich nicht in der Komfortzone, sondern eher in der Panikzone. Ihre aktuelle Lebenssituation zeichnet sich aus durch Angst und Blockade, manchmal auch durch Panik. Der Weg geht also genau in die entgegengesetzte Richtung: hinaus aus der Panikzone, in der es unmöglich ist, sich weiterzuentwickeln, hinein in die Lernzone, die neue Perspektiven eröffnet.

Zu fragen ist an dieser Stelle jedoch, inwiefern hier auf die **Selbststeuerungsfähigkeiten** des Individuums vertraut werden kann. Lindenthaler und Lindenthaler stellen auch mit Blick auf therapeutische Ansätze fest: »Aus systemisch-konstruktivistischer Sicht ist es gar nicht möglich, dort Schaden anzurichten, wo jemand es nicht zulässt« (2012, S. 175). Entscheidend ist aber letztlich die individuell zu beantwortende Frage, ob dieses Vertrauen in die Selbstregulationsfähigkeiten unter dem Einfluss einer psychischen Erkrankung aufrechterhalten werden kann.

Dennoch gilt die Maxime, dass die psychische Erkrankung nicht im Vordergrund steht. Es kommt vielmehr darauf an, Menschen mit psychischen Störungen so viel wie möglich zuzutrauen und die Chancen der Selbstbestimmung und Ressourcenstärkung zu nutzen. Der ganzheitliche Ansatz der EOT, das gleichzeitige **Einbeziehen von Körper,**

Geist und Seele im Erleben und Erfahren prädestiniert Aktionen aus der Erlebnispädagogik, psychische Erkrankungen in all ihren unterschiedlichen Dimensionen zu erfassen und mithilfe neuer Erfahrungen ein neues Gleichgewicht zu schaffen, sodass Dysfunktionen behoben und blockierende Muster losgelassen werden können.

3.3   Zielgruppen

EOT orientiert sich an den Stärken, Fähigkeiten und Potenzialen des Individuums und nicht an psychopathologischen Kategorien. Die »therapeutische Reise« ist somit ein Weg zur Selbsterkenntnis und Autonomie. Allerdings ist diese Therapiemethode – wie alle anderen auch – nicht für jede Zielgruppe geeignet. Es ist erforderlich, im Vorhinein die Teilnehmenden sorgfältig auszuwählen und Patienten mit schwierigen Symptomen nicht zu berücksichtigen (Kimball u. Bacon 1993; vgl. dazu auch ▶ Abschn. 3.4.1).

Als eine typische Zielgruppe neben anderen (vgl. dazu auch in ▶ Abschn. 3.1, Fn. 3) werden in einer ganzen Reihe von Untersuchungen, unabhängig von den jeweiligen medizinischen Diagnosen, vor allem **Jugendliche** genannt, die nur wenig auf traditionelle Therapieangebote ansprechen (Clark et al. 2004; Larivière et al. 2012). Gründe dafür liegen zum einen in einer fehlenden Identifikation mit traditionellen therapeutischen Settings, zum anderen in der gerade in dieser Gruppe verbreiteten Angst vor Stigmatisierung. Insbesondere weil Jugendliche zur Herausbildung einer eigenen Identität häufig nach Risiken, Abenteuern und Aufregung suchen, scheinen sie besonders gut mit Abenteuertherapie erreichbar zu sein (Gass et al. 2012, S. 292).

Auf den ersten Blick mutet es relativ plausibel an, abenteuer- und wildnisgeprägte therapeutische Ansätze Jugendlichen zugänglich zu machen, die durch andere therapeutische Settings nur schwer ansprechbar sind. Doch stellt sich hier die Frage, ob dieser Umstand alleine als valides Auswahlkriterium gelten kann, wenn die Wahl der Therapieart aus scheinbarer Alternativlosigkeit anderer therapeutischer Ansätze getroffen wird. So berichten Clark et al. (2004) etwa darüber, dass die Eltern, die sich für eine Abenteuertherapie ihrer Jugendlichen

entschieden, bei der Suche nach anderen Hilfsangeboten fast verzweifelt waren. Die Therapiewahl resultierte aus der Not und war keine aus der Problemlage heraus aktiv getroffene Entscheidung.

An wildnis- und abenteuertherapeutischen Maßnahmen nehmen oft Jugendliche teil, die bereits in psychotherapeutischer Behandlung sind und verschiedene Diagnosen aufweisen, wie beispielsweise **Depression** oder **Substanzmittelmissbrauch**. Im Projekt von Bettmann und Tucker (2011) wurde die Wildnistherapie in Kleingruppen (jeweils etwa neun Teilnehmende) begleitet von drei bis vier Betreuungspersonen in einem Camp durchgeführt. Die Aktivitäten in der Natur konzentrierten sich hauptsächlich auf Alltagsaufgaben, wie z. B. Feuermachen und Kochen.

Auch Bettmann et al. (2011) evaluierten anhand einer qualitativen Untersuchung ein therapeutisches Wildnisprogramm mit dreizehn Jugendlichen. Zwölf der dreizehn Jugendlichen waren in therapeutischer Behandlung und wiesen Probleme mit illegalen Drogen und Alkohol sowie Schwierigkeiten in der Kommunikation mit ihren Eltern auf.

Bei den von Bandoroff und Scherer (1994) untersuchten Programmen (*Wilderness Family Therapy*) lag der Fokus auf der Zielgruppe Jugendliche mit Verhaltensproblemen in der Familie. Sie nahmen an einem 21-tägigen Wildnisprogramm teil und wurden für vier Tage von ihren Familien im Rahmen einer Familientherapie begleitet. Die **Verhaltensprobleme** hatten vor allem mit Drogenkonsum, Schulproblemen und Delinquenz zu tun.

Caulkins et al. (2006) berichten außerdem über eine Expedition mit 15- bis 16-jährigen jungen Frauen, bei denen eine Depression und teilweise **suizidale Tendenzen** klinisch diagnostiziert wurden. Die Feldforscher nahmen selbst an der gesamten Rucksackexkursion teil, die sich über sechs bis acht Wochen erstreckte. Nach einem individuellen Behandlungsplan wurde fünf bis zehn Stunden gewandert, zwei Tage in der Woche waren zum Ausruhen reserviert. Die Evaluation erfolgte durch teilnehmende Beobachtung, Interviews mit den Begleiterinnen und halbstrukturierten Interviews mit den Teilnehmerinnen.

In dem 7-wöchigen wohnungsnahen Wildnistherapieprogramm, das von Bettmann und Jasperson (2008) ausgewertet wurde, wurden die Teilnehmenden in zwei Gruppen aufgeteilt: zum einen Jugendliche zwischen 14 und 17, zum anderen junge Erwachsene zwischen 18 und 28 Jahren. Die wildnistherapeutischen Maßnahmen fanden in einem Basiscamp statt.

Bowen und Neill (2013) haben mehrere abenteuertherapeutische Programme im amerikanischen Sprachraum mit der Zielgruppe Jugendliche einer Sekundäranalyse unterzogen und kommen zusammenfassend zu folgenden Ergebnissen: Typischerweise wurden die Programme von den Teilnehmenden bzw. ihren Familien selbst bezahlt, fanden als Primärtherapie statt und hatten eine abgegrenzte Gruppenstruktur von Leitern und Teilnehmenden, die das Projekt gemeinsam begannen und beendeten. Häufig wurden die Jugendlichen durch ihre Eltern oder Gerichte dort platziert.

3.4   Relevante Vorbedingungen

Für den Verlauf des therapeutischen Prozesses sind insbesondere drei Vorbedingungen relevant. Sie betreffen die Auswahl (▶ Abschn. 3.4.1), die Diagnose (▶ Abschn. 3.4.2) und die Therapiemotivation der Teilnehmenden (▶ Abschn. 3.4.3).

3.4.1   Auswahl der Teilnehmenden

EOT ist kein Allheilmittel und dementsprechend nicht für jede Zielgruppe geeignet. In der Konsequenz ist es notwendig, die Teilnehmenden sorgfältig auszuwählen. Stich und Gaylor (1993, S. 163) weisen beispielsweise daraufhin, dass es einige Nebeneffekte von Medikamenten gibt, die sich beeinträchtigend auf die körperliche und psychische Leistungsfähigkeit im Rahmen von wildnistherapeutischen Trainings auswirken können.[4]

Nach Bettmann und Jasperson (2008) sollten außerdem Patienten mit akuten Psychosen, solche, die Gewaltbereitschaft aufweisen, Sexualstraftaten begangen haben oder weitere Formen von problematischem Sozialverhalten aufzeigen, nicht an wildnistherapeutischen Maßnahmen über mehrere Wochen teilnehmen. Auch halten Bettmann und Jasperson Menschen mit schweren Essstörungen, Diabetes oder Borderlinepersönlichkeiten für **problematische Teilnehmergruppen**.

Lakshmi et al. (2006) berichten diesbezüglich über ein entsprechendes Auswahlverfahren bei einem abenteuertherapeutischen Projekt in der Rehabilitation von schizophren erkrankten Menschen. Anhand von verschiedenen standardisierten Skalen, die bei schwer psychisch erkrankten Personen Anwendung finden, wurden von insgesamt 54 Personen nur 23 in das Programm einbezogen.

Generell gilt als grundlegendes **Ausschlusskriterium** ein medizinisch begründbarer Zweifel daran, dass die betreffenden Menschen mit einem längeren Aufenthalt in einem Wildnissetting physisch, psychisch und geistig grundsätzlich zurechtkommen können. Zur systematischen Untersuchung bieten sich Screeningmodelle[5] an. Mit ihrer Hilfe kann im Vorfeld eine objektivierte Entscheidung getroffen werden (Kimball u. Bacon 1993).

3.4.2   Diagnose

Die Formen der Diagnose im Rahmen von EOT unterscheiden sich recht stark von denen anderer Therapien. In traditionellen therapeutischen Ansätzen wird lediglich über Verhalten berichtet, das aber niemals in einer konkreten Situation beobachtet werden kann. Hier prägen eine selektive Wahrnehmung und Interpretation stark den Informationsstand der an der Therapie beteiligten Personen. Ein anderer Weg ist, dass man anhand objektivierter psychologischer Tests und Messverfahren versucht, einen Zugang zu vordefinierten Eigenschaften einer Person zu bekommen. Jedoch wissen therapieerfahrene Patienten oftmals schon recht

---

·4 Mittlerweile wird dies in der EOT neben anderen unerwünschten Nebenwirkungen von Medikamenten von den Therapeuten berücksichtigt.

5 Den Begriff »Screening« (engl. für »überprüfen«, »rastern«, »filtern« etc.) nutzt man in der Medizin, wenn bei Patienten mittels standardisierter Tests bestimmte gesundheitsrelevante Faktoren geprüft werden, die Aufschluss über das wahrscheinliche Vorliegen von speziellen Erkrankungen oder Risikofaktoren geben sollen (meist als Vorsorgeuntersuchung). Sind die aus dem Screening erhaltenen Werte auffällig, werden diagnostische Tests nötig, um das tatsächliche Vorliegen einer Krankheit zu verifizieren.

schnell, was getestet wird, und antworten nicht mehr unvoreingenommen (vgl. Kimball 1993).

Im Gegensatz zu diesen herkömmlichen Methoden kann **EOT mit erlebnispädagogischen Elementen** sehr gut als **Setting für diagnostische Tests** genutzt werden. Vor allem die direkte Wahrnehmbarkeit der Aktivitäten eröffnet dem Therapeuten einen unverstellten und authentischen Blick auf die Patienten. So bringt beispielsweise das Klettern Ängste deutlich zum Vorschein, selbst dann, wenn vorab einige therapeutische Gespräche erforderlich waren, damit die Patienten einwilligten, es wenigstens zu versuchen (Roland 1993). Ebenso kann eine gemeinsame Tour mit einem Patienten in einem Schlauchboot neurotisches Verhalten oder undefinierbare Ängste und Depressionen erheblich schneller und klarer sichtbar werden lassen als stundenlange diagnostische Sitzungen (Michl 1998).

Die Unmittelbarkeit, Unausweichlichkeit und trotzdem gegebene relative Überschaubarkeit der erlebnisorientierten Aktion bietet vergleichbar mit ähnlichen Aktivitäten im pädagogischen oder alltäglichen Kontext zahlreiche **Potenziale für die Selbst- und Fremderkenntnis**. Der körperliche Einsatz, das Erleben im aktuellen konkreten Augenblick und die Atmosphäre zwischen Spannung und Entspannung liefern weitere Impulse für die diagnostische und therapeutische Arbeit (Haf u. Michl 1994).

So kann der geübte Therapeut beispielsweise durch eine sorgfältige Beobachtung der Reaktionsweisen des Patienten auf herausfordernde Situationen lebenslange Verhaltensmuster, dysfunktionale Formen der Stresskompensation, kognitive Prozesse, innere Konflikte, psychische Verteidigungssysteme und emotionale Reaktionsweisen rasch entdecken (Kimball u. Bacon 1993, S. 36). Indem die Rahmenbedingungen bei bestimmten Problemlöseaufgaben gezielt modifiziert werden, ist es möglich, beim Patienten bestehende Problemlagen differenziert zu diagnostizieren (vgl. zur Anpassung von Übungen, in weiterem Beitrag von Lakemann in diesem Buch ▶ Abschn. 8.1). In Zusammenarbeit mit dem jeweiligen Stammtherapeuten lässt sich auf diese Weise der sonst manchmal langwierige diagnostische Beobachtungsprozess auf der Station durch die erlebnistherapeutischen Aktionen verkürzen (Eckern 1997; Marxen u. Reck 1997).

3.4.3 Therapiemotivation

Neben der Diagnose ist die Therapiemotivation eine weitere Vorbedingung, die im therapeutischen Prozess zu beachten ist. Die Interviews von Bettmann et al. (2011) zeigen, dass sich vor allem Jugendliche in klassischen therapeutischen Settings nicht sehr wohlfühlten und ihren Therapeuten wenig Vertrauen entgegenbrachten. Zeitlich festgelegte therapeutische Sitzungen im Büro oder in anderen vergleichsweise rigiden institutionalisierten Regelsystemen, wie es in manchen, vor allem (teil-)stationären Einrichtungen der Fall ist, erzeugen insbesondere bei jungen Menschen relativ schnell Ablehnung (Bettmann u. Jasperson 2008). Hier stellt die Erfahrung, sich in der Natur an gegebenen Notwendigkeiten orientieren zu müssen – wie z. B. an natürlich gesetzten Regeln je nach Witterung und Tageszeit – eine wichtige Kontrasterfahrung dar.

Zu bedenken ist, dass ganz unabhängig vom therapeutischen Setting für Patienten, die an ihren dysfunktionalen Verhaltensmustern festhalten, der Eintritt in eine Therapie grundsätzlich extrem bedrohlich sein kann. In ungewohnten erfahrungsorientierten therapeutischen Situationen haben sie jedoch die Chance, sich eher auf ihre Fähigkeiten und Ressourcen als auf ihr dysfunktionales Verhalten zu konzentrieren (Gass 1993).

Doch trotz der Alternativen, die handlungs- und erfahrungsorientierte Therapieansätze bieten, haben auch in diesem Setting Patienten **oft wenig Motivation**, ihre dysfunktionalen Handlungsmuster zu verändern (vgl. hierzu auch im Beitrag von Mehl in diesem Buch ▶ Abschn. 1.2.3: »Wunsch nach Veränderung, aber auch Angst davor«). Deshalb arbeiten erlebnisorientierte Ansätze mit einem gesunden Gebrauch von Stress (Eustress), der die Patienten fordert, alte Muster infrage stellt und dazu veranlasst, neue zu entwickeln. Die Problemlösungsaktivitäten verlangen vor allem Vertrauen (in die eigenen Fähigkeiten, zu anderen in der Gruppe und zum Therapeuten), Kooperation sowie klare und gesunde Kommunikationsformen, um das gesetzte Ziel zu erreichen (Gass 1993).

Daraus ergibt sich ein umfangreiches Material, das für den Veränderungsprozess genutzt werden kann. Durch das Einbeziehen erlebnispädagogischer Methoden eröffnet EOT auf diese Weise zum einen zwar einen diagnostischen Blick auf vorhandene Defizite, zeigt aber zum anderen Kompetenzen und Ressourcen beim Patienten auf, an die therapeutisch angeknüpft und mit denen gearbeitet werden kann (vgl. dazu auch die Beiträge von Mehl in diesem Buch, ▶ Kap. 1 u. 4).

An dieser Stelle sei auf das wichtigste Ergebnis in der empirischen Studie von Bettmann et al. (2013) hingewiesen. Sie stellten fest, dass das Ausmaß an Therapiemotivation oder deren Veränderung im Zeitablauf nicht unbedingt das Ergebnis der Behandlung beeinflussen muss. Die Bereitschaft, sich zu verändern, ist im Vorfeld einer Therapie also nicht notwendigerweise eine Vorbedingung dafür, dass anschließende wildnistherapeutische (bzw. erfahrungstherapeutische) Maßnahmen effektiv sind. Im Gegenteil zeigen die Resultate der Studie, dass sich Individuen selbst dann verändern können, wenn sie zu Beginn der Behandlung eher veränderungsresistent waren. Bettmann und Tucker (2011) berichten allerdings auch darüber, dass Jugendliche auf Wunsch der Eltern – zum Teil unfreiwillig – an der von ihnen evaluierten 7-wöchigen Wildnistherapie teilnahmen und daraus eher eine emotionale Distanz zwischen den Jugendlichen und ihren Eltern resultierte.

3.5   Rahmenbedingungen

Einen wesentlichen Einfluss auf den Verlauf und Erfolg therapeutischer Ansätze haben u. a. auch die räumlichen und sozialen Rahmenbedingungen, vor dessen Hintergrund die Interaktionsprozesse zwischen Therapeuten und Therapieadressaten verlaufen. Im Folgenden geht es erst um die für den erfahrungstherapeutischen Kontext typische räumliche Umwelt, die Natur (▶ Abschn. 3.5.1), bevor näher auf die sozialen Umwelten (▶ Abschn. 3.5.2), die Gruppe und die Familie, eingegangen wird.

3.5.1   Räumliche Umwelt: Natur

In den mit erlebnispädagogischen Elementen arbeitenden erfahrungsorientierten Therapieansätzen erhält die Natur als Erfahrungsraum einen sehr

hohen Stellenwert. Die Natur ist zwar in vielen Bereichen durch den Menschen nicht völlig unberührt, doch ist sie beispielsweise im Gegensatz zu Städten eine Umgebung, die wesentlich weniger durch den Menschen beeinflusst ist. Auf diese Weise wird es möglich, von dem alltäglichen, teilweise problem- und stressgeladenen Umfeld Abstand zu gewinnen. Durch das Wahrnehmen der Natur werden die Assoziationen zur menschlichen Gesellschaft vermindert und zugleich reduziert sich damit die oftmals belastende Alltags- und Lebenskomplexität, die bei vielen Patienten dafür verantwortlich ist, dass sie sich in ihrem gewohnten Umfeld nicht mehr zurechtfinden. Allein die räumliche Veränderung und die Begegnung mit Natur als urtümlicher Erfahrungsraum erzeugt deshalb bei einem Großteil der Patienten bereits eine neue Sichtweise auf die sich für den einzelnen stellenden Fragen und Themen.

Auch Gass et al. (2012, S. 105 u. S. 107) sprechen von zahlreichen positiven Reaktionen beim Individuum, wird die **Natur als therapeutischer Erfahrungsraum** genutzt. Durch die Stimulusreduktion übt die neue Umgebung auf die Patienten beispielsweise einen beruhigenden Effekt aus. In der Natur haben die Individuen die Chance, ihrer gewohnten Kultur zu entfliehen und sich dem Einfluss einer meist ungewohnten Umgebung auszusetzen, die entspannend, heilsam und stärkend auf sie wirkt. Hier verringern sich Depressionssymptome, ebenso Angst und Stress. Norton et al. (2014, S. 51) stellen zudem fest, dass der Natur mit ziemlicher Sicherheit eine wichtige heilende Komponente in der Therapie zukommt. Ähnliches berichten Lindenthaler und Lindenthaler (2012, S. 251 ff.) auf der Basis konkreter Erfahrungen aus Projekten mit autistischen Menschen, auf die Natur eine positive, entspannende Wirkung ausübte.

Hinzu kommt, dass erlebnispädagogische Aktivitäten in der Natur viele Menschen durch lange gespeicherte Sinneserfahrungen zurück in die Spielwelt der Kinder führen. Dies ist im Sinne einer »produktiven Regression« oftmals mit neuer **Lebensfreude** verbunden (Haf u. Michl 1994, S. 155). Die Natur selbst ist außerdem eine Quelle, aus der neue und ungewohnte Veränderungsimpulse hervorgehen. Insbesondere durch die Unausweichlichkeit der Ereignisse in der Natur wird der **Realitäts-**

sinn gestärkt, und es ergeben sich zahlreiche **Möglichkeiten, mit Metaphern zu arbeiten** (zur Arbeit mit Metaphern vgl. auch ► Abschn. 3.6.2 und ► Abschn. 3.8.2 in diesem Beitrag).

Über reine Vermutungen hinsichtlich der positiven therapeutischen Wirkung der natürlichen Umgebung geht der aktuelle Stand der Forschung allerdings nicht hinaus. Es fehlt bislang eine theoretische und empirische Fundierung der Frage, welche Bedeutung die physische Umwelt in therapeutischen Prozessen hat. Rutko und Gillespie (2013) kritisieren vor allem, dass bis heute nicht klar ist, welchen speziellen Stellenwert die Natur in der Wildnistherapie hat und ob sie spezifische Auswirkungen auf Patienten haben kann, die z. B. durch eine städtische Umwelt nicht hervorgerufen werden können (vgl. ähnlich auch Ungar et al. 2005).

Dennoch liegt auf der Hand, dass viele positive therapeutische Effekte nur dadurch erzeugt werden können, dass es einen »Point of no Return« gibt, der nur dann zu erreichen ist, wenn die Aktionen und Expeditionen in der Natur stattfinden und nicht im urbanen Raum. Die Stadt bietet viel zu viele Rückzugs- und Fluchtmöglichkeiten, als dass man ihr eine ebenso starke therapeutische Wirkung zuerkennen könnte wie der **Expedition** in abgelegene natürliche Umwelten.

Wie weit der Weg aus der räumlichen Alltagswelt (vgl. ► Abschn. 3.2) herausführen sollte, das muss im Einzelfall, von Patient zu Patient, entschieden werden. So macht es noch einmal einen wesentlichen Unterschied, ob die Therapie im Rahmen einer Expedition mit eventuell täglich wechselnden Orten stattfindet oder dafür ein **Basiscamp** zur Verfügung steht. Im Gegensatz zu Expeditionen mit unterschiedlichen Erfahrungsorten erleben die Patienten in einem Basiscamp eine beruhigendere, familiärere Atmosphäre.

Eine emotionale Aktivierung findet dementsprechend weniger in einem vertrauten Camp oder in vertrauter Umgebung statt als in wechselnder, fremder Umgebung. Dennoch ist ein vertrauter Ort in der EOT häufig sinnvoll, da er den nötigen Schutz und Halt bietet. Ein Basiscamp sehen Bettmann und Jasperson beispielsweise als besonders geeignet für Patienten an, die den Stress einer Verlusterfahrung zu bewältigen haben. Hierher können sie sich zeitweise zurückziehen und z. B. neue Bindungserfah-

rungen auf einer sicheren Basis entwickeln (Bettmann u. Jasperson 2008).

Neben der natürlichen ist auch die soziale Umwelt im Rahmen einer Therapie eine wichtige Einflussgröße. So stellt auch die Gruppe eine nicht zu unterschätzende Rahmenbedingung für das erfahrungstherapeutische Setting dar.

3.5.2 Soziale Umwelten

In diesem Abschnitt wird auf die therapeutische Wirkung von gruppenspezifischen Settings und – mit Blick auf die in diesem Beitrag besonders berücksichtigte Zielgruppe der Jugendlichen – auf den Einbezug von Familienmitgliedern in die Therapie eingegangen.

Gruppe

Schon frühzeitig haben Therapeuten die Bedeutung der Gruppe für die Behandlung psychischer Störungen erkannt. In der EOT ist sie jedoch weitaus mehr als nur ein therapeutisches Instrument (Kimball 1993). Durch das lange Zusammensein, auch in herausfordernden Situationen, entwickelt sich für die Patienten eine Lebenswelt, aus der sie eine **Rückmeldung** bekommen und gemeinsam mit anderen ihre Zielerreichung besser einschätzen können. Gleichzeitig stellt sich dabei die Erfahrung ein, dass die anderen sie unterstützen. So kann beispielsweise nach einer Kletteraktion eine entsprechende Reflexionsrunde stattfinden, bei der die gemachten Erfahrungen mit therapeutischen Zielen in Zusammenhang gebracht werden. Hier ist auch die schon erwähnte therapeutische Arbeit mit Metaphern möglich. Im Zusammenhang mit der Frage, welches Risiko es für jemanden bedeutete, den Fels hochzuklettern, könnte etwa die Frage erörtert werden, wie risikoreich es ist, seinen Drogenkonsum aufzugeben (Roland 1993).

Ähnliches wie für das Klettern gilt auch für die therapeutische Arbeit im Hochseilgarten. Er bietet sogar weitaus mehr metaphorische Bezüge als alleine das vordergründig damit assoziierte Thema Angst. Das Ziel im Auge zu behalten, den ersten Schritt wagen zu müssen, loslassen (lernen zu können) – jene Inhalte eröffnen zahlreiche Bezüge zu (problematischen) Alltagssituationen, in denen genau diese Fähigkeiten eine Rolle spielen. Beim Begehen eines Hochseilgartens werden grundlegende Kompetenzen[6] wie Zielstrebigkeit und Durchhaltevermögen oder (Selbst-)Vertrauen thematisiert (vgl. Mehl 2010, S. 25).

Klettern und die Begehung eines Hochseilgartens ermöglichen außerdem zahlreiche Assoziationen zu der Frage, inwieweit sich eine Person mit der Angst des Fallens konfrontieren kann. Sich der Grundangst des Fallens auszusetzen, kann dazu beitragen, dass andere angstauslösende Situationen in ihrer realen Relevanz vom Patienten fortan wieder besser eingeschätzt und eingeordnet werden können (Lukowski 2010).

Beim Klettern sollten die Therapeuten die Aktivitäten immer auf die Fähigkeiten, aber auch auf die Herausforderungsmöglichkeiten des Einzelnen und der Gruppe abstimmen. Wichtig ist z. B. den Patienten zu verdeutlichen, dass das Ziel beim Klettern nicht darin besteht, oben anzukommen, sondern darin, es zu versuchen (Roland 1993).

Durch die Interaktion in der Gruppe werden bei Aktivitäten in der Natur ferner Schwerpunkte in den jeweiligen individuellen Kompetenzen deutlich. Diese können in sehr praktischen Fähigkeiten bestehen, die für das Leben in der Wildnis[7] eine immense Bedeutung haben und sich im Idealfall in der Gruppe ergänzen, wie z. B. Kochen, Karten lesen oder einen geeigneten Übernachtungsplatz finden.

Indem die Patienten erfahren, dass die Gruppe eine **weitreichende Unterstützungsfunktion** hat, entsteht für sie ein **wichtiges therapeutisches Milieu**. Hier können stressreiche Situationen und Konflikte über eine positive Gruppeninteraktion gelöst (Gass 1993) sowie individuelle Stärken und reale Grenzen der einzelnen Gruppenmitglieder besser wahrgenommen werden (Gass et al. 2012).

***

6 Mehl spricht in diesem Zusammenhang von »Basiskompetenzen«. Darunter versteht er: »Urteils- und Entscheidungskraft, Wahrnehmungsfähigkeit, Eigen- und Fremdwahrnehmung (wie werde ich von anderen wahrgenommen), Empathie, Stresstoleranz, Zielstrebigkeit, Durchsetzungsvermögen, Ambiguitätstoleranz (Widersprüche aushalten), Wertschätzungspotenzial, Konsensfähigkeit und Kommunikationsfähigkeit« (Mehl 2013, S. 281).

7 Der Begriff »Wildnis« wird im gesamten Beitrag synonym zu dem Begriff »Natur« verwendet.

Familie

Während die Gruppe wichtige therapeutische Potenziale bereitstellt, geht es beim Einbezug der Familie in den erfahrungsorientierten Therapieprozess eher darum, den Transfer der Lernerfahrungen aus der Therapie in das Leben außerhalb des therapeutischen Settings zu gewährleisten. Viele amerikanische Wildnistherapieprogramme lassen deshalb die Familien der Teilnehmenden zumindest zeitweise partizipieren. Wie bei anderen Therapieansätzen auch, kann aus den meisten wildnistherapeutischen Projekten die Erkenntnis gezogen werden, dass nur dann **effektive und nachhaltige Veränderungen** erreichbar sind, wenn sich auch das familiäre Umfeld ändert (Bandoroff u. Scherer 1994). Es wäre etwa völlig kontraproduktiv, einen jungen Menschen aus dem täglichen Umfeld herauszunehmen, mit ihm in einer fremden Umgebung therapeutisch zu arbeiten und dann zu riskieren, dass die erzielten Erfolge schnell wieder verloren gehen, wenn er in Familie und Schule zurückkehrt. Deshalb ist es in vielen Fällen sinnvoll, die Eltern an dem Behandlungsprozess teilhaben zu lassen (Becker 2010). Als **Element eines umfassenderen Nachsorgeplans** kann die Beteiligung der Familie am therapeutischen Prozess für den Patienten den Übergang von der therapeutischen Umgebung in die alltägliche erleichtern und dazu beitragen, bei ihm eine langfristige Veränderung zu bewirken.

Je nach vorliegender Problemlage ist es natürlich auch möglich, die Familie in den gesamten Therapieprozess einzubeziehen. Ähnlich wie bei anderen Ansätzen auch beabsichtigt die therapeutische Arbeit mit Familienmitgliedern in der Abenteuertherapie, die **Ressourcen** zu entdecken, die eine Familie bereits mitbringt, um sich vorhandene oder neue Möglichkeiten und Fähigkeiten (wieder) zugänglich zu machen (Clapp u. Rudolph 1993). Eine Anreicherung oder Bereicherung (*enrichment*) ist hier das Ziel, um für aktuelle Problemsituationen positive Wirkungen und für die Zukunft präventive Effekte zu erzielen. Konkret geht es darum, Konfliktlöse-, Kommunikations- und Kooperationsfähigkeiten zu verbessern und gegenseitiges Vertrauen, Teamarbeit und Flexibilität innerhalb der Familie auszubauen. Dazu ist es notwendig, dass relevante Familienthemen identifiziert und Ziele definiert werden. Gemeinsam wird überlegt, was jeder tun kann, damit diese erreicht werden können. Hinzu kommt der Spaßfaktor beim gemeinsamen Erleben der therapeutischen Aktivitäten, der wieder mehr Leichtigkeit ins Familiengefüge bringt (Clapp u. Rudolph 1993). Ein möglicher Rahmen für die therapeutische Arbeit mit Familien könnte beispielsweise das von Bandoroff und Scherer (1994) vorgestellte Programm »Familienrad« sein, bei dem an jedem Tag ein ganz bestimmtes familienkritisches Thema im Vordergrund steht. Bei den erfahrungstherapeutischen Aktionen wird mit Metaphern gearbeitet, die sich auf wichtige Funktionen in der Familie beziehen, z. B. »Eisbrecheraktivitäten« wie Feuerrituale, um sich wieder näherzukommen, Vertrauen zueinander zu gewinnen und gemeinsame Wege zu finden. Das Format bietet sich sowohl für die therapeutische Arbeit mit der gesamten Familie an als auch für das Durchführen von Übungen mit einzelnen Familienmitgliedern.

3.6 Folgebedingungen für den Transfer

Unter Folgebedingungen werden hier alle Ansätze verstanden, die dazu beitragen, die Nachhaltigkeit der erzielten Therapieerfolge auch für die Zeit nach dem therapeutischen Prozess abzusichern (vgl. zum Transfer ▶ Abschn. 3.5.2, zweite Abschnittsüberschrift »Familie« u. ▶ Abschn. 3.6.1). Eine ganze Reihe von empirischen Untersuchungen hat gezeigt, dass Erfolge, die innerhalb von erfahrungsorientierten Therapieansätzen erzielt wurden, grundsätzlich nach Ende der Therapie im alltäglichen Umfeld noch andauerten (Bowen u. Neill 2013). Bettmann et al. (2013) kommen diesbezüglich in ihrer Untersuchung zu dem Ergebnis, dass es kaum Unterschiede in den Behandlungserfolgen zwischen dem Zeitpunkt der Entlassung und der sechs Monate später durchgeführten erneuten Erhebung bei der Nachbehandlung gab. Es kann vielmehr von einer weiteren signifikanten Verbesserung zahlreicher Indikatoren gesprochen werden. Das Resultat der Studie zeigt, dass die Patienten ihre positiven Therapieergebnisse auch nach der Behandlung aufrechterhielten und sogar noch weiter verbessern konnten. An diesem Ergebnis werden die **Nachhaltigkeit erlebnistherapeutischer Programme**

und deren langfristige Wirksamkeit deutlich. Auch Davis-Berman und Berman (1994) stellen in ihrer Studie fest, dass die Teilnehmenden an einer wildnistherapeutischen Maßnahme noch zwei Jahre nach der Expedition eine höhere Selbstwirksamkeit sowie reduzierte Stresssymptome aufwiesen. Im deutschsprachigen Raum gehen die Forschungsergebnisse von Mehl und Wolf (2007) in die gleiche Richtung (vgl. dazu näher den Beitrag von Mehl in diesem Buch, ▶ Kap. 4, insb. ▶ Abschn. 4.5 sowie Wolf u. Mehl 2011).

Zu einem anderen Ergebnis kommen jedoch Durgin und McEwen (1993). Ihre Untersuchung wies nach, dass die durchgeführte abenteuertherapeutische Maßnahme nach Beendigung nur einen begrenzten nachhaltigen Einfluss auf eine Verhaltensänderung der beteiligten Jugendlichen hatte. Dies lag aber vor allem daran, dass nicht für entsprechende Folgebedingungen gesorgt war. Es fehlten im Anschluss therapeutische Ansätze, die die Jugendlichen hätten nachsorgend intensiv unterstützen können. Infolgedessen führten das häusliche Umfeld und der beeinträchtigende Druck aus der alten Peergroup dazu, dass in der Abenteuertherapie veränderte Verhaltensmuster nicht nachhaltig aufrechterhalten werden konnten. Dies wirft die Frage auf, welche Folgebedingungen überhaupt erforderlich sind, um Therapieerfolge langfristig, über die eigentliche Therapie hinaus abzusichern.

Das Hauptargument gegen das Nutzen erlebnispädagogischer Elemente in therapeutischen Settings ist die Behauptung, dass dabei und danach kein Transfer der Erlebnisse und Lernerfolge in das Alltagsleben der Patienten stattfindet.[8] Kritiker gehen davon aus, dass das, was in der Therapie in außergewöhnlichen Situationen, abgekoppelt von der alltäglichen Lebenswelt, erlebt wurde, nicht aus der konkreten Situation in nachhaltige Erfahrungen münden kann.

Therapeuten, die professionell mit erfahrungsorientierten Ansätzen arbeiten, sprechen stattdessen davon, dass ein fehlender oder unzureichender Transfer eher die Ausnahme als die Regel ist (vgl. Kimball u. Bacon 1993). Begründet wird dies damit,

---

8 Dies gilt im Übrigen auch als zentrale Kritik in erziehungswissenschaftlichen Kontexten gegenüber erlebnispädagogischen Ansätzen (Heckmair u. Michl 2012, S. 244 ff.).

dass hier nicht die einzelnen Erlebnisaktivitäten wie Klettern oder Kanufahren im Vordergrund stehen, sondern die dabei gemachten Erfahrungen als Ausdruck von aktuell bestehendem oder zukünftig gewünschtem Verhalten. Bei den jeweiligen Aktivitäten sind sowohl Verhaltensmuster präsent, von denen man sich verabschieden möchte, als auch neue Verhaltensperspektiven, mithilfe derer die Patienten ein gesünderes, glücklicheres Leben verknüpfen können. Damit es dem jeweiligen Patienten möglich wird, die spezifischen Erlebnisse, die er während einer Aktion hat, in generalisierte Erfahrungen zu überführen, sind vor allem die nachbereitende Reflexion und das therapeutische Gespräch vonnöten, zwei wesentliche Elemente, die fest in den Ablauf des therapeutischen Prozesses integriert sind.

3.6.1 Reflexion

Das Reflektieren des Erlebten während oder in der Regel nach den Aktionen unterstützt den Transfer im therapeutischen Prozess und macht aus Erlebnissen Erfahrungen.[9] Im Zentrum steht dabei, das eigene konkrete Verhalten in der Aktion mit Bezug auf das alltägliche Leben zu reflektieren. Dazu können **therapeutische Techniken mit Reflexionselementen** genutzt werden, die zum Nachdenken über eigene Verhaltensmuster anregen, z. B. einen Brief an sich selbst zu verfassen oder die Nutzung künstlerischer, gestalterischer Methoden, beispielsweise in Form von Land Art.[10] Auch die Reflexion innerhalb der Gruppe kann eine wichtige, zusätzliche Unterstützungs- und Transferfunktion erfüllen (Kimball u. Bacon 1993).

Der Druck, für erfahrungsorientierte therapeutische Ansätze nachhaltige Therapieerfolge nachweisen zu wollen, sollte jedoch nicht dazu verleiten, Wirkeffekte um jeden Preis aufzeigen zu wollen. Nicht alle Erlebnisse lassen sich sprachlich in Ergebnisse übersetzen, wie es z. B. bei vor- oder unbewussten Erfahrungen der Fall ist (Gilsdorf 2004,

S. 525 ff.) So belegt die moderne Hirnforschung, dass Amygdala und Nucleus accumbens einen weitaus stärkeren Einfluss auf unser Verhalten haben als ursprünglich angenommen (Heckmair u. Michl 2013, S. 13 ff.). Quasi rationale Verbalisierungen sind oftmals nur nachträgliche Versuche, intuitives Entscheiden und Verhalten zu »erklären«. Eine falsch verstandene Erfolgsorientierung beinhaltet somit das Risiko einer vorschnellen und angeblich objektivierbaren Suche nach einem rein kognitiv fassbaren Transfer. Kraus und Schwiersch bezeichnen eine solche Fixierung auf den Transfer als einen »Angriff der mutgemaßten Zukunft auf die Gegenwart« (1996, S. 405).

Dennoch ist die Frage der Übertragung von Erfahrungen aus dem therapeutischen in den Alltagskontext nicht grundsätzlich zu vernachlässigen. Kimball und Bacon (1993) betonen bereits mit Blick auf die Planung und Durchführung erlebnisorientierter therapeutischer Aktionen die für den Transfer immens wichtige Funktion von Metaphern, um erfahrungsorientierte Wirkimpulse zu erzielen.

3.6.2 Metaphern

Nach Kimball und Bacon (1993) erleichtert die Arbeit mit Metaphern es dem Patienten, zwischen den Erlebnissen und Erfahrungen in der konkreten Situation und dem alltäglichen Leben eine Verknüpfung herzustellen. Sie unterscheiden zwischen drei verschiedenen Arten des metaphorischen Transfers, zunächst zwischen dem *spontanen metaphorischen Transfer* und dem analogen. Bei dem spontanen ist für die Teilnehmenden bereits in der konkreten Erlebnissituation offensichtlich, welche Verbindung zwischen ihr und dem alltäglichen Leben besteht. Bei dem *analogen metaphorischen Transfer* wird retrospektiv die Relevanz der Erlebnisse und Erfahrungen für das alltägliche Leben herausgearbeitet. Als dritte Art des metaphorischen Transfers führen Kimball und Bacon den *strukturierten metaphorischen Transfer* an, bei dem der Rahmen der zu lösenden Problemsituation in der Therapie so strukturiert wird, dass es möglich ist, auf Anhieb die metaphorische Verbindung zwischen der konkreten Situation und dem alltäglichen Leben zu entdecken.

---

9 Vgl. dazu auch die E-Kette bei Michl (2015, S. 11).
10 Auf das Thema Reflexion kann an dieser Stelle leider nicht ausführlich eingegangen werden. Als weiterführende Literatur dazu vgl. Reiners (2007b, S. 237 ff.), Friebe (2010) und Rutkowski (2015).

Zahlreiche Metaphern ergeben sich für die Teilnehmer an erfahrungsorientierten Therapiemaßnahmen bereits aus den Phänomenen, die ihnen im Erlebnisraum Natur begegnen. Diese können allerdings gleichzeitig auch eine gegenüber dem Alltag kontrastierende Funktion ausüben. Die Teilnehmenden lernen in der Natur beispielsweise, dass es ihnen gelingt, in einer vergleichsweise wenig durch den Menschen strukturierten Umwelt zurechtzukommen. Sie gehen daraus gestärkt hervor und werden ihren Alltag mit der nötigen Distanz als weniger chaotisch ansehen (Miles 1993).

3.6.3 Nachsorge

Institutionell ist es erforderlich, nach Beendigung der erfahrungsorientierten Therapiemaßnahme Nachfolgeaktivitäten durch andere psychotherapeutische Einrichtungen zu organisieren, um nachhaltige Therapieerfolge abzusichern (vgl. dazu auch ► Abschn. 3.6). Die Follow-up-Aktivitäten – beispielsweise tagesstrukturierende Maßnahmen – sollten aufeinander abgestimmt sein und sowohl zum Patienten als auch zu seinem alltäglichen Lebensumfeld – z. B. bei Jugendlichen zur Familie und Schule – passen. Dabei ist von Vorteil, wenn dem Patienten nahestehende Personen und/oder die Familie bereits zuvor in die erfahrungstherapeutische Maßnahme (Wildnistherapie) einbezogen wurden (Kimball u. Bacon 1993; Hill 2007; vgl. auch ► Abschn. 3.5.2, s. zweite Abschnittsüberschrift »Familie«).

Verbindung von EOT mit traditionellen Ansätzen: Grundsätzlich sprechen sich zahlreiche Publikationen dafür aus, die erfahrungstherapeutischen Therapieansätze mit anderen therapeutischen Ansätzen zu kombinieren (vgl. dazu den Beitrag von Mehl, ► Kap. 1, ► Abschn. 1.2: »EOT – eine ganzheitlich orientierte Heilmethode«). In der Fachwelt wird u. a. darauf hingewiesen, dass eine Abenteuertherapie (erfahrungsorientierte Therapieansätze) keine anderen therapeutischen Interventionen ersetzen kann, sondern etablierte Ansätze ergänzt, um auf diese Weise das therapeutische Spektrum zu erweitern und insgesamt erfolgreicher zu sein (Gass 1993). Ferner ist zu beobachten, dass vor allem stark wortbasierte therapeutische Ansätze, die durch er-

fahrungsorientierte therapeutische Maßnahmen etwas an Bedeutung verlieren, zunehmend konkrete physische Aktionen und Erlebnisse in ihr Programm aufnehmen, um die Genesung ihrer Patienten ganzheitlich zu fördern (vgl. dazu auch die Beiträge zur Anwendung erfahrungsorientierter Therapiemaßnahmen im ambulanten und Klinikbereich in diesem Buch von Mehl, ► Kap. 4; Lukowski, ► Kap. 5; Schäfer, ► Kap. 6; Klein-Isberner u. Wenzel, ► Kap. 7 sowie Lakemann, ► Kap. 8).

Insgesamt betrachtet stellen erfahrungstherapeutische Maßnahmen in ihrer Ausschließlichkeit also keine Alternative zum traditionellen therapeutischen System dar. Andersherum legen die durch Studien nachgewiesenen positiven Wirkeffekte aber auch nahe (vgl. ► Abschn. 3.10), in passenden Fällen erfahrungsorientierte Therapiemaßnahmen in traditionelle Therapieansätze zu integrieren und sich einer ganzheitlichen Sicht- und Wirkungsweise (Körper, Seele, Geist) zu öffnen.

3.7 Beziehungsstrukturen und -dynamiken

In der EOT gestalten sich Beziehungsstrukturen und -dynamiken anders als in anderen Therapieformen. Über den Stellenwert der Gruppe gibt bereits ► Abschn. 3.5.2 Auskunft, s. erste Abschnittsüberschrift. In diesem Abschnitt soll es vor allem um die Beziehung zwischen Therapeuten und Patienten (► Abschn. 3.7.1) gehen, weiterführend aber auch um die Beziehung der Teilnehmenden zur Familie (► Abschn. 3.7.2) und anderer am Projekt Beteiligter.

3.7.1 Beziehung zwischen Patient und Therapeut

Gass et al. (2012, S. 87) haben als wesentlichen Vorteil von Abenteuertherapie hervorgehoben, dass es möglich ist, in realen Situationen das Verhalten der Patienten zu beobachten und mit ihnen gemeinsam Veränderungsstrategien zu diskutieren, die auf diesen Beobachtungen aufbauen. Das kann gut gelingen, weil Patient und Therapeut durch das erfahrungstherapeutische Setting gleich einen anderen Zugang zueinander bekommen, sich auf **Augen-**

höhe begegnen und sich so besser näher kommen können, als dies in traditionellen Therapieverfahren der Fall ist. Im Abenteuersetting wird dem Patienten deutlich, dass auch der Therapeut mit Herausforderungen kämpft, frustriert sein kann und in der Beziehung zu den anderen aus der Gruppe Wege sucht, die mal angemessen sind, mal aber auch nicht. Typischerweise werden die Therapeuten in erfahrungstherapeutischen Settings darum als menschlicher und vertrauenswürdiger wahrgenommen als andere Personen mit Autoritätsrollen in Schule, Justizsystem oder traditionellen Therapien (Becker 2010).

Auch das, was unter »Therapie« im erfahrungsorientierten therapeutischen Kontext verstanden wird, unterscheidet sich von herkömmlichen Ansätzen, denn sie findet für den Patienten in einem flexibleren Rahmen statt. Gespräche zwischen dem Therapeuten und dem Patienten entstehen hier zum Teil völlig spontan und werden begleitet durch andere Aktivitäten, wie z. B. den gemeinsamen Fußmarsch oder das Sitzen am Lagerfeuer. Zeitliche und räumliche Variationen – wie etwa ein Setting früh morgens zum Sonnenaufgang in den Bergen oder nachts bei einer Wanderung durch den Wald – schaffen neue therapeutische Kontexte (vgl. Becker 2010; Gillis 1999). Dementsprechend ergeben sich ein erheblich **größerer Spielraum und mehr Möglichkeiten**, als dies in einem traditionellen Setting der Fall ist. Fernab von einer Begrenzung auf Terminpläne oder Büroräume, finden die Gespräche in einem förderlichen Sinne eher nebensächlich und informell statt, manchmal auch mit einer Prise Humor. Dadurch, dass sowohl die Patienten als auch die Therapeuten unmittelbar mit den Herausforderungen der abenteuertherapeutischen Exkursion konfrontiert sind, lassen sich ferner zahlreiche Barrieren in der Interaktion ausräumen, die für eher formalisierte Therapien charakteristisch sind (Gass 1993).

Vor diesem Hintergrund wird vom erfahrungsorientierten Therapeuten mehr Aktivität gefordert, als dies in herkömmlichen Therapieformen der Fall ist, da er ganzheitlich, mit Körper, Seele und Geist agieren und reagieren muss, um ganzheitlich zentrale – oft schwierige – Themen des Patienten gut begleiten zu können. Gleichzeitig ist sein **Rollenspektrum** breiter angelegt. In einem Abenteuersetting fungiert er beispielsweise auch als Anleiter von erfahrungstherapeutischen Aktivitäten und arbeitet etwa bei Kletteraktionen eng zusammen mit Experten, um neben der technischen auch die psychische Sicherheit der Patienten gewährleisten zu können. Diese Aufgabenvielfalt sorgt auch dafür, dass für den Patienten der Therapeut insgesamt als Person wahrnehmbarer wird. Es hat zur Folge, dass sich die Dynamik zwischen beiden ändert und sonst bestehende Machtverhältnisse ins Wanken geraten.

In der Konsequenz ist im erfahrungstherapeutischen Kontext die therapeutische Beziehung eine andere, als es in traditionellen Therapiesettings der Fall ist. Therapeuten sind z. B. keine »neutralen Personen« mehr, auf die Patienten ihre Innenwelt projizieren können. Dies muss aber nicht grundsätzlich ein Problem sein, sondern bietet auch neue therapeutische Möglichkeiten (Gillis u. Ringer 1999). An einer erfahrungsorientierten Maßnahme teilnehmende Patienten haben hier etwa die Chance, **sichere Bindungen** mit den im Programm aktiven Therapeuten, anderem Personal und den übrigen Teilnehmenden aufzubauen. Diese Beziehungen gestalten sich stärker fürsorglich und weniger hierarchisch. Infolgedessen lassen sich durch die Authentizität solcher Gelegenheiten und Erfahrungen neue Kompetenzen, Problemlösungsfähigkeiten, Autonomie, Selbsthilfekapazitäten und andere Fähigkeiten, die mit **Resilienz** verbunden sind, entwickeln (Ungar et al. 2005; Kimball u. Bacon 1993).

Dass in der Interaktion mit den Patienten die Therapeuten nicht mehr ihre normalerweise relativ neutrale Position aufrechterhalten können, ist nicht verwunderlich. Wie sollen auch herkömmliche Machtverhältnisse beibehalten werden, wenn etwa Patient und Therapeut in einem Boot sitzen und mit Paddeln gegen den Strom ankämpfen? Im Gegensatz zu anderen Ansätzen ist außerdem typisch, dass alle professionellen Kräfte im Grunde 24 Stunden am Tag im Einsatz sind (Gillis u. Ringer 1999).

Wichtig ist allerdings, dass bei aller Nähe und Spontaneität das Bewusstsein für **professionelle Grenzen** nicht völlig verloren geht. Für Therapeuten und andere professionelle Gruppen wie Sozialarbeiter oder Psychologen sind solche Grenzen einzuhalten, um den Patienten nicht etwa durch ausbeuterische oder unsichere Therapiebeziehungen zu schaden (Becker 2010). Nicht die Therapeuten, sondern die Patienten stehen im Zentrum der

Therapie. Die Rolle des Therapeuten besteht zwar meist darin, zu leiten, zu dirigieren, zu klären, aber der Patient ist es letztendlich selbst, der mit seinen Handlungen nachsichtig die Ergebnisse seiner Therapie produziert (Gass et al. 2012, S. 50).

In der Regel nehmen Patienten und Therapeuten sich in einem erfahrungstherapeutischen Kontext nicht mehr so stark in der ihnen institutionell zugewiesenen Rolle wahr. Wenn die professionelle therapeutische Rolle aus dem Vordergrund in den Hintergrund tritt, wird dies die Kooperation in der Beziehung in den meisten Fällen eher fördern (Konrad 2010). Professionelle Distanz muss also immer auch aktiv erzeugt werden, selbst dann, wenn das Setting eher in die gegenteilige Richtung weist.

Auch an diesen Überlegungen wird deutlich, dass im Gegensatz zu traditionellen Therapieansätzen teilweise andere und breiter ausgerichtete Anforderungen an die Kompetenzen eines Therapeuten gestellt werden.

Notwendige Therapeutenkompetenzen und -qualitäten: Therapeuten, die erfahrungsorientiert arbeiten, müssen einerseits hochgradig mit klinisch-therapeutischen Gepflogenheiten vertraut sein und Kompetenzen aus diesem Bereich mitbringen (z. B. Fachwissen in Bezug auf Diagnostik, Medizin und Pflege), andererseits benötigen sie entsprechende Fähigkeiten, um beispielsweise mit den technischen und logistischen Anforderungen einer Expedition in die Natur klarzukommen. Becker (2010) vermutet, dass es eher die jungen Therapeuten mit vergleichsweise wenig langfristiger Erfahrung sind, die in solchen Programmen die psychisch erkrankten Menschen betreuen. Er betont, wie wichtig es ist, dass nur geschultes und professionell ausgebildetes Personal an wildnistherapeutischen Programmen teilnimmt. Dies gilt natürlich für alle Therapieformen, die mit erfahrungsorientierten Methoden arbeiten.

Alle Beteiligten sollten sich bei ihrer Arbeit darüber im Klaren sein, wie komplex die vergangenen Beziehungen der Patienten, etwa von teilnehmenden Jugendlichen zu Erwachsenen, gewesen sind oder noch sind und in welcher Form diese die Reaktionen der Patienten auf die erfahrungstherapeutischen Angebote beeinflussen (Bettmann et al. 2011).

Im Falle traumatisierender vergangener Erlebnisse besteht zwar nicht grundsätzlich das Risiko, dass posttraumatische Belastungsstörungen auftreten, doch sollten Therapeuten, die erfahrungstherapeutische Aktivitäten in der Natur durchführen, darauf vorbereitet sein, dass hierbei eher und unkontrollierbarer stressauslösende Faktoren auftauchen, die bei Patienten Störungen hervorrufen können (Berman u. Davis-Berman 2005).

Dies gilt auch für Situationen, die im Allgemeinen nicht mit starkem Stress assoziiert werden. So kann ein manchmal erforderlicher, sehr enger Körperkontakt rasch an gewaltorientierte Zwangssituationen erinnern. Deshalb müssen Übungen, bei denen Körpergrenzen überschritten werden, sehr vorsichtig eingesetzt und gegebenenfalls entsprechend modifiziert werden (Amesberger u. Amesberger 1998, S. 52).

Webb (1993) berichtet über eine Wildnisexpedition mit Opfern häuslicher Gewalt. Vor allem bei dieser Zielgruppe müssen sich, laut Webb, Therapeuten darauf einstellen, dass selbst bei von außen betrachtet vergleichsweise harmlosen Situationen folgende Reaktionsweisen auftreten können, die mit Gewalterfahrungen verbunden sind:

- *Flashbacks:* Physische Aktivitäten im Rahmen von erlebnispädagogischen Aktionen können Gefühle hervorrufen, die ähnlich zu denen sind, die im Rahmen von Gewalterfahrungen gemacht worden sind. Verbundene Augen, Seile oder überhaupt das Wildnissetting können Trigger sein, die vor allem Gefühle im Zusammenhang mit der erlittenen Gewalterfahrung erneut auslösen. Hier ist es erforderlich, gut ausgebildetes Personal zu haben, das darauf eingestellt ist und adäquat reagieren kann.
- *Dissoziative Störungen:* Mit Gewalterfahrungen sind als Abwehrmechanismen oft Erlebnisse der Trennung von Körper und Geist verbunden. Solche Störungen können auch auftreten, wenn die Gewaltopfer mit Angstsituationen im Rahmen von abenteuertherapeutischen Aktivitäten konfrontiert sind.
- *Kontrollverlust:* Viele Patienten sind vor so manchen wildnistherapeutischen Programmen beunruhigt, weil sie den Verlust von Kontrolle fürchten. Sie wissen nicht, was auf sie zukommt, da nicht jede Situation planbar und

im Vorhinein zu besprechen ist. Deshalb muss von Anfang an deutlich gemacht werden, dass die beteiligten Patienten die Kontrolle über sich selber haben, indem das Prinzip der Freiwilligkeit, des Neinsagenkönnens usw. klar kommuniziert werden. Wenn das Thema Kontrolle dennoch ein wichtiges Thema wird, so dürften sich daraus neue Perspektiven für den therapeutischen Prozess ergeben, die fortan in der Arbeit mit dem Patienten genutzt werden können.

— *Ärger und Wut:* Es gibt sehr unterschiedliche Reaktionsformen von Menschen, die Gewalt erlitten haben. Ein Ziel der Therapie kann sein, die beteiligten Patienten dabei zu begleiten, Ärger zu erleben und zu lernen, ihn auszudrücken. Insbesondere gilt dies für auftauchende Gefühle von Hilfsigkeit und Machtlosigkeit, die in Wut münden können und damit zu einer Stärkung der Person beitragen. Auch die Therapeuten und das übrige betreuende Personal müssen damit rechnen, dass sie selbst aufgrund von Übertragungen das Ziel von geäußertem Ärger sind.

— *Angst:* Die meisten Patienten erfahren während der wildnistherapeutischen Aktivitäten Angst. Diese sollte als Chance wahrgenommen werden, um sie zu überwinden. Durch die Unterstützung der Gruppe und der Therapeuten kann eine Situation, die Angst macht, in eine Situation umdefiniert werden, die einen herausfordert, vielleicht sogar noch einen Schritt weiterzugehen.

— *Misstrauen:* Vertrauen steht an erster Stelle, vor allem für Menschen mit Gewalterfahrungen. Sie haben gute Gründe, anderen zu misstrauen, was aber Schwierigkeiten in sozialen Beziehungen mit sich bringt und sich ebenso negativ auf das Selbstwertgefühl auswirkt. Für das therapeutische Personal ist wichtig, sich während der gesamten Therapie die Verletzlichkeit der Patienten zu vergegenwärtigen und sich vor diesem Hintergrund flexibel an die Bedürfnisse der Patienten anzupassen, ohne einem vorgefertigten Programm zu folgen.

In Anbetracht der vielfältigen Situationen und ihrer Komplexität, auf die sich therapeutisches Personal einstellen muss, ist es erforderlich, dass dieses in Abenteuertherapie und anderen erfahrungstherapeutischen Maßnahmen trainiert und nachhaltig unterstützt wird, um eine weitere Professionalisierung auf diesem Gebiet zu bewirken (Norton et al. 2014). Da insbesondere in der Arbeit mit psychisch beeinträchtigten Menschen ein hohes Maß an Professionalität erforderlich ist, das nicht von jeder Berufsgruppe zu erbringen ist, wird ein unmittelbares, konzeptionell ausgearbeitetes Zusammenwirken verschiedener Berufsgruppen erforderlich sein (Lukowski 2010, S. 19; vgl. auch ► Abschn. 3.11 zur Multiprofessionalität von therapeutischen Teams).

In den letzten beiden Abschnitten, ► 3.7.1 u. ► 3.7.2, sind zwei Aspekte deutlich geworden, die wesentlich für erfolgreiche erfahrungsorientierte Therapiemaßnahmen sind:

1. Eine **gute Beziehung zwischen Therapeut und Patient** zeichnet sich aus durch eine Begegnung auf Augenhöhe, die erforderlichen Fachkenntnisse in Bezug auf unterschiedliche Krankheitsbilder, eine gute Beobachtungsgabe sowie ein sicheres Entscheidungsvermögen, passende Maßnahmen für den jeweiligen Patienten zu finden und diese bei Bedarf flexibel anpassen zu können.

2. Dem Patienten begegnet der Therapeut **ganzheitlich – mit Körper, Seele und Geist–, als Person und als Therapeut.** Gerade deshalb ist es von grundlegender Bedeutung, dass er in der Lage ist, ein »gesundes Maß« an Nähe und Distanz zu zeigen, um dem Patienten deutlich zu machen, dass er ihm zum einen vertrauen, zum anderen auf ihn als fachlich gut ausgebildeten Therapeuten zählen kann.

Diese beiden Punkte tangieren einen Bereich, der zentral für das Leben aller Menschen ist: das Sozial- oder Bindungsverhalten. In erfahrungsorientierten Therapiesettings müssen existierende Bindungsmodelle durch den Wechsel der Umgebung verlassen und neue eingegangen werden. Dies stellt für die Patienten meist eine besondere Herausforderung dar.

3.7.2 Bindungsverhalten von Patienten

Typischerweise macht EOT in der Natur in vielerlei Hinsicht ein anderes Bindungsverhalten erforderlich, als es im Alltag der Patienten üblich ist. Es ist aber nicht nur nötig, ein neues Bindungsverhalten zu aktivieren, sondern auch sich sensitiv auf andere Menschen im Umfeld der Therapie einzustellen. Patienten suchen in einem neuen, mit Verunsicherung einhergehenden Umfeld oftmals nach einer sicheren Basis. Häufig werden infolgedessen Mitarbeiter des Projektes als **neue Bindungspersonen** ausgewählt (Bettmann u. Jasperson 2008).

Da die Therapeuten und anderen Mitarbeiter über einen sehr langen Zeitraum mit den Patienten zusammen sind, können sie deren Bindungsverhalten unter verschiedensten Bedingungen beobachten. Da das erfahrungstherapeutische Setting ein erheblich breiteres Spektrum an Eindrücken zulässt, als es bei herkömmlichen Therapien der Fall ist, lassen sich die Entwicklungsgeschichte und die inneren Beweggründe des Bindungsverhaltens von Patienten tiefer und authentischer verstehen (Bettmann u. Jasperson 2008).

Bettmann und Jasperson (2008) führen diesbezüglich folgendes Beispiel an: Häufig werden die halbprofessionellen Mitglieder eines Mitarbeiterteams als Personen für **neue Bindungserfahrungen** gewählt. Dies sind beispielsweise Personen, die für das Kochen oder die Organisation der Wanderungen zuständig sind. Häufiger kommt es auch vor, dass Patienten Beziehungen zu Mitarbeitern entwickeln, die acht Tage lang im Programm sind und dann sechs Tage nicht mehr. Dies erzeugt emotionale Störungen bei den Patienten, die sich durch das zeitweilige Verlassen der jeweiligen Mitarbeiter verletzt fühlen. Obwohl diese Trennungen nur sechs Tage dauern, sind sie für die Patienten mit einer Negativerfahrung verbunden. Diese äußert sich etwa in der Auffassung, dass der jeweilige Mitarbeiter froh sei, den Patienten nun nicht mehr zu sehen. Daran wird die unsichere Bindung deutlich, die viele Patienten in der Vergangenheit erfahren haben. Allmählich werden sie in der Therapie aber lernen können, sichere Bindungen aufzubauen. Wenn die jeweiligen Mitarbeiter wieder zurückkehren, berichten die Patienten ihnen stolz, was sie in der Zwischenzeit alles geschafft haben. Dies ist ein Indiz dafür, dass sie das Bedürfnis haben, von den jeweiligen Bezugspersonen verstanden, anerkannt und unterstützt zu werden. Außerdem drücken sich in diesem Verhalten beginnende Bindungsqualitäten aus, die durch Sicherheit und Vertrauen gekennzeichnet sind.

Ein Wiedersehen gibt es aber nicht nur mit den Mitarbeitern, sondern am Ende des Programms auch mit den Familienangehörigen. Die Begegnung mit der Familie fördert die vergangenen oft unsicheren Bindungsmuster zutage, was sich beispielsweise in geringschätzigem oder gleichgültigem Verhalten der Patienten gegenüber ihren nächsten Verwandten äußert (Bettmann u. Jasperson 2008). Auf diese Art und Weise werden nicht nur den Therapeuten die Kontraste zwischen neu entwickeltem Bindungsverhalten und alten Mustern in der gleichen Situation deutlich.

3.8   Methoden

In diesem Abschnitt wird auf die Planung (▶ Abschn. 3.8.1) der therapeutischen Methoden, im Speziellen auf die Arbeit mit Metaphern (▶ Abschn. 3.8.2), die Konzeption und den Verlauf einer erfahrungstherapeutischen Intervention (▶ Abschn. 3.8.2), den Faktor Stress als therapeutisches Mittel (▶ Abschn. 3.8.4) sowie die Rolle von Gefühlen und Neurobiologie im Erfahrungskontext (▶ Abschn. 3.8.5) eingegangen.

3.8.1   Planung

Wenn erlebnispädagogische Methoden therapeutisch eingesetzt werden und entsprechend wirksam sein sollen, so ist es notwendig, die Aktionen sorgfältig vorzubereiten, einzuführen und behutsam durchzuführen, damit viel Raum für Selbst- und Fremdwahrnehmung bleibt. Eine wichtige Aufgabe ist es, anhand von Erfahrungswissen herauszufinden, welches erlebnispädagogische Verfahren auf welche psychischen Störungen am effizientesten anwendbar ist. (Haf u. Michl 1994)

Im Regelfall sollten therapeutische Interventionen auf die Bedürfnisse der Patienten fein abgestimmt und eher niedrig angesetzt sein, da die Komplexität personaler Systeme es nicht erlaubt, Vorannahmen in Form von voraussagbaren Ursache-Wirkungs-Beziehungen zu entwickeln. Die meisten Programmdesigns sehen auch Nachsorgemaßnahmen sowie Pläne zu einer Weiterbehandlung vor (Gillis u. Ringer 1999).

Pauschale Ansätze, welche den spezifischen Bedarf von Patienten und das daraufhin umzusetzende »Feintuning« erfahrungstherapeutischer Programme nicht berücksichtigen, bedrohen das Potenzial dieser Methode und können auch in Verbindung mit anderen Therapien kontraproduktiv sein. In diesem Sinne ist es nötig, die möglichen negativen Effekte einzelner Komponenten von EOT in Relation zu anderen therapeutischen Ansätzen zu erforschen. Es stellt sich etwa die Frage, inwiefern unterschiedliche Formen des Substanzmittelmissbrauches auch unterschiedliche Behandlungen erforderlich machen. Gleichzeitig ist zu diskutieren, ob zwischen Patienten, die eine erste Therapie in Anspruch nehmen, und solchen unterschieden werden muss, die rückfällig geworden sind (Gass u. McPhee 1990).

3.8.2 Arbeit mit Metaphern

Zu den wichtigsten EOT-Methoden zählt die Metaphernarbeit (vgl. dazu auch ▶ Abschn. 3.6.2). Aktionen, z. B. im Hochseilgarten, an der Kletterwand, mit dem Schlauchboot oder in der Höhle stellen Metaphern für ein zu bearbeitendes Problem oder eine bisher gewohnte Reaktion auf Herausforderungen dar. Dies kann mit dem Begriff »Isomorphie« näher beschrieben werden. **Isomorphie** steht für Strukturähnlichkeit und meint im Sinne Bacons Folgendes:

> **»** Wenn alle Hauptbestandteile einer Erfahrung in korrespondierenden Elementen einer zweiten repräsentiert werden und wenn die übergreifende Struktur der beiden Erfahrungen einen hohen Grad an Ähnlichkeit aufweist, dann treten die beiden Erfahrungen metaphorisch füreinander ein. (Bacon 1998, S. 28)

Durch einen isomorphischen Kontext werden also Bezüge zwischen einer erfahrungstherapeutischen Aktion und zentralen Themen im Leben des Patienten hergestellt. Die Aktion hat demnach einen metaphorischen Gehalt, indem beispielsweise in ihr Suchtmittelabhängigkeiten symbolisch repräsentiert sind. Von Bedeutung ist nach Priest und Gass (1997), dass der isomorphische Rahmen für den Patienten einen Sinn macht und er die Strukturähnlichkeit zwischen seinen Alltagsthemen und der Aktion erkennen kann. Eine Voraussetzung für eine therapeutisch gute Arbeit mit Metaphern ist, dass der Therapeut die Bedürfnisse, Themen und Probleme seiner Patienten sehr gut kennt (Priest u. Gass 1997). Bei der Planung sollte sich der Therapeut außerdem fragen, an welcher Stelle welche Merkmale der psychischen Störung seiner Patienten die Wirksamkeit der erfahrungstherapeutischen Aktion einschränken oder verhindern könnten. Bei Menschen mit sozialen Ängsten kann dies beispielsweise der Fall sein, wenn sie sich schwierigen Gruppensituationen ausgesetzt sehen (Adler et al. 2010). Therapeutische Metaphern sollten also unbedingt den persönlichen Themen und Voraussetzungen der Patienten angepasst werden.

Soll die therapeutische Aktion nachbereitet werden, ist der Einsatz von bestimmten **Reflexionsmethoden** vonnöten, die es erlauben, dass die Patienten die erarbeiteten Inhalte aus ihrer Perspektive interpretieren und integrieren können (vgl. ▶ Abschn. 3.6.1, Fn. 10). So kann ein sich abzeichnender Wandel bestärkt werden (Priest u. Gass 1997). Im Übrigen ist nicht immer vorbehaltlos davon auszugehen, dass alle Patienten dazu in der Lage sind, metaphorische Bezüge zwischen der erfahrungstherapeutischen Aktion und alltäglichen Situationen herzustellen. Eventuell müssen hier vom Therapeuten zusätzliche Bezüge im Gespräch hergestellt werden, um die Parallelen deutlich zu machen. Außerdem wird es in einem gruppentherapeutischen Setting nicht immer leicht sein, die in der Aktion liegende Isomorphie so zu präsentieren, dass sie von jedem Patienten gleichermaßen gut wahrgenommen und sprachlich erfasst werden kann, da jeder einzelne diesbezüglich unterschiedliche Muster mitbringt. Die individuellen Unterschiede in der Gruppe müssen auch insofern berücksichtigt werden, als dass ein Erfahrungsraum geschaffen wird, der offen genug für jedes Individuum ist, damit es dort seine persönlichen Themen und gewünschten Perspektiven unterzubringen vermag (Priest u. Gass 1997).

3.8.3 Konzeption und Verlauf einer Intervention

Priest und Gass (1997) schlagen für die individuelle Planung und Durchführung von erfahrungsorientierten Therapiemaßnahmen folgenden konzeptionellen Verlauf vor: Nach einer Analyse der Bedürfnisse des Patienten und deren Rangfolge wird eine metaphorische Abenteuererfahrung ausgewählt, die bereits eine relativ starke Isomorphie zu den Patientenbedürfnissen hat. Diese kann auch gemeinsam mit dem Patienten entwickelt werden. Danach sollte mit Blick in die Zukunft und mit Bezug zu alltäglichen Erfahrungen festgehalten werden, wie ein erfolgreiches Ende der therapeutischen Aktion aussehen könnte. Sobald die **isomorphische Struktur** steht, ist in Zusammenarbeit mit dem Patienten nach Begriffen zu suchen, die den metaphorischen Gehalt der Aktion – im Sinne einer **symbolischen Sprache** – wiedergeben und stärken. Es kann natürlich auch passieren, dass es notwendig ist, die Regeln, nach denen eine bestimmte Aktion im Allgemeinen abläuft, im Vorfeld zu ändern, um in der Situation einen stärkeren Bezug zu dem zu behandelnden Thema herzustellen.

Nach Abschluss der Vorbereitungsphase sollte der Patient eine gute **Einführung in die bevorstehende Aktion** bekommen. Hier hilft es, wenn sich der Therapeut auf die gewohnte Sprache des Patienten »einschwingt«, weil dies zwischen den beiden an der Aktion beteiligten Personen eine Atmosphäre der Vertrautheit generiert. Dies trägt auch dazu bei – und das ist wichtig –, den Patienten in die Lage zu versetzen, während der Aktion zahlreiche Assoziationen zu seinem Alltagsleben herzustellen.

Vor dem Start der Aktion sollte der Therapeut noch einmal kurz die Motivation des Patienten überprüfen: Ist für den Patienten der Herausforderungscharakter der anstehenden Therapieeinheit angemessen? Worauf hat er seine Aufmerksamkeit gerichtet? Wenn sich der Therapeut diesbezüglich vergewissert, sollte dies so geschehen, dass es beim Patienten nicht zu große Angst hervorruft, sondern

zeigt, dass der Therapeut für ihn während der Aktion gut sorgt.

Bei der **Durchführung der Aktion** geht es darum, dem Patienten die metaphorischen Verknüpfungen im Ansatz deutlich zu machen. Hier kann variiert werden, wenn beim Therapeuten der Eindruck entsteht, dass weitere Anpassungen an die assoziierten Gedanken und Gefühle des Patienten erforderlich sind.

Nach Beendigung der metaphorischen Aktion sollten **positive Wandlungserfahrungen** gestärkt und dazu angeregt werden, negative Erfahrungen in einem neuen Rahmen wahrzunehmen (vgl. zur Methode des Reframings ► Abschn. 3.8.4). Dies geschieht durch **Reflexion, Analyse und Nachbereitung** der Aktion (Debriefing). Der Vorteil bei metaphorisch ausgerichteten Aktionen ist, dass an dieser Stelle nicht so sehr die Bezüge zum Alltagsleben herausgearbeitet werden müssen, da diese bereits im Vorhinein strukturiert worden sind und zu diesem Zeitpunkt für alle Beteiligten offensichtlich sein müssten. Deshalb kann das Debriefing stärker auf die Frage fokussiert sein, was zu tun ist, um den Wandel aufrechtzuerhalten, der sich in der Aktion abgezeichnet hat.

3.8.4 Faktor Stress

Ein bedeutendes und häufiges Element in angewandter EOT ist Stress. Darum sollten die erfahrungstherapeutischen Aktivitäten in der Natur nicht durch zu großen Komfort geprägt sein, denn dieser wirkt Stress minimierend. An der richtigen Stelle eingesetzt, bietet Stress ein großes Potenzial, um über sich hinauszuwachsen und sich zu verändern. Wenn beispielsweise schwere Rucksäcke zu tragen sind, beginnt der therapeutische Prozess meistens schon nach einer kurzen zurückgelegten Distanz (Browne 1993). Auch wenn zwei Personen, die Kommunikationsprobleme miteinander haben, zusammenarbeiten müssen, um sich in einem Kanu fortzubewegen, stellen sich therapeutische Effekte fast zwangsläufig ein (Gillis u. Ringer 1999).

Bei erfahrungsorientierten Therapiemaßnahmen – beispielsweise oben auf dem Hochseilgarten oder beim Durchqueren eines Flusses – fühlen sich die Patienten oftmals, als ob sie in einer lebensbedrohlichen Situation und mit Problemen konfrontiert wären, die ihnen meist im ersten Moment unlösbar erscheinen, obwohl die gestellten Aufgaben in der Regel leichter zu bewältigen sind, als sie es zunächst vermuten. Die daraus resultierende Angst und der damit verbundene Stress, **Verstörung des Systems** (Arousal), stellen die **Voraussetzung für eine potenzielle Transformation** dar.[11] Gleichzeitig sind das Durchleben dieser Situation und die Bewältigung von Angst und Stress mit einem erheblichen Erfolgserlebnis verbunden. Das Empfinden von **Selbstwirksamkeit** und eine **Stärkung des Selbstwertgefühls** sind die Folge. Diese Erfahrung kann im Anschluss auf andere Situationen übertragen werden (Kimball u. Bacon 1993).

Unter dem Einfluss physischer und sozialer Stresssituationen sowie unter dem Druck, in der Natur konkrete Aufgaben erfüllen zu müssen, können außerdem gängige Formen der Leugnung oder der Verteidigung von Verhaltensweisen nicht lange aufrechterhalten werden. Fassaden fallen unter dem Einfluss physischer und sozialer Stresssituationen (Kimball u. Bacon 1993). Der Patient zeigt sich mit allem, was ihn ausmacht.

Kimball und Bacon (1993) vertreten die Ansicht, dass es günstig ist, wenn die gestellten Aufgaben immer konkret, die damit verbundenen Probleme stets lösbar und auf die Bedürfnisse sowie Fähigkeiten der Patienten ausgerichtet sind, wenngleich ein Erfolg nie garantiert sei. Es sei demnach darauf zu achten, dass die intendierte Entwicklung von Fähigkeiten mit dem Schwierigkeitsgrad der gestellten Aufgabe korrespondiert. Auf diese Weise sei es dem Einzelnen und der Gruppe möglich, **Verantwortung für Verhalten und Lösungswege** zu übernehmen, mit der Gewissheit, als reale Konsequenz ihrer Aktionen entweder Aussicht auf Erfolg oder Misserfolg zu haben.

Eine **bei erlebten Misserfolgen** häufig genutzte Technik ist das Umdeuten (uns schon bekannt unter dem Begriff »**Reframing**«). Der Therapeut versucht, den Blick des Patienten von den in der Situation zutage getretenen Schwächen auf die erkennbaren Stärken zu lenken. Misserfolgserlebnisse sollten eher als Indiz und Chance dafür angesehen werden, Neues zu lernen. Fehler in Problemlösestrategien zeigen auf, dass man etwas anderes probieren muss, Schwächen, dass bestimmte Fähigkeiten trainiert und ausgebaut werden können. Wird Reframing im therapeutischen Prozess angewandt, ist es wichtig, dass ein Grundkonsens darüber vorhanden ist und die Teilnehmenden bereit sind, sich von der stärkenorientierten Perspektive überraschen zu lassen (Bacon 1998). Vielleicht ist es auch hilfreich, die Technik in einer vorgeschobenen Übungseinheit kennenzulernen und auszuprobieren, sodass die Patienten es eventuell schaffen, selbst ein Reframing in einer Misserfolgssituation vorzunehmen.

Grundsätzlich sind **erfahrungsorientierte Programme lösungs- sowie erfolgsorientiert** und nicht auf Probleme fokussiert. Die Herausforderung und der mit einer Aufgabe verbundene Stress sind für Menschen wichtige Motivationsfaktoren, damit sie sich außerhalb ihrer Komfortzone zu ihrem Vorteil ändern und weiterentwickeln können. Damit dies gelingen kann, so die Auffassung von Hill (2007), sei im Vorfeld des therapeutischen Prozesses ein Behandlungsplan und währenddessen eine klare Zielorientierung erforderlich.

Den Stress- und Angstsituationen steht die **Sicherheit der therapeutischen Beziehung** gegenüber. Diese muss hoch sein, denn erst dadurch wird es dem Patienten möglich sein, sich zu öffnen, sich mit seiner Angst zu konfrontieren und mit dieser umgehen zu lernen. Aus der Erfahrung im Hier und Jetzt entstehen während der therapeutischen Aktion beim Patienten Gefühle, die mit anderen, früher erlebten Situationen in Verbindung stehen. Von Vorteil ist, wenn diese in einem reflexiven Raum stattfinden, ein Raum, in dem der Patient ohne Einwirkung von außen seinen Assoziationen freien Lauf lassen, einfach wahrnehmen, spüren und fühlen kann. Dies betrifft beispielsweise Anfeuerungsrufe usw., die vermieden werden sollen, auch um die Konzentration aufrechtzuerhalten, und die Verwendung von Begriffen, die die individuelle Erfahrung der Teilnehmenden einschränken könnten, wie etwa das Wort »Balance«. Verzichtet werden sollte auch auf die Bewertung einzelner Aktionen durch den Therapeuten, wie z. B.: »Das ist ja wirklich schwer!« oder »Die Aufgabe ist ja so leicht, die schaffst auch

---

11 Zum Arousal-Effekt vgl. auch ▶ Abschn. 1.2.6: »Relevanz von Bewusstem, Vorbewusstem und Unbewusstem« im Beitrag von Mehl in diesem Buch.

du!« Vielmehr sollten die Teilnehmenden dazu ermutigt werden, sich mit ihrer Angst oder Angst auslösenden Situationen, die zuvor vermieden wurden, direkt auseinanderzusetzen. Das könnte laut Peeters (2003) beispielsweise dadurch von Patienten mit Höhenangst initiiert werden, indem sie beim Klettern bewusst nach unten sehen und sich mit ihrer Angst konfrontieren.

3.8.5 Gefühle und Neurobiologie im Erfahrungskontext

Der entscheidende therapeutische Vorteil bei so einem erfahrungsorientierten, die reale Angst in das therapeutische Geschehen integrierendem Vorgehen besteht nach Mehl (2014) vor allem in der Verknüpfung einzelner Lern- und Erfahrungssituationen mit Gefühlen. Zum einen eröffnet dieses »Assoziationsscanning« die Möglichkeit, in vergleichbaren Situationen auf notwendige Informationen aus ähnlichen vergangenen Zusammenhängen zurückzugreifen. Zum anderen resultiert daraus für den Patienten die Chance, im Akt des Erlebens einer neuen Situation zu einem beispielsweise angstbesetzten Thema bestehende **Assoziationen** zwischen früheren Erfahrungen, vorbewussten Bewertungen und damit verknüpften Gefühlen zu **revidieren**. Dies gilt insbesondere für Erfahrungen, die verdrängt wurden, weil sie eventuell zu schmerzlich sind und deshalb unbewusst bleiben, dennoch aber einen nicht unerheblichen Einfluss auf Verhaltens- und Handlungsentscheidungen des Individuums im Hier und Jetzt ausüben. Dadurch, dass diesen vergangenen Erfahrungen – egal ob sie bewusst oder unbewusst sind – neue mit ggf. anderen Bewertungen entgegengesetzt werden, erschließen sich für das Individuum ganz neue Handlungs- und Erfahrungsräume.

Mehl (2014) spricht von einer »**Entscheidungs- und Verhaltenskonferenz**« im Gehirn, bei der jeweils kognitive, körperliche (im Sinne »somatischer Marker«; Damásio [1994]) und emotionale Anteile im präfrontalen Cortex des Gehirns interagieren. Durch die intuitive Realisierung der üblichen Entscheidungs- und Verhaltensmuster des Patienten werden ihm diese bewusst. Aus diesem Zusammenhang ergibt sich die Möglichkeit, durch eine nach-

bereitende kognitive Reflexion im Anschluss den Weg für andere **korrigierende, emotionale Erfahrungen** freizumachen. Die damit verbundenen Übungen können so oft wiederholt werden, bis sich das ursprüngliche Verhaltensmuster geändert hat. Wenn der Patient dann bemerkt, dass das veränderte Verhalten mit Erfolg, Anerkennung etc. und damit einhergehenden Glücksgefühlen (Ausschüttung von Dopamin oder Endorphinen) belohnt wird, so wird seine Bereitschaft steigen, zu einem späteren Zeitpunkt intuitiv auf das neue Muster zurückzugreifen.

Mit Bezug auf die Ergebnisse der jüngsten neurobiologischen Forschung zeigen Allan et al. (2012), dass nur ein kleinerer Teil der Gehirnaktivitäten kognitiven Prozessen unterliegt. Zentral für Veränderungsstimulation sind vielmehr die Teile des Gehirns, in denen Wahrnehmung und Emotion stattfinden. Berücksichtigt man, dass das Gehirn einerseits durch Neurogenese (Wachstum neuronaler Netzwerke) und andererseits durch neuronale Plastizität (Reorganisation neuronaler Netzwerke) gekennzeichnet ist, so sind gerade die **nichtkognitiv ausgerichteten Bereiche des Gehirns besonders zentral für den therapeutischen Erfolg**. Dieser zeigt sich beispielsweise darin, dass der Patient es wagt, sich der Angst vor Veränderung zu stellen, »umzulernen«, neue, zu seinem Leben passendere und hilfreichere Verhaltensmuster auszuprobieren und anzunehmen, sich insgesamt zu verändern und mit professioneller Hilfe psychosomatische Erkrankungen wie dysfunktionale Störungen therapieren zu lassen. Neuronale Wachstumsprozesse werden dabei vor allem durch fortschreitend optimierte Herausforderungen angeregt und fördern die Resilienz. In entsprechenden herausfordernden Situationen, wie man sie aus der EOT kennt, erstreckt sich ihre Reichweite vom einfachen Überleben bis hin zum inneren Wachstum (»from surviving to thriving«; Allan et al. 2012, S. 6).

Auch Ungar et al. (2005) zeigen auf, wie EOT **Resilienz** fördern kann, indem sie dazu beiträgt, gesundheitlich bedrohliche biologische, psychologische oder soziale Einflussfaktoren zu mildern. Es werden diesbezüglich insbesondere die folgenden **Strategien** genannt:

- Erfahren erfolgreicher Kompensation
- Entwickeln und Begleiten sozialer Aktivitäten

- Unterbrechen negativer Kettenreaktionen, aus denen beispielsweise infolge von Problemen in der Familie ihr Zusammenbruch resultiert
- Entwickeln positiver Kettenreaktionen, wenn die gleiche Familie in der Krise die Unterstützung findet, derer es bedarf, um zusammenzubleiben
- Förderung von Selbstwertgefühl und Selbstgenügsamkeit durch die Erfahrung, erfolgreich mit Stress umgehen zu können
- Neutralisieren und Kompensieren der Risiken, denen ein Kind ausgesetzt ist, wenn man es in einer sicheren und es liebenden Umgebung platziert
- Eröffnen positiver Möglichkeiten für Wandel und Wachstum, wenn beispielsweise der Zugang zu guten Schulen, Erholungsmöglichkeiten und Begleitern ermöglicht wird
- Bestärken in der positiven kognitiven Bewältigung von negativen Lebensereignissen, in dem Sinne, dass Hoffnung Gefühle von Hilflosigkeit ersetzt

Deutlich wird, dass durch herausfordernde Situationen Stimulationen ausgelöst werden, die dazu beitragen, beim Patienten neuronale Netzwerke neu zu organisieren und infolgedessen im Laufe des Lebens gelernte Denk-, Fühl- und Handlungsmuster einer Revision zuzuführen. Dafür ist besonders EOT geeignet, da sie zum einen durch Problemlöseaufgaben die kreativen, ideenorientierten und damit kognitiven Kapazitäten des Gehirns anspricht (vgl. auch Heckmair u. Michl 2012). Zum anderen geht sie mit ihrem ganzheitlichen Ansatz und dem Erleben einer herausfordernden Situation im Hier und Jetzt über den rein kognitiven Aspekt hinaus. Vor allem wenn Aktivitäten in der Natur stattfinden, gibt es zahlreiche biologische Rückbezüge auf die **Natur als Ort der Heilung** und auf weit zurückreichende anthropologische Wurzeln. Gleichzeitig birgt sie aber auch einen Entspannungseffekt, der eine Quelle für ein spirituelles Sich-Öffnen und Erleben darstellen kann (Allan et al. 2012).

Gass et al. (2012) unterscheiden bei Veränderungsprozessen zwischen:

- *Precontemplation:* In diesem Stadium besteht (noch) keine Absicht auf Veränderung.

- *Contemplation:* Diese Phase ist dadurch gekennzeichnet, dass über Veränderungen in naher Zukunft nachgedacht wird.
- *Preparation:* Hier geht es um die Absicht, in sehr naher Zukunft das eigene Verhalten zu verändern.
- *Action:* umfasst die Veränderung selbst.
- *Maintenance:* Phase, in der daran gearbeitet wird, nicht wieder rückfällig zu werden.
- *Termination:* Dies ist das Stadium, in dem ein sehr verlässlicher, permanenter Wandel erreicht worden ist.

Ähnlich strukturiert ist das CHANGES-Modell von Gass und Gillis (2010). Es zeichnet sich durch folgende Schritte aus:

- *Context:* Therapeuten sammeln Informationen über die teilnehmenden Patienten bzw. die beteiligte Gruppe.
- *Hypotheses:* Auf Basis der vorhandenen Informationen werden Hypothesen über die Patienten bzw. die Gruppe gebildet, die später auf ihre Validität getestet werden.
- *Action:* In der Handlungseinheit werden viele Informationen über Verhaltensmuster, Persönlichkeiten, Strukturen und die Interpretation von Situationen offengelegt, weil die Aktion in der Regel sehr ungewohnt ist. Diese Informationen liefern den eigentlichen Datenfundus.
- *Novelty:* Die oft völlig neue und oftmals ungewohnte Situation bringt mit sich, dass Verhaltenserwartungen im Vorfeld unklar sind. Dies verhindert, dass sich die Teilnehmenden hinter etablierten Rollenmustern verstecken können. Auch hierdurch entstehen neue Informationen für den Therapeuten.
- *Generating:* Durch Beobachtung der Patienten bzw. der einzelnen Gruppenmitglieder bei einer Vielzahl verschiedener Aktionen können die Therapeuten Verhaltensmuster oder dysfunktionale Formen der Stressbewältigung identifizieren, die spannungserzeugenden Verhaltensmustern zugrunde liegen. Hieraus lassen sich therapeutische Ziele ableiten.
- *Evaluation:* Auf der Basis der während der durchgeführten Aktionen erhaltenen Informationen können die anfangs entwickelten

Hypothesen überprüft und neue Interpretationen entworfen werden.

— *Solutions:* Vor dem Hintergrund der durchgeführten therapeutischen Prozesse lässt sich identifizieren, unter welchen Bedingungen und in welchen Situationen das Problemverhalten nicht aufgetaucht ist, an welchen Verhaltensweisen der Patient weiterarbeiten sollte und in welchen Zusammenhängen ein anderes alternatives Verhalten entwickelt werden kann.

3.9 Evaluationsmethoden

Die meisten im angelsächsischen Sprachraum durchgeführten Programme in Wildnis- und Abenteuertherapie werden evaluiert. Da die Teilnahme daran insbesondere in den USA von den Familien oder Einzelpersonen selbst finanziert wird, ist ein breiter Markt an Anbietern entstanden. In der Konkurrenzsituation mit anderen resultiert daraus ein **Qualitätsmanagement,** dessen wesentlicher Bestandteil die empirische Überprüfung der therapeutischen Ergebnisse ist.[12]

Um die erzielten Erfolge zu messen, beruhen die meisten Evaluationsstudien auf standardisierten quantitativ orientierten Erhebungsinstrumenten, vorzugsweise mit Skalen aus der Psychologie. Die Erhebungen werden in der Regel zu unterschiedlichen Zeitpunkten der Projekte durchgeführt, meistens vor Beginn der Maßnahme und am Ende. Als mögliche **Differenzierungskriterien** gelten Geschlecht, Alter oder die Diagnose (Bettmann u. Tucker 2011). Zum Teil werden halbstrukturierte Interviews und Kurzfragebögen für die Erfassung demographischer Daten verwendet (Bettmann et al. 2011).

In Sekundäranalysen werden die Ergebnisse verschiedener empirischer Evaluationsstudien miteinander verglichen und für einzelne Wirkimpulse Effektstärken berechnet (Bowen u. Neill 2013). Manche Autoren unterziehen auch unterschiedliche wildnistherapeutische Programmtypen einem Vergleich, um zu analysieren:

a. ob Unterschiede in der Art und Länge der Programme bestehen,

b. welche individuellen Charakteristika mit klinisch beurteiltem therapeutischem Erfolg zusammenhingen,

c. ob die Häufigkeit von abenteuertherapeutischen Aktivitäten einen Einfluss auf das Ergebnis hat (Magle-Haberek et al. 2012).

Neben den standardisierten Forschungsdesigns kommen in einigen Studien aber auch qualitative Methoden zum Einsatz. So untersuchten Caulkins et al. (2006) die therapeutischen Effekte einer Rucksackexkursion mit sechs weiblichen Jugendlichen und drei Begleiterinnen anhand teilnehmender Beobachtung, Interviews mit den Begleiterinnen und halbstrukturierter Interviews mit den Teilnehmerinnen. Dabei ging es vor allem um **emotionale, kognitive und physische Faktoren in Relation zum therapeutischen Prozess.** Die Analyse wurde in Form einer Fallstudie durchgeführt.

Für die Aussagefähigkeit qualitativer Forschungsansätze stehen vor allem die Studien von Berman und Davis-Berman. Sie suchten beispielsweise 25 Jahre nach einer 10-tägigen wildnistherapeutischen Maßnahme die vier Personen, die daran teilgenommen hatten, erneut auf, um mit ihnen ein qualitatives Interview durchzuführen. Es handelte sich um drei Frauen und einen Mann. Sie waren als Jugendliche mit psychischen und starken familiären Problemen sowie Suchtkrankheit konfrontiert gewesen und hatten an einer psychotherapeutischen Behandlung teilgenommen, bei der die Wildnisexpedition Bestandteil eines breiteren Therapieplans gewesen war (Davis-Berman u. Berman 2012). Auch in einer anderen Studie wurden die 23 Teilnehmenden an einem 2-wöchigen Wildnistherapieprogramm vier Monate, ein Jahr und zwei Jahre nach der Durchführung des Programms untersucht (Davis-Berman u. Berman 1994).

Aussagekräftige Ergebnisse liefern auch die zwölf Fallstudien von Russel und Phillips-Miller (2002). In die Untersuchung wurden Jugendliche im Alter zwischen 13 und 17 Jahren einbezogen, die an vier wildnistherapeutischen Programmen teilnahmen und »problematische Verhaltensweisen« aufwiesen. Dies waren insbesondere Drogen- und Alkoholprobleme sowie psychische Probleme, wie

---

12 Die in diesem und in ▶ Abschn. 3.10 zusammengefassten Ergebnisse beziehen sich schwerpunktmäßig auf jugendliche Teilnehmende. Zu diesen liegen international die meisten empirischen Evaluationsstudien vor.

z. B. Angst. Außerdem ließ sich bei der Mehrheit ein Widerstand gegen andere Formen von Beratung und Behandlung feststellen. Viele Jugendliche wiesen auch Probleme in der Kommunikation mit ihren Familien auf. Die durchschnittliche Länge der Teilnahme an den Wildnistherapieprogrammen betrug 38 Tage. Für die Evaluationsstudien wurden folgende Methoden verwendet:

a. teilnehmende Beobachtung in drei verschiedenen Phasen des Programmablaufs,
b. qualitative Interviews mit den teilnehmenden Jugendlichen,
c. Gruppendiskussionen mit dem Klinikpersonal, das für die Therapie der Jugendlichen zuständig war, sowie
d. eine Befragung der Eltern, die zum Teil direkt im Rahmen des Programmes, zum Teil aber auch per Telefon stattfand.

Diese Methodenvielfalt ermöglichte es, dass Befunde nur dann berücksichtigt wurden, wenn sie sich aus mindestens zwei Datenquellen bestätigen ließen.

Methodenkritik

Die meisten Autoren sind sich darüber einig, dass die Methodik, mit der abenteuer- und wildnistherapeutische Programme evaluiert werden, unbedingt verbesserungswürdig ist. So fordern Gass et al. (2012) adäquatere Messinstrumente (»more elaborate assessment«), etwa für Selbstwirksamkeit, soziale Fähigkeiten und weitere psychosoziale Faktoren. Diese sollten auf spezifische Problemlagen (z. B. Substanzmittelmissbrauch) abgestimmt sein. Ebenso sollte es **präzisere Messinstrumente für das Evaluieren** von Rückfälligkeit geben. Außerdem kritisieren sie, dass die untersuchten Programme oftmals nicht genau genug beschrieben werden, um die Effekte der Abenteuertherapie besser verstehen zu können. Unklarheit herrscht auch in der Frage, welche Faktoren zentral für den Wandel von Individuen, für ihr Verhalten, ihre Kognition und ihre emotionale Situation sind. Caulkins et al. (2006) kritisieren weiterführend, dass nicht bekannt ist, in welcher Beziehung solche Faktoren zueinander stehen, welche nachhaltigen effektiven Erfolge sie nach sich ziehen und für welche Zielgruppen wildnistherapeutische Programme vor allem geeignet sind.

Auch Norton et al. (2014) zählen zahlreiche Einschränkungen bei der empirischen Forschung in Bezug auf Abenteuer- und Wildnistherapie auf. Es wird beispielsweise darauf hingewiesen, dass in vielen Fällen **Vergleichsgruppen sowie Längsschnittdaten** fehlen. Ausgewertet werden die Erhebungen oftmals lediglich anhand von Mittelwerten, obwohl innerhalb der Untersuchungsgruppen eine starke Varianz vorliegt.

Unklar bleibt in vielen Fällen auch, ob die erzielten Wirkeffekte auf das spezifische Programmmodell oder auf **generalisierbare Einflussfaktoren** (*Common factors theory*, vgl. dazu ▶ Abschn. 1.4.2: »Typische Wirkimpulse und allgemein wirksame Faktoren« im Beitrag von Mehl in diesem Buch) zurückzuführen sind. Dabei scheint es in manchen Evaluationsstudien immer mehr von Bedeutung zu sein, *dass* die Abenteuertherapie wirkt und weniger *warum*. Die evaluierten Programme scheinen der Auffassung zu folgen, dass eine wissenschaftlich geleitete Analyse der Wirkfaktoren dazu führt, dass sich der Forschungsgegenstand umso mehr verändert, je intensiver man ihn beobachtet, und dass er infolgedessen letztlich seine »Magie« verliert (Gass et al. 2012, S. 288).

Auch wenn Programme miteinander verglichen werden, ist deren Auswahl höchst selektiv, und es ist wenig darüber bekannt, mit welchen Methoden im Einzelnen gearbeitet wird (Becker 2010). Nicht wenige standardisierte und quantifizierende Evaluationsstudien arbeiten außerdem mit ausgesprochen kleinen Untersuchungsgruppen. Statistische Ergebnisse sind dementsprechend kaum valide (Bowen u. Neil 2013). Die verwendeten Skalen basieren auf einer kognitiv orientierten Selbstbeschreibung und sind hinsichtlich der Effekte, die ein wildnistherapeutisches Programm nach sich ziehen kann, wenig aussagekräftig (Bandoroff u. Scherer 1994).

Häufig kritisiert wird auch, dass die meisten **Studien ohne Kontrollgruppen** arbeiten (vgl. Rutko u. Gillespie 2013). So gibt es nach Gass et al. (2012, S. 284) zum gegenwärtigen Zeitpunkt noch keine Studie, in der zufällig ausgewählte Personen im Kontrast zu einer Kontrollgruppe untersucht werden. Die meisten Forschungsaktivitäten im Rahmen von Abenteuertherapie bestehen in einer Evaluation einzelner Programme und Kontexte, haben aber keine experimentellen Forschungsdesigns und basieren auch nicht auf Zufallsauswahl. Ferner werden nur in sehr wenigen Studien die Ansätze der Abenteuertherapie mit traditionellen therapeutischen Ansätzen verglichen (Gass et al., S. 54).

Insgesamt gesehen wird in den meisten Veröffentlichungen nur selten erkannt, dass qualitativ orientierte Forschungsdesigns komplett unterrepräsentiert sind. Obwohl es gerade wegen der kleinen Fallzahlen im Rahmen der Evaluation einzelner Projekte möglich wäre, mit qualitativen Methoden, z. B. den Wirkimpulsen differenzierter und tiefer auf den Grund zu gehen, geschieht dies nur äußerst selten. Dabei würde sich daraus die Möglichkeit der Triangulation ergeben, d. h. der Kombination von quantitativen und qualitativen Datenanalysen.

Chenery (2003) kritisiert ebenfalls, dass die Forschungsmethoden in Bezug auf die Evaluation von Abenteuertherapie in der Regel quantitativ und positivistisch angelegt sind. Stattdessen wäre es nötig, Langzeituntersuchungen durchzuführen, die mehr in die Tiefe gehen und beispielsweise als *grounded theory* sowohl den stattfindenden Veränderungsprozess analysieren als auch die Faktoren, die Veränderungen bewirken. Die Anwendung qualitativer Methoden wäre außerdem den komplexen Bedingungen menschlichen Verhaltens im Rahmen von sozialen und kulturellen Systemen eher angemessen. Dies belegen auch die qualitativen Analysen der Berichte von Patienten, die an erlebnistherapeutischen Touren teilnahmen und von ihren einprägsamen Erlebnissen und dem Lernen mit und innerhalb der Gruppe erzählten (Jagenlauf et al. 1998).

Berücksichtigt man ferner, dass die Evaluationsforschung in einer Wettbewerbssituation mit anderen Anbietern stattfindet, so ist die Hemmschwelle hoch, den wissenschaftlich gelenkten Blick gerade auch auf die Defizite und nicht funktionierenden Aspekte eines durchgeführten abenteuertherapeutischen Programms zu lenken. So stellt Harper (2010) fest, dass evidenzbasierte Praxis, die durch politische und ökonomische Interessen geleitet wird, sich schädlich auf die Erforschung der Entwicklung von Langzeiteffekten abenteuertherapeutischer Programme auswirkt, die oftmals sehr vielschichtig und mit zahlreichen Bedeutungen verbunden sind. Typisch in der Forschungshierarchie dieser Programme ist, dass qualitative Studien, die

beispielsweise individuelle Bedeutungen einzelner erlebnistherapeutischer Ansätze für die Person herausstellen, gegenüber quantifizierenden und standardisierten Forschungsdesigns kaum anerkannt sind.

Wie kritisch aber auch standardisierte Forschungsansätze gesehen werden können, zeigen die Untersuchungen von Larivière et al. (2012). Verwendet wurde bei ihren Studien eine Beobachtungsskala, die sehr gut validiert ist (*Child Behavior Checklist*). Damit beobachteten drei unabhängig voneinander tätige Erhebungspersonen die Jugendlichen, die an einer Kanuexpedition teilnahmen. Bei einem Beobachter handelte es sich um den Lehrer der beteiligten Jugendlichen, beim zweiten um einen auf die soziale Arbeit spezialisierten und beim dritten um einen in der Psychologie tätigen Professor. Alle drei waren vertraut mit der Anwendung der Beobachtungsskala und hatten sich vorher über die Nutzung abgestimmt. Ihre Beobachtungen erfolgten allerdings unabhängig voneinander.

Die Ergebnisse der drei unterschiedlichen Beobachter zeigten in der Datenerhebung sehr wenige Übereinstimmungen. Obwohl alle drei Personen sich während der Beobachtung in derselben Situation befanden, identifizierten sie bei den Jugendlichen unterschiedliches Verhalten. Bei den Beobachtungen wurde auf verschiedene Detailsituationen, Ereignisse oder Gruppeninteraktionen Bezug genommen. Daraus und aufgrund der individuellen Wahrnehmung und Erfahrung der Situation resultierten unterschiedliche Einschätzungen.

Dies führt die Autoren dazu, eine kritische Position gegenüber bisherigen Evaluationsstudien einzunehmen, mit denen der Einfluss von Wildnistherapie auf die Teilnehmenden festgestellt werden sollte. Gefordert werden Forschungsmethoden, die einer Evaluation der Wildnistherapie angemessener sind. Dennoch rechtfertigen diese Ergebnisse kein grundsätzliches Misstrauen in standardisierte Erhebungsverfahren. Die grundlegende Frage, inwiefern ein standardisiertes Instrument die Effekte der Wildnistherapie messen kann, wird in dem Aufsatz von Larivière et al. (2012) nicht behandelt. Es ist auch nicht unbedingt eine neue Erkenntnis, dass unterschiedliche Personen in ein und derselben Situation auf verschiedene Merkmale achten. Dies wird mit Sicherheit niemals als Einflussfaktor eliminiert werden können, schlägt als Verzerrungseffekt bei einer standardisierten teilnehmenden Beobachtung allerdings erheblich stärker durch als in dem Falle, in dem Befragte einen standardisierten Fragebogen ausfüllen. Eine Alternative zur standardisierten Beobachtung wäre eine qualitative Beobachtung gewesen, bei der die vielfältigen Wahrnehmungen der drei Beobachter hätten aufeinander bezogen werden können. Dadurch hätte sich der Fundus des zu analysierenden, dann qualitativen Datenmaterials erheblich verbreitet.

Trotz der beschriebenen Einschränkungen lassen sich Aussagen zu den Wirkeffekten von wildnis- und abenteuertherapeutischen Ansätzen machen. Diese werden im Folgenden zusammengefasst.

3.10   Wirkeffekte

Als eine der wichtigsten Fragen stellt sich, welche therapeutischen Effekte EOT, unter der hier verschiedene Ansätze subsumiert werden, nach sich zieht. Dazu richten wir zunächst unseren Blick auf die Veränderung psychischer Symptome (▶ Abschn. 3.10.1) und der Beziehung zur Familie (hier liegt der Fokus auf der Zielgruppe Jugendlicher; vgl. ▶ Abschn. 3.10.2), um anschließend Aussagen über generelle Wirkimpulse und Effekte treffen zu können (▶ Abschn. 3.10.3).[13]

3.10.1 Psychische Symptome

Mehrere Studien zeigen anhand verschiedener Indikatoren eine Reduzierung der Symptome psychischer Erkrankungen (Bettmann et al. 2013). Clark et al. (2004) stellen z. B. trotz der vergleichsweise

kurzen Therapiedauer von 21 Tagen bei den Patienten **signifikante positive Effekte** des durchgeführten Wildnistherapieprogramms auf alle problematischen Persönlichkeitsmuster und klinischen Symptome fest. Zehn von zwölf Persönlichkeitsmusterskalen ebenso wie klinische Symptome wurden stark positiv durch die Wildnistherapie beeinflusst. Auch auf regellose, antisoziale Persönlichkeitsmuster konnte ein moderater Effekt festgestellt werden. Bowen und Neill (2013) weisen zudem in ihrer Sekundäranalyse empirischer Studien für die klinischen Zielgruppen im Vergleich zu anderen die relativ größten Effektstärken bislang evaluierter Abenteuertherapieprogramme nach.

Eine große Datenerhebung führte Russell (2003) durch. Insgesamt 858 Jugendliche mit verschiedenen psychischen Störungen oder Abhängigkeitserkrankungen wurden untersucht. Sie nahmen am Programm des *Outdoor Behavioral Healthcare* (OBH) teil und besuchten sieben verschiedene Aktivitäten. Eingesetzt wurde als standardisiertes Instrument das *Youth Outcome Questionnaire* (YOQ). Wie auch schon in anderen Studien verdeutlicht, stellte der Autor nach Ablauf des Programms anhand der verwendeten Skala sowie der Selbstwahrnehmung der Jugendlichen und ihrer Eltern **reduzierte Symptome** in dem als problematisch definierten Verhalten fest. Dieses Ergebnis galt für alle getroffenen Diagnosen.

Die Untersuchung, welche Harper et al. (2007) durchführten, war ebenso recht breit angelegt. Bei der Studie handelt es sich um die Evaluation eines 21-tägigen Wildnistherapieprogramms für Jugendliche mit emotionalen, Verhaltens- und Abhängigkeitsproblemen. In den Vorüberlegungen für die Untersuchung lassen sich vier Faktoren ausmachen, die in Abhängigkeit vom Milieu **therapeutische Effekte** nach sich ziehen sollen:

1. Wildnis als ein heilender Faktor
2. Förderung von Selbstwirksamkeit durch Erledigung von Aufgaben
3. Neuausrichtung der therapeutischen Beziehung
4. Entwicklung einer therapeutischen Gruppe

In den therapeutischen Prozess wurde außerdem die Familie vor, während und nach der Expedition einbezogen.

---

13 Zunächst unberücksichtigt bleiben die Untersuchungen von Lakemann (2008, 2010, 2014), Lukowski (2010), Wolf und Mehl (2011) sowie Schäfer (2015), die in diesem Band in den übrigen Beiträgen von Lakemann, ▶ Kap. 8; Mehl, ▶ Kap. 4; Lukowski, ▶ Kap. 5 und Schäfer, ▶ Kap. 6 ausführlicher behandelt werden. Zu den Wirkeffekten erfahrungsorientierter Therapiemaßnahmen im Rahmen klinischer Therapie äußern sich hier auch aus Praxissicht Klein-Isberner und Wenzel (Fontane-Klinik; ▶ Kap. 7) sowie Joos (Klinik Wollmarshöhe; ▶ Kap. 2) aus neurobiologischer Sicht.

Untersucht wurden die 252 am Wildnistherapieprogramm teilnehmenden jungen Menschen anhand eines 60 thematische Schwerpunkte umfassenden Fragebogens. Außerdem wurden die Eltern zwei Monate nach der Behandlung per Telefon interviewt. Wichtige Themen waren dabei die Bereiche:

- Familienfunktionen
- Verhalten des Jugendlichen
- psychische Gesundheit des Jugendlichen
- Schulerfolg
- soziales Engagement

Durchgeführt wurden die Erhebungen vor der Expedition und zwei Monate danach. Außerdem fand nach zwölf Monaten eine weitere Datenerhebung statt.

Festgestellt werden konnten deutliche Verbesserungen in Bezug auf emotionale Problemlagen, die Reduktion des Drogen- und Alkoholkonsums und die Beteiligung in der Schule sowie an häuslichen Arbeiten. Dennoch zeigen die Daten, dass die vor der Behandlung bestehenden Probleme zwei Monate nach der Expedition weiterhin vorhanden waren, wenngleich nicht mehr in dem Ausmaß wie früher. Kaum signifikante Verbesserungen ergaben sich allerdings für die Kommunikation innerhalb der Familie und hinsichtlich der Gespräche zwischen Eltern und Jugendlichen.

Wildnistherapieexpeditionen können dazu beitragen, dass sich jugendliches Problemverhalten sowie die Beziehung zwischen den Jugendlichen und ihren Familien verbessern. Das ist insgesamt deutlich geworden. Jedoch führt die Reduktion des Problemverhaltens der Jugendlichen nicht unbedingt dazu, dass sich die Interaktionsmuster in den Familien positiv verändern und das Zusammenleben besser funktioniert. Unabhängig davon hat sich aber die Effektivität von Wildnistherapieprogrammen in der klinischen und praktischen Nützlichkeit zur Behandlung von emotionalen, verhaltensspezifischen und abhängigkeitsbezogenen Problemen bei Jugendlichen bestätigt.

Abschließend soll noch einmal betont werden: Generell sind mit Blick auf die Nachhaltigkeit und den Transfer von Therapieergebnissen Nachfolgemaßnahmen wichtig für alle Zielgruppen, die an erfahrungsorientierten Therapiemaßnahmen teilnehmen. Ferner ist von Bedeutung, dass die anderen therapeutischen Ansätze, die in der Therapie eines Patienten Verwendung finden, mit den durchgeführten erfahrungsorientierten Therapiemaßnahmen korrespondieren. Gerade bei jungen Menschen zeigt es eine besonders positive Wirkung, wenn zudem die Familien und das soziale Umfeld in den therapeutischen Prozess und die Nachsorge miteinbezogen werden.

3.10.2 Beziehung zur Familie

In diesem Abschnitt soll in aller Kürze vorgestellt werden, inwiefern sich im Rahmen von erfahrungsorientierten Therapieansätzen die Beziehung von Jugendlichen zu ihren Familien verändert: Als Ergebnis der Wildnistherapie stellen Bettmann et al. (2011) u. a. fest, dass sich zumindest bei einigen Jugendlichen die Beziehung zu ihren Eltern verbessert hat. Besonders zu den Müttern war die Beziehung der Jugendlichen vor der Maßnahme hoch konfliktreich gewesen. Auch Bandoroff und Scherer (1994) berichten über sehr positive Reaktionen der Familien auf das Programm. Beispielsweise wurde die Gelegenheit, familiäre Intimität weitab von den Irritationen zuhause zu erleben, als sehr positiv wahrgenommen. Die familiären Strukturen wurden im Programmverlauf zunehmend als sich normalisierend beschrieben, obwohl sie vorher eher im Bereich klinischer Behandlungsnotwendigkeiten gelegen hatten.

Die Untersuchung von Bettmann und Tucker (2011) lieferte als Ergebnisse sowohl negative als auch positive Veränderungen. Deutlich wurde in positiver Hinsicht die Tendenz, dass die Angst gegenüber den Eltern abgenommen und die emotionale Bindung zu Mutter und Vater zugenommen hatte. Als negativ zu beurteilen war, dass die Jugendlichen bei sich tendenziell eine geringere Empathie für die Gefühle ihrer Eltern wahrnahmen und ihnen weniger ein Verständnis für die eigenen Bedürfnisse und Wünsche zutrauten. Tendenziell glaubten sie weniger daran, dass ihre Eltern sich sensibel und ansprechend auf ihre emotionale Situation einstellen könnten und sie bei ihren Anliegen unterstützen würden. Diese Ergebnisse lassen vermuten, dass sich durch die Therapie die Wahrnehmung der beteiligten Jugendlichen mit Blick auf die emotionale Beziehung zu ihren Eltern sensibilisiert hat und dementsprechend manche Merkmale kritischer gesehen werden.

3.10.3 Generelle Wirkimpulse und Effekte

In den vorherigen Abschnitten wurde der internationale Forschungsstand zur vielseitigen therapeutischen Arbeit mit unterschiedlichen erfahrungsorientierten Therapieansätzen zusammengefasst. Ein besonderer Schwerpunkt lag dabei auf der Zielgruppe junger Menschen. Im Folgenden wird hinsichtlich der Auswertung der im Rahmen dieses Beitrags gesichteten Literatur ein Überblick über die wichtigsten Wirkimpulse erfahrungsorientierter Therapiemaßnahmen gegeben (damit sind auch alle erlebnis-, abenteuer- und wildnistherapeutischen Ansätze gemeint; vgl. dazu auch Fn. 13 unter ► Abschn. 3.10). Diese werden vor allem durch empirische Untersuchungsergebnisse belegt, die sich aus Studien zur Praxis erfahrungsorientierter therapeutischer Arbeit an Kliniken (z. B.: Jenuwein 2014; Schag 2009) bzw. der Evaluation von wildnistherapeutischen Maßnahmen und Expeditionen (Davis-Berman u. Berman 1994, 2012; Caulkins 2006; Lakshmi 2006; Russel u. Phillips-Miller 2002; Rutko u. Gillespie 2013) ergeben haben. Sie betreffen auch Therapien, die aufgrund von Abhängigkeitserkrankungen durchgeführt wurden (Schag 2009; vgl. dazu auch Fn. 13 unter ► Abschn. 3.10).

Ohne systematische Analyseinstrumente, aber mit dennoch wichtigen Erkenntnissen stellt Eckern (1997) folgende Veränderungen durch die in der Fontane-Klinik (Motzen) durchgeführte Erlebnistherapie fest: Das Stationsklima hat sich geändert, eine Unruhe ist einer Beweglichkeit und einer Suche nach heilsamen Veränderungen gewichen. Die Gruppensituationen sind konzentrierter und ruhiger geworden, die behandelten Jugendlichen selbstbewusster, emanzipierter und kommunikationsbereiter. Der lange diagnostische Beobachtungsprozess auf der Station kann durch die erlebnistherapeutischen Aktionen verkürzt werden. Außerdem eröffnen die Erlebnisse Anschlussmöglichkeiten für die weitere therapeutische Arbeit. Die behandelten jungen Menschen sehen den Gewinn

ihrer Therapie nicht nur in einer vertieften Selbsterkenntnis, sondern auch darin, dass sie nun die Kommunikations- und Verhaltensstrukturen der anderen besser verstehen. Dadurch ändern sich die **Rollenstrukturen** innerhalb der Gruppe, und auch die Stilleren bekommen neue Chancen. Positiv zu beurteilen ist auch die **Beziehungsveränderung** zwischen Erzieherinnen und Jugendlichen, die sich infolge der Therapie stärker miteinander verbunden fühlen. Die Patienten berichten ferner über einprägsame Erlebnisse, die mit der Gruppe und dem Lernen in und mit ihr zu tun haben. Außerdem stellen sie fest, dass sie einerseits viel Spaß und Freude erlebten, andererseits Anstrengungen und Schwierigkeiten zu bewältigen sowie bestimmte Leistungen zu erbringen hatten.

In der Einrichtung Herzogsägmühle setzt Jenuwein (2014) das Klettern therapeutisch ein. Seit 2009 wird hier mit Patienten geklettert, die an psychischen Störungen leiden (zu 70 % handelt es sich dabei um Psychosen). Die Klettererfahrungen entstehen durch viel eigenes Ausprobieren und in Kooperation mit anderen Teilnehmenden. Anfänger werden durch erfahrene Kletterer unterstützt. Ein Feedbackbogen zeigt eine ganze Reihe von Erfolgen auf, z. B. in der Zielerreichung. Einige Patienten betonen, wie wichtig es ist, **Vertrauen** und **Selbstvertrauen** aufzubauen. Im Übrigen stellt das Klettern ein geeignetes Medium dar, um zu lernen, mit Rückschlägen umgehen zu können.

Eine weitere Studie aus dem deutschsprachigen Raum liegt von Schag (2009) vor. Er führte anhand eines zunächst auf theoretischer Basis entwickelten »Erlebniszentrierten motivationalen Modells« eine empirische Untersuchung in der Jugend-Drogenentzugsstation *clean-kicks* mit 53 Patienten durch, die Abhängigkeitserkrankungen aufwiesen. Mithilfe eines Tagebuches und eines Fragebogens wurden die Unterschiede zwischen Tagen mit einer erlebniszentrierten Maßnahme und solchen ohne ein derartiges Angebot untersucht. Die Studie erbrachte insgesamt folgende Ergebnisse (Schag 2009, S. 140 f.): Wenn erlebniszentrierte Maßnahmen eingesetzt werden, steigt die Wahrscheinlichkeit, dass die Patienten ihre Therapie bis zum regulären Ende durchführen. Deshalb haben sie in der Regel auch eine längere Therapiedauer als der Durchschnitt der Patienten. Wichtig dabei ist aber, dass dieser Effekt erst ab einer gewissen Maßnahmehäufigkeit erlebnistherapeutischer Angebote eintritt, die bei einer 3- bis 5-maligen Teilnahme liegt.

Weitere Effekte erlebniszentrierter Maßnahmen bestehen in einer Steigerung der Behandlungsabsicht, der Behandlungsaktivität und in mehr erinnerten intensiven Erlebnissen ohne Drogen (»clean-kicks«) sowie einer verbesserten Stimmung. Ferner fällt auf, dass die **Sinnhaftigkeit erlebniszentrierter Maßnahmen** höher eingeschätzt wird als die anderer therapeutischer Angebote (Schag 2009, S. 135). Als wichtige Wirkfaktoren identifiziert die Studie **das emotionale Erleben** der eigenen Person (Stimmung), das Körpergefühl sowie das **Gruppengefühl** im Sinne einer Wahrnehmung der sozialen Umgebung. Von Bedeutung sind außerdem die Interaktionen zwischen Patienten und Therapeuten, die begleitet werden von überproportional häufigen wichtigen Momenten des Erlebens von Spaß, sinnvoller Betätigung und dem Gefühl guter sozialer Beziehungen. Hierbei handelt es sich um **Kontrasterfahrungen ohne Drogen**, die durchaus langfristige Wirkungen haben können. Eine Änderung von Einstellungsvariablen, insbesondere mit Blick auf die Frage der Selbstwirksamkeit, konnte hingegen nicht als wesentlicher Wirkfaktor identifiziert werden. Auch die Therapiemotivation ließ sich zumindest kurzfristig nicht durch erlebniszentrierte Maßnahmen steigern (Schag 2009, S. 115). In der Konsequenz empfiehlt Schag (2009), erlebnistherapeutische Aktionen – wie andere therapeutische Angebote auch – eher als reguläres Angebot zu deklarieren, damit alle Teilnehmenden, für die erfahrungstherapeutische Maßnahmen sinnvoll wären, davon profitieren können.

Ergänzend zu seinen eigenen empirischen Ergebnissen hat Schag (2009) eine Auswertung zahlreicher anderer empirischer Untersuchungen vorgenommen und kommt dabei zu folgenden Schlussfolgerungen: Sowohl seine eigene Studie als auch die anderen Forschungsergebnisse zeigen, dass erlebnistherapeutische Programme durchaus eine **langfristige Wirkung** haben und zentrale Persönlichkeitsbereiche beeinflussen. Indem Kontrasterfahrungen ermöglicht werden, offenbaren sich den beteiligten Patienten neue Wege, wie sie es aus einer psychischen Erkrankung oder Abhängigkeitserkrankung herausschaffen können.

Die Ergebnisse der Sekundär- und Primäranalyse von Schag (2009) decken sich weitestgehend mit denen anderer empirischer Untersuchungen. Diese lassen sich folgendermaßen zusammenfassen:

Ein entscheidender Vorteil erfahrungsorientierter Therapieansätze ist, dass sie ganzheitlich ansetzen, konkret sind und damit wichtige lerntheoretische Voraussetzungen erfüllen. EOT hat einen **Aufforderungscharakter** und zieht eine unmittelbare Rückkopplung beispielsweise von erfolgreichem oder nicht erfolgreichem Handeln nach sich. Sie löst damit **operante Konditionierungen** aus, die einen positiven Einfluss darauf haben, sich auf neue Herausforderungen einlassen zu können. Wenn diese Situationen auch mit positiven Erfahrungen verbunden werden, erhöhen sich das Gefühl der **Selbstwirksamkeit** und die Motivation, sich neuen Aufgaben stellen zu wollen. Das Gruppenklima und die unmittelbare körperliche Konfrontation mit der Herausforderung können diesen Effekt zusätzlich verstärken. Zudem beschleunigen erfahrungsorientierte Therapieansätze die Entwicklung von Gruppenkohäsion und intensivieren die Beziehungen zwischen Teilnehmenden und Therapeuten. Dies treibt wiederum die diagnostischen und therapeutischen Prozesse voran und verspricht eine Effizienzsteigerung des gesamten therapeutischen Settings.

Von Vorteil bei der Anwendung erfahrungsorientierter Therapiemaßnahmen ist außerdem, dass die Natur viele Möglichkeiten bietet, die eigenen Erfahrungen metaphorisch zu verarbeiten. Im Erleben selbst und in der anschließenden kognitiven Verarbeitung werden metaphorische Beziehungen zwischen Erlebnis und Alltag hergestellt, die einen Transfer der (Lern-)Erfahrungen gewährleisten (vgl. zur Arbeit mit Metaphern auch ▶ Abschn. 3.8.2).[14] Weitere Wirkfaktoren sind die Steigerung der **Körperwahrnehmung**, die Entwicklung neuer **Copingstrategien** und der **Spaß** an der Aktion.

Ähnlich wie Schag (2009) kam beispielsweise auch Miles (1993) zu dem Ergebnis, dass die phy-

---

14 Diesbezüglich kommt auch archaischen Bildern und Übergangsritualen eine wichtige Unterstützungsfunktion zu (vgl. dazu auch Miles 1993, S. 51 und im Beitrag von Mehl, ▶ Kap. 1, insb. die Anmerkung über Schwellenrituale, ▶ Abschn. 1.5.1).

sischen Herausforderungen, die mit einer Wildnisexpedition verbunden sind, in der Regel die körperliche Fitness erhöhen, was gleichzeitig auf psychologischer Ebene ein Erfolgserlebnis nach sich zieht.
Miles weist außerdem nach, dass die Natur **Kon-
templationserfahrungen** hervorruft und damit
ein Kontrasterlebnis zur alltäglichen Welt bietet, die
meist für den einzelnen Menschen mit einer Vielzahl von Informationen und Ansprüchen verknüpft
ist, denen dieser oftmals nicht gerecht werden kann.
Sie ist damit auch ein Kontrasterlebnis zu dem, was
gesellschaftlich oftmals als Anomie und Entfremdung erfahren wird und in vielen Fällen für die Entstehung psychischer Probleme mitverantwortlich
gemacht werden kann. Aktivitäten in der Natur
durchbrechen diesen Teufelskreis.

Einen weiteren Beitrag zu wichtigen Wirkeffekten erfahrungsorientierter Therapiemaßnahmen bieten die qualitativen Untersuchungen von
Davis-Berman und Berman (1994, 2012) zur Evaluation von Wildnisexpeditionen. Die 1994 ver-
öffentlichte Studie wertet eine Rucksackexpedition
mit intensiven therapeutischen Komponenten und
individuellen Behandlungsplänen aus. Alle Befragten stellten im Anschluss bei Befragungen vier
Monate, ein Jahr und zwei Jahre später fest, dass die
Expedition ein wichtiges Ereignis in ihrem Leben
darstellte und sie im alltäglichen Leben oftmals an
viele Dinge zurückdenken, die währenddessen geschehen sind. Auch die zweite Studie, veröffentlicht
2012, die sich mit den Wirkeffekten einer 10-tägigen
Wildnisexpedition beschäftigt, stellt die Frage nach
der Bedeutung wildnistherapeutischer Erfahrungen
für den weiteren Lebensverlauf, nachdem die Erfahrungen der vier Patienten 25 Jahre zurückliegen
(vgl. ▶ Abschn. 3.9). Unter Verwendung der *grounded theory* (Glaser u. Strauss 1967) ergaben sich aus
den qualitativen Interviews vier **für den weiteren
Lebensverlauf wichtige Themenbereiche**:

- *Zeitgefühl:* Alle Interviewten waren der Auffassung, dass der Zeitpunkt der Wildnisexpedition zentral für ihr weiteres Leben war, da
sich daraus neue Entwicklungsperspektiven
ergaben.
- *Bedeutung sozialer Beziehungen:* Hier gab es
unterschiedliche Erfahrungen und Sicht-
weisen. Für manche waren die Beziehungen in
der Therapiegruppe nicht so zentral, sodass sie

sich kaum an Personen oder Situationen erinnerten, für andere hatte die Gruppe eine große
Bedeutung. Die sonst so wichtige, durch Wild-
nisprogramme oftmals intensivierte Beziehung
zu Therapeuten war 25 Jahre später nicht mehr
von Belang.

- *Raumwahrnehmung:* Das Wildnissetting war
in der Erinnerung und von der Bedeutung für
alle Befragten zentral. Der außergewöhnliche
Aufenthalt im Wald dokumentierte sich auch
zum wiederholten Befragungszeitpunkt in
vielen detaillierten Erinnerungen.
- *Lernen für das Leben:* Für alle Befragten hat die
Wildnistherapie einen Einfluss auf ihr Leben
ausgeübt, der auch 25 Jahre danach noch an-
hält. Für manche schien der Effekt größer zu
sein als für andere, niemand stuft ihn jedoch
als wirklich lebensverändernd ein. Dennoch
wirkt er sich auf das Leben der Teilnehmenden
stark positiv aus. Er zeigt sich beispielsweise
in einer besseren Beziehung zu Geschwistern,
in der Nutzung von Kompensationsfähigkeiten
durch Tagebuchschreiben und in einem größeren Selbstvertrauen in schwierigen Zeiten.

Auch Caulkins et al. (2006) führten eine sehr differenzierte qualitative Datenanalyse im Rahmen ihrer
Evaluation einer Rucksackexkursion mit sechs
weiblichen Jugendlichen durch und unterscheiden
dabei generelle von substanziellen Wirkungen.
Generelle Wirkungen sind eher offensichtlich,
weniger intensiv und ließen sich auch von den Teilnehmerinnen klar identifizieren. Dabei handelt es
sich um:

- *Reflexion:* Durch das Gehen wurde ein Stadium
freier Gedanken und Denkprozesse ausgelöst.
Dies nahmen die teilnehmenden Frauen sehr
früh und genau wahr.
- *Wahrnehmung an Kompetenzzuwachs:* Die
Exkursion war mit einer starken physischen
Herausforderung verbunden. Die Teilnehmerinnen trugen über die Wochen der Exkursion 30 Pfund schwere Rucksäcke. Alle
nahmen ihre zunehmenden körperlichen
Fähigkeiten im Laufe des Kurses wahr.
- *Leistungserbringung:* Mit der Exkursion
war das positive Gefühl verbunden, ein Ziel
erreicht zu haben.

Neben diesen generellen ergaben sich weitere substanzielle Auswirkungen. Sie zeichneten sich dadurch aus, dass sie nicht in unmittelbarer Beziehung zur Exkursion auffielen, sondern erst später im therapeutischen Prozess, weil sie nicht so offensichtlich wie die generellen Auswirkungen waren. Es handelt sich dabei um **Variablen**, deren **Transfergehalt** letztendlich größer ist, weil sie grundlegendere Aspekte der Persönlichkeit und der sozialen Beziehungen verdeutlichen. Diese werden im Folgenden kurz umschrieben:

- *Selbstwirksamkeit:* Das Gefühl, die persönlichen Dinge selbst beeinflussen zu können, ist ein sehr wichtiger Schritt für jemanden, der beispielsweise die klinische Diagnose einer Depression hat.

- *Bewusstsein:* Es wurde darüber berichtet, dass die Bewegung in der Natur das Bewusstsein sensibilisiert, z. B. für das eigene Selbst und das Übernehmen von Verantwortung für das eigene Verhalten. Damit verbunden war auch eine neue Einschätzung der Teilnehmenden, was in ihrem Leben wichtig ist und wie bestimmte Bedürfnisse in sozial akzeptierter Weise befriedigt werden können. Außerdem lieferte die soziale Interaktion innerhalb der Gruppe, insbesondere unter Bedingungen emotionaler Stresssituationen, wichtige zusätzliche therapeutische Informationen und Einsichten. Da eine Rucksackexkursion eine sehr gruppenorientierte Aktivität ist, mussten die Teilnehmenden beispielsweise wegen der unterschiedlichen Leistungsfähigkeit der Gruppenmitglieder stark aufeinander Rücksicht nehmen. Zugleich wurden die kommunikativen Kompetenzen verbessert, denn bei den gemeinsamen körperlichen Aktivitäten in der Natur ergaben sich innerhalb der Gruppe viele Gesprächsanlässe.

- *Zeitlosigkeit:* Die teilnehmenden Frauen hatten keine Uhren, keine Kalender, keine Handys, keine Wecker. Das ermöglichte ihnen, sich abseits zeitlicher Restriktionen und Strukturen ausschließlich auf die eigene Erfahrung während der Expedition zu konzentrieren. Stunden und Tage verloren ihre Definitionsmacht und die gewonnene Freiheit konnte genutzt werden, um über sich selbst und andere Dinge nachzudenken.

In eine ähnliche Richtung gehen die Ergebnisse der Studie von Lakshmi (2006). Er stellt eine **signifikante Verbesserung des Selbstwertgefühls und der allgemeinen Fähigkeiten** (nach Mehl der »Basiskompetenzen«, vgl. Fn. 6) fest. Diese Effekte zeigten sich auch noch zwölf Monate nach der Durchführung des Programms.

Weitere qualitative Berichte verdeutlichen eine aus der Gruppenpartizipation resultierende hohe Zufriedenheit der Teilnehmenden im Programm, die einhergeht mit dem Gefühl, etwas geleistet zu haben. Das Erleben eines »Kicks«, die Herausforderung durch das Abenteuer sowie die Erfahrung der zwischen den Teilnehmenden und den Therapeuten wechselseitig durch Vertrauen gekennzeichneten Beziehungen, die sich entwickeln konnten, werden in diesem Zusammenhang hervorgehoben. Außerdem berichteten die Teilnehmenden von veränderten Lebensperspektiven, die durch **neue eigene Zielsetzungen** gekennzeichnet waren, beispielsweise ein Studium aufzunehmen oder nach einer Erwerbsarbeit zu suchen. Vor allen Dingen die jüngeren Patienten schienen davon zu profitieren, Impulse für Identität, Zugehörigkeit, die Entwicklung sozialer Fähigkeiten oder die Lösung familiärer Konflikte gefunden zu haben.

In der Untersuchung von Russel und Phillips-Miller (2002) wurden zwölf Fallstudien über die teilnehmenden Jugendlichen im Alter zwischen 13 und 17 Jahren angefertigt. Die durch teilnehmende Beobachtung, Interviews mit den Jugendlichen und ihren Familien sowie Gruppendiskussionen mit dem Klinikpersonal erhobenen Daten (vgl. ▶ Abschn. 3.9) wurden nur dann als Ergebnisse der Studie berücksichtigt, wenn sie sich aus mindestens zwei Datenquellen bestätigen ließen.

Die **Wildnistherapie** zeigte die folgenden **Einflussfaktoren:**

- *Festigung der Beziehung zwischen den Jugendlichen und ihren Therapeuten:* Die therapeutischen Berater trugen insbesondere dazu bei, dass die betreffenden Jugendlichen an ihrem Problem mit dem Drogenkonsum arbeiten konnten, indem sie beispielsweise metaphorisch Bezüge zu persönlichen Fragen und Problemen herstellten.

- *Gruppendynamik zwischen den Teilnehmenden:* Sie bewirkte, dass die beteiligten Jugendlichen mit anderen Gruppenmitgliedern ihre Gefühle besprechen konnten. Deutlich wurde auch, dass die Gruppe bei dem einzelnen Patienten zu einem besseren Verständnis der bisherigen Verhaltens- und Lebensmuster beitragen kann.

— *Erleichterung der Reflexion des eigenen Lebens:* Im Projekt wurde ein 3-tägiges Solo durchgeführt, das die Teilnehmer dazu veranlasste, andere Perspektiven auf die bestehenden Probleme zu entwickeln und stärker die Dinge zu akzeptieren, die im eigenen Leben bereits existieren. Für manche Jugendlichen war dies regelrecht ein Durchbruch.

— *Herausforderungen und Struktur des Prozesses:* Durch den therapeutischen Prozess und die inbegriffenen Herausforderungen konnten insgesamt als positive Effekte ein Zuwachs an körperlicher Beweglichkeit und eine Stärkung des Selbstvertrauens ausgemacht werden.

Für Teilnehmende mit Drogenproblemen war das wesentliche Ziel, Rückfälle zu vermeiden und ein neues soziales Netzwerk zu entwickeln, das dabei unterstützt, ohne illegale Drogen und Alkohol weiterzuleben. Wesentliche Aspekte dabei sind, das eigene Verhalten zu verändern, mit Drogen und Alkohol zu brechen und der Wunsch, sich zu einer »besseren Person« (*better person*) zu entwickeln. Das Bewusstsein für das eigene Verhalten und die eigenen Gefühle zeigen sich etwa darin, dass die Patienten sich zum Ziel setzen, die Beziehung zur Familie und kommunikative Kompetenzen zu verbessern sowie zu lernen, Gefühle auszudrücken. Um abstinent von illegalen Drogen und Alkohol bleiben zu können, streben die Patienten an, neue Netzwerke zu entwickeln, in denen diese keine Rolle mehr spielen. Ihr Vorhaben, eine »bessere Person« zu werden, beinhaltet vor allem, andere stärker zu respektieren und ein positives Rollenmodell abzugeben.

Betont wird abschließend noch einmal die wichtige Rolle der nachfolgenden therapeutischen Behandlung. Viele Patienten benötigen weiterhin eine therapeutische Struktur, um die Therapieerfolge, die durch die Wildnistherapie erreicht worden sind, nachhaltig gestalten zu können. Diejenigen, die einen Rückfall nach der Therapie erlebten, verfügten über so eine notwendige Struktur nicht. Diese

Patienten fühlten sich nach der Wildnistherapie gelangweilt und im Stich gelassen.

Alles in allem lässt sich auch mit Rutko und Gillespie (2013) feststellen, dass erfahrungsorientierte Therapieansätze – wie Wildnistherapie – wichtige Effekte für eine erfolgreiche therapeutische Behandlung nach sich ziehen. Dies gilt beispielsweise für die zum Teil bessere Erreichbarkeit von Patienten, die gegenüber anderen therapeutischen Ansätzen eher resistent sind (das wurde in Bezug auf die Zielgruppe Jugendlicher schon einmal erwähnt). Auch die reduzierten Rückfallraten bei Suchterkrankungen und die höhere psychische Stabilität bzw. Heilung von Menschen mit psychischen oder psychosomatischen Erkrankungen legen eine hohe Effektivität der erfahrungsorientierten Therapieansätze nahe.

3.11 Zusammenfassung

Die hier vorgestellten erfahrungsorientierten Therapieansätze beziehen Körper, Seele und Geist in unterschiedlicher Intensität und unterschiedlichem Ausmaß in den therapeutischen Prozess ein. Dies geschieht im Erleben und Erfahren von Neuem in besonderen Erfahrungsräumen – oft in der Natur. Das haben sie gemeinsam. Sie halten unzweifelhaft wichtige Potenziale für die Behandlung verschiedener psychischer, aber auch psychosomatischer Störungen bereit. Die mittels der internationalen Forschung diesbezüglich nachgewiesenen Wirkimpulse für eine allgemeine EOT zu bündeln, liegt nahe. Folgende Aspekte sind in Bezug auf eine gewünschte hohe Effektivität bei der Anwendung des erfahrungsorientierten Therapieansatzes besonders hervorzuheben:

Wechsel des Kontextes: Ein Element der in diesem Beitrag vorgestellten erfahrungstherapeutischen Ansätze ist der Wechsel des Kontextes. Insbesondere therapeutische Settings in der Natur eröffnen für den Patienten durch ihren Bruch mit dem gewohnten Alltagsmilieu neue Perspektiven und Kommunikationsformen. Durch die Unausweichlichkeit der Ereignisse wird es den Patienten ermöglicht, Erfahrungen zu machen und die sich stellenden Aufgaben zu bewältigen, die im natürlichen Umfeld klar definierbar sind. Dieser Umstand bietet zudem die Chance, metaphorische Bezüge zwischen den therapeutischen und alltäglichen Situationen herzustellen und auf diese Weise therapeutische Erfolge nachhaltiger zu gestalten.

Gruppenaktivitäten, Transfer und Nachsorge, integratives Therapiekonzept: In der Regel finden die Aktionen innerhalb einer Gruppe statt. Dadurch entsteht für den einzelnen Patienten die Möglichkeit, sich bei konkreten Aufgaben im Kontakt mit anderen wahrzunehmen und eigene Kompetenzen, aber auch Grenzen im Kontrast zu den übrigen Gruppenmitgliedern zu erkennen. Außerdem kann von der Gruppe ein immenses Unterstützungspotenzial ausgehen. Bei manchen Projekten hat sich auch als hilfreich erwiesen, die Familien der Patienten einzubeziehen. Ziel dabei ist, den Transfer der gemachten Erfahrungen und therapeutischen Erfolge in die Alltagswelt zu erleichtern. Darüber hinaus sollten Folgeaktivitäten und eine weitere therapeutische Begleitung nach Abschluss einer erfahrungsorientierten Therapieeinheit vorgesehen sein. In manchen Fällen wird EOT auch als Bestandteil eines breiteren therapeutischen Konzeptes verstanden, in dem auch andere Therapiemethoden zum Einsatz kommen.[15]

Zielgruppen: Laut der hier berücksichtigten empirischen Studien richtet sich EOT an die unterschiedlichsten Zielgruppen. Als typische Adressaten (v. a. im amerikanischen Raum) werden Jugendliche und junge Erwachsene in riskanten Lebenssituationen (»youth at risk«) genannt. EOT wird aber auch bei Menschen mit Krankheitsbildern, wie Depressionen, Burn-out oder Abhängigkeitserkrankungen, angewandt.[16] Es ist im Einzelfall zu entscheiden, ob diese Therapieform für einen Menschen unter physischen, psychischen und sozialen Aspekten geeignet ist. Mit ziemlicher Sicherheit lässt sich sagen, dass in akuten psychischen Krisen sowie bei zu schwacher körperlicher Konstitution längere Aufenthalte in der Natur in Form von Ex-

kursionen eher nicht sinnvoll sind. Die Frage der Teilnahme ist selbstverständlich auch eine Frage der Motivation, wobei gerade bei jungen Menschen die Motivation höher sein dürfte als in Therapien, die primär auf dem Medium des Gesprächs basieren.

Therapeuten-Patienten-Beziehung: In den erfahrungsorientierten Therapieansätzen gestaltet sich die Beziehung zwischen Therapeut und Patient intensiver. Hier ist das Verhalten der Patienten in realen Situationen zu beobachten, was für den Therapeuten eine Erleichterung unter diagnostischen Gesichtspunkten darstellt. Andererseits muss der Therapeut manchmal auch mit nicht einfach zu bewältigenden Herausforderungen umgehen, wenn er den Patienten motiviert, sich direkt mit seinen Ängsten zu konfrontieren, denn darauf folgende Reaktionen sind nicht unbedingt vorhersagbar. Die sonst in klassischen Settings oftmals auf Gesprächen über vergangene oder zukünftige Situationen beruhende Therapie findet hier und jetzt unter den realen Gegebenheiten statt, sodass therapieorientierte Dialoge manchmal eher beiläufig geführt und nicht durch Büroräume oder terminliche Fixierungen begrenzt werden.

Notwendige Kompetenzen des Therapeuten: Der Wechsel des therapeutischen Kontextes und die veränderte Therapeutenrolle bringen mit sich, dass an den erfahrungsorientiert arbeitenden Therapeuten andere Anforderungen gestellt werden, als es in herkömmlichen Therapieansätzen der Fall ist. Aufgrund der engeren Interaktionsformen ist es notwendig, dass der Therapeut manchmal aktiv professionelle Distanz herstellt. Förderlich ist auch, dass er ein grundlegendes Verständnis für die technischen und natursportlichen Grundlagen der geplanten Aktivitäten mitbringt. Dennoch müssen Therapeuten keine Spezialisten auf allen Gebieten sein. Kompetenzen sollten sich in einem möglichst multiprofessionellen Team wechselseitig ergänzen.

Bedarfsgerechtes therapeutisches Setting und Isomorphie: Das therapeutische Setting sollte auf die Bedürfnisse der jeweiligen Zielgruppe ausgerichtet sein. Deshalb sind manchmal auch Variationen gegenüber den gewohnten Abläufen, beispielsweise bei Kletteraktionen oder Bootsexkursionen, notwendig. Von pauschalen Kursprogrammen ist abzuraten. Vielmehr kommt es gerade unter metaphorischen Gesichtspunkten darauf an,

---

15 Gemäß des in diesem Buch vertretenen erfahrungsorientierten Therapiekonzeptes wird per se von einem integrativen Ansatz der EOT ausgegangen, die alle mit Erfahrung verknüpften Ansätze in sich vereint. Vgl. dazu auch die Definition zur EOT nach Mehl in ▶ Abschn. 3.1 sowie seinen Beitrag in diesem Buch zur Theorie und Praxis der EOT, ▶ Kap. 1, insb. ▶ Abschn. 1.2.

16 Vgl. dazu auch die übrigen Beiträge in diesem Band.

eine möglichst hohe Strukturähnlichkeit (Isomorphie) zwischen der therapeutischen Situation und den zu behandelnden Themen herzustellen.

Lernfaktor Gefühle und ganzheitliche Aktivierung: Ein weiterer entscheidender Vorteil der erfahrungsorientierten Therapieansätze liegt in der starken Verknüpfung von Lern- und Erfahrungssituationen mit Gefühlen (aber auch Emotionen, wie wir in dem Beitrag von Mehl in diesem Buch in ▶ Kap. 1 lesen). Erlebnisse sind ohne Gefühle und Emotionen nicht denkbar. Gerade die ganzheitliche Aktivierung des Patienten bei der erfahrungstherapeutischen Aktion – mit Körper, Seele und Geist – trägt dazu bei, dass das Erlebte in Erfahrungen mit nachhaltigen Lerneffekten übergehen kann. Dies ist häufig mit intensiven Reflexionen verbunden, die therapeutisch begleitet werden können und so dem Transfer von Erfahrungen und Therapieerfolgen in das alltägliche Leben dienlich sind.

Wirkeffekte: Die empirischen Studien haben zahlreiche Wirkeffekte erfahrungsorientierter Therapieansätze verdeutlicht. Dazu zählen u. a. insbesondere der Aufbau und das Training von Basiskompetenzen (vgl. Fn. 6), die Fähigkeit, mit Angst umzugehen, die Erfahrung von Selbstwirksamkeit, die Zunahme des Selbstwertgefühls und wichtige Effekte in Bezug auf die Bewältigung von Abhängigkeitserkrankungen sowie eine grundsätzliche deutliche Reduktion der vorherigen klinischen Symptome. Diese Wirkeffekte werden begleitet durch eine gesteigerte Fähigkeit zur Körperwahrnehmung und eine zunehmende Freude an der körperlichen Bewegung. Hinzu kommen durch die Gruppenerfahrungen verbesserte Kommunikationskompetenzen. Manche Wirkimpulse sind dabei nicht nur kurzfristiger Natur, sondern bestehen über sehr lange Zeit, auch über den therapeutischen Kontext hinaus, bei manchen Patienten wahrscheinlich ihr ganzes Leben lang.

Insgesamt sind anhand der vorliegenden empirischen Untersuchungen die Bedingungen deutlich geworden, unter denen erfahrungsorientierte Therapieansätze nachhaltige Effekte in der Behandlung von psychischen Störungen und Abhängigkeitserkrankungen erzielen können. Richtig angewendet mit einem klaren Blick für die Potenziale und sinnvoll in einem therapeutischen Gesamtkonzept positioniert, dürften die Effekte über das hinausgehen, was mit manchen anderen therapeutischen An-

sätzen nur mühsam oder gar nicht zu erreichen ist. Die Ergebnisse der hier vorgestellten Studien unterschiedlicher erfahrungstherapeutischer Ansätze und Methoden, die sich mit bestmöglichen Körper-Seele-Geist-Erfahrungen in passenden Erfahrungsräumen beschäftigen, sind dazu geeignet, eine allgemeine EOT zu begründen. Die folgenden Beiträge ergänzen diese Arbeit, indem sie weitere wichtige theoretische und praktische Aspekte einer allgemeinen EOT ausführen.

Literatur

Adler, M., Kovert, K., & Roling, F. (2010). Erlebnispädagogik zur Prävention psychischer Erkrankungen. *e&l – erleben und lernen*, (3), 2010, S. 4–7.

Allan, J. F., McKenna, J., & Hind, K. (2012). Brain resilience. Shedding light into the black box of adventure processes. *Australian Journal of Outdoor Education*, 16(1), S. 3–14.

Amesberger, G., & Amesberger, B. (1998). Interventionskonzepte – was wirkt in Outdoor-Therapie-Programmen. In Fontane-Klinik (Hrsg.), *Erlebnistherapie. Ein innovativer Weg in der psychotherapeutischen Arbeit. Beiträge zur zweiten Fachtagung Erlebnistherapie in der Fontane Klinik* (S. 49–63). Motzen.

Bacon, S. (1998). *Die Macht der Metaphern* (Dtsch. Übers. u. Einl. Schödlbauer C.). Alling: Sandmann. Englische Originalausgabe: Bacon, S. (1983). *The conscious use of metaphor in Outward Bound*. Denver (CO): Colorado Outward Bound School.

Bandoroff, S., & Scherer, D. G. (1994). Wilderness family therapy. An innovative treatment approach for problem youth. *Journal of Child and Family Studies*, 3(2), S. 175–191.

Becker, S. P. (2010). Wilderness therapy. Ethical considerations for mental health professionals. *Child Youth Care Forum*, 39, S. 47–61.

Berman, D. S., & Davis-Berman, J. (2005). Reconsidering post-traumatic stress. *Journal of Experiential Education*, 28(2), S. 97–105.

Berman, D., & Davis-Berman, J. (2013). The role of therapeutic adventure in meeting the mental health needs of children and adolescents. Finding a niche in the health care systems of the United States and the United Kingdom. *Journal of Experiential Education*, 36(1), S. 51–64.

Bettmann, J. E., & Jasperson, R. A. (2008). Adults in wilderness treatment: A unique application of attachment theory and research. *Clinical Social Work Journal*, 36, S. 51–61.

Bettmann, J. E., & Tucker, A. R. (2011). Shifts in attachment relationships. A study of adolescents in wilderness treatment. *Child Youth Care Forum*, 40, S. 499–519.

Bettmann, J. E., Olson-Morrison, D., & Jasperson, R. A. (2011). Adolescents in wilderness therapy. A qualitative study of attachment relationships. *Journal of Experiential Education*, 34(2), S. 182–200.

Bettmann, J. E., Russell, K. C., & Parry, K. J. (2013). How substance abuse recovery skills, readiness to change and symptom reduction impact change processes in wilderness therapy participants. *Journal of Child and Family-studies*, 22, S. 1039–1050.

Bowen, D. J., & Neill, J. T. (2013). A meta-analysis of adventure therapy outcomes and moderators. *The Open Psychology Journal*, 6, S. 28–53.

Browne, D. (1993). How to use equipment therapeutically. In M. A. Gass, *Adventure therapy. Therapeutic applications of adventure programming* (S. 189–194). Dubuque (IA): Kendall Hunt.

Caulkins, M. C., White, D. D., & Russell, K. C. (2006). The role of physical exercise in wilderness therapy for troubled adolescent women. *Journal of Experiential Education*, 29(1), S. 18–37.

Chenery, M.-F. (2003). Journeys into the wilderness. Building research into practice. In K. Richards, & B. Smith (Hrsg.), *Therapy within adventure. Proceedings of the Second International Adventure Therapy Conference* (S. 97–109). Augsburg: Ziel.

Clapp, C. L., & Rudolph, S. M. (1993). Building family teams. An adventure-based approach to enrichment and intervention. In M. A. Gass, *Adventure therapy. Therapeutic applications of adventure programming* (S. 111–121). Dubuque (IA): Kendall Hunt.

Clark, J. P., Marmol, L. M., Cooley, R., & Gathercoal, K. (2004). The effects of wilderness therapy on the clinical concerns (on Axes I, II, and IV) of troubled adolescents. *Journal of Experiential Education*, 27(2), S. 213–232.

Damásio, A. R. (1994). *Decartes' Irrtum – Fühlen, Denken und das menschliche Gehirn*. München: List.

Davis-Berman, J., & Berman, D. S. (1994). Two-year follow-up report for the wilderness therapy program. *The Journal of Experiential Education*, 17(1), S. 48–50.

Davis-Berman, J., Berman, D. S., & Capote, L. (1994). Therapeutic wilderness programs: A national survey. *The Journal of Experiential Education*, 17(2), S. 49–53.

Davis-Berman, J., & Berman, D. S. (2012). Reflections on a trip. Two decades later. *Journal of Experiential Education*, 35(2), S. 326–340.

Durgin, C. H., & McEwen, D. (1993). Troubled young people after the adventure program. A case study. In: M. A. Gass, *Adventure therapy. Therapeutic applications of adventure programming* (S. 323–330). Dubuque (IA): Kendall Hunt.

Eckern, M. (1997). Lernen am Abenteuer – Lernen aus Erfahrung. In Fontane-Klinik (Hrsg.), *Erlebnistherapie* (S. 45–61). Motzen.

Fontane-Klinik (Hrsg.) (1997). *Erlebnistherapie*. Motzen.

Fontane-Klinik (Hrsg.) (1998). *Erlebnistherapie. Ein innovativer Weg in der psychotherapeutischen Arbeit. Beiträge zur zweiten Fachtagung Erlebnistherapie in der Fontane Klinik*. Motzen.

Friebe, J. (2010). *Reflexion im Training. Aspekte und Methoden der modernen Reflexionsarbeit*. Bonn: managerSeminare.

Gass, M. A. (Hrsg.) (1993). *Adventure therapy. Therapeutic applications of adventure programming*. The Association for Experiential Eduction: Dubuque (IA): Kendall Hunt.

Gass, M. A., & Gillis, H. L. (2010). Clinical supervision in adventure therapy. Enhancing the field through an active experiential model. *Journal of Experiential Education*, 33(1), S. 72–89.

Gass, M. A., & McPhee, P. J. (1990). Emerging for recovery. A descriptive analysis of adventure therapy for substance abusers. *The Journal of Experiential Education*, 13(2), S. 29–35.

Gass, M. A., Gillis, H. L. & Russell, K. C. (2012). *Adventure therapy. Theory, research, and practice*. New York: Taylor & Francis Group.

Gillis, H. L., & Priest, S. (2003). Adventure therapy. Past, present and future. In K. Richards, & B. Smith (Hrsg.), *Therapy within adventure. Proceedings of the Second International Adventure Therapy Conference* (S. 21–37). Augsburg: Ziel.

Gillis, H. L., & Ringer, T. M. (1999). Adventure as therapy. In C. J. Miles, & S. Priest (Hrsg.), *Adventure Programming* (S. 29–37). Pennsylvania: Venture Publishing, State College.

Gilsdorf, R. (2004). *Von der Erlebnispädagogik zur Erlebnistherapie. Perspektiven erfahrungsorientierten Lernens auf der Grundlage systemischer und prozessdirektiver Ansätze*. Bergisch Gladbach: EHP.

Glaser, B. G., & Strauss, A. L. (1967). *The discovery of grounded theory. Strategies for qualitative research*. Chicago: Aldine.

Haf, W., & Michl, W. (1994). Psychotherapeutische Wirkungen der Erlebnispädagogik. In A. Bedacht, W. Dewald, B. Heckmair, W. Michl, & K. Weis (Hrsg.), *Erlebnispädagogik: Mode, Methode oder mehr?* (S. 151–157). München: Ziel.

Harper, N. J. (2010). Future paradigm or false idol. A cautionary tale of evidence-based practice for adventure education and therapy. *Journal of Experiential Education*, 33(1), S. 38–55.

Harper, N. J., Russell, K. C., Cooley, R., & Cupples, J. (2007). Catherine Freer wilderness therapy expeditions. An exploratory case study of adolescent wilderness therapy, family functioning, and the maintenance of change. *Child Youth Care Forum*, 36, S. 111–129.

Heckmair, B., & Michl, W. (2012). *Erleben und Lernen: Einführung in die Erlebnispädagogik* (1993). München: Reinhardt.

Heckmair, B., & Michl, W. (2013). *Von der Hand zum Hirn und zurück. Bewegtes Lernen im Fokus der Hirnforschung*. Augsburg: Ziel.

Hill, N. R. (2007). Wilderness therapy as a treatment modality for at-risk youth. A primer for mental health counselors. *Journal of Mental Health Counseling*, 29(4), S. 338–349.

Itin, C. M. (2001). Adventure therapy – critical questions. *Journal of Experiential Education*, 24(2), S. 80–84.

Jagenlauf, M., Koth, A., & Rehm, M. (1998). Analyse der Wirkungen und Funktionszusammenhänge der Erlebnistherapie in der Fontane Klinik. In Fontane-Klinik (Hrsg.). *Erlebnistherapie. Ein innovativer Weg in der psychotherapeutischen Arbeit. Beiträge zur zweiten Fachtagung Erlebnistherapie in der Fontane Klinik* (S. 12–34). Motzen.

Jenuwein, S. (2014). Therapeutisches Klettern in Herzogsägmühle. In A. Ferstl, M. Scholz, & C. Thiesen (Hrsg.), *Erlebnispädagogik: quo vadis? Zwischen Anpassung und Abenteuer* (S. 208–217). Augsburg: Ziel.

Kimball, R. O. (1993). The wilderness as therapy. The value of using adventure programs in therapeutic assessment. In M. A. Gass, *Adventure therapy. Therapeutic applications of adventure programming* (S. 153–157). Dubuque (IA): Kendall Hunt.

Kimball, R. O., & Bacon, S. B. (1993). The wilderness challenge model. In M. A. Gass, *Adventure therapy. Therapeutic applications of adventure programming* (S. 11–41). Dubuque (IA): Kendall Hunt.

Konrad, G. (2010). Experten fürs Leben. Erlebnispädagogik mit Menschen mit psychiatrischen Erfahrungen. Ein Ringen in der Betreuungsbeziehung. *e&l – erleben und lernen*, (3), S. 8–14.

Kraus, L., & Schwiersch, M. (1996). *Die Sprache der Berge. Handbuch der alpinen Erlebnispädagogik*. Augsburg: Ziel.

Lakemann, U. (2008). Erlebnispädagogik für Menschen mit psychischen Störungen. Erste Ergebnisse eines Forschungs- und Entwicklungsprojekts. *e&l – erleben und lernen*, 16(5), S. 4–6.

Lakemann, U. (2010). Ich habe mich lange nicht mehr so frei gefühlt. Wirkungsimpulse der Erlebnispädagogik für Menschen mit psychischen Störungen. *e&l – erleben und lernen*, 18(3), S. 15–18.

Lakemann, U. (2014). Erlebnispädagogik und Psychotherapie. In A. Ferstl, M. Scholz, & C. Thiesen (Hrsg.), *Erlebnispädagogik: quo vadis? Zwischen Anpassung und Abenteuer* (S. 140–150). Augsburg: Ziel.

Lakshmi, N. P., Whatham, J., Bard, E., Parker, G., Babbey, C., Ryan, J., Lee, S., & MacCrimmon, D. J. (2006). Going beyond. An adventure- and recreation-based Group intervention promotes well-being and weight loss in schizophrenia. *Canadian Journal of Psychiatry*, 51(9), S. 575–580.

Larivière, M., & Couture, R., Ritchie, S. D., Cote, D., Oddson, B., & Wright, J. (2012). Behavioural assessment of wilderness therapy participants. Exploring the consistency of observational data. *The Journal of Experiential Education*, 35(1), S. 290–302.

Lindenthaler, C., & Lindenthaler, H. (2012). *Natur als Partnerin. Systemische Prozessbegleitung in psychosozialen Handlungsfeldern*. München: Buch & Media.

Lukowski, T. (2010). Therapeutisches Klettern. *e&l – erleben und lernen*, (3), S. 19–21.

Magle-Haberek, N. A., Tucker, A. R. & Gass, M. A. (2012). Effects of program differences with wilderness therapy and Residential Treatment Center (RTC) programs. *Residential Treatment for Children and Youth*, 29, S. 202–218.

Marxen, P., & Reck, I. (1997). Erlebnistherapie in der Fontane Klinik. Ausgewählte Beispiele. In Fontane-Klinik (Hrsg.) (S. 35–44), *Erlebnistherapie*. Motzen.

Mehl, K. (2010). Wahrnehmen, was wirklich ist! Erfahrungsorientiertes Lernen und Handlungsorientierung in Psychotherapie und Coaching. *e&l –erleben und lernen* (Schwerpunktheft zur Erlebnistherapie), (3), S. 23–25.

Mehl, K. (2013). *Burn on, Homo sapiens! Essays über die Menschen*. Göttingen: v&r unipress.

Mehl, K. (2014). Erfahrungslernen: Anpassung durch Abenteuer. In A. Ferstl, M. Scholz, & C. Thiesen (Hrsg.), *Erlebnis-*

pädagogik: quo vadis? Zwischen Anpassung und Abenteuer (S. 152–166). Augsburg: Ziel.

Mehl, K., & Wolf, M. (2007). *Erfahrungsorientiertes Lernen in der Psychotherapie. Wirkimpulse durch psychophysische Expositionen (Hochseilgarten) bei Psychotherapiepatienten im Rahmen eines stationären multimethodalen Behandlungskonzeptes. Ergebnisse einer prospektiven kontrollierten Evaluationsstudie*. Hrsg. infer (Institut für Erfahrungslernen). Bodnegg.

Michl, W. (1998). Helfen und Heilen durch Handeln und Erleben? Eine Spurensuche von A (wie Alfred Adler) bis Z (wie Hans Zullinger). In Fontane-Klinik (Hrsg.), *Erlebnistherapie. Ein innovativer Weg in der psychotherapeutischen Arbeit. Beiträge zur zweiten Fachtagung Erlebnistherapie in der Fontane Klinik* (S. 64–78). Motzen.

Michl, W. (2015). *Erlebnispädagogik*. 3. Aufl. München: UTB.

Miles, J. (1993). Wilderness as a healing place. In M. A. Gass, *Adventure therapy. Therapeutic applications of adventure programming* (S. 43–56). Dubuque (IA): Kendall Hunt.

Nadler, R. S. (1993). Therapeutic process of change. In M. A. Gass, *Adventure therapy. Therapeutic applications of adventure programming* (S. 57–69). Dubuque (IA): Kendall Hunt.

Nadler, R. S., & Luckner, J. L. (1992). *Processing the adventure experience. Theory and practice*. Dubuque (IA): Kendall Hunt.

Norton, C. L., Tucker, A., Russell, K. C., Bettmann, J. E., Gass, M. A., Gillis, H. L., & Behrens, E. (2014). Adventure therapy with youth. *Journal of Experiential Education*, 37(1), S. 46–59.

Peeters, L. (2003). From adventure to therapy. Some necessary conditions to enhance the therapeutic outcomes of adventure programming. In K. Richards, & B. Smith (Hrsg.), *Therapy within adventure. Proceedings of the Second International Adventure Therapy Conference* (S. 127–138). Augsburg: Ziel.

Priest, S., & Gass, M. A. (1997). *Effective leadership in adventure programming*. Champaign (IL): Human Kinetics, S. 210–215.

Reiners A. (2007a). *Praktische Erlebnispädagogik. Bewährte Sammlung motivierender Interaktionsspiele*. Bd. 1. Augsburg: Ziel.

Reiners, A. (2007b). *Praktische Erlebnispädagogik. Neue Sammlung handlungsorientierter Übungen für Seminar und Training*. Bd. 2. Augsburg: Ziel.

Roland, C. (1993). Experiential challenge program development in the mental health setting. A case study. In M. A. Gass, & A. Michael, *Adventure therapy. Therapeutic applications of adventure programming* (S. 195–208). Dubuque (IA): Kendall Hunt.

Russell K. C. (2001). What is wilderness therapy? *Journal of Experiential Education*, 24(2), S. 70–79.

Russell, K. C. (2003). An assessment of outcomes in outdoor behavioral healthcare treatment. *Child & Youth Care Forum*, 32(6), S. 355–381.

Russel, K. C., & Phillips-Miller, D. (2002). Perspectives on the wilderness therapy process and its relation to outcome. *Child & Youth Care Forum*, 31(6), S. 415–437.

Rutko, E. A., & Gillespie, J. (2013). Where's the wilderness in wilderness therapy? *Journal of Experiential Education September*, 36, S. 218–232.

Rutkowski, M. (2006). *Der Blick in den See. Reflexion in Theorie und Praxis*. Augsburg: Ziel.

Schad, N. (1997). Erlebnistherapie – Renaissance eines Begriffs. In Fontane-Klinik (Hrsg.), *Erlebnistherapie* (S. 13–19). Motzen.

Schäfer, K.-H. (2015). *Therapeutisches Bogenschießen*. München: Ernst Reinhardt Verlag.

Schag, T. (2009). *»clean-kicks«. Erlebniszentrierte Maßnahmen in der Suchttherapie mit Jugendlichen*. Saarbrücken: VDM.

Schulze, H. (1971). *Das Prinzip Handeln in der Psychotherapie. Ein Beitrag zur Verhaltensanalyse und Verhaltenstherapie der Neurosen*. Stuttgart: Enke.

Stich, T. F., & Gaylor, M. S. (1993). Risk management in adventure programs with special populations. Two hidden dangers. In M. A. Gass, *Adventure therapy. Therapeutic applications of adventure programming* (S. 161–169). Dubuque (IA): Kendall Hunt.

Ungar, M., Dumond, C., & McDonald, W. (2005). Risk, resilience and outdoor programmes for at-risk children. *Journal of Social Work*, 5(3), S. 319–338.

Webb, B. J. (1993). The use of a three-day therapeutic wilderness adjunct by the Colorado Outward Bound School with survivors of violence. In M. A. Gass, *Adventure therapy. Therapeutic applications of adventure programming* (S. 95–102). Dubuque (IA): Kendall Hunt.

Wolf, M., & Mehl, K. (2011). Experiential learning in psychotherapy. Ropes course exposures as an adjunct to inpatient treatment. *Clinical Psychology and Psychotherapy*, 18, S. 60–74.

Therapeutisches Setting Hochseilgarten – erfahrungs- orientierte Therapie (EOT) in der Klinik Wollmarshöhe

Kilian Mehl

K. Mehl (Hrsg.), *Erfahrungsorientierte Therapie*,
DOI 10.1007/978-3-662-54544-7_4, © Springer-Verlag GmbH Deutschland 2017

» Ein Luftgänger hat vor nichts und niemandem Angst. Vor allem nicht vor sich selbst. Und weil er keine Angst hat und immer auf sein Herz hört, kann er durch die Lüfte gehen. (Robert Schneider)

Als wir Anfang der 1990er-Jahre auf der Wollmarshöhe begannen, einen eigenen Hochseilgarten für das Erfahrungslernen zu installieren und diesen zu nutzen, waren wir erst einmal einigen Bedenken und Anfeindungen ausgesetzt. In den Medien erschienen Artikel mit Überschriften wie: »Arzt verlässt wissenschaftliche Behandlungsmethoden und lässt Patienten klettern!« oder »Affentherapie soll helfen!« Dies ist üblich, wenn Neues oder Ungewohntes in einer sehr verschulten, teils starren Medizin auf den Plan tritt. Schnell kommt der Verdacht auf, mit esoterischen oder außergewöhnlichen, nicht anerkannten Methoden Scharlatanerie zu betreiben. Dabei basiert die EOT auf neurobiologischen wissenschaftlichen Erkenntnissen und baut von ihren Grundprinzipien her auf der Systemkonzeption Mensch auf.

Genau hier liegt auch der Unterschied zu touristisch genutzten Hochseilgärten und Kletterparks, die man aus Spaß am Klettern besucht, weil man Lust auf Bewegung und Herausforderung in der Natur hat **Hochseilgärten** als therapeutisches Setting verfolgen einen anderen Zweck: Sie dienen eigens für erkrankte Patienten als **Erfahrungs- und Heilungsraum, um intra- und interpsychische Vorgänge wahrnehmen und verändern zu lernen.** Professionell begleitet durch einen Therapeuten, getragen von einer sich sicher anfühlenden Beziehung – der therapeutischen Allianz – gilt es hier oben, sich für sich selbst, die eigenen Probleme, hinderliche Muster, blockierende Emotionen zu öffnen und diese durch aufrüttelnde, positive neue Erfahrungen zu überschreiben. Ziel therapeutischer Sitzungen auf dem Hochseil – wie bei anderen erfahrungstherapeutischen Methoden auch – ist es, einen metaphorischen Bezug zu isomorphen alltäglichen Problemen herzustellen und so den Transfer von therapeutischen (Lern-)Erfahrungen in das Leben außerhalb der Therapie herzustellen.

Warum ein Hochseilgarten dafür besonders gut geeignet ist? Ein Mensch verhält sich hier mit all seinen typischen Denk-, Fühl-, Bewegungs- und Verhaltensmustern meist wie im realen Leben. Ist er im alltäglichen Leben zögerlich oder ein Bedenkenträger, so ist er es auf dem Hochseil ebenso. Ist er ein Draufgänger und verhält sich nach der Methode »Helm auf und durch«, so ist er es sonst höchstwahrscheinlich auch. Auf dem Hochseilgarten versucht der Therapeut, diese isomorphen Situationen spürbar sowie nützliche, zum Teil (bei Blockierungen oder Dysfunktionen) auch alternative Verhaltensäquivalente, Denk-, Fühl- und Bewegungsmuster erfahrbar zu machen. Die neuen, oft lösenden Wege, die hier oben beschritten werden, sollen dazu beitragen, den Patienten mithilfe eigener Ressourcen und professioneller Begleitung eine neue Balance finden zu lassen.

In diesem Beitrag geht es nicht darum, diagnosebezogene Vorgehensweisen, sondern die therapeutischen Möglichkeiten und wichtigen Aspekte für die EOT im Rahmen einer Hochseilgartenbegehung darzustellen.

4.1 Warm-up – Vorbereitungen

Die Exposition beginnt immer mit dem Warm-up, eigentlich aber schon viel früher, nämlich ab dem Moment, in dem mit dem Patienten eine Begehung vereinbart wurde. Denn ab diesem Zeitpunkt ist er mit seiner gesamten Systemkonzeption bereits der Vorstellung ausgesetzt, dass er sich mit sich selbst und möglicherweise mit seinen Problemen auf dem Hochseil konfrontieren wird. Hier entstehen in ihm schon Befürchtungen, Wünsche, Vorstellungen, Lust oder Angst.

Das Warm-up im Vorfeld der Begehung ist dazu da, um über Gespräche, Blick-, aber auch Körperkontakt den Beziehungsaufbau zwischen Therapeuten und Patienten einzuleiten. Es eignet sich, zunächst mit einem Smalltalk anzufangen und darüber die Teilnehmer (bei uns zwischen vier und zehn Patienten pro Exposition) mit dem oder den Therapeuten vertraut zu machen. In der Einstiegsrunde sollen die Patienten dann ihre **Vorstellungen und Erwartungen** hinsichtlich der Hochseilgartenbegehung oder ihrer Therapie darlegen. Möglicherweise sprechen sie auch darüber, was es mit ihrem Leben zu tun haben könnte, dass sie sich in einer

Klinik mit Hochseilgarten befinden und warum es gut für sie sein könnte, sich den Übungen auf dem Hochseil auszusetzen (wo sie doch vielleicht eher ein Behandeln seitens der Therapeuten und Ärzte als eigenes Handeln erwartet haben). Der Therapeut hingegen bemüht sich währenddessen, das Verhalten und die Reaktionen seiner Patienten in der Gruppe wahrzunehmen. Im besten Fall kennt er zusätzlich ihre Vorgeschichte, was aber nicht unbedingt der Fall sein muss, denn ihre ureigensten Verhaltensmuster zeigen sich spätestens bei der Exposition. Therapeut und Patient wird dort offenbar werden, »was wirklich ist« – auf dem Hochseil fallen alle Masken.

Nachdem sich die Patienten in der Gruppe geäußert haben, werden sie von dem Therapeuten auf die Exposition eingestimmt. Es werden abstruse Befürchtungen ausgeräumt und Schamgefühle, die auftreten können, angesprochen. Insgesamt ist der Therapeut bei seiner zugewandten Rede darauf bedacht, die sichere Therapeuten-Patienten-Beziehung zu stärken, Wohlwollen zu signalisieren und die Teilnehmer der Exposition gut auf eventuelle emotionale Aufgewühltheit vorzubereiten. Es kann helfen, wenn er sich ein paar Infos zu Erwartungen, Besonderheiten oder Ähnlichem notiert.

Dann gehört zur Vorbereitung noch **das Organisatorische**: das Klären vom Ablauf der Exposition, von Regeln sowie das Betonen des Freiwilligkeitsaspektes – trotz des motivationalen Vorgehens des Therapeuten – und Ähnliches. (Es wurde in dem weiteren Beitrag von Mehl, ▸ Abschn. 1.3.4, s. unter der zweiten Abschnittsüberschrift: »Der therapeutische Vertrag« bereits näher beschrieben.)

Im nächsten Schritt werden die Teilnehmer kurz auf entsprechende Kleidung und die Tauglichkeit ihres Schuhwerks inspiziert. Zu lange sollte man sich mit Ausrüstungs- und technischen Details aber nicht aufhalten. Insbesondere tritt man vor der Gruppe selbst nicht als »Held« mit x-beliebigen Kletterutensilien und übertriebenem, scheinprofessionellem Outfit auf. Ziel ist es, dem Patienten auf Augenhöhe zu begegnen. Therapeuten sind keine Helden, aber sie sollen aus den Patienten »Helden« machen. Ferner soll darauf hingewiesen werden, dass man für eine Hochseilbegehung keine speziellen sportlichen Fähigkeiten oder eine besondere Fitness mitbringen muss, denn es handelt sich

schließlich um kein sportliches Event. Nachdem die Patienten ausgerüstet und kontrolliert wurden und eine Sicherheitseinweisung bekommen haben, beginnt die eigentliche Exposition auf dem Hochseilgarten.

4.2 Exposition

Der wesentliche Teil der erfahrungstherapeutischen Sitzung ist die Exposition. Um sie dreht sich alles. Dennoch dürfen wir nie vergessen, dass die Sitzung (die ja eigentlich gar keine ist ☺) ohne vorbereitende Besprechung und anschließende Reflexion nicht vollständig sein würde. Weil dennoch in dieser Phase beim Patienten so viel passiert, wenn der Therapeut aktional mit dem Patienten in die Körper-Seele-Geist-Beziehung geht, ist besondere Sorgfalt beim therapeutischen Vorgehen geboten und einiges zu berücksichtigen.

4.2.1 Was es grundsätzlich zu beachten gilt

Als Therapeuten haben wir den Parcours bewusst nach unseren Erfahrungen und Anforderungen konstruiert und die Übungen dementsprechend angeordnet. Grundsätzlich zu beachten gilt, dass der therapeutische Prozess immer im Teilnehmer selbst geschieht. Man sollte ihn darum »kommen lassen«, keine Lehrinhalte vermitteln und – wenn nicht explizit sinnvoll oder gewünscht – dem Patienten keine Ziele setzen oder irgendwelche anderen Vorgaben machen. Die Aufgabe des Therapeuten ist es vielmehr, den Teilnehmer immer wieder auf die **Wahrnehmung** seiner selbst und seines Umfeldes zu zentrieren. Das bedeutet, im Kontakt mit dem Patienten diesen dabei zu unterstützen, dass er sich **auf das Hier und Jetzt konzentriert** und sich mit all dem spürt, was ihn in der Situation ausmacht. Dabei gilt es, Erwartungen des Patienten zu thematisieren, ihn genau zu beobachten und wahrzunehmen, was er verbal oder nonverbal über seinen Körper mitzuteilen hat (etwa: Befürchtungen, Assoziationen oder Metaphorisches, bezogen auf sein Leben). In geeigneten Momenten begibt man sich dann gemeinsam mit dem Patienten auf die »transderivationale Suche«. Hier wird das Ziel verfolgt, ähnliche Gefühle und Situationen im Leben des Patienten aufzuspüren und Erinnerungen nachzugehen, die mit den Assoziationen zusammenhängen, welche der Patient bei einer Übung bekommt.

Während der gesamten Exposition auf dem Hochseil konzentriert sich der Therapeut immer wieder von Neuem darauf, die Situation, das Befinden des Teilnehmers im Blick zu haben, ihn genau wahrzunehmen, unter Umständen auch nachzufragen, wie es ihm geht, sein Verhalten in der Gruppe zu beobachten, auf körperliche Reaktionen hinzuweisen, ihn ggf. zu beruhigen, ihm zu helfen und ihn durch Körper-, Augenkontakt oder Ähnlichem anzuleiten.

Da sich der therapeutische Prozess im Teilnehmer vollzieht, sollte der Therapeut entsprechend seine Sprache an die des Patienten und an die Situation anpassen. Das heißt, seine Formulierungen sind grundsätzlich offen und stehen nicht im Widerspruch zum Erleben und Erfahren des Teilnehmers.

Grundsätzlich geht es nicht darum, möglichst viele Übungen zu absolvieren. Lieber eine Übung richtig erfahren, immer wieder innehalten und nachfragen, was erfahren wurde, um ggf. den Transfer zu initiieren. Dabei sollte der Therapeut den Patienten sensibel unterstützen, damit er sein volles Potenzial ausschöpft, auch an seine **Ressourcen** herankommt, sich aber niemals überfordert. Eine provozierte Panikattacke kann nicht gut sein, genauso wenig, wenn der Patient unbedacht in eine Situation gebracht wird, der er absolut nicht gewachsen ist. Ausnahmen gibt es natürlich, etwa wenn man gezielt den Patienten eine Überforderungssituation spüren lassen will.

Ein wichtiger Aspekt zum Schluss: Die Exposition sollte für den Patienten immer positiv ausgehen. Kleinste Schritte und Erfahrungen bei der Hochseilgartenbegehung gilt es – auch bei Abbruch der Übung wegen Überforderung –, in einen geeigneten, förderlichen Rahmen zu setzen (Reframing, vgl. ▶ Abschn. 4.2.2). Dies kann beispielsweise geschehen, indem man den Patienten dafür lobt, überhaupt dabei zu sein, dass er es versucht hat, etwas Neues zu probieren, zu erfahren, anzunehmen und sich somit motiviert gezeigt hat.

4.2.2 Therapeut und Patient im Dialog

Die Sprache des Therapeuten und der Inhalt seiner Botschaften an den Patienten vermag grundlegend das therapeutische Geschehen zu beeinflussen (vgl. ▶ Abschn. 4.1). Es ist demnach wichtig, von Anfang an mit einer der jeweiligen Person und der Situation angepassten Kommunikation für den Patienten einen subjektiven inneren Erfahrungsraum zu schaffen, in dem sich dieser aufgehoben fühlt und seine Vorstellungen, Gefühle und Gedanken, aber auch seine Körperempfindungen erfahren kann.

Offen zu **formulieren**, ist dafür unabdingbar: Erst so kann ein entsprechender Erfahrungsraum fernab von Vorgaben entstehen, was erfahren werden könnte oder was vom Therapeuten bereits beim Patienten erkannt wurde. Es ist also prinzipiell nicht entscheidend, dass der Therapeut irgendetwas interpretiert. Ihm obliegt vielmehr zu warten, **Zeit** zu **geben**, damit der Patient Erfahrenes nachklingen lassen kann. Genau beobachtend sollte er ruhig, zugewandt, mit Wohlwollen auf den Patienten sehen und auf das Problem oder Beobachtetes eingehen.

Dazu kann er sich beispielsweise folgender **Gesprächstechniken**[1] bedienen:

- *Verstärken einer Patientenaussage/Hinterfragen:* Manchmal ist es gut, wenn man die Aussagen des Patienten, die man für wichtig hält, durch Wiederholung verstärkt und daraus unter Umständen auch eine Frage formuliert. Patient: »Der Balken wackelt ja, ich kann nicht darüber gehen!« Therapeut: » Also Sie glauben, dass der Balken in sich wackelt und Sie deshalb nicht darüber gehen können, obwohl Sie wissen, dass ein Balken von sich aus nicht wackeln kann und vor Ihnen schon zehn Personen darüber gegangen sind?« Der Patient denkt infolgedessen über seine Aussage nochmals nach, weil sie vom Therapeuten verstärkt wurde.

---

1 Die sprachlichen und nichtsprachlichen Ausdrucksweisen im therapeutischen Prozess sind sehr vielfältig und erinnern oft an hypnotherapeutische Vorgehensweisen und Formulierungen. Bei den hier vorgestellten Gesprächstechniken handelt es sich lediglich um eine kleine Auswahl. Ausführlichere Informationen finden sich in: Bongartz u. Bongartz 1998.

Indirektes Formulieren: Ein bisschen üben muss man die indirekte Formulierung. Der Therapeut kann sagen: »Wenn Sie hier hinübergehen, erleben Sie ein Gefühl von Freiheit und Sie spüren eine innere Weite. Außerdem empfinden Sie eine Frische und Beweglichkeit!« Der Patient kann, muss dies aber nicht so wahrnehmen. Besser ist es deshalb, indirekt und allgemein so zu formulieren: »Ein Gefühl von Freiheit zu erleben, wird oft begleitet von einem Gefühl der inneren Weite oder ist mit einem Empfinden von Frische und Beweglichkeit verbunden, welches die meisten Menschen verspüren, wenn sie durch diese Übung gehen.«

Arbeit mit Metaphern: Verbal und nonverbal wird im therapeutischen Prozess viel mit Metaphern gearbeitet. Sie werden sowohl vom Therapeuten als auch vom Patienten genutzt. Beispiel: »Meine Depression ist wie eine Fessel«. Eine Metapher ist also ein Wort, welches aus seiner eigentlichen Bedeutung in einen anderen Bedeutungszusammenhang gebracht wird, sozusagen eine bildhafte Übertragung. Sie hilft bei einer Hochseilbegehung, das Erfahren und Verhalten auf der Kletteranlage »ins echte Leben« zu transferieren. Wir nennen dies »metamorphisches Lernen«. Das fortwährende Bemühen, das Erfahrene aus der Übung in den Zusammenhang von Alltagssituationen zu bringen und zu transferieren, geht mit einer ständigen, der transderivationalen Suche einher (vgl. dazu auch ▶ Abschn. 4.2.1). Patient und Therapeut probieren herauszufinden, was am besten zur Lebens- oder Berufssituation des Patienten passt. Wichtig für erfolgreiches metamorphisches Lernen ist, dass die neue Erfahrung sich möglichst strukturgleich, homolog zur Lebenssituation des Patienten verhält (Isomorphie).

Einsatz von Anekdoten: Sinnvoll kann es auch sein, mit Anekdoten zu arbeiten. So können kurze, durchaus lustige Geschichten angeführt werden, die man selbst erlebt hat oder die andere Personen erlebt haben. Ob sie wahr oder erfunden sind, das spielt keine Rolle. Von Bedeutung sind hier vielmehr wieder die Verwendung einer indirekten Sprache und die indirekte Fokussierung auf die Hochseilanlage. Nicht förderlich wäre also folgende direkte Suggestion: »Wenn Sie diesen Übungsabschnitt durchlaufen, fühlen Sie sich stark!« (Man weiß ja schließlich nicht, ob der Patient diese Erfahrung machen wird.) Empfohlen wird stattdessen eine indirekte Formulierung und Fokussierung wie diese: »Oft entdeckt man bei dieser Übung ganz besondere Dinge an sich!« Nur in ganz speziellen Fällen, z. B. wenn der Patient für Suggestionen empfänglich ist und ganz klar eine bestimmte Eigenschaft, ein bestimmtes Gefühl implementiert werden soll, etwa Stärke, arbeiten wir mit direkten Suggestionen. Das muss dann aber auch sitzen und treffsicher formuliert sein. Auf unser Beispiel bezogen ungefähr so: »Bei der Begehung dieser Übung werden Sie eine unglaubliche Stärke in sich spüren, die sich in Ihrem Inneren festsetzt und Ihnen Selbstvertrauen gibt …«

Reframing: Eine unverzichtbare Technik ist ebenfalls das »Reframing«, bei der Erfahrungen in einen neuen Rahmen gesetzt werden. Das sollte jeder erfahrungsorientierte Therapeut gut beherrschen, denn die Exposition sollte ja salutogenetisch ausgerichtet sein und für den Patienten immer mit einem positiven Gefühl enden (vgl. ▶ Abschn. 4.2.1). Scheitert etwa ein Patient an einer Übung und konstruiert daraus eine negative Erfahrung, wird man – gesetzt den Fall, man will dies nicht – versuchen, die Sache umzudeuten, indem man als Therapeut z. B. sagt: »Großartig, Herr X, dass Sie sich trotz des Schwierigkeitsgrads der Übung und Ihrer ausgeprägten Ängste auf diese Übung eingelassen haben. Das zeigt, wie motiviert Sie sind und dass Sie aus Ihrer Misere wirklich heraus wollen. Das kann Ihnen im Ihrem weiteren Prozess sehr helfen!«

Fokussierung des Patienten auf unterschiedlichen Ebenen: Im therapeutischen Prozess geht es darum, den Patienten auf den unterschiedlichen Ebenen der Systemkonzeption Mensch anzusprechen und zu fokussieren: körperlich, seelisch und geistig. Dazu ist es u. a. auch notwendig, dass der Therapeut im Blick behält, wie er sich in seiner Rolle als zugewandter Begleiter von Veränderungsprozessen am besten verhält und wirkt. Verbale und nonverbale Zeichen wie eine stärkende Körperberührung (Handauflegen auf die Schulter beispielsweise oder das Reichen einer Hand), ein vertrauenserweckender Augenkontakt und andere konkrete Hilfen sind unerlässlich, um dem Patienten zu vermitteln, dass er seine Erfahrungen in einer geschützten Umgebung macht und auf den Therapeuten sicher zählen kann. Dazu gehört ebenso, dass der Therapeut unangemessene Affekte unterbindet, z. B. wenn er von etwas genervt ist. (Für die Gefühle, Gedanken, Zweifel etc. des Therapeuten sollte Platz in einer regelmäßig stattfindenden Supervision sein, sie sollten hingegen nicht den inneren therapeutischen Prozess des Patienten negativ beeinflussen oder stören.)

Im Rahmen einer Exposition kommen zunächst Fragen auf, die die **körperliche Ebene** des Patienten betreffen, wie z. B.: Spürt er Verkrampfungen im Nackenbereich? Leidet er an Schwindel? Bekommt er Schweißausbrüche? Verspürt er einen Druck auf dem Magen? Hat er Herzklopfen oder Kopfschmerzen? Fragen in Bezug auf die **geistige und seelische Ebene** schließen sich an: Was denkt der Patient? (»Immer werden andere bevorzugt!«, »Ich halte diese Ungerechtigkeiten nicht mehr aus!«, »Die sind nur neidisch auf meine Tüchtigkeit, haben Angst vor mir!«)

Die Liste der Gedanken, Meinungen, verbalisierten Gemütszustände ist sehr lang, aber man kann sie hinterfragen, genauso wie die Ebene der Emotionen und Gefühle. Es können Angst, Hass, Freude, Überlegenheit, Blamage oder andere Regungen auftreten. Damit eng verbunden ist oft die Bewertung des eigenen Selbst, die uns als Therapeuten besonders interessiert, etwa: »Ich bin eben nichts wert!« »Ich kann mich nur auf mich verlassen!« Oder: »Ich muss noch besser sein!«

Abschließend betrachten wir dann noch die **Ebene des Verhaltens**, die sich aus den unterschiedlichen Ebenen der Systemkonzeption Mensch ergibt. Meidet der Patient soziale Situationen, reagiert er unangemessen, wie verhält er sich in der Beziehung zu anderen Menschen, im Körperkontakt, in der Berührung mit anderen? All diese Beobachtungen und die Fokussierung des Patienten auf unterschiedliche Themen dienen zum einen der Diagnostik (Anamnese) und bieten zum anderen dem Therapeuten die Möglichkeit, den Patienten professionell begleiten zu können.

4.2.3 Beispiel für den Ablauf und den Dialog während einer Übungseinheit

Wie gehen wir bei unseren Übungen vor und wie gestaltet sich bei der Hochseilgartenbegehung der Dialog zwischen Therapeut und Patient? Dafür sollen im Folgenden ein paar exemplarische Beispiele gegeben werden.

Die Übungen auf unserer Anlage sind in einer bestimmten Reihenfolge angeordnet. Grundsätzlich beginnen wir mit einem Balken (Höhe: ca. 5–12 m, Breite ca. 10–30 cm), der zu überschreiten ist. Patient X steht vor dem Hindernis, es scheint, als habe er Klebstoff unter den Füßen und kann nicht losgehen. Der Therapeut: »Wenn Sie jetzt zögern, kann es die Schwierigkeit sein, die oft auftritt, die ich auch von mir selbst kenne, den ersten Schritt zu tun! Hat man den getan, bleibt in Bewegung in Richtung des Ziels, stellt man möglicherweise fest, dass der Weg einfacher wird. Wenn man dabei ganz in sich ist und dem Halt unter seinen Füßen traut, sich quasi erdet, die Kraft nach unten gibt, kann es sein, dass man immer weniger das Halteseil benötigt, an das man sich so krampfhaft klammert. Oft stärkt dieses Loslassen erst das Gefühl zum Eigenen, und dadurch erreicht man meist schneller das Ziel.«

In einer solchen Anleitung kann man den Patienten darauf hinweisen, das **Atmen** nicht zu vergessen, bewusst zu atmen. Man sollte die Körperspannung des Patienten beobachten, ihm vermitteln, dass er nicht wie gebannt auf seine Füße starren muss, sondern auf das Ziel, denn seine Füße würden sonst ja auch selbst den Weg finden. Die **Zentrierung auf die Mitte des Körpers** und das Wahrnehmen seines Gewichts auf dem Balken werden ihm Ruhe geben. Der Patient kann aber auch innehalten und versuchen, mit den Fußsohlen genau »die Erdung«, das Holz zu spüren. Themen wie Zögerlichkeit, Zweifel oder Vorurteile wie »Ich kann nicht!« lassen sich so gut bearbeiten.

Nach dieser Einstiegsübung kommt meist eine sehr wackelige Brücke. Der Therapeut: »Der Pfad wird manchmal eng wie im Leben. Man hat das Gefühl, als ob man nicht getragen würde, und dennoch ist es meist nicht die Kraft des Seils, sondern die Kraft in einem selbst, die einen trägt und einem während der Übung Ruhe gibt. Die Kraft ist in einem selbst und überträgt sich auf die Brücke, nicht umgekehrt. Nicht die Brücke wackelt, sondern Sie. Dies kann auch ein Vorteil sein, denn es lässt Sie spüren, dass Sie den Rhythmus bestimmen und nicht die Brücke [Selbstwirksamkeit]. Wenn man ganz bei sich ist, bemerkt man die Fähigkeiten, die in einem stecken und befreit werden können.« In dieser Form begleitet man den Patienten und tritt mit ihm in einen Dialog.

Die wichtigste kommunikative Technik ist meist also **das offene Formulieren**, damit für den Patienten der Erfahrungs- und Möglichkeitsraum nicht von vorneherein begrenzt wird. Spezielle Techniken, wie sie schon aus verschiedenen hypnotherapeutischen Schulen bekannt sind, wie Reframing, indirekte/direkte Suggestion u. Ä., eignen sich hierzu genauso wie die Fokussierung auf (Körper-) Wahrnehmung, Widersprüche, Ressourcen und unausgesprochene Ängste.

Einige Übungen im Hochseilgarten sind übrigens bewusst mit nutzlosen Teilen konstruiert. Dies soll dazu beitragen, die **Kritikfähigkeit und Ressourcenorientierung** des Patienten zu schulen. Sich an einem losen Seil festhalten zu wollen, nur weil es da ist, bringt nichts. Wenn wir Halt suchen in etwas, was uns nichts gibt, sind wir sozusagen auf dem Holzweg und müssen nach Alternativen suchen, etwas anderes ausprobieren.

Nun gibt es nicht nur Einzelübungen, sondern auch Gruppen- oder Partnerübungen. Diese sind oft nur zu zweit zu bewältigen. Im Vordergrund stehen hier gegenseitiges Vertrauen und dass man sich dem Gegenüber oft ganz zumutet, sich in seine Hände begibt, präzise Absprachen trifft, mit seinem Übungspartner in eine **förderliche Kommunikation** kommt. Interessanterweise haben Paare, die sich bereits kennen, dabei weitaus mehr Schwierigkeiten, als sich neu findende Teilnehmer, die in der Regel achtsamer miteinander umgehen. Oft bestehen Vorurteile, die sich in Sätzen wie »Immer machst Du es so!« äußern, oder keiner möchte

seinen »festen Standpunkt« verlassen, was aber für den Verlauf mancher Übung absolut entscheidend ist.

Trainieren und thematisieren, wie es ist, sich gegenseitig Halt oder einen Vertrauensvorschuss zu geben, kann man in Gruppen- bzw. Paarübungen. »Ich kann mich fallen lassen« oder »Ich werde Dich tragen« sind Metaphern, die in diesen Übungen meist zum Tragen kommen. Andere Themen wie: »Ich setze meinem Partner etwas entgegen«, »Ich weiche nicht zurück«, »Wir vertrauen uns und glauben aneinander« o. Ä. können hier auch eine Rolle spielen.

4.3 Die »richtige Technik« und »Exposition im Sicherheitsmodus«

Mehr denn je leben wir in einer Zeit, in der die Menschen Vorgaben, Hinweise, Anweisungen für ihr Handeln in Form einer Gebrauchsanweisung oder Bedienungsanleitung haben möchten. So wird der Therapeut oder der Trainer von Patienten oft gefragt, wie denn nun die Übung gehe, was man berücksichtigen müsse, welche Tricks es gebe und was da passiere. Man sollte sich hüten, hier klare Anweisungen oder generelle technische Hinweise zu geben, denn dadurch schmälert man den Erfahrungsraum, das Selbstergründen und Testen des Patienten. **Es gibt keine »richtige Technik«**, die es etwa in zehn Schritten durchzuführen gilt: Es ist wie im Leben.

Kontraproduktiv ist es beispielsweise auch, den Patienten die Sicherungen durch einen Probefall ausprobieren zu lassen oder einen Belastungstest im Vorfeld einer Exposition durchzuführen, denn dadurch beraubt man den Patienten der Möglichkeit – wenn er sich denn an den Sicherungsmechanismus gewöhnt hat –, in einen Zustand der emotionalen Aufgewühltheit zu kommen (Arousal-Effekt). Nur ausnahmsweise, wenn eine überbordende Ängstlichkeit besteht und man dem Patienten durch eine solche Habituationsmaßnahme weiterhelfen kann, ist es sinnvoll, seinem Sicherheitsbedürfnis mehr nachzugeben. Ansonsten verwässert man die therapeutische Wirksamkeit und alles, was damit zusammenhängt, verhindert letztendlich das Anlegen neuer Bahnen im Gehirn, die man gern erzeugen möchte.

4.4   Nachbereitung – Reflexion

Wesentlich für die nachhaltige Wirkung »aufrüttelnder« Erfahrungen im Patientenhirn sind die Nachbereitung und die Reflexion mit Gruppe und Therapeut. Deshalb endet eine Exposition grundsätzlich mit einer Reflexionsrunde. Wie beim Warm-up setzen sich die Teilnehmer im Kreis zusammen. Alleine schon dieses strukturierte Ritual verhindert, dass sich der Patient unüberlegt, freudig oder entsetzt irgendeiner anderen Maßnahme oder Beschäftigung zuwendet. Das gemeinsame Reflektieren über die eigenen und die Gruppenerfahrungen ist äußerst wichtig, denn das Erlebte/Erfahrene wird so im Bewusstsein der sprachbegabten Großhirnrinde nochmals bearbeitet, bevor es möglicherweise als Erfahrung in den »Tiefen« des Vorbewussten wieder verschwindet.

Wir eröffnen die Runde meist mit der Aufforderung, in einem Wort den jetzigen Körper-Seele-Geist-Zustand zu beschreiben, ohne Begrifflichkeiten wie »gut«, »schlecht«, »super« o. Ä. zu benutzen. Das fällt dem Patienten in der Regel äußerst schwer, hilft ihm aber, seine Wahrnehmung auf die eigene Person zu richten. In der Feedbackrunde hört man dann Begriffe wie »zufrieden«, »aufgewühlt«, »irritiert«, »stolz«, »überrascht«, »aktiviert«, »erschöpft« usw.

Anschließend wird mit jedem Einzelnen in der Gruppe reflektiert, was die wichtigste Erfahrung war, ob es Enttäuschungen oder Neues gab, wie sich was anfühlte, wie das Gefühl zur Gruppe oder anderen Teilnehmern war, wie Partnerübungen vonstattengingen, was die Mitpatienten hierzu meinten usw. – natürlich alles wieder auf der transderivationalen Suche nach Isomorphie mit dem alltäglichen Sein, für die Person wichtigen Situationen im realen Leben. Auch Veränderungsmöglichkeiten bzw. -hindernisse werden hier überdacht, genauso wie bestehende »Vorurteile« wie »Ich kann nicht!«, »Das geht nicht!« u. Ä.

Es ist sehr wichtig, dass man sich für diese Nachbereitung und Reflexionsarbeit ausreichend Zeit nimmt. Denn dies erhöht nochmals wesentlich die gewünschten Effektstärken. In dieser Schlussphase ist es außerdem nochmals Aufgabe des Therapeuten, den **insgesamt positiven Ausgang der Exposition** zu überprüfen und im Falle negativer Bewertungen beim Patienten bestimmte Inhalte mittels »Reframing« bei diesem anders erscheinen/wirken zu lassen. Ein ebenso unverzichtbarer Schritt bei der Nachbereitung ist für den Therapeuten, zu beurteilen und festzustellen, wie der jeweilige Patient im Verarbeitungsprozess seiner in der Exposition gemachten Erfahrungen steht, ob er mit sich allein gelassen werden kann oder ob eine Krise o. Ä. zu erwarten ist. Im klinischen Setting werden darüber anschließend das Team und der Pflegedienst informiert. Denn es kann vorkommen, dass der Verstörungseffekt durch die Exposition so anhaltend ist, dass der Patient einige Zeit braucht, um sich wieder zu stabilisieren, oder dass (im klinischen Setting) die folgende Nacht bzw. die folgenden Nächte wegen der Verarbeitung der Expositionserfahrungen unruhig werden oder einen albtraumhaften Charakter annehmen können. Man muss es wissen, und es ist ja auch zu erwarten, dass ein wirkungsvolles Instrument auch Nebenwirkungen haben kann, genauso wie eine Medikation.

4.5   Effektstärken

Wir haben zu den oben beschriebenen Vorgehensweisen zwei Studien durchgeführt, die ein und dieselbe Untersuchungsgruppe (n =247 Personen) betreffen und deren Ergebnisse im Folgenden zusammenfassend dargestellt werden sollen.

In der ersten, prospektiven kontrollierten Evaluationsstudie wurde im Zeitraum von Januar 2004 bis April 2005 an den Patienten untersucht, welche **Veränderungsprozesse, Wirkimpulse und Effektstärken** durch eine erfahrungsorientierte **Exposition auf einem Hochseilgarten** erzielt werden können. Die Methode war in ein stationäres multimethodales psychophysisches Behandlungskonzept eingebettet. Untersucht und verglichen wurden zwei Hauptgruppen: die der Teilnehmer an der Hochseilexposition (n = 155) und die der Nichtteilnehmenden (n = 92), die auch als »TAU-Gruppe« (*Treatment As Usual*) bezeichnet wurde.

Die erste Gruppe lässt sich zudem in drei verschiedene Subgruppen unterscheiden, je nachdem, ob die Patienten a) am Anfang, b) inmitten oder c) gegen Ende ihrer Therapie eine Hochseilbegehung mitmachten. (Tiefergehende Ergebnisse in Bezug auf die Unterscheidung der Subgruppen sollen im Folgenden nicht von Relevanz sein. Näheres dazu lässt sich in den veröffentlichten Studien direkt nachlesen. Vgl. dazu Mehl u. Wolf 2007a, 2007b, 2010).

Als Instrumente dienten Erhebungen aus einer laufenden ergebnisorientierten Qualitätssicherung der Forschungsstelle für Psychotherapie an der Universität Heidelberg (FOST) sowie spezielle Instrumente, die aufgrund ihrer Sensitivität in Bezug auf die Erfassung bestimmter Veränderungen (Kontrollüberzeugung, Angst, Depressivität, Selbstwirksamkeit) besonders für die Studie geeignet waren. Zusätzlich wurde eine direkte Evaluation offener Fragen durchgeführt. Im Folgenden werden die wichtigsten Ergebnisse zusammengefasst.

Das therapeutische Verfahren (Exposition auf dem Hochseilgarten) hatte eine hohe Akzeptanz unter den Teilnehmern (was im Übrigen eine wichtige Voraussetzung für den therapeutischen Erfolg darstellte). Obwohl 64,7 % der Patienten/Probanden die Teilnahme »schwerfiel«, würden 80,1 % ein weiteres Mal dieses Verfahren wählen. Insgesamt erzielten Patienten, die in das psychotherapeutische Expositionsverfahren (Hochseilgarten) einbezogen wurden, signifikant größere Effektstärken in den Bereichen Gesamtbeeinträchtigung, Depressivität, State- und Trait-Ängste, Kontrollüberzeugungen und Selbstwirksamkeit. Zum Ende der Behandlung ergaben sich für die Teilnehmer, die an der Hochseilgartenbegehung teilgenommen hatten, durchweg starke Effekte (> 0,8 nach Cohen 1988), wohingegen die Therapieeffekte der Nichtteilnehmenden höchstens mittlerer Größenordnung waren (< 0,8 nach Cohen 1988). Die Ergebnisse sind plausibel und kohärent mit aktuellen Feststellungen, die sich aus der Hirnforschung ergeben.

Allgemeine Bewertung des Verfahrens: Die erfahrungsorientierte psychophysische Exposition auf dem Hochseilgarten ist eine klar konstruierte Situation in einem abgegrenzten, kontrollierbaren Raum. Sie ist somit der direkten therapeutischen Intervention und Prozessbegleitung zugänglich.

Insgesamt eignet sich dieses Verfahren durch seine hohe Effektivität und Effizienz für psychosomatische Behandlungskonzepte und psychotherapeutische Interventionen. Zudem wird es modernen Lernkonzepten gerecht und eignet sich in besonderem Maße zur Persönlichkeitsentwicklung und zur Anwendung in Coaching-Prozessen.

Bei der zweiten Untersuchung handelte es sich um eine 24-monatige Katamnese-Studie, nachdem die 257 Patienten ihre Therapie beendet hatten. Im Fokus standen **Wirkimpulse und Effektstärken von Hochseilexpositionen im stationären Setting.** Die Analyse der Veränderungen in der klinischen Symptomatik ergab bei den hochseilexponierten Patienten im Vergleich zur Kontrollgruppe deutlich bessere Ergebnisse in den Bereichen persönlichkeitsimmanente Angst (Trait-Angst), Depressivität und Selbstwirksamkeit, nicht jedoch im Hinblick auf Zustandsangst (State-Angst) und externale Kontrollüberzeugungen.

Mit der Katamnesestudie sollte der Langzeiteffekt der erfahrungsorientierten Therapieeinheit über zwei Jahre untersucht werden. Verfügbar waren die Daten von 104 Patienten, die während der stationären Behandlung an der Hochseilexposition teilgenommen hatten, und von 53 Patienten aus der Kontrollgruppe. Wie bereits in der ersten Studie aufgezeigt, fand sich bei der Gruppe der Hochseilbegeher eine relative Persistenz der in der stationären Phase erzielten positiven Ergebnisse. In der zweiten Studie wiesen sie ferner deutlich weniger Verschlechterungen bezüglich ihrer Angstsymptomatik und Selbstwirksamkeit auf. Auffallend war, dass sich insbesondere persönlichkeitsimmanente Parameter versus symptomatische deutlich verbesserten. Wir vermuten, dass diesbezüglich gemachte Primärerfahrungen in der Folge der stationären Expositionen (zwei bis drei pro Patient) im »Erfahrungsreaktor Gehirn« dynamisch weiterentwickelt werden konnten. Beispiel: Ein Mann hat beim Balancieren über einen Holzbalken Angst, ein Seil loszulassen. Er erfährt, dass das Drüberlaufen besser geht, wenn er loslässt. Er lässt im Job los, er lässt seine Freundin los, er lernt: *Loslassen bringt's!*

Die Ergebnisse der Katamnesestudie können als erster Hinweis auf die Akzeptanz und den potenziellen Nutzen der Expositionen in der stationären Psychotherapie gewertet werden. Darüber hinaus legen sie nahe, dass weitere Untersuchungen notwendig und vielversprechend wären, um die in der Studie vorliegenden Limitationen auszugleichen.

Die hier knapp zusammengefassten Studien zeigen die großen Wirkimpulse, Effektstärken und Veränderungsprozesse, die durch EOT mittels Exposition in einem Hochseilgarten erreicht werden können. Dennoch ist sie nicht die beste, größte oder sinnvollste erfahrungsorientierte Methode, sondern sie ist eine von mehreren. Dies gilt es zu bedenken. Im Zentrum der Therapie steht vielmehr die Frage: Was möchte man für und mit dem Patienten erreichen?

Literatur

Bongartz, W., & Bongartz, B. (1998). *Hypnosetherapie*. Göttingen: Hogrefe.

Cohen, J. (1988). *Statistical power analysis for the behavioral sciences*. 2. Aufl. Hillsdale (NJ): Lawrence Erlbaum.

Mehl, K., & Wolf, M. (2007a). *Erfahrungsorientiertes Lernen in der Psychotherapie* (Hrsg. Institut für Erfahrungslernen [infer]). Bodnegg. PPE Zusammenfassung (dtsch.): http://www.wollmarshoehe.de/images/Dokumente/ Klinik_Wollmarshoehe/Studie_PPE-Zusammenfassung-D. pdf; PPE Zusammenfassung (engl.): http://www.wollmarshoehe.de/images/Dokumente/Klinik_Wollmarshoehe/Studie-PPE-Zusammenf-GB.pdf. Zugegriffen: 29. Dezember 2016.

Mehl, K., & Wolf, M. (2007b). Erfahrungsorientiertes Lernen in der Psychotherapie. Evaluation psychophysischer Expositionen auf dem Hochseil im Rahmen eines multimethodalen stationären Behandlungskonzeptes. *Psychotherapeut*. doi:10.1007/s00278-007-0569-3.

Wolf, M., & Mehl, K. (2010). Experiential learning in psychotherapy. Ropes course exposures as an adjunct to inpatient treatment. *Clinical Psychology and Psychotherapy*. doi:10.1002/cpp.692.

KiT: Klettern in der Therapie

Thomas Lukowski

K. Mehl (Hrsg.), *Erfahrungsorientierte Therapie*,
DOI 10.1007/978-3-662-54544-7_5, © Springer-Verlag GmbH Deutschland 2017

Klettern boomt und auch die immensen therapeutischen Aspekte dieser Sportart kristallisieren sich in den letzten zehn Jahren immer mehr heraus. Im physio- und ergotherapeutischen Bereich, in der Sonder- sowie in der Erlebnispädagogik sind die positiven Effekte des Kletterns auf verschiedene Erkrankungen (z. B. des Bewegungsapparates, des zentralen Nervensystems etc.) oder psychosoziale Störungsbilder (wie Verhaltensauffälligkeit, ADHS oder im Falle jugendlicher Straftäter) gut bekannt und beschrieben.

Psychische Erkrankungen sind jedoch sehr komplexe Erkrankungen, d. h., sie sind multifaktoriell bedingt und führen zu einer Symptomausbildung auf einer biologischen, psychologischen und sozialen Ebene. Hier bedarf es einer profunden Kenntnis von Krankheitsbildern und Therapieoptionen, gepaart mit Berufserfahrung, um verantwortungsvoll mit psychisch kranken Menschen zu arbeiten oder entsprechende Ausbildungsangebote anzubieten. Eingefahrenes Schuldenken, eine antipsychiatrische Grundhaltung, therapeutisch-idealistisches Sendungsbewusstsein, theorielastige Kurse in großen Gruppen und Ausbilder ohne eigene therapeutische Ausbildung gefährden Menschen, die sich mit einer psychischen Erkrankung einer Klettertherapie unterziehen wollen. Jeder, der mit Patienten klettert, sollte sich also kritisch hinterfragen, ob seine Ausbildung und sein Kenntnisstand den genannten Grundvoraussetzungen genügen, mit psychisch Kranken therapeutisch umzugehen (Lukowski 2017).

Es versteht sich von selbst, dass an der Klettertherapie teilnehmende Patienten therapiefähig sein müssen. Das heißt, es darf keine akute Suizidalität, keine floride Psychose, kein akutes Entzugssyndrom oder Ähnliches vorliegen. Im stationären Setting sollte die Teilnahme im Team bei der Patientenbesprechung diskutiert werden. Im ambulanten Setting trägt der Klettertherapeut die alleinige Verantwortung.

5.1   Grundlagen

Im Folgenden werden die theoretischen Grundlagen vorgestellt, mit denen jeder Therapeut vertraut sein sollte, der mit psychisch erkrankten Menschen arbeitet. K. i. T. geht von einem ganzheitlichen Konzept aus. Das biopsychosoziale Störungsmodell (▶ Abschn. 5.1.1) dient als Basis für ein besseres Verständnis von psychischen Erkrankungen. Die Komponenten dieses Modells werden in den folgenden Abschnitten kurz skizziert: die biologische (▶ Abschn. 5.1.2), die psychische (▶ Abschn. 5.1.3) und die soziale (▶ Abschn. 5.1.4).

5.1.1   Biopsychosoziales Störungsmodell

Bis auf wenige Ausnahmen lassen sich bei psychischen Störungen krankheitsverursachende Auslöser, Symptombildung und Ansatzpunkte für eine erfolgreiche Therapie auf einer biologischen, einer psychologischen und einer sozialen Ebene beschreiben. Deshalb sollte ein Streit unterschiedlicher Schulen, wer die »beste Therapieform« vertritt – ob Psychoanalyse, Verhaltenstherapie, Tiefenpsychologie, systemische Therapie oder biologische Psychiatrie – der Vergangenheit angehören. Apologeten, die eine Ausschließlichkeit ihrer Therapieform vertreten, demonstrieren mit dieser Haltung, nicht mehr auf dem aktuellen Stand der medizinischen, psychologischen, pädagogischen und neurobiologischen Forschung zu sein, und schaden dem erkrankten Menschen.

5.1.2   Biologische Ebene

In den letzten beiden Jahrzehnten konnte in einer Vielzahl von Studien nachgewiesen werden, dass eine sportliche Betätigung – schon bei geringer Belastungsstufe – positive Auswirkungen auf das zentrale Nervensystem besitzt (Lukowski 2013; Hollmann u. Strüder 2001). Im Hippocampus, ein wichtiges neuronales Kerngebiet, degenerieren Nervenzellen, z. B. bei länger anhaltenden Depressionen oder bei schweren traumatischen Ereignissen (Posttraumatische Belastungsstörung). Der Hippocampus ist ein wesentlicher Bestandteil des neurobiologischen Systems zur Affektregulierung, zum Lernen und zur räumlichen Orientierung. Am meisten beeindruckt hier die Erkenntnis, dass sportliche Betätigung – genau wie ein Antidepressivum – im Hippocampus die Neuroneogenese aktiviert (Knöchel et al. 2012).

Gut untersucht sind auch die Auswirkungen einer regelmäßigen sportlichen Betätigung auf den Neurotransmitterhaushalt (Serotonin, Dopamin, Noradrenalin) (Malchow et al. 2013). Diese sind wichtige Neurobotenstoffe in der medikamentösen Behandlung psychischer Störungen. Zusätzlich wurde in den letzten Jahren der fördernde Effekt des Sportes auf das Endocannabinoidsystem untersucht, dessen Botenstoff Anandamid direkt auf das dopaminerge Belohnungssystem wirkt und indirekt die Neuroneogenese durch Aktivierung von neurotrophen Faktoren stimuliert (Heyman et al. 2011).

Eine beeindruckende Untersuchung konnte zeigen, dass Hirnstromveränderungen, Zunahme der Alpha-Aktivität, in bestimmten Hirnarealen durch sportliche Betätigung möglich sind. Diese Alpha-Aktivität wird sonst nur durch die Anwendung eines Tiefenentspannungsverfahrens (autogenes Training, Meditation) bewusst aktiviert (Schneider und Guardiera 2011). Vergegenwärtigt man sich, dass psychische Störungen immer ein biologisches Korrelat (Ursache und/oder Auswirkung) haben, wird deutlich, wie wertvoll Sport und Bewegung in der Behandlung einer seelischen Störung sind.

5.1.3 Psychologische Ebene

Bewegungstherapie hat im Allgemeinen gut nachweisbare Effekte in Prophylaxe und Therapie schwerer psychischer Erkrankungen (wie Alzheimer, Depression und Suizidalität, Schizophrenie, psychosomatische Erkrankungen etc.). Auch auf lernpsychologischer Ebene fördert die Bewegungstherapie die Konzentration, die Aufmerksamkeit und die Aufnahme neuer Lerninhalte. Das ist wichtig, da sich viele psychische Erkrankungen in einem Haften an traumatische Ereignisse, depressive Gedanken und Wahnvorstellungen manifestieren. Dadurch wird das Erlernen und Verstärken neuer, gesundheitsfördernder Einsichten und Verhaltensweisen nahezu unmöglich gemacht.

Durch lernpsychologische Experimente gestützt, setzt sich nun die Erkenntnis durch, dass motorisch und kognitiv fordernde Bewegungsaufgaben einen größeren Effekt erzielen als reine Ausdaueraufgaben (Windisch et al. 2011). Das Klettern beinhaltet hier

par excellence die Möglichkeit, durch entsprechende Boulder- und Routenauswahl die motorischen Fähigkeiten des Klienten individuell therapeutisch zu nutzen. Es können immer wieder neue Bewegungsaufgaben gestellt werden, um einer zu raschen Automatisierung entgegenzuwirken und zusätzlich gesundheitsfördernde Effekte im konditionellen Bereich (Bewegungsarmut, Übergewicht bei psychisch kranken Menschen) zu erzielen.

Empirische psychologische Untersuchungen sind leider rar. Diesen mangelt es zusätzlich an einer ausreichenden Fallzahl, einer Validierung der psychologischen Testinstrumente und einer gleichzeitig untersuchten Kontrollgruppe. Trotz aller methodischen Mängel ist in allen Studien und Fallberichten jedoch ein eindeutig positiver Einfluss auf die psychische Befindlichkeit psychisch erkrankter Menschen nachweisbar (Lukowski 2017).

5.1.4 Soziale Ebene

Psychische Erkrankungen zeigen in ihrer Entwicklung immer eine Störung in der sozialen Interaktions- und Kommunikationsfähigkeit des Erkrankten und münden im sozialen Rückzug oder in der sozialen Isolierung des betroffenen Menschen. Durch die soziale Komponente verstärkt sich ein Teufelskreis – aus Symptomentstehung, sozialer Isolierung, Verstärkung der Symptome, weitere soziale Isolierung usw. –, bis sich der Mensch selber zum gänzlichen »Verschwinden« (Suizid) bringt.

Sporttherapie in der Eins-zu-eins-Situation oder im Gruppensetting durchbricht diesen Teufelskreis. In den Feedbackrunden nach einer klettertherapeutischen Einheit wird deutlich, wie unterstützend, vertrauensfördernd und stabilisierend das Gruppensetting in der Klettertherapie wirkt. Berichte von Therapeuten, die mit schizophrenen oder Schwerstabhängigen arbeiten, sprechen hier für sich.

Der schizophrene Patient schafft es durch die Klettertherapie überhaupt erst, regelmäßig und verlässlich an einer Gruppenaktivität teilzunehmen. Bei Suchtpatienten liegt der Schwerpunkt ihrer Kommunikation häufig auf der Darstellung ihrer individuellen »Drogenkarriere«. Durch die Klettertherapie entsteht eine eindrucksvolle Themenvielfalt, weg von der Sucht als Lebensinhalt.

5.2   Psychische Störungsbilder und Ansatzpunkte einer spezifischen Klettertherapie

Im Folgenden wird auf unterschiedliche Anwendungsfelder einer spezifischen Klettertherapie eingegangen: Phobie und Angststörung (▶ Abschn. 5.2.1), Depression und Burn-out-Syndrom (▶ Abschn. 5.2.2), Suchterkrankungen (▶ Abschn. 5.2.3), Schizophrenien (▶ Abschn. 5.2.4), psychosomatische Störungen (▶ Abschn. 5.2.5) sowie Partnerschafts- und Familienkonflikte (▶ Abschn. 5.2.6). Es soll in aller Kürze dargestellt werden, welche Anknüpfungspunkte und Vorteile hier klettertherapeutische Maßnahmen bieten.

5.2.1   Phobie/Angststörung

Die Schweizer Psychiaterin Elisabeth Kübler-Ross postulierte als Grundangst des Menschen das unkontrollierbare Fallen aus großer Höhe. Diese Perspektive von Kübler-Ross findet sich in der psychoanalytischen These zur Entstehung von Ängsten bei Erwachsenen, z. B. der Höhenangst, wieder. Menschen, deren Lebenseinstellung durch Kontrollierbarkeit und Planbarkeit geprägt ist, könnten sich nicht »fallen lassen«. Der Transfer auf andere phobische Störungen ist evident. Es dreht sich alles um die Furcht, einer bestimmten Situation, Menschen oder Ereignissen subjektiv hilflos ausgeliefert zu sein (Platzangst, Prüfungsangst, soziale Phobie, traumatische Erfahrung von Gewalt, Bedrohung etc.).

Sich eigenen Grenzen oder unangenehmen Persönlichkeitsanteilen bewusst zu werden und diese zu akzeptieren, sind wichtige Themen in der Psychoanalyse nach C. G. Jung (Auseinandersetzung mit dem eigenen »Schatten«). Klettern, d. h., sich eine Route Schritt für Schritt zu erarbeiten und sich dabei mit unangenehmen Persönlichkeitsanteilen konfrontiert zu sehen (Ängstlichkeit, Furcht, Unzulänglichkeitsgefühle, Versagensängste, negative innere Stimme), wäre im Sinne der genannten tiefenpsychologischen Therapieform eine Möglichkeit, sich mit den eigenen Schattenanteilen auseinanderzusetzen und gesundheitsfördernd mit diesen umzugehen (Lukowski 2017).

Ein zentrales Motiv der Verhaltenstherapie lautet: »Vermeiden verstärkt«. Vermeidung vermindert vordergründig die Angst, verstärkt diese jedoch prinzipiell. Die schrittweise, klientenangepasste Konfrontation mit angstbesetzten Situationen an der Kletter- oder Boulderwand ist somit per se ein verhaltenstherapeutisches Mittel in der Behandlung einer Phobie oder Angsterkrankung (Lukowski 2017).

5.2.2   Depression/Burn-out

Erschöpfung, Antriebsverminderung, Frustrationserleben, Verlust der Vitalgefühle, Freudlosigkeit, sozialer Rückzug, Reduktion der ästhetischen Umweltwahrnehmung (Riechen, Schmecken, Hören, Haptik), Angst vor den kleinsten alltäglichen Anforderungen, Grübelneigung, negative Vorsätze und nihilistische Vorhersagen (»Ich kann nichts, ich bin nichts«), eine reduzierte Körperwahrnehmung sind einige Hauptsymptome dieser Erkrankungsentitäten. Die »Depression« ist ein Oberbegriff für eine sehr heterogene Krankheitsgruppe. Darunter fällt auch die Erschöpfungsdepression, die im deutschsprachigen Raum hauptsächlich mit »Burn-out« bezeichnet wird. Klettern reaktiviert das durch die Depression verlorengegangene Körpergefühl. Es ermöglicht wieder kleinste Erfolgserlebnisse (in der Klettertherapie ist weniger oft mehr) und setzt dadurch einen positiven Verstärkermechanismus in Gang.

Klettern fördert die Fokussierung auf die eigene Leistungs- und Genussfähigkeit, die bei Depressionserkrankten oft durch eine Überanpassung an äußere Gegebenheiten und Erwartungen überlagert oder nahezu aufgehoben ist. Wenn der Klettertherapeut erfahren und gut geschult ist, die individuelle Symptomkonstellation zu erkennen und adäquate Bewegungsaufgaben zu initiieren vermag, besitzt das Klettern ein breites Interventionsspektrum für die verschiedensten depressiven Symptome.

5.2.3   Suchterkrankungen

Pathognomisch für diese schwere seelische Erkrankung sind eine verminderte Impulskontrolle und Frustrationstoleranz, eine Lustbefriedigung, die keinen Aufschub duldet, ein vermindertes Durchhaltevermögen, subjektive überbordende Langeweile, Größen- und Überlegenheitsphantasien bei einem oft sehr geringen Selbstwertgefühl, Misstrauen gegen die Umwelt, Egoismus sowie Schuldzuweisungen an die Umwelt. Diese setzt therapeutische Bemühungen oft schachmatt (»es gibt immer einen Grund zu saufen«).

An der Kletterwand ist eine Schuldzuweisung für einen Misserfolg nicht möglich. Es liegt am Patienten, eine Route nicht zu bewältigen und einen »Misserfolg« zu akzeptieren. Als Therapeut ist man gefordert, eine geeignete Route anzubieten und nicht auf die oft vorhandenen Größenphantasien des Süchtigen hereinzufallen. Wird eine Route nicht bewältigt, ohne dafür die Schuld auf jemanden anderen schieben zu können, ist die Möglichkeit geschaffen, neue Wege im Umgang mit Frustrationserlebnissen zu finden.

Durch den kletterbedingten Endorphin- und Adrenalinkick verschafft sich der Suchtkranke sein Hochgefühl auf legale und gesundheitsfördernde Art (»No risk – no fun«). Eine schwierige Route von Therapiestunde zu Therapiestunde zu bewältigen, ist ein geeignetes Mittel, das Durchhaltevermögen zu verbessern und den Drang nach sofortiger Lustbefriedigung zu vermindern.

Süchtige sind Einzelkämpfer (auf der Straße überleben, Stoff organisieren, die Sucht verstecken etc.). Umso wichtiger ist es, mit Boulderspielen und der Klettertherapie in der Gruppe andere soziale Verhaltensweisen zu vermitteln und einzuüben (Lukowski 2017).

5.2.4 Schizophrenien

Schizophrene Erkrankungen sind gekennzeichnet durch massive Störungen der biopsychosozialen Ebenen. Vorherrschende Symptome sind ein nicht steuerbares inneres Erleben, der Verlust des Realitätsbezuges, psychotisches Umdeuten und Verarbeiten von Außenreizen und -wahrnehmungen, Verlust des Körpergefühls, soziale Isolierung, Vertrauensverlust (Wahn), Ambivalenz und erhebliche Aufmerksamkeits- und Konzentrationsstörungen. Auf der emotionalen Ebene sind die Erkrankten oft kaum noch oder überhaupt nicht mehr erreichbar,

sie spüren hier nur wenig oder nichts mehr. Schwerwiegende Mitteilungen werden ohne erkennbare Gefühlsregung oder mit einer unangebrachten Witzelei oder Ironie artikuliert.

Bei diesen Menschen kann mit der Klettertherapie ein Gruppenerlebnis, Vertrauen in andere Menschen, die Reaktivierung des Körpergefühls, die Fokussierung auf eine Bewegungsaufgabe und damit eine, wenn auch vielleicht nur kurzzeitige, Unterbrechung des Ansturms innerer Bilder, Gedanken oder sogar Stimmen erzielt werden. Die klettertherapeutische Arbeit mit diesen Menschen Bedarf jedoch eines überaus sorgsamen und aufmerksamen Umgangs, da durch die fehlende emotionale Rückkoppelung Überforderungssituationen oder ein eventuell wahnhaftes Verarbeiten einer Therapieeinheit sehr schwer zu erfassen sind (Lukowski 2017).

5.2.5 Psychosomatische Störungen

Die Krux dieser leibnahen Depression stellt eine fast unverrückbare Überzeugung des Patienten dar, seine Kopf- oder Magenschmerzen, die Rückenschmerzen, das Herzrasen, das Herzstolpern, die Schluckstörungen oder Ähnliches müssten durch eine körperliche Erkrankung verursacht sein. Diese Ursache gelte es zu finden, damit alles wieder gut werde. Eine seelische Verursachung der Symptome wird nicht oder kaum ins Kalkül gezogen.

Diesen Menschen ist ihr Körper fremd und unheimlich geworden, da er nicht mehr zufriedenstellend funktioniert. Körperliche Sensationen sind negativ konnotiert und das Vertrauen in den eigenen Körper ist verloren gegangen. Sie neigen an der Kletterwand oft zu übertriebenem sportlichem Ehrgeiz. Nicht der Weg ist das Ziel, sondern ganz nach oben zu kommen. Sie wollen gesund sein und funktionieren, auch wenn Rücken oder Schultern nach dem Klettern mehr schmerzen als vorher.

Hier ist der Therapeut gefordert, den Genussaspekt des Kletterns in den Vordergrund zu stellen, eine Route in kleine, gut zu bewältigende Einheiten zu zerlegen oder den Patienten einfach im Seil schaukeln zu lassen. So können körperliche Funktionen (z. B. beschleunigter Herzschlag bei Anstrengung) wieder als adäquat registriert und das

Vertrauen in den Körper und einfache Zufriedenheitsgefühle reaktiviert werden. Auch hier gilt, wie in allen Bereichen des therapeutischen Kletterns: »weniger ist mehr« (Lukowski 2017).

5.2.6 Partnerschafts-/Familienkonflikte

In der Klettertherapie zeigen sich schnell und eindeutig gestörte Kommunikationsmuster, festgefahrene Rollenmuster (Wer führt, wer folgt?), die Angst zu versagen oder als der Schwächere in der Beziehung zu gelten (Lukowski 2017). In einer gestörten Beziehung fühlt sich der eine Partner oft von dem – vordergründig – dominanten anderen Partner abhängig. In Beziehung leben zu wollen, fordert jedoch von allen Beteiligten die Einsicht, per se abhängig zu sein. Durch die Klettertherapie kann Ehrlichkeit und Vertrauen zwischen den Beteiligten sowie eine adäquate Kommunikation – auch in Krisensituationen – eingeübt werden. Denn wo »hängt« man noch offensichtlicher voneinander ab als am Seil während des Kletterns.

5.3 Klettern in der Psychotherapie

Klettertherapie bedeutet Anregung von psychologischen, kognitiven, emotionalen und physischen Entwicklungs- und Lernprozessen. Eine Anpassung an die individuellen Fähigkeiten des Lernenden ergibt sich bei der Kletterei automatisch, da je nach sporttechnischem Können sowie psychischen und physischen Voraussetzungen nur bestimmte – wenn auch unterschiedliche – Routen gewählt werden können.

Es ist die Aufgabe des Therapeuten, spezielle Themen in der Erkrankung des/der Patienten zu erkennen und aus den vielfältigen Möglichkeiten, welche die Klettertherapie bereithält, für den/die Patienten adäquate Aufgaben herauszusuchen. Deshalb ist eine profunde und praxisnahe Ausbildung als unbedingte Voraussetzung zu fordern.

Der Patient bestimmt im therapeutischen Prozess selbst seine Grenzen und Möglichkeiten. Dennoch ist der Therapeut gefordert, bei diesem Lust auf mehr sowie Neugier zu wecken und dafür zu sorgen, dass er motiviert wird, seine Fähigkeiten

und Kompetenzen auszubauen. Insgesamt kann festgehalten werden, dass Klettern für Patienten ein optimales therapeutisches Setting bietet, um im Einzel- oder Gruppensetting sich persönlichkeits- und/oder erkrankungsrelevanten Herausforderungen in adäquatem Maße zu stellen und Probleme mit professioneller Hilfe zu bearbeiten (Lukowski 2017).

5.4 Aufbau und Durchführung einer klettertherapeutischen Einheit (Gruppe)

Die Gruppengröße sollte bei maximal vier Teilnehmern pro Therapeut liegen. Dieses Zahlenverhältnis hat sich unter den verschiedenen, seit Jahren mit Gruppen arbeitenden Therapeuten in der praktischen Durchführung bewährt und schließt versicherungsrechtliche Überlegungen ein.

Circa 50 % der Zeit sollte dem spielerischen Aufwärmen mit Balance- und Körperschwerpunktübungen und nicht- oder wenig kompetitiven Bewegungsspielen gewidmet werden. Die Boulder- und Gruppenspiele sind eine wichtige Vorarbeit, um ein humorgeprägtes und vertrauensvolles Gruppengefühl zu schaffen und die Therapieeinheit an der Kletterwand gelingen zu lassen. Von der Beschaffenheit der Boulderwand ist es abhängig, wie viel Zeit hier mit der Gruppe verbracht werden kann. Einige Kletterhallen verfügen nur über sehr einfache Boulderräume (für Kinder) oder über sehr anspruchsvolle (für ambitionierte Kletterer).

Beim Seilklettern (Toprope) gibt es verschiedene Schlüsselsituationen, z. B. das Einbinden sowie das ruhige, vertrauenserweckende Briefing bzgl. des Sicherungsgerätes und der Seilkommandos. Wesentlich in der Verhaltensbeobachtung durch den Therapeuten ist der Moment, in dem der Patient in die Route einsteigt, der Moment, in dem dieser nicht weiterkommt und der Moment, in dem er sich ins Seil setzt. Hier in einer passenden Art und Weise zu intervenieren, zeichnet einen guten Klettertherapeuten aus. Sonst minimiert sich alles auf die Formel: »Hat Spaß gemacht!« oder »Hat hoffentlich nicht geschadet …«

Etwa 10 % der Zeit sollte der Nachbesprechung gewidmet werden. Patienten bringen ihre wesentlichen Erfahrungen der Therapiestunde oft wunderbar auf den Punkt (»Ich hab mich zum ersten Mal im Leben stark gefühlt«, »Ich hatte wieder einen klaren Kopf, sonst sind immer tausend Gedanken darin«).

Diese Erfahrungen auszusprechen, erhöhen den positiven Lerneffekt für die Gruppe und den einzelnen Patienten (Lukowski 2017). Falls die Möglichkeit besteht, ist ferner die Videoaufzeichnung und Nachsichtung mit dem entsprechenden Patienten ein sehr wirksames Mittel, um die Klettererfahrungen therapeutisch weiter zu verstärken.

5.5   Ausblicke

Das therapeutische Klettern – ob im Hochseilgarten oder an der Kletterwand – wird immer mehr in psychiatrischen und psychosomatischen Kliniken sowie im ambulanten Bereich eingesetzt (z. B. Klinik Wollmarshöhe [Bodnegg], Isar-Amper-Klinik München-Ost, Ameos-Klinik [Simbach am Inn], Psychiatrische Universitätsklinik Erlangen, Psychosomatische Klinik Ahrweiler, Psychiatrische Universitätsklinik Tübingen etc.). Dennoch ist ie wissenschaftliche Datenlage zur Wirksamkeit der Klettertherapie derzeit noch unbefriedigend. Bis dato beziehen nur wenige Untersuchungen validierte psychologische Tests und Kontrollgruppen mit ein. Neurobiologische Parameter haben bislang bei der Datenerhebung überhaupt noch keine Rolle gespielt.

Jedoch – und das scheint maßgebend –, existieren immer mehr Einzelfallveröffentlichungen, Bachelor- und Masterarbeiten, Untersuchungen an kleineren Patientenkollektiven, die eindeutig eine ausgeprägte Wirksamkeit der Klettertherapie belegen. Beispielhaft – ohne Anspruch auf Vollständigkeit – sei hier auf verschiedene Untersuchungen bei psychiatrischen Patienten verwiesen (Lukowski 2014; Reiter 2013; Hause 2010; Mollenhauer et al. 2011; Schnitzler 2009; Niggehoff 2003; Luttenberger 2015).

Umfangreichere wissenschaftlichere Arbeiten befinden sich in der Auswertung oder stehen kurz vor der Durchführung. Außerdem können wissenschaftliche Erkenntnisse zur positiven Auswirkung der Sporttherapie auf das biopsychosoziale Wirk-

modell der Klettertherapie übertragen werden. Es ist zu hoffen, dass nach den kleineren Publikationen das wissenschaftliche Interesse zunimmt und größere Studien initiiert werden.

In meinen Ausbildungskursen bin ich überaus engagierten Menschen begegnet, die im ambulanten sowie im stationären Bereich motiviert sind, selbst Untersuchungen zu kreieren und durchzuführen. Dies lässt viele neue Erkenntnisse zur Wirksamkeit der Klettertherapie in den nächsten Jahren erwarten.

Literatur

Mollenhauer, A., Doll, N., Renz, P., & Luntz J. (2011). Therapeutisches Klettern in der Akutpsychiatrie (Therapeutic climbing for acute psychiatric patients). *Pflegewissenschaft*, 9, S. 453–461.

Hause, T. (2010). *Klettern als eine Methodik in der Paararbeit – zwischen Beratung und Therapie*. Nürnberg: GSO Hochschule Nürnberg, Fakultät für Sozialwissenschaften. http://www.dr-lukowski.com/pdf/Therapeutisches Klettern.pdf. Zugegriffen: 5. Januar 2017.

Heyman, E. et al. (2012). Intense exercise increases circulating endocannabinoid and BDNF levels in humans. Possible implications for reward and depression. *Psychoneuroendocrinology*, 37, S. 844–851.

Hollmann, W., & Strüder, H. (2001). Brain, psyche, mind and muscular activity. In W. Hollmann, D. Kurz, & J. Mester: *Current results on health and physical activity* (S. 87–113). Series Club of Cologne, Bd. 2. Stuttgart: Hofmann-Schattauer.

Knöchel C. et al. (2012). Cognitive and behavioural effects of physical exercise in psychiatric patients. *Progress in Neurobiology*, 96(1), S. 46–68. doi:10.1016/j.pneurobio.2011.11.007.

Lukowski, T. (2013). Psyche und Sport. *DNP – Der Neurologe und Psychiater*, 14(7), S. 49–56. doi:10.1007/s15202-013-0311-7.

Lukowski, T., Schmitt, J., Reinisch, A., & Kern, C. (2014). Therapeutisches Klettern in der Psychotherapie. In R. Frank, I. Nixdorf, F. Ehrlenspiel, A. Geipel, A. Mornell, & J. Beckmann (Hrsg.), »*Performing under Pressure*«, *Internationales und interdisziplinäres Symposium, 46. Jahrestagung der Arbeitsgemeinschaft für Sportpsychologie (asp) Art in Motion 2014 vom 29.–31. Mai 2014 in München* (S. 186). Hamburg: Czwalina 2014.

Lukowski, T. (2017). *Klettern in der Therapie*. München: Reinhardt.

Luttenberger, K. et al. (2015). Indoor rock climbing (bouldering) as a new treatment for depression: study design of a waitlist-controlled randomized group pilot study and the first results. *BMC Psychiatry*, 15(201). doi:10.1186/s12888-015-0585-8.

Malchow et al. (2013). The effects of physical exercise in schizophrenia and affective disorders. *European Archives of Psychiatry and Clinical Neuroscience*, 263(6), S. 451–467. doi:10.1007/s00406-013-0423-2.

Niggehoff, S. (2003). Klettern als erlebnispädagogisches Medium in der Entwöhnungsbehandlung Drogenabhängiger. *Praxis der Psychosomatik*, 28(3), S. 191–195.

Reiter, M. (2013). *Untersuchungen zu Erwartungen und Zielen an das therapeutische Klettern bei Patienten mit Angst- und Zwangsstörungen*. Diplomarbeit, TU München, Fakultät für Sportwissenschaften und Gesundheit.

Schneider, S., & Guardiera, P. (2011). Bildung braucht Bewegung – neurophysiologische Zusammenhänge zwischen körperlicher Aktivität und Lernleistung im Schulalltag. *Sportunterricht*, 60(10), S. 317–321.

Schnitzler, E. (2009). Loslassen, um weiter zu kommen – Praxisbericht: Therapeutisches Klettern in der psychosomatischen Rehabilitation. *Rehabilitation*, 48(1), S. 51–58. doi:10.1055/s-0028-1100408.

Windisch, C. et al. (2011). Förderung geistiger Fitness bei Schülerinnen und Schülern durch koordinative Übungen. *Sportunterricht*, 60(10), S. 307–311.

Therapeutisches Bogenschießen – ein neues Gebiet der Erfahrungstherapie

Karl-Heinz Schäfer

K. Mehl (Hrsg.), *Erfahrungsorientierte Therapie*,
DOI 10.1007/978-3-662-54544-7_6, © Springer-Verlag GmbH Deutschland 2017

Vor fünfzehn Jahren wurde Bogenschießen in das Repertoire therapeutischer Möglichkeiten der Klinik Wollmarshöhe aufgenommen. Es war damals schon eine Besonderheit dieser psychosomatischen, ganzheitlich orientierten, multimodal mit Schwerpunkt Psychotherapie arbeitenden Klinik, erfahrungstherapeutischen Vorgehensweisen viel Raum durch einen Hochseilgarten zu geben. Später kamen auch noch die Einrichtungen eines Niederparcours dazu sowie Naturtherapie, etwa in Form von Medizinreisen, und Ackertherapie. So bestand eine konzeptionelle Offenheit auch für das Bogenschießen als sinnvolle Ergänzung, die noch andere Facetten der Persönlichkeit der Patienten ansprechen könnte.

Im Laufe der Jahre wurde das Konzept Therapeutischen Bogenschießens ständig an der Erfahrung erprobt und erfolgreich weiterentwickelt.[1] Es hat sich bei den Patienten sehr bewährt: Von fast allen wird es als hilfreicher und wertvoller Teil der Therapie eingeschätzt (Bauer 2015).

Setting: Die Patienten sind durchschnittlich sechs bis sieben Wochen in der Klinik. Im Laufe der ersten beiden Wochen geschieht die Integration in eine intensive, individuelle Therapie; sie umfasst Einzeltherapiestunden beim Bezugstherapeuten, Medikation (sofern notwendig), Physiotherapie sowie meist u. a. auch Gruppentherapie, Gestaltungs-, Musik- oder Tanztherapie, Entspannungstraining und die psychophysische Exposition auf dem Hochseilgarten. Meist in der zweiten Hälfte des Behandlungszeitraums wird dann bei ca. 50 % der Patienten in dieses Therapieprogramm auch Therapeutisches Bogenschießen aufgenommen.

Normalerweise wird das Therapeutische Bogenschießen mit einer Gruppe von drei Patienten durchgeführt, an vier Terminen à 120 Minuten, im Laufe von zwei Wochen. Die ersten beiden Termine sind meistens bestimmt vom grundlegenden Lernen des Bogenschießens, beim dritten und vierten Termin treten therapeutische Abläufe in den Vordergrund.

---

1 Konzept, Praxis und Erfahrung des Therapeutischen Bogenschießens an der Klinik Wollmarshöhe wurden inzwischen in einem Buch dargestellt (Schäfer 2015). Dort finden sich ausführlichere Erklärungen und viele weitere praktische Beispiele zu den Inhalten dieses Kapitels.

Das Therapeutische Bogenschießen findet stets im Freien statt, im Garten des Seminarzentrums Wollmarshöhe, das der Klinik angegliedert ist, oder im Waldgelände rings um die Klinik, bewusst nicht in einer Sporthalle, um der Erfahrungstherapie ein Stück Ursprünglichkeit zu bewahren.

6.1 Lernen des Bogenschießens mit therapeutischer Perspektive

Fast alle Patienten kommen ohne relevante Vorkenntnisse zum Bogenschießen. Sie sind zwar gut motiviert, zumindest im Sinne von Lust, es auszuprobieren, aber sie müssen es doch erst einmal grundlegend lernen.

Obwohl das »umständlicher« ist als bei Vorgehensweisen wie Entspannungstraining, Qi Gong oder Hochseilgarten, wo nicht erst der Umgang mit bestimmtem Material gelernt werden muss, hat es doch auch eine gute Seite: Die Person entwickelt mit der Handhabung von Pfeil und Bogen ein neues, spezifisches, elementar »brauchbares« Können, was auf einer allgemein menschlichen Ebene, die gar nicht einmal klar bewusst zu sein braucht, eine grundlegende Bestärkung bedeutet: Es entsteht die Erfahrung, unter natürlichen Bedingungen für sich sorgen, sich Nahrung beschaffen zu können, nicht verhungern zu müssen.

Das Bogenschießen trägt diese Bedeutung implizit in sich, gerade wenn es einfach ist. Es braucht kein Nachspielen von Steinzeit oder Mittelalter, es braucht kein fremdartiges Ritual östlicher Traditionen (Herrigel 2003; Österle 2016), es braucht schon gar nicht die technischen Hilfsmittel und den Perfektions- und Konkurrenzgedanken des Leistungssports. Es genügt, den Patienten in einfacher Form intuitives Bogenschießen beizubringen. Doch ist »Bogenschießen mit Patienten« nicht auch schon »Therapeutisches Bogenschießen«.

Natürlich ist Bogenschießen, vernünftig und mit Freude betrieben, an sich schon eine gute Sache, eine empfehlenswerte Erfahrung, auch gesund, aber als solches noch nicht als Therapie zu bezeichnen. Therapeutisch sind auch nicht irgendwelche Besonderheiten des Materials oder der vermittelten »Technik« des Bogenschießens. Therapeutisch wird das Bogenschießen später, auf der Basis grundlegenden Könnens und mithilfe einer Person, die therapeutisches Denken und Handeln mit dem Bogenschießen verbinden kann.

Dennoch spielt die therapeutische Perspektive auch in dieser Phase des Lernens der Technik schon eine gewisse Rolle. Denn bei der Art und Weise, wie ich als Bogentherapeut die Grundlagen vermittle, achte ich bereits besonders auf zwei Dinge:

- Ich gebe Raum für Selbsterfahrung.
- Ich ermögliche wertvolle Anregungen zur Lebensgestaltung.

6.1.1 Raum für Selbsterfahrung

Patienten bekommen Raum für ihre Gedanken und Gefühle in jeder Phase des Bogenschießens. Schon im Vorfeld haben sie Gelegenheit, ihre eventuellen Vorerfahrungen, ihre Assoziationen, ihre Erwartungen und Befürchtungen zu äußern. Bereits das kann Modell sein für eine andere Einstellung: sich nicht blind in die Dinge hineinstürzen, sich nicht vollständig der Autorität eines Lehrers oder Chefs ausliefern, sondern bei sich sein, sich seiner selbst bewusst sein, seiner Voraussetzungen, seiner Wünsche und Bedürfnisse.

Um dieses Selbst-Bewusstsein zu fördern, dürfen Anfänger das Material z. B. auch regelrecht »entdecken«. Wenn sie den Kasten öffnen, in dem alles Notwendige enthalten ist (Bogen, Pfeile, Köcher, Armschutz), werden sie nicht gleich sportlich instruiert, sondern bekommen als Erstes die Frage gestellt: Wie wirkt das jetzt auf Sie? Was fällt Ihnen am meisten auf? Da können dann sehr unterschiedliche, aufschlussreiche Assoziationen auftauchen, etwa »angsteinflößende Waffe« oder »verlockendes Musikinstrument«.

Ein besonders interessanter Punkt von Selbsterfahrung ist im weiteren Verlauf des Kennenlernens und Sichausrüstens mit dem Material oft der Bogen. Denn der Recurvebogen, so wie er im Kasten aufbewahrt ist, scheint Anfängern oft schon gebrauchsfertig zu sein, befindet sich doch die Sehne auf der scheinbar richtigen Seite, der Person zugewandt. Zugleich wird jedoch an der Hand spürbar, dass dann mit dem so gut durchgeformten Griff »etwas nicht stimmt«. Beim Aufspannen des Bogens, das in der Gruppe als kleines Ritual durchgeführt wird,

entdeckt der Patient, wie sich diese Dissonanz zwischen Gefühl und Verstand auflöst: das Körpergefühl, das so oft rasch beiseitegeschoben wird, hatte schon ein richtiges Signal gegeben und kommt nach der notwendigen Handlung (des Aufspannens) in Einklang mit dem rationalen Denken. Das kann eine wichtige Erfahrung sein.

6.1.2 Anregungen zur Lebensgestaltung

Das Bogenschießen in der Klinik, im therapeutischen Kontext, ist dezidiert von Anfang an prozessorientiert, nicht ergebnisorientiert. Der Therapeut lässt durchgehend klar erkennen, dass hier kein sportliches Trainingslager stattfindet, dass es nicht nur auf Leistung und Erfolg ankommt, sondern der wesentliche Wert im Tun selbst liegt, in einem gesunden und angenehmen Bewegungsablauf, in einem stimmigen und freudvollen Gefühl. Diese **Prozessorientierung** wird immer wieder in den erklärenden Worten von therapeutischer Seite deutlich, aber auch in der Gestaltung der Situation (keine Scheibe mit Ringen, die das Ergebnis zählbar machen) und im Verhalten (Schauen auf die Person, nicht auf die Scheibe).

Das Ergebnis (Wo landet der Pfeil, den ich fliegen lasse?) gehört allerdings durchaus mit dazu. Es ist jedoch nur ein kleiner Teil des Ganzen; so lässt sich ein guter Treffer bildhaft vergleichen mit dem »Sahnehäubchen auf dem Kaffee«. Und nach einem guten Ablauf wird meist auch das Ergebnis gut sein, ganz selbstverständlich, gerade weil ich mich nicht aufs Treffen und Gewinnen versteife. Sich in gesunder Weise im Tun wohlfühlen und ein gutes Ergebnis erzielen, sind keine Gegensätze – diese Erfahrung kann das Bogenschießen eindrücklich vermitteln. Patienten sind oft überrascht und betroffen zu erleben, dass sie besser treffen, wenn sie nicht unbedingt das Treffen erzwingen wollen, wenn sie ganz auf den Prozess, das Geschehen orientiert sind, sich dabei gut fühlen und darauf vertrauen, dass auch das Ergebnis gut sein wird.

Damit kann Bogenschießen auch eine Übung in **Achtsamkeit** werden. Denn Absichtslosigkeit und Nichtbewerten sind wesentliche Aspekte von Achtsamkeit, eines v. a. durch Kabat-Zinn (2006) auch im therapeutischen Bereich verbreiteten Konzepts, ursprünglich aus der Tradition buddhistischer Meditationspraxis. Unabhängig von diesem spirituellen Hintergrund lässt sich Achtsamkeit definieren als *aufmerksames Wahrnehmen im Hier und Jetzt*. Die reine sinnliche Wahrnehmung, ohne abschweifendes Denken, vermittelt nicht nur eine unglaubliche innere Ruhe, sondern schafft manchmal auch ein befreiendes Gefühl von Einssein mit sich und der Welt.

Achtsamkeit scheint so einfach (»nur wahrnehmen«), aber es ist doch für die meisten Menschen eine schwierige Übung. Bogenschießen ist dafür besonders geeignet, da es als übersichtlicher, ruhiger, bald auch sicherer Bewegungsablauf nach kurzer Lernphase tatsächlich auch kein Denken mehr erfordert. So kann ich gut üben, mich im Tun von den überflüssigen Gedanken zu lösen, ganz im Wahrnehmen aufzugehen (was auch die oft unterentwickelte Körperwahrnehmung schult) und mich dabei insbesondere vom gewohnten ständigen Bewerten zu befreien.

Bogenschießen, wie wir es in der Klinik praktizieren, ist für viele Patienten auch die Gelegenheit, sich erstmals genauer und konkreter mit **Intuition** zu beschäftigen. Intuition ist ja ein Gefühl, aus dem heraus ich mich entscheide und handle, eine Ahnung, was richtig sein wird, im Gegensatz zu rationalem Abwägen. Wobei »Gegensatz« nicht ganz richtig ist, denn die Intuition – richtig verstanden – bündelt alle Erfahrungen dieser Person zu diesem Punkt in einem umfassenden Gefühl; so sind hier auch frühere und mögliche gedankliche Erwägungen unbewusst enthalten (Traufetter 2009).

Gute Intuition, das richtige Gefühl, entsteht durch Erfahrung. Das lässt sich am Bogenschießen geradezu modellhaft beobachten und konkret erleben. Die Patienten sollen den Pfeil losfliegen lassen, wenn sie das »Gefühl« haben, er wird treffen. Manche können erst einmal gar nicht glauben, dass es überhaupt möglich ist zu treffen, ohne gedanklich gesteuert, mechanisch zu zielen, d. h., ohne eine optische Linie über ein Visier (wie die Sportschützen) oder über die Pfeilspitze herzustellen. Sie können kaum glauben, dass das die natürliche Form des Bogenschießens ist, in allen Kulturen. Dabei kennen alle das Intuitive bereits, etwa vom Werfen eines Balls. Wenn sie es dann probieren, sind sie oft

erstaunt, wie gut sie – auch ohne zu zielen – treffen, wie weit sie ihrem Gefühl vertrauen können.

Im Erleben ist es deutlich anders, wenn ich intuitiv meinem Körper vertraue, als wenn ich konzentriert zielend meinen Körper beherrsche. Die übliche starre Orientierung am Sehen und Denken wandelt sich in ein sanftes Vertrauen zum Körper, Gefühl und zum ganzen, auch unbewussten Selbst – und das mit gutem Ergebnis. Das Treffen wird nämlich dabei durch die intensive Verwertung der Erfahrung nach und nach immer besser. Indem ich den Pfeil mit dem Gefühl, er wird treffen, loslasse und dann beim längeren Nachhalten klar und eindeutig vor Augen habe, wo er wirklich gelandet ist, »eiche« ich immer wieder mein Körpergefühl, und die Intuition wird immer »treffender«. Und: Jeder Pfeil ist eine Erfahrung. Ich selbst, mein Körper lernt aus einem Pfeil, der »schlecht« getroffen hat, genauso viel wie aus einem »guten«. Das übliche Bewerten macht keinen Sinn, wenn es nicht um Wettbewerb geht, sondern um Entwicklung.

Der Vorgang des Bogenschießens ist also nicht schon beendet, wenn der Pfeil losgeflogen und ein bewertbares Ergebnis vorhanden ist, sondern erst, wenn im Nachhalten (Stehenbleiben in der Position des Loslassens) die Erfahrung innerlich verwertet wurde – sofern ich mich als Mensch verstehe, der nicht nur dauernd sich und andere bewertet, sondern der lernt und sich entwickelt.

Patienten machen ebenso die Erfahrung: Bogenschießen funktioniert am besten mit **Ruhe in der Bewegung** – ohne Hektik, krampfhafte Anspannung, Verbissenheit. Und als ruhig-harmonischer, fast ritueller Ablauf kann es sogar entspannend auf die ganze Person wirken, fast wie eine Entspannungsübung. Doch möchte ich Bogenschießen nicht als Entspannungsübung bezeichnen; selbst die auf den ersten Blick frappierende Übereinstimmung mit der Progressiven Relaxation nach Jacobson (Schäfer 2005) reduziert sich bei genauerem Betrachten auf die zentrale Gemeinsamkeit des Loslassens, ansonsten ist die Orientierung wesentlich anders. Denn Bogenschießen ist nicht nur eine Übung zur Entspannung, sondern eine inhaltlich sinnvolle, relativ komplexe Handlung, mit Kraft und Ziel durchgeführt, mit erkennbarem Ergebnis. Die Ruhe ist nur ein Teil des Ganzen.

Das braucht man durchaus nicht nur als Nachteil zu betrachten: Für manche Menschen ist es optimal, bei einer sinnvollen Handlung, die das aufmerksame Dabeibleiben erleichtert, wenigstens eine gewisse Ruhe zu finden. Ein weiterer Aspekt kommt hinzu: Da ich etwas Sinnvolles tue, das Kraft erfordert und ein Ziel hat, ruhig und locker in diesem Tun bin und das Ergebnis auf diese Weise sogar noch besser wird, kann das Bogenschießen mit dem Dreiklang »kraftvoll – zielorientiert – ruhig« zu einem wertvollen Modell fürs Leben werden. Durch diese Anregungen und mögliche Selbsterfahrung setzt ein therapeutisch orientierter und geschulter Bogenlehrer von Anfang an andere Schwerpunkte: eine modellhaft fördernde Kommunikation und Beziehung sowie das Kennenlernen wertvoller Lebensimpulse (*Prozessorientierung, Achtsamkeit, Intuition, Ruhe im Tun*).

6.2   Therapeutisches Bogenschießen

Das anfängliche »Bogenschießen mit Patienten« hat durchaus schon eine therapeutische Perspektive, die über das Streben nach sportlichem Erfolg bzw. nach Spaß und Vergnügen hinausweist. Dies beides bildet zwar die notwendige Grundlage: Würde jemand auch nach vielen Stunden Bemühung mit keinem Pfeil die Scheibe treffen oder das Bogenschießen nur als langweilig oder unangenehm empfinden, dann wäre auch kein therapeutisches Arbeiten möglich. Aber von »Therapeutischem Bogenschießen« sollte man erst sprechen, wenn das Potenzial eines ausreichend erfolgreichen und erfreulichen Bogenschießens auch wirklich in eine therapeutische Entwicklung einfließt, also eine besondere persönliche Bedeutung für den Patienten gewinnt und zur Lösung seiner psychischen Probleme beiträgt. Ziel ist dann nicht mehr Aufbau und Verbesserung des »sportlichen« Könnens oder die Erhöhung des Spaßlevels sowie die Anregung zu möglichen neuen Einstellungen, sondern therapeutischer Fortschritt und Entwicklung der Persönlichkeit.

6.2.1   Auf der Ressourcenebene

Sobald eine der Anregungen, die im Bogenschießen liegen, in der Person auf fruchtbaren Boden fällt und im Zusammenhang der Persönlichkeit, des Lebens und der Probleme zur Ressource wird, befinden wir uns im therapeutischen Bereich. So kann für Patienten der Schlüssel zu einer Ressource im Spüren der eigenen **Kraft** liegen, die beim Bogenschießen sehr eindeutig und positiv zu erleben ist. Es entsteht in der Person (wieder) ein Gefühl von Stärke – auch von Können und Selbstbewusstsein – und von Selbstwirksamkeit (Bandura 1991).

Wenn jemand Bogenschießen als diese Art Ressource für sich entdeckt, hat das oft auch mit dem Finden einer konstruktiven Mitte zu tun: Ich bin nicht hilflos schwach, sondern habe Kraft, Energie, auch aggressive Impulse, und ich kann – darin liegt die Mitte – meine Kraft sinnvoll zum Ausdruck bringen und einsetzen, ohne blindwütig und gewalttätig zu werden.

Damit kommt zur Geltung, dass der zentrale, durch Bogenschießen angesprochene emotionale Bereich die Aggression ist, und zwar in der ursprünglichen Form der Jagd eine sinnvolle, dem Leben zugewandte Aggression. In diesem Punkt unterscheidet sich das Therapeutische Bogenschießen auch ganz wesentlich von der Erfahrungstherapie auf dem Hochseilgarten. Dort ist die zentrale Emotion die Angst.

Am häufigsten wird Bogenschießen zu einer Ressource für **Ruhe**. Es ist ja auch eine Sportart, die sich besonders durch ihre Ruhe auszeichnet, nicht durch äußerste körperliche Anstrengung, Schnelligkeit, Beweglichkeit, Zusammenspiel oder dramatische Aktion. Unter therapeutischem Blickwinkel ist dabei jedoch wichtig, Ruhe, die aus innerlicher Sicherheit entsteht, nicht zu verwechseln mit angespannter Konzentration, rigider Körperbeherrschung und mechanischer Wiederholbarkeit. Wirkliche Ruhe hat auch etwas von Lockerheit, die sich insbesondere durch das Atmen (Ausatmen beim Spannen des Bogens) auch mit zielorientiertem, kraftvollem Tun verbinden lässt.

Bogenschießen als Quelle der Ruhe, ob sich das nun mehr auf das Ruhigwerden vor dem Tun oder das Ruhigbleiben im Tun bezieht, bekommt eine dauerhaft verlässliche Form, da es allemal ein sicheres und persönliches kleines Ritual wird. Das ist auch ein gutes »Modell« für manches Tun im Leben. Es kann sich z. B. so darstellen:

1. sich auf das Ziel orientieren
2. gut stehen
3. in ruhiger, fließender Bewegung spannen
4. mit dem Ankern bei sich ankommen, ganz ruhig
5. loslassen mit Ja-Gefühl
6. wahrnehmen und die Erfahrung »ankommen« lassen

Bogenschießen kann auch insofern eine Ressource werden, als es der körperlichen **Gesundheit** dient. Patienten berichten beispielsweise immer wieder, dass durch die gute, aufrechte Körperhaltung, die entsprechende Stärkung der Skelettmuskulatur und die verbesserte Körperwahrnehmung Rückenbeschwerden nachlassen. Auch bei chronischen Schmerzen, Atemproblemen und Bluthochdruck werden in der Klinik Besserungen beobachtet.

Doch sollten solche positiven Erfahrungen nicht so verstanden werden, als handele es sich beim Bogenschießen um ein spezifisches Heilmittel. Bogenschießen ersetzt keine spezielle physiotherapeutische Behandlung, kein notwendiges Medikament. Wenn es so sanft, ruhig und aufmerksam durchgeführt wird, wie es beim Therapeutischen Bogenschießen in der Klinik geschieht, weit weg von leistungssportlichen Anwandlungen, dann ist Bogenschießen ein »Basistherapeutikum«, das praktisch jedem, der Freude daran findet, gesundheitlich gut tut.

Aufgabe des Therapeuten bei der Ressourcenarbeit ist es, die Ressource mit dem Patienten zusammen genau zu klären, möglichst noch zu stärken, übend zu stabilisieren und – ganz wichtig – den Transfer ins Alltagsleben zu unterstützen. Denn um als Ressource wirksam zu sein, muss das Bogenschießen ja in dieser wertvollen, bedeutsamen Form vom Patienten weiter praktiziert werden.

6.2.2 Medium zur Problembearbeitung und -lösung

Bogenschießen kann noch in ganz anderer Weise therapeutisch sein: als Medium von Psychotherapie.

Das heißt aber nicht, dass die Psychotherapie – z. B. eine Sequenz kognitiver Verhaltenstherapie – dann mal eben auf dem Bogenplatz stattfindet. Es geht auch um keine äußerliche Kombination therapeutischer Verfahren mit Bogenschießen, etwa die Durchführung von Hakomi- oder Qi-Gong-Übungen im Wechsel mit Bogenschießen. Um nicht missverstanden zu werden: Solche Kombinationen können durchaus einen praktischen Wert für Patienten haben. Aber es handelt sich dabei nicht um »Therapeutisches Bogenschießen«. Davon kann nur die Rede sein, wenn das Bogenschießen selbst als praktisch-konkret erfahrbares Mittel der Therapie zum Einsatz kommt.

Wie aber können Pfeil und Bogen zum therapeutischen Medium, zum »Handwerkszeug« der Therapie werden, vergleichbar mit Pinsel und Farbe in der Maltherapie? Bogenschießen ist ja ein relativ begrenzter Vorgang mit sachlich definiertem Ziel: Der Pfeil soll auch treffen. Es hat demnach nicht die grenzenlose kreative Freiheit wie das Malen, in der sich durch Farben und Formen Unbewusstes fast beliebig ausdrücken kann. Andererseits ist Bogenschießen in seiner Art näher am Alltagsleben – insbesondere dem beruflichen – und erinnert modellhaft an existenzielle Notwendigkeiten: Man muss schon etwas zu essen ranschaffen.

Für manche Patienten ist das übrigens sehr wichtig: Sie werden durch das Bogenschießen daran erinnert, wie wesentlich Ziele im Leben sind, und sehen sich aufgefordert, wieder Ziele zu entwickeln und zu verfolgen.

Auch in seiner Begrenztheit kann Bogenschießen somit zum therapeutischen Medium werden. Der »Königsweg« dazu ist die **Metapher**. In diesem Fall wird erkennbar, dass ein Teil des Bogenschießens eine Problematik der Person »spiegelt«, und es zeigt sich dabei das Bogenschießen als konkretisierte Metapher für das Problem.

Ein Musterbeispiel dafür ist das »Loslassen«. Loslassen ist ein unverzichtbares, wesentliches Element des Bogenschießens: Damit der Pfeil treffen kann, muss ich ihn fliegen lassen, d. h., die gespannte Sehne loslassen. Wenn nun jemand diesen »technischen« Vorgang verstanden und gelernt hat, aber trotzdem immer wieder Schwierigkeiten mit dem Loslassen hat, verweist das auf die psychische Ebene. Eine Parallelität von Leben und Bogenschießen wird erkennbar: Die Schwierigkeit der Person mit Loslassen in ihrem Leben zeigt sich auch im entsprechenden Detail des Bogenschießens.

Das kann im Extremfall tatsächlich so weit gehen, dass die Person sich völlig verkrampft und Sehne und Pfeil überhaupt nicht loslassen kann. Die Metapher des »Loslassens« ist konkret und leibhaftig erfahrbar geworden, im Tun. In der Parallelität liegt dann auch die Chance zur therapeutischen Entwicklung: Wenn es der Person gelingt, beim Bogenschießen loszulassen, wird sich diese Erfahrung auch aufs Leben übertragen.

Wenn der Patient also einen solchen »metaphorischen Punkt« entdeckt und die Parallele zu seiner Lebensproblematik erkannt hat, wenn die Parallele dann auch ausreichend gemeinsam erforscht, sinnvoll eingegrenzt wurde und sichergestellt ist, dass die Person auch zu einer Veränderung motiviert ist, dann geht es um die *Veränderung* beim Bogenschießen, und es stellt sich die Frage: Welche Gedanken oder Bilder helfen der Person, zu einer Lösung zu kommen? Hier greifen Konzepte der kognitiven Verhaltenstherapie (z. B. Hansch 2012) und imaginativer Psychotherapie (z. B. Revenstorf u. Peter 2001), die allen, die bogentherapeutisch arbeiten, vertraut sein sollten.

So kann der Ansatzpunkt zur Veränderung etwa ein neues Verständnis von »Loslassen« als einem »Nichts-mehr-Tun« sein, wenn ein krampfhaft-bewusstes Wegziehen der Hand oder ein Mitgehen der Hand mit der Sehne den Flug des Pfeils gestört und gehindert haben. Loslassen heißt beim Bogenschießen, nur das Krümmen der Finger an der Sehne aufzuhören, dann kann die Sehne sich sanft lösen und den Pfeil auf die Reise gehen lassen. Das wird zu einer guten Erfahrung (der Pfeil fliegt wirklich besser), die Parallele zum Leben liegt auf der Hand.

Eine Patientin hat ihre innere Entwicklung noch weiter durch das Medium des Bogenschießens untermauert: Sie hat den inneren Entschluss »Ich – gebe dich – frei« verbunden mit den drei Schritten des Bogenschießens »Ankommen am Ankerpunkt – Innehalten zur Absicherung des Gefühls – Loslassen«. Das war eine starke *Besiegelung* des erreichten therapeutischen Fortschritts. Übrigens hat sich oft gezeigt, dass eine ganz besondere Stärke des Therapeutischen Bogenschießens in den möglichen Besiegelungsritualen liegt.

Ein Beispiel für bildhaftes Arbeiten beim Thema »Loslassen« ist die Vorstellung einer Patientin, das Loslassen des Pfeils sei wie das vorsichtig-liebevolle Fliegenlassen eines kleinen Vogels, der in die Freiheit darf. Dieses Bild half ihr zu einer grundlegenden Veränderung. Es ist ein gutes Beispiel dafür, dass hilfreiche Bilder auf durchaus subjektive Art nicht nur die Technik des Bogenschießens, sondern auch die mitgemeinte Lebensproblematik erfassen und dass es meist sinnvoll ist, den Patienten seine Bilder selbst finden und entwickeln zu lassen.

Ein weiterer »metaphorischer Punkt«, der recht häufig zum Thema wird, ist der »feste Stand«. Für einen guten Ablauf des Bogenschießens ist natürlich Voraussetzung, gut, sicher und ruhig zu stehen. Auch hier kann es sein, dass »technisch« alles klar ist und eine Person dennoch keinen guten Stand findet, sich unsicher und wackelig fühlt und auch erkennbar instabil ist. Auf der metaphorischen Ebene besteht die Parallele zum Leben dann oft in der Schwierigkeit, einen festen »Standpunkt« zu finden, einzunehmen und innerlich sicher zu vertreten, etwa in Konflikten und Beziehungen. Auch hier lassen sich Veränderungsmöglichkeiten finden: mehr kognitiv (z. B. sich Zeit lassen und entspannen, bis das sichere Gefühl spürbar wird: »So stehe ich richtig«) oder mehr imaginativ (z. B. sich »erden«, wie ein Baum), erst fürs Bogenschießen, dann auch für die Situationen im Alltagsleben.

Unglücklich wäre es übrigens bei dieser Problemlage und Metaphorik, die Person noch weiter dadurch zu verunsichern, dass sie sich auf eine Wackelscheibe stellen soll, wie es in der Rehabilitation zum Training des Gleichgewichtssinns und der entsprechenden Muskulatur üblich oder bei Eventveranstaltungen als sportliche oder unterhaltsame Herausforderung beliebt ist. So sind die spontanen eigenen Ideen für therapeutische Interventionen immer auch kritisch zu hinterfragen.

Dennoch ist natürlich die kreative Phantasie auf therapeutischer Seite immer wieder gefragt und oft auch notwendig. Nicht immer eröffnet sich ja gleich der »Königsweg der Metapher«. Doch auch wenn erst einmal nur ein Thema, eine Symptomatik oder Problematik benannt ist, können Pfeil und Bogen zum therapeutischen Medium werden. Das geschieht dann dadurch, dass einem Teil des Bogenschießens eine eher **symbolische Bedeutung** zugeschrieben wird. Und dabei spielt die Aktivität des Therapeuten eine deutlich größere Rolle.

So kann beispielsweise ein Pfeil eine Botschaft »tragen«, die die Person ausdrücken möchte. Ein wichtiger Gedanke und Vorsatz (z. B. die Aufforderung: »Hör mir zu!«) bekommt durch die Verbindung mit der (konstruktiv aggressiv getönten) Handlung des Bogenschießens sehr viel mehr »Durchschlagskraft« als ein rein mentaler Vorgang. Auch dem Ziel kann in vielfältiger Weise eine Bedeutung zugeschrieben werden. Ein immer wieder eindrucksvolles Beispiel ist der »Illusionsballon«. Wenn eine Person in ihrer inneren Entwicklung an den Punkt gekommen ist, sich von einer langgehegten Illusion verabschieden zu können, hat sie beim Therapeutischen Bogenschießen die Möglichkeit, »diese Illusion in einen Luftballon zu pusten« und dann den Ballon (und damit die Illusion) durch einen Pfeil zum Platzen zu bringen. Dieses sinnlich erlebte »Ende einer Illusion« ist fast immer eine tief bewegende Erfahrung, die einen wichtigen Entwicklungsschritt besiegelt.

6.2.3 **Therapeutisches Bogenschießen ist Erfahrungstherapie**

Bei den auf Problemlösung orientierten Vorgehensweisen des Therapeutischen Bogenschießens wird, wie man sieht, meist bildhaft gearbeitet: mit Metaphern, Symbolen oder bildhaft vorstellbaren Bedeutungen. Im Unterschied zu imaginativen Vorgehensweisen in der Psychotherapie, etwa in der Hypnotherapie nach Milton H. Erickson, ist es ein eher eng begrenztes, punktuelles Vorgehen. Gute Abläufe bringen ein Thema auf den »Punkt«, stellen eine »Weiche«; die Einbettung in eine umfassendere und längerdauernde Therapie ist sinnvoll. Der wichtigste Unterschied indes ist das, was Therapeutisches Bogenschießen zu Erfahrungstherapie macht: Die psychische Entwicklung geschieht nicht nur im inneren Erleben von Imagination, Kognition und Emotion, sondern ist verknüpft mit konkretem, sinnvollem Handeln, mit handgreiflicher Erfahrung. Dadurch wird die Veränderung stärker im Leben und in der Person verankert.

An dieser Stelle soll auch noch ein Wort zur Unterscheidung von Erlebnis und Erfahrung gesagt werden: So nahe sich die beiden Begriffe sind, gibt der Sprachgebrauch doch Hinweise zum Bedeutungsunterschied. Typisch ist etwa, von einem »tollen« Erlebnis zu sprechen, hingegen von einer »wichtigen« Erfahrung. Damit deutet sich an, dass ein Erlebnis etwas Außergewöhnliches und Bewegendes ist, Erfahrung hingegen etwas Bedeutungsvolles und Veränderndes. Sicher ist auch eine Erfahrung etwas Bewegendes, also ein Erlebnis, aber nicht jedes Erlebnis bewirkt auch eine Veränderung in der Person; oft genug bleibt es bei einer schönen Erinnerung. Erfahrung ist also ein Erlebnis, das »einen Unterschied macht« (wie es im Therapiejargon heißt), das zur Veränderung bzw. Entwicklung der Person beiträgt. Und das ist es, was in der Therapie geschieht. So gesehen gehören viele Erlebnisse zu einem erfüllten Leben, aber es kann im strikten Sinn keine Erlebnistherapie geben, sondern nur Erfahrungstherapie.

Beim Überblick über den gesamten Bereich des Therapeutischen Bogenschießens wird klar, dass es nur zum kleinsten Teil um den anatomisch-physiologischen Wert des Bogenschießens als sportlichen Bewegungsablauf geht. Es geht vor allem um psychische und psychosomatische Zusammenhänge.

Zum einen entfaltet dabei das *Bogenschießen als Ressource* therapeutischen Wert. Achtsames, intuitives Bogenschießen hat durch Kraft, Zielorientierung und Ruhe besondere Qualitäten, die zu persönlich wertvollen Ressourcen werden können. Die markante Frage für diesen Bereich lautet: Was »gibt« das Bogenschießen der Person? (z. B.: Ruhe).

Doch darüber hinaus erweist sich *Therapeutisches Bogenschießen als Möglichkeit zum Erkennen, Bearbeiten und Lösen von Problemen*. Bogenschießen eröffnet ein Feld von Metaphern, von möglichen Bedeutungen, die konkret erfahrbar und individuell nutzbar sind zur Weiterentwicklung der Person. Die markante Frage für diesen Bereich lautet: Was »sagt« der Person das Bogenschießen? – z. B. dass sie Probleme mit »Loslassen« hat (und durch Therapeutisches Bogenschießen dann auch gleich die Möglichkeit bekommt, daran etwas zu ändern).

Ein solches Arbeiten auf der Problemlösungsebene bedeutet innerhalb des Denkens und Handelns beim Therapeutischen Bogenschießen wahrhaft einen Paradigmenwechsel: Es geht nicht mehr um den inhaltlichen Wert des Bogenschießens, sondern um Bogenschießen als therapeutisches »Handwerkszeug«, als Medium der Therapie. Ich erinnere nochmals an die Parallele zur Maltherapie. Erst dieser Einsatz des Bogenschießens ist »eigentlich« Therapeutisches Bogenschießen.

Therapeutisches Bogenschießen verstehe ich jedoch nicht als eigenständige, vollwertige Therapieform, sondern als besonders wertvollen Bestandteil einer umfassenderen Psychotherapie oder psychosomatischen Behandlung, wie es in der Klinik gewährleistet und auch im ambulanten Rahmen durchführbar ist.

Literatur

Bandura, A. (1991). *Sozial-kognitive Lerntheorie.* Stuttgart: Klett-Cotta.

Bauer, S. (2015). *Qualitätssicherung durch Qualitätsmanagement in der Klinik Wollmarshöhe, Fachkrankenhaus für psychosomatische Medizin, internistische Medizin, Neuropsychologie/Neurologie Psychiatrie. Bericht 2015, Berichtszeitraum: Januar 2013–2014,* Heidelberg (Universitätsklinikum Heidelberg) 2015. http://www.wollmarshoehe.de/images/Dokumente/Klinik_Wollmarshoehe/Bericht-2015-Kurzversion.pdf. Zugegriffen: 4. Januar 2017.

Hansch, D. (2012). *Erste Hilfe für die Psyche. Selbsthilfe und Psychotherapie. Die wichtigsten Therapieformen, Fallbeispiele und Lösungsansätze.* Köln: Anaconda.

Herrigel, E. (2003). *Zen in der Kunst des Bogenschießens. Der Zen-Weg.* München: O. W. Barth.

Kabat-Zinn, J. (2006). *Gesund durch Meditation. Das große Buch der Selbstheilung.* Frankfurt a. M.: Fischer.

Österle, K. (2016). *Zen im Weg des Bogens.* Petersberg: Via Nova.

Revenstorf, D., & Peter, B. (Hrsg.) (2001). *Hypnose in Psychotherapie, Psychosomatik und Medizin. Manual für die Praxis.* Berlin: Springer.

Schäfer, K.-H. (2005): *Entspannungstraining nach Jacobson. Das Übungsheft zur Progressiven Relaxation.* Leoben: Kneipp.

Schäfer, K.-H. (2015). *Therapeutisches Bogenschießen.* München: Reinhardt.

Traufetter, G. (2009). *Intuition. Die Weisheit der Gefühle.* Reinbek bei Hamburg: Rowohlt.

Angewandte Erlebnistherapie als komplementäre Behandlung bei Sucht- und Psychosomatikpatienten in der Fontane-Klinik

Thomas Klein-Isberner und Katja Wenzel

K. Mehl (Hrsg.), *Erfahrungsorientierte Therapie*,
DOI 10.1007/978-3-662-54544-7_7, © Springer-Verlag GmbH Deutschland 2017

7.1   Grundlagen erlebnis-
therapeutischer Maßnahmen

Erlebnistherapie in der Fontane-Klinik versteht sich nicht als eigenständige Therapie, sondern als eine mögliche Interventionsform im Rahmen unserer Behandlungsangebote. Sie wurde für die Bedingungen dieser Klinik weiterentwickelt und wird seit 1995 in der Behandlung von Suchtpatienten eingesetzt.

Eine hohe emotionale Beteiligung, also intensives »Erleben«, ist Begleiterscheinung jeder Therapie und eine unabdingbare Bedingung für Veränderungen. So gesehen ist der Begriff Erlebnistherapie eine Tautologie. Wir haben ihn trotzdem gewählt, weil er eine historische Linie zu den Wurzeln der Erlebnispädagogik zieht, die vor allem zielgerichtete Aktivitäten in der Natur nutzt, um die Persönlichkeitsentwicklung zu fördern (vgl. Kurt Hahns Erlebnistherapie als pädagogisches Konzept zur Therapie der Gesellschaft).

Die erlebnistherapeutischen Inhalte sind durch die Reflexionen des Patienten, der Mitpatienten und des therapeutischen Personals nach den jeweiligen Aktivitäten eng mit dem therapeutischen Prozess verzahnt. Sie beziehen sich auf konkret beobachtbares Verhalten sowie auf Situationen, welche für die Mitpatienten und den Therapeuten nachvollziehbar sind, da sie miterlebt wurden. Somit sind Rückmeldungen in der Feedbackrunde sehr konkret und können mit den bisher in der Therapie bearbeiteten Themen, Schemata sowie Verhaltensmustern in Beziehung gesetzt und spürbar gemacht werden. Das Miterleben der erlebnistherapeutischen Aktion ermöglicht das Wahrnehmen vielfältiger Interpretationen und Bewertungen, somit auch das Hinterfragen eigener Bewertungen, das Auffinden von Denkfehlern oder eingefahrenen Bewertungsmustern. Diese Verzahnung und die Integration klassischer Outdoor-Elemente wie Kanufahren und Klettern in den stationären Therapieprozess sind das eigentliche Novum der Erlebnistherapie. Damit bietet Erlebnistherapie »einen neuen Rahmen zur Bearbeitung von psychotherapeutischen Themen wie z. B. Vertrauen, Abhängigkeit, Selbstwertgefühl und Identität« (Koth 1996, zit. nach Gilsdorf 2004).

7.1.1   Erlebnispädagogik als Ursprung

Eine wichtige Quelle für die Erlebnistherapie ist die Erlebnispädagogik. Heckmair und Michl (1998) geben eine umfassende Darstellung über deren Geschichte und Anwendungsfelder: Kurt Hahn ist ein bedeutender Exponent der Reformpädagogik aus der ersten Hälfte des 20. Jahrhunderts. Sein Erziehungsmodell nannte er Erlebnistherapie, welche gegen die modernen Verfallserscheinungen der Gesellschaft eingesetzt wurde. Als Verfallserscheinungen werden der Verfall körperlicher Tauglichkeit, fehlende Selbstinitiative, verringerte Sorgfalt und die mangelnde Fähigkeit, Empathie zu entwickeln, genannt. Diesen setzt er vier Grundelemente seiner Erlebnistherapie entgegen: a) das körperliche Training, b) die Expedition, c) das Projekt und d) den Dienst am Nächsten.

7.1.2   Erlebnistherapie als therapeutisches Ergänzungsverfahren

Psychotherapie ist (nach Strotzka 1975) ein bewusster und geplanter interaktioneller Prozess zur Beeinflussung (Veränderung) von Verhaltensstörungen und Leidenszuständen, die in einem Konsensus (möglichst zwischen Patient, Therapeut und Bezugsgruppe) für behandlungsbedürftig gehalten werden. Es werden psychologische Mittel (durch Kommunikation, meist verbal, aber auch nonverbal) in Richtung auf ein definiertes, nach Möglichkeit gemeinsam erarbeitetes Ziel (Symptomminimalisierung und/oder Strukturänderung der Persönlichkeit) mittels lehrbarer Technik auf der Basis einer Theorie des normalen und pathologischen Verhaltens angewendet.

Erlebnistherapie ist (nach Fackler u. Raff 1988, zit. nach Gilsdorf 2004) ein handlungsorientierter psychotherapeutischer Ansatz, bei dem eine Gruppe in der Natur eine Reihe ausgewählter Aktivitäten durchführt. Der Gruppenprozess, die natürliche Umgebung und die verschiedenen Handlungsformen wirken dabei so zusammen, dass sie dem Einzelnen individuelles und ganzheitliches Erleben ermöglichen. Ganzheitliches Erleben bedeutet, dass Erfahrungen auf körperlicher, affektiver und kognitiver Ebene gemacht werden, die zueinander in Beziehung stehen. Durch bewusste und unbewusste Verarbeitung des Erlebten sollen beim Einzelnen Veränderungen im therapeutischen Sinne angeregt werden. Aufgabe des Therapeuten ist es dabei, diesen Veränderungsprozess zu fördern.

Erlebnistherapie ist kein eigenständiger Ansatz mit vorhandenem Theoriegebäude, sondern eher ein therapeutisches Ergänzungsverfahren mit sich ergänzenden Perspektiven aus:

- dem Feld abenteuer- und erfahrungsorientierten Lernens
- dem Feld der humanistischen Psychologie
- dem Feld der systemischen Psychologie und Psychotherapie
- dem Feld der Gruppenpsychotherapie und Gruppendynamik

Als Leitbild gelten Erfahrungsorientierung, Ganzheitlichkeit, Wachstumsorientierung und Selbstorganisation. Als gemeinsamer Ansatz spielt das handlungsorientierte Lernen an Herausforderungen eine bedeutende Rolle. Die Aufgabe des Therapeuten sollte demnach sein, den Veränderungsprozess als »Anwalt der Ambivalenzen« zu fördern, mit dem Ziel, dass der Patient seine eigene Ambivalenz (Spannung und Stress) erlebt und aus dieser Ambivalenz heraus eine Entscheidung trifft, die er vor sich selbst vertreten kann. Er muss schließlich auch die Konsequenzen tragen.[1]

Die Veränderungen, die der Patient in der Therapie durchläuft, werden nach dem therapeutischen Konzept der Grenzerfahrungen bewirkt.[2] In den drei unten aufgeführten Modellen werden Veränderungen durch Erfahrungs- und Wandlungsprozesse an der Grenze erwähnt.

- »Processing at the edge« (Luckner u. Nadler 1997, zit. nach Gilsdorf 2004) kennzeichnet innerpsychische und interaktive Signale und Prozesse, an denen therapeutische Interventionen anknüpfen können.

- Der »Adventure based learning process« (Luckner u. Nadler 1997, zit. nach Gilsdorf 2004) lässt die Einbettung der Grenzerfahrungen in den erlebnistherapeutischen Kontext erkennen.
- Das »[i]nteraktive[] Modell des Ungleichgewichts« (Handley 1994, zit. nach Gilsdorf 2004) zeigt den Aspekt der Dynamik des Ungleichgewichts als spannungsgeladenen Entscheidungsprozess.

Wie bei anderen Therapieformen auch, verlaufen erlebnistherapeutische Interventionen dann effizient, wenn die Aufgabenstellung für die Patienten transparent ist. Wird den Patienten etwas »übergeholfen«, reagieren sie mit Rückzug, weil sie erleben, »es wird etwas mit mir gemacht«. Damit sei eine weitere wichtige Grundlage genannt: eine stabile therapeutische Beziehung mit transparenten und nachvollziehbaren Zusammenhängen zwischen Aufgabenstellungen und Therapiezielen sowie damit korrespondierenden Therapieplänen.

7.1.3 Therapieziele als Basis und Prüfstein für therapeutische Interventionen

Für den Patienten müssen die gemeinsam erarbeiteten Therapieziele mit den korrespondierenden Therapieplanungen Lösungen/Antworten auf für ihn elementare Probleme/Fragen beinhalten: Warum bin ich hier und was möchte ich hier erreichen (Motiv und Ziel)? Diese Fragen ziehen sich wie ein roter Faden durch den Therapieprozess und sind im Idealfall die Grundlage jeglicher therapeutischer Intervention. Auch die erlebnistherapeutischen Interventionen lassen sich aus diesen Fragen ableiten und müssen an ihnen gemessen werden. Dies ist ein fortlaufender Prozess und in der Praxis nicht immer einfach umzusetzen. Die Arbeit an den Zielen ist deshalb ein wichtiger Teil der Therapie. Mit den Therapiezielvereinbarungen sollte von Anbeginn ein Arbeitsbündnis geschaffen werden, in dem einerseits konkrete, andererseits auch übergreifende Ziele festgehalten werden.

Aus unserer Erfahrung und der (Gruppen-) Therapieforschung gibt es eine ganze Reihe von Er-

---

1 Zu den einzelnen Phasen der Veränderung des Patienten im therapeutischen Prozess vgl. Prochaska et al. (1994).

2 Zur Grenzerfahrung im »adventure based learning process« vgl. Gilsdorf (2004, zit. nach Luckner u. Nadler 1997) sowie Handley (1994, zit. nach Gilsdorf 2004).

kenntnissen über Bedingungen, die förderlich für ein angemessenes Wechselspiel von Veränderung und Stabilisierung sind. Am häufigsten genannt werden die therapeutische Beziehung (zwischen Patient und Therapeut) und die Gruppenkohäsion (Beziehungen zwischen den Patienten einer Therapiegruppe), die eine Conditio sine qua non der Gruppentherapie ist (z. B. Yalom 1996). Grawe (nach Paulus 1995) fand in einer Metastudie vier grundlegende Wirkprinzipien in der Psychotherapie: a) Problemaktualisierung, b) Klärung, c) aktive Hilfe und d) Ressourcenaktivierung.

Die erlebnistherapeutisch-handlungsorientierte Gruppentherapie greift in besonders intensiver Art und Weise diese Therapiegrundvoraussetzungen und Wirkfaktoren auf. In der praktischen Umsetzung gemeinsamer Ziele in der Gruppe treten Fähigkeiten und Fertigkeiten, aber auch aktuelle Probleme (z. B. in den Beziehungen der Gruppenmitglieder untereinander, in dem Einnehmen von Rollen in der Gruppe) sowie intrapsychische Themen (wie Durchhaltevermögen, Vermeidung, Selbstüber- oder -unterschätzung etc.) schnell zutage.

Entstehende Probleme sind beobachtbar und reflektierbar. Nach Klärung, durch lösungsorientierte Unterstützung seitens des Therapeuten und der Mitpatienten sowie der Aktivierung eigener Ressourcen, ist es dem/den Patienten möglich, Probleme zu bearbeiten und akzeptable Lösungen zu finden. In der gemeinsamen Bewältigung von alltäglichen und Ausnahmesituationen kann die Gruppenkohäsion erheblich zunehmen und die Basis für eine stabile therapeutische Beziehung stärken. Die Unterstützung der Gruppenmitglieder untereinander hilft, Probleme zu bewältigen, und bildet somit die Grundlage für eine positive Veränderung. In und mit der Gruppe etwas erfahren, »bewegt« zu haben, schenkt dem Patienten das Gefühl und die Erfahrung einer größeren Selbstwirksamkeit.

7.2 Einsatz und Umsetzung von Erlebnistherapie in der Fontane-Klinik

In der Fontane-Klinik gibt es zwei Abteilungen: a) die Abteilung für Abhängigkeitserkrankungen, b) die Abteilung für Psychosomatik mit Bereichen

für Kinder- und Jugendpsychosomatik sowie für Essstörungen. Unsere Patienten haben vielfältige psychische (Begleit-)Erkrankungen. Sowohl psychosomatische Erkrankungen als auch Abhängigkeitserkrankungen können Folge von schweren seelischen Problemen sein und neben suchtmittel- und altersspezifischen Störungen auch weitere schwere seelische Probleme nach sich ziehen oder verstärken: Ängste, Ess- und Schlafstörungen, Posttraumatische Belastungsstörungen, Burn-out, Persönlichkeits-, Belastungs- und Anpassungsstörungen, bipolare Erkrankungen, Schmerzstörungen, Depressionen und Psychosen. Daneben gibt es auch die Möglichkeit vielfältiger körperlicher Begleiterkrankungen, die als Folge der Sucht auftreten können, wie z. B. Krankheiten des Nervensystems, endokrine Ernährungs- und Stoffwechselkrankheiten sowie Krankheiten des Bewegungsapparates.

7.2.1 Zielgruppen für die Erlebnistherapie

Es gibt verschiedene Zielgruppen für erlebnistherapeutische Interventionen. Wir sehen einen besonderen Zusammenhang und dementsprechend erhöhte Wirkmöglichkeiten bei häufig polytox konsumierenden Jugendlichen und jungen Erwachsenen. In dieser Zielgruppe zeigt sich Drogenkonsum als jugendspezifisches Experimentier- und Risikoverhalten, um alters-, entwicklungs-, ereignis- und lebenslagenspezifische Bedürfnisse zu befriedigen. Die Erlebnistherapie bietet hier ein dementsprechendes Feld, auch um Grenzerfahrungen (anderer Art) sammeln zu können, und findet somit einen besseren Zugang zur Klientel. In folgenden drei Gruppen ist die Erlebnistherapie fest im Therapieprogramm verankert, zum einen in den beiden Bezugsgruppen der Abteilung Abhängigkeitserkrankungen (a), zum anderen in der Jugendgruppe der Abteilung Kinder- und Jugendpsychosomatik (b).

Bezugsgruppen in der Abteilung Abhängigkeitserkrankungen

In dieser Abteilung gibt es zwei erlebnistherapeutische Bezugsgruppen. Nach der Aufnahmephase werden Patienten entsprechend ihrer Indikation und ihres Therapieauftrages einer therapeutischen

Bezugsgruppe zugeteilt, die als halboffene Gruppe von einem Bezugstherapeuten geführt wird. Diesen beiden Bezugsgruppen werden dementsprechend vergleichsweise junge, meist körperlich uneingeschränkte Patienten mit abhängigem Konsum von Alkohol, Medikamenten und BtMG-indizierten Drogen (zum größten Teil multipler Substanzgebrauch) zugeordnet. Auch pathologischen Computerspielern und Internet-Usern wird das konzeptionell verankerte Angebot therapeutischer Leistungen dieser Gruppen gerecht. Bei der überwiegenden Anzahl der Patienten können Persönlichkeitsstörungen auftreten.

Jugendgruppe in der Abteilung Kinder- und Jugendpsychosomatik

Für diese Gruppe gibt es ein um erlebnistherapeutische Interventionen erweitertes Therapieangebot. Neben einer wöchentlich stattfindenden Erlebnistherapieeinheit finden im Jahresverlauf auch eintägige Outdoor-Tage oder mehrtägige Touren statt. In den anderen Gruppen kann die Erlebnistherapie je nach Anlass eingesetzt werden und dient der Unterstützung des laufenden Gruppenprozesses. Erlebnistherapeutische Interventionen in Form von Indikationsgruppen können für einzelne Patienten verordnet werden.

7.2.2 Erlebnistherapeutische Angebote und deren Umsetzung

Es gibt vielfältige Angebote erlebnistherapeutischer Interventionen, welche von zweistündigen Therapieeinheiten bis zu mehrtägigen Touren reichen. Dabei kommen verschiedene Handlungsfelder zum Einsatz.

Zweistündige Erlebnistherapie

Erlebnistherapeutische Interventionen in der Länge von einer Gruppenstunde können in allen therapeutischen Bezugsgruppen eingesetzt werden. Die Themen und Übungen werden durch den Erlebnistherapeuten je nach Anlass, aktueller Gruppendynamik und nach Absprache mit den Bezugstherapeuten ausgewählt. So können die Patienten an der Kletterwand ihre Grenzen testen oder ihre Angst überwinden, beim Bogenschießen hingegen geht es

überwiegend um Ruhe und Konzentration jedes Einzelnen. Die Kooperationsübungen z. T. auch im Niedrigseilgarten zielen explizit ab auf eine Veränderung oder Verstärkung der gerade bestehenden Gruppendynamik. Entstehende Prozesse der gemeinsamen Problemlösung liefern Material für die folgenden therapeutischen Gruppenstunden.

Eintägiger Outdoor-Tag

In den Gruppen, die ein um erlebnistherapeutische Interventionen erweitertes Therapieprogramm haben, werden auch eintägige Outdoor-Tage und mehrtägige Touren durchgeführt. Es werden Citybounds[3], Schwitzhüttenbau, Orientierungswanderungen/Geocaching, Floßbau, Flussüberquerungen, Kletterwald oder Fahrradtouren angeboten.

Zu Beginn wird den Patienten die Aufgabe vorgestellt. Ausgestattet mit entsprechenden Materialien, die für die Aktionen jeweils notwendig sind, führen sie, mit so wenig Unterstützung des Erlebnistherapeuten wie möglich, die Aufgaben in Eigenregie durch. Die Therapeuten begleiten und stehen für Hilfestellungen zur Verfügung. Lediglich der Zeitrahmen ist fest vorgeschrieben. Die Reflexionsrunde findet vor Ort als Abschluss der Aktion statt. Die entstandenen Fotos werden nach dem Outdoor-Tag in der Gruppe angeschaut, und es entsteht eine Wandzeitung, sodass die Aktion nachhaltig wirken kann.

Mehrtägige Touren

Mehrtägige Touren sind die umfassendste Interventionseinheit der Erlebnistherapie und dauern zwei bis drei Tage. Sie werden durch den zuständigen Bezugsgruppentherapeuten und einen entsprechend qualifizierten Erlebnistherapeuten begleitet. Während der mehrtägigen Touren werden täglich psychotherapeutische Gruppensitzungen durchgeführt.

Die Patienten haben die Aufgabe, mit Unterstützung des Erlebnistherapeuten bei einem hohen Maß an Eigenverantwortlichkeit eine mehrtägige Tour zu

---

3 Bei einem »Citybound« handelt es sich um Aufgaben, die in einer Stadt, hier Berlin, durchgeführt werden. Oft entspricht dieses Lernfeld dem Lebensbereich der Patienten und wird als Ort für Konsum, aber auch für Reizüberflutung angesehen. Die Bewältigung der Aufgaben verlangt von den Patienten kreativ, mutig und kommunikativ zu sein – soziales Kompetenztraining in vivo.

planen und durchzuführen. Der Erlebnistherapeut gibt die Rahmenbedingungen vor und stellt die Ausrüstung zur Verfügung. Mit den begleitenden Therapeuten werden die Rahmenbedingungen ein bis zwei Wochen vor einer Tour besprochen und Verantwortungsbereiche der Patienten abgestimmt. Die konkrete Planung der Tour erfolgt durch die Patienten in den einzelnen Verantwortungsbereichen: Tourenplanung, Materialeinsatz und Küche. Es wird konkret über Ziele, Ängste und Befürchtungen geredet, und im Anschluss findet eine ausführliche Auswertung statt. Auch hier stellen die Patienten eine Wandzeitung mit Fotos der Tour kreativ zusammen und können in einem längeren Zeitabstand Erfahrungen und Erlebnisse gemeinsam Revue passieren lassen.

7.3   Wirkungen, Grenzen und Potenziale

Nachdem wir die Grundlagen und die Anwendung von Erlebnistherapie in der Fontane-Klinik betrachtet haben, ist die Frage nach den Wirkungen dieses Therapiebausteins von enormer Bedeutung. Auf was zielen wir therapeutisch ab? Welche Kontraindikationen, Grenzen und Schwierigkeiten sind zu berücksichtigen, und welche Potenziale bietet diese Methode?

7.3.1   Wirkungen der Erlebnistherapie

Ein Schwerpunkt bei der stationären Rehabilitation der Fontane-Klinik liegt auf der Gruppentherapie. Deshalb werden fast alle erlebnistherapeutischen Interventionen gruppenbezogen durchgeführt. Bestimmte Themen (z. B. Vertrauen) werden durch spezielle Übungen erfahren (handlungsorientiertes Erfahrungslernen), wodurch zum einen die psychotherapeutische Arbeit am Patienten unterstützt wird, zum anderen eine nachhaltige Wirkung durch das unmittelbare Erleben erreicht werden kann. Die ungewohnten Übungen und Handlungsfelder, die genutzt werden (Klettern, Niedrigseilgarten etc.), ermöglichen ein Ausbrechen aus alten Verhaltensmustern, ein Erproben neuer Strategien und ein Anwenden neu erlernter Verhaltensmuster in kriti-

schen Alltagssituationen. So werden beispielsweise das Durchhaltevermögen und die Frustrationstoleranz verbessert. Diese Kompetenzen sind wichtige Voraussetzungen für ein abstinentes Leben von Suchtpatienten, die sonst im Alltag schnell zum Suchtmittel gegriffen haben und auch z. T. impulsiv/aggressiv geworden sind, Beziehungen damit zerstört und das Vertrauen in Helfersysteme missbraucht haben.

Insgesamt werden Sach-, Selbst-, Sozial- und Gefühlskompetenzen verbessert und Ressourcen aufgedeckt. Die durch den Erlebnistherapeuten angeleitete Reflexion ermöglicht den Patienten ein ständiges Feedback, welches zur besseren Selbst- u. Fremdwahrnehmung, zur Kritikfähigkeit und zu einem besseren Transfer beiträgt. Um den Transfer erlernter neuer Verhaltensoptionen in die Alltagswelt zu gewährleisten, kann gezielt mit Metaphern gearbeitet werden (vgl. dazu auch den Beitrag von Lakemann in diesem Band, ► Kap. 3, insb. ► Abschn. 3.6.2 u. 3.8.2).

Eine einzelne Erlebnistherapiestunde ist in den Gruppenprozess integriert und hat zunächst einmal eine diagnostische Funktion für die Therapeuten und Patienten. Bei den Gruppenaufgaben kommen schnell und plastisch die Rollenmuster der Gruppenmitglieder zum Vorschein, und der Zustand der Gesamtgruppe wird deutlich. Die Erlebnistherapiestunde dient dieser Bewusstwerdung und Illustration, lässt aber auch Raum zum Ausprobieren neuer Muster. In diesem Zusammenhang hat sie eine aktivierende Funktion für den Gruppenprozess.

Die mehrtägigen Touren dienen als Motor zum Anschieben eines intensivierten Gruppenprozesses. Ziel ist, die Patienten zu aktivieren und verstärkt aufeinander zu beziehen, die Gruppenkohäsion zu steigern, ein positives Körpergefühl zu entwickeln, eine positive Identität als Jugendlicher oder abstinent lebender Süchtiger zu entwickeln und Anregungen für eine aktive Freizeitgestaltung zu geben. Die Patienten tragen eine hohe Eigenverantwortung und können diese nicht mehr wie üblich an das Suchtmittel oder koabhängige Helfersysteme abgeben.

In der mehrjährigen Arbeit mit erlebnistherapeutischen Methoden, die stets im Kontext einer stationären Rehabilitationsmaßnahme eingesetzt wurden, ließen sich folgende Wirkungen beobachten:

- Kooperationsübungen, eintägige Outdoor-Tage, vor allem aber gemeinsame mehrtägige Touren haben einen sehr positiven Einfluss auf die Gruppenkohäsion, verbessern spürbar die Interaktion in der Therapiegruppe sowie in der Patienten-Therapeuten-Beziehung. In der intensiven Gruppensituation tritt plastisch der neurotische Konflikt der Patienten zutage und kann bearbeitet werden.
- Mehrtägige Touren und eintägige Outdoor-Tage wirken jeweils wie Initialzündungen für Veränderungen eingefahrener Gruppenregeln und führen häufig zu einer »Verlebendigung« des Therapiegeschehens.
- Die sportlichen Übungen haben eine aktivierende und stimmungsaufhellende Wirkung auf die Patienten. Damit haben die Übungen einen direkten positiven Einfluss auf z. B. antriebsgeminderte depressive Patienten.
- Bei den praktischen Übungen können auch verbal weniger gewandte Patienten ihre Stärken (also ihre Ressourcen) ausspielen.
- Patienten mit ängstlicher Grundhaltung, geringem Selbstwertgefühl, wenig Selbstsicherheit und eingeschränkter Kontaktfähigkeit können sich neu erfahren und ihr Selbstbewusstsein stärken, motiviert durch die Übungen an sich sowie durch die Mitpatienten.
- Helfen und sich helfen zu lassen, das wird beides durch die Übungen gefördert und ist für die Patienten, die sich vor allem in ihrem Alltag ein Helfersystem aufbauen müssen, eine wichtige Erfahrung.
- Patienten mit pathologischem Internet- und PC-Gebrauch können das therapeutische Angebot nutzen, um vermehrt realweltliche Erfahrungen zu machen, mit ihrer Umwelt wieder verstärkt in Kontakt zu treten, was in virtuellen Welten nicht möglich ist. Vor allem erlebnistherapeutische Veranstaltungen im Freien (mehrtägige Unternehmungen auf dem Wasser oder im Wald) bieten den Patienten die Möglichkeit, ihre sinnliche Wahrnehmung zu verbessern. Dies wiederum sollte sie befähigen, den emotionalen Zugang zu sich selbst wieder aufzunehmen bzw. verbessern zu können. Gleichzeitig wird den Patienten im Rahmen der Erlebnistherapie, aber auch während des

Therapiesportes die Möglichkeit gegeben, alte Interessen wieder zu aktiveren bzw. neue Möglichkeiten der Freizeitgestaltung auszuprobieren. Besonders die sportlichen Aktivitäten und ein intensiver Bezug zur Natur sind Grundvoraussetzung für ein emotionales Gleichgewicht, was den Einsatz von Suchtmitteln folgerichtig unwahrscheinlicher macht.
- Es werden Bewältigungsstrategien erarbeitet und/oder gefestigt, sodass Suchtmittel entbehrlich werden.

7.3.2 Kontraindikationen

In der Fontane-Klinik gibt es in Bezug auf die erlebnistherapeutische Arbeit folgende Kontraindikationen für die Durchführung entsprechender Interventionen bzw. für die Integration entsprechender Maßnahmen in einer erlebnistherapeutischen Bezugsgruppe:
- Patienten, die starke körperliche Einschränkungen haben und deshalb von bestimmten Gruppenaktivitäten und Sport ausgeschlossen sind (z. B. Patienten mit ausgeprägter Polyneuropathie, Leberzirrhose, Herz-Kreislauf-Erkrankungen oder degenerativen Veränderungen des Bewegungsapparates),
- Patienten mit begleitenden Kindern oder anderen zusätzlichen Aufgaben, die deshalb nicht an bestimmten Aktivitäten teilnehmen können bzw. von den primär zu regelnden Sachen (häufig sind das soziale Belange) abgelenkt werden,
- Patienten, die auf gar keinen Fall in eine solche Bezugsgruppe gehen wollen (die Vermeidung der erlebnistherapeutischen Aktivität würde in solchen Fällen erfahrungsgemäß »somatisch« ausgetragen und führt zu Krankschreibungen kurz vor erlebnistherapeutischen Interventionen),
- Patienten in akuten Erregungszuständen oder in psychiatrischen Akutzuständen (Psychosen etc.).

Mehrtägige erlebnistherapeutische Interventionen müssen ferner dem aktuellen Stand der Gruppendynamik entsprechen. Sonst würden solche Interventionen von aktuellen Themen ablenken, zu Aktionismus werden oder eskalieren (z. B. bei unausgesprochenen schweren Beziehungsstörungen).

7.3.3 Grenzen und Schwierigkeiten

Unsere Erfahrungen zeigen, dass eine zu große Streuung der Persönlichkeitsstörungen innerhalb einer Therapiegruppe einerseits eine notwendige Rollendiversität mit sich bringen kann, andererseits aber auch die Gefahr birgt, bestimmte Verhaltensmuster zu verstärken, wie z. B. Rückzug von Borderlinepatienten. Dieses regressive Verhalten muss dann unbedingt sowohl mit dem Bezugstherapeuten als auch mit den Patienten besprochen werden, um eine Möglichkeit zur Verhaltensänderung zu geben.

Des Weiteren ist bei Patienten mit Erfahrungen von Missbrauch und Nähe-Distanz-Problematik zu beobachten, dass die Erlebnistherapie auch die Gefahr beinhaltet, durch die hohe Dynamik und Intensität der Übungen die Angst zu verstärken bzw. Grenzen zu überschreiten. Durch Anpassung der Übungen, Reflexionen und eine enge Zusammenarbeit zwischen Erlebnistherapeut und Bezugstherapeut ist diese Gefahr unbedingt zu vermeiden, um einen möglichst angstfreien Raum zum Erleben und Lernen zu schaffen. Oft hilft auch schon die Erlaubnis, Grenzen haben zu dürfen und bei den Übungen auf diese zu achten. Somit kann aus der Gefahr eine Veränderungserfahrung und Chance werden, eine große Herausforderung für alle.

Gerade bei Suchtpatienten ist eine große Risikobereitschaft zu beobachten, die auch fälschlicherweise als Vertrauen ausgelegt werden kann. Auch hier ist es schwierig, Ereignisse anzubieten, bei denen die Patienten auch ohne ständigen »Kick« etwas erleben, um zu lernen und Erfahrungen generieren zu können. Man könnte sagen, man nimmt ihnen in ihren Augen erst einmal den Spaß weg, damit sie lernen, ohne Suchtmittel wieder Spaß an Aktionen zu finden und nicht immer an der Grenze unterwegs sein zu müssen.

Erlebnistherapie kann daher aus unserer Sicht einen (u. U. auch sehr bedeutsamen) Anteil an den angestrebten Veränderungsprozessen bei den Patienten haben. Sie kann aber nicht ohne bzw. statt

therapeutischer »Basisarbeit« – also intensiver Beziehungsarbeit, Arbeit am Therapievertrag, an den Therapiezielen sowie an den Störungen – eingesetzt werden. Dann jedenfalls würden wir nicht von Therapie sprechen.

Veränderungen werden durch die Erlebnistherapie nicht unbedingt beschleunigt. Das richtige Timing der Interventionen für die einzelnen Patienten und für den Gruppenprozess ist sehr wichtig. Voraussetzung dafür muss eine enge Zusammenarbeit oder ein guter Informationsaustausch zwischen Erlebnistherapeut und Bezugstherapeut sein.

7.3.4 Potenziale

Ein hohes Potenzial beim Einsatz erlebnistherapeutischer Interventionen im stationären Setting steckt in einer guten Transfersicherung. Die Patienten haben eine Behandlungszeit von bis zu 24 Wochen. Die Umsetzung von Lernerfahrungen sowohl in den Therapiealltag als auch in den Alltag außerhalb der Klinik kann gut begleitet werden. Die kleinste Umsetzung findet von Therapieeinheit zu Therapieeinheit statt. Auf Sonderfahrten, Belastungsfahrten der Patienten an den Heimatort, Freizeitausflügen etc. können Erfahrungen weiträumiger und in einem offeneren Umfeld angewendet und mit dem jeweiligen Bezugstherapeuten nach Rückkehr in der Klinik besprochen werden – eine Art Follow-up, welches in erlebnispädagogischen Settings wohl eher eine Seltenheit ist.

7.4 Fazit und Ausblick

Mit der Erlebnistherapie wurde in der Fontane-Klinik eine erfahrungsorientierte Methode zur Anwendung gebracht, welche insbesondere junge Menschen sowie Patienten anspricht, bei denen Erleben, Bewegung und Aktivität einen besonderen Stellenwert einnehmen. Nach den Erfahrungen der letzten Jahre scheint die Methode vor allem auch für Personen mit einer Methamphetamin-bezogenen Störung geeignet zu sein.

Am Ende sei noch einmal darauf hingewiesen: Die Erlebnistherapie sollte im Dienste eines Gesamtbehandlungskonzeptes stehen, sich am Grundkonzept und dem Therapievertrag ausrichten. In der Fontane-Klinik ist sie darum fest im Therapieablauf integriert. Die Rückmeldungen der Patienten sind durchaus positiv und bestätigen die Anwendung der Erlebnistherapie. Als Ausblick sei formuliert, dass zukünftig prozessbegleitend weitere Zielgruppen für die Erlebnistherapie infrage kommen könnten. Denken wir nur an Eltern-Kind-Interaktionen, Patienten im Essstörungssetting etc.

Literatur

Gilsdorf, R. (2004). *Von der Erlebnispädagogik zur Erlebnistherapie*. Bergisch Gladbach: EHP.

Heckmair, B., & Michl, W. (1998). *Erleben und Lernen – Einstieg in die Erlebnispädagogik*. 3. Aufl. Neuwied: Luchterhand.

Koth, A. (1996). Erlebnistherapie. *e&l – erleben und lernen*, 2, S. 51–58.

Paulus, J. (27. Oktober 1995). Die Suche nach der Super-Couch. *Die Zeit*, 44. http://www.zeit.de/1995/44/ Grenzen_und_Leistung_der_Psychotherapie_Jochen_Paulus_Die. Zugegriffen: 10. Januar 2017.

Prochaska, J. O., Norcross, J. C., & DiClemente, C. C. (1994). *Changing for good. A revolutionary six-stage program for overcoming bad habits and moving your life positively forward*. New York: William Morrow.

Roser, M. (1990). Was wirkt in der Gruppenpsychotherapie? Wirkfaktoren im gruppentherapeutischen Prozess aus der Sicht der Analytischen Psychologie und der empirischen Psychotherapieforschung. *Analytische Psychologie*, 30(2), S. 91–123.

Strotzka, H. (Hg.) (1975). *Psychotherapie: Grundlagen, Verfahren, Indikationen*. München: Urban & Schwarzenberg.

Yalom, I. D. (1996). *Theorie und Praxis der Gruppenpsychotherapie. Ein Lehrbuch*. 4. Aufl. München: J. Pfeiffer.

Erlebnispädagogik in der Rehabilitation von Menschen mit psychischen Störungen – ein Modellprojekt in der Klinik Pniel

Ulrich Lakemann

K. Mehl (Hrsg.), *Erfahrungsorientierte Therapie*,
DOI 10.1007/978-3-662-54544-7_8, © Springer-Verlag GmbH Deutschland 2017

Um zu überprüfen, ob und wie sich erlebnispädagogische Methoden in der Therapie und Rehabilitation psychisch erkrankter Menschen nutzen lassen, fand in der Klinik Pniel des heutigen Evangelischen Klinikums Bethel über zwei Monate, in der Regel jeweils einmal pro Woche für etwa drei Stunden, eine erfahrungs- und erlebnisorientierte Übungseinheit inklusive anschließender Reflexion mit einer Gruppe von fünf bis zehn Patienten statt. Diese wurde von einem Erlebnispädagogen angeleitet und von Therapeuten (Psychologen und/oder Psychiatern) begleitet und beobachtet. Das Projekt endete mit einer eintägigen Segelexkursion. Inbegriffen der Reflexionszeiten umfasste die Arbeit mit der Gruppe insgesamt etwa 30 Stunden.

Bei den Teilnehmenden handelte es sich um Menschen, die sich nicht oder nicht mehr in einer akuten Phase ihrer psychischen Erkrankung befanden, z. B. einer Psychose mit starken Einschränkungen der Wahrnehmungs- und Kommunikationsfähigkeiten. Sie strebten eine Rehabilitation an, welche aus medizinischer Sicht auch als möglich betrachtet wurde.

Das Projekt wurde anhand von Interviews mit den teilnehmenden Patienten zu Beginn, nach der Hälfte und am Ende der praktischen Projektlaufzeit evaluiert. Außerdem wurden zentrale Beobachtungen und Reflexionen in Bezug auf die jeweiligen Übungssituationen direkt im Anschluss an die einzelnen Übungstermine in Form von Gedächtnisprotokollen erfasst. Angesichts des explorativen Projektcharakters bot sich eine qualitative Evaluationsmethodik an, die das Ziel verfolgte, inhaltsanalytisch eine gegenstandsbezogene Theorie zu generieren.[1]

8.1   Methodische Grundlagen des Projekts

Der qualitativen Sozialforschung geht es im Gegensatz zu quantitativen Methoden nicht um Aussagen über die Häufigkeit eines sozialen Phänomens. Sie ist vielmehr stärker an den tiefer liegenden Phänomenen interessiert und versucht, soziale Realität in ihrer ganzen Komplexität und Kompliziertheit zu erfassen. Ziel sind nicht Häufigkeitsaussagen, sondern die Charakterisierung von Mustern, Möglichkeitsspektren und Merkmalskonstellationen sowie deren wechselseitige Beeinflussung. Die qualitative Sozialforschung arbeitet deshalb auch mit offeneren Methoden der Datenerhebung als die quantitative. An die Stelle des Fragebogens tritt bei einem qualitativen Interview beispielsweise der Leitfaden.

Das Ziel qualitativer Sozialforschung ist nicht Repräsentativität, sondern »Repräsentanz«. Der Einzelfall steht dabei stellvertretend für eine ganze Reihe vergleichbarer, ähnlicher Fälle, ohne dass es bekannt oder primär von Interesse wäre, wie viele das sind.

Vor diesem Hintergrund hat in der qualitativen Sozialforschung auch die Theorie einen anderen Stellenwert: Während die quantitativen Methoden Hypothesen benötigen, die empirisch überprüft werden (*deduktive Vorgehensweise*), geht die qualitative Sozialforschung von einer gegensätzlichen Perspektive aus: Zunächst werden Einzelphänomene gesammelt, die im Forschungsprozess allmählich zu einer Theorie verdichtet werden (*induktive Vorgehensweise*). Dennoch schließt dies auch in der qualitativen Sozialforschung eine deduktive Analyse anhand theoretischer Kategorien, die empirisch »gefüllt« werden, nicht aus. Typische Methoden der qualitativen Sozialforschung sind: das qualitative (z. B. narrative oder problemzentrierte) Interview, die teilnehmende Beobachtung, die Inhaltsanalyse, die Gruppendiskussion oder die Biografieforschung.

In unserem Forschungs- und Entwicklungsprojekt fanden drei Interviewphasen statt: Eine erste Phase vor Beginn der erlebnispädagogischen Aktionen zielte darauf ab, Vorstellungen, Befürchtungen und Erwartungen der Teilnehmenden zu erfahren. Deshalb waren diese Interviews relativ offen angelegt und eher narrativ orientiert, wenngleich die erzählerischen Elemente aufgrund der meist herrschenden Unsicherheit der Befragten eher in den Hintergrund traten. Eine zweite Interviewphase fand statt, nachdem etwa die Hälfte der praktischen Übungen durchgeführt worden war. Hier ging es vor allem darum, eine Zwischenbilanz zu ziehen,

---

1 Weitere Ausführungen zur theoretischen und methodischen Anlage des Projekts liefert der Aufsatz »Erlebnispädagogik in der Rehabilitation psychisch kranker Menschen« (Lakemann u. Koppmann 2008).

mögliche Probleme zu erfahren sowie Vorstellungen über den weiteren Verlauf des Projekts zu erheben. In Phase drei am Ende des Projekts fanden Abschlussinterviews statt. Dabei wurde gezielt nach der Einschätzung und den individuellen Wirkimpulsen der einzeln durchgeführten erlebnispädagogischen Aktionen gefragt. Außerdem wurde mit Blick auf die Ergebnisse des Projektes eine Bilanz hinsichtlich auszumachender genereller Wirkungen gezogen.

Das erste relativ offen und *narrativ angelegte Interview* richtete sich vor allem auf folgende Themenbereiche:[2]

- Informationen zum geplanten erlebnispädagogischen Projekt und anstehenden Interview (Anonymität etc.)
- erzählgenerierende Frage (»Wie sind Sie nach Pniel gekommen?«)
- Motivation und Vorstellungen der Patienten zu ihrem Klinikaufenthalt
- Rückfragen in Bezug auf Patientenbedürfnisse hinsichtlich Zielen und Therapiesetting (»Welche Ziele verfolgen Sie für die Zukunft?«, »Gibt es Dinge im Zusammensein mit anderen Menschen/Gruppen, die Sie nicht mögen, auf die ich bei den erlebnispädagogischen Übungen achten sollte?«)
- Erwartung der Patienten (»Was erhoffen Sie sich von dem erlebnispädagogischen Projekt?«)
- Hinweise auf »Regeln«: Prinzip der Freiwilligkeit und Stopp-Regel

In dem zweiten und dritten Interview handelte es sich vom Typ her um ein *problemzentriertes Interview*. Beim problemzentrierten Interview existiert bereits ein theoretisches Vorverständnis, das durch die Äußerungen des Befragten modifiziert bzw. empirisch konkretisiert wird. Das Interview ist anders als das narrative auf ein deutlich konkreteres Untersuchungsthema ausgerichtet. Um die interessierenden Themen im Interview berücksichtigen zu können, wurde ein flexibel eingesetzter Leitfaden benutzt.[3]

Ergänzend zu den Interviews fand eine teilnehmende Beobachtung der praktischen Aktionen und der daran anschließenden Reflexionen statt. Die Beobachtungsdaten wurden direkt im Anschluss an die jeweiligen Praxiseinheiten protokolliert und gingen zu einem späteren Zeitpunkt ebenfalls in die Analyse ein. Sie sollten dazu dienen, individuelle Problemlagen mit Blick auf einzelne Teilnehmende herauszufiltern, auf die im Abschlussinterview detaillierter und individueller eingegangen werden konnte. Zum anderen sollten die Beobachtungsdaten zu einer Validierung der Interviewergebnisse beitragen.

Alle aufgezeichneten Interviews wurden unter strengster Berücksichtigung der Anonymität der Beteiligten transkribiert. Darauf folgte die inhaltsanalytische Auswertung der Interviews mit einem Verdichten einzelner Aussagen zu Kategorien bzw. Merkmalskonstellationen. Dieser Schritt orientierte sich weitestgehend an der qualitativen Inhaltsanalyse nach Mayring (2015). In technischer Hinsicht erfolgte die qualitative Inhaltsanalyse mit dem Programm MAXQDA, das den Prozess der Codierung und Kategorisierung von Texten erheblich erleichterte.

In der vorliegenden Auswertung werden einige Merkmale hinsichtlich der Wirkimpulse der durchgeführten erlebnispädagogischen Aktionen aus dem Interviewmaterial herausgefiltert. Die entwickelten Kategorien befinden sich noch auf einem recht niedrigen Abstraktionsniveau. Es wird in weiteren Forschungsprojekten mit zusätzlichem empirischem Datenmaterial erforderlich sein, die Kategorien unter theoretischen Erwägungen stärker zu verdichten. Außerdem ist eine wichtige Frage für weitere Analysen, in welchen Merkmalskonstellationen die Kategorien zueinander stehen.

Die für die Projektstudie ausgewählten Übungen und Aktionen können an dieser Stelle nicht detailliert erläutert werden, im Folgenden werden sie jedoch als Übersicht aufgelistet.[4] Bei manchen Übungen war es notwendig, sie an die Probleme der Teilnehmenden anzupassen – insbesondere in Be-

---

2 Zu den einzelnen Phasen des narrativen Interviews vgl. Lamnek (2005).
3 Zum problemzentrierten Interview vgl. Lamnek (2005).

4 Nähere Informationen zu erlebnispädagogischen Interaktionsübungen finden sich neben vielen anderen Publikationen in den beiden Bänden von Reiners (2007a, 2007b) und bei Senninger (2000).

zug auf die Frage nach körperlicher Nähe. In der Regel wurden die Aktionen aber so durchgeführt wie mit jeder anderen Gruppe auch.

Insel	Säureteich
Nuggetsuche	Paddelboot und Segelboot
Jurtenzirkel	die Welle
sitzender Kreis	Fallübung
Magic Stick	Entspannungsschaukel
schneller Ball	blinde Karawane
gordischer Knoten	Klettern in der Halle und am Naturfelsen
sechs Leute auf einer Kiste	einem Baum begegnen
Riese – Elfe – Zauberer	Reflexion mit Naturmaterialien
Seilquadrat	

8.2   Empirische Ergebnisse

Im Folgenden werden die wichtigsten empirischen Ergebnisse aus der Analyse der zu drei Zeitpunkten des Projekts durchgeführten Interviews vorgestellt.

8.2.1   Zu Beginn des Projekts: Erwartungen und Befürchtungen

Das Projekt begann mit einer ersten kurzen Interviewphase, in der es den Teilnehmenden vorgestellt wurde. In dieser Phase ging es auch um die Haltung der Teilnehmenden, um Befürchtungen und Erwartungen bezogen auf die erlebnispädagogischen Aktionen und das Erfragen von biografischen Hintergründen.

Der größte Teil der Befragten hatte eine eher offene, interessierte Erwartungshaltung. Einige konnten sich auch zu Beginn des Projektes noch nicht so viel unter »Erlebnispädagogik« vorstellen und äußerten, sich gern überraschen und die Ergebnisse auf sich zukommen zu lassen. Andere versprachen sich von den erlebnispädagogischen Aktionen, dass dort Energie freigesetzt werde oder rechneten sich beim Lösen kniffliger Aufgaben Erfolge aus. Selbst das Außergewöhnliche an dem Projekt übte bereits im Vorhinein seinen Reiz auf die Teilnehmenden aus. Zum Teil wurden auch konkrete therapeutische Erwartungen an das Projekt formuliert. Man wünschte sich, dass Körper, Geist und Seele besser zusammenpassen, dass man ruhiger werde,

Ängste abbauen könne und hoffte auf eine psychische Stabilisierung.

Es gab aber auch Befürchtungen: Die deutlich am häufigsten geäußerte Befürchtung war die, bei den Aktionen eine zu große körperliche Nähe zu riskieren. Ein Teil der an den erlebnispädagogischen Aktivitäten teilnehmenden Patienten konnte aufgrund der bestehenden Krankheitssymptomatik keine allzu große Nähe zu anderen Menschen ertragen. Es wurde in den Interviews zwar mit gewissen Einschränkungen, aber zum Teil sehr deutlich gesagt, dass dies nur schwer auszuhalten sei.

Ausschnitt 1 (E1)

Interviewer – *[...] Wo würden Sie sagen, wenn ich mit anderen zusammen bin, z. B. da habe ich hier und da gewisse Vorbehalte, da weiß ich nicht, traue ich mir dieses und jenes nicht zu. Gibt es da solche Dinge?*

Befragter – *Also, was ich auf keinen Fall möchte, ist irgendwie eine nahe körperliche Sache. Das kann ich nicht, dass ich mich in meiner Autonomie – oder wie man's auch immer nennen will – irgendwie verletzt fühle.*

Interviewer – *Ja. Wäre das …, würde das auch schon heißen, dass auch das Anfassen von anderen schon schwierig ist?*

Befragter – *Ja.*

Es war für die Planung des Projektes sehr wichtig, über diese Vorinformationen zu verfügen, denn so konnten die Übungen individuell auf die Teilnehmenden abgestimmt und bei Bedarf variiert werden. Gleichzeitig war es aber auch möglich, an dem Nähe-Distanz-Problem zu arbeiten, indem mit zunehmendem Verlauf des Projekts auch ganz gezielt Übungen eingesetzt wurden, die eine sehr große Nähe zwischen den Beteiligten zumindest zeitweise voraussetzten.

Weiterhin wurde befürchtet, dass es zu laut werden könne, andere hatten Bedenken, dass die Übungen sie an ihre eigene Biografie erinnern und zu viele Assoziationen an die eigene Kindheit hervorrufen könnten. Dies war zum Teil auch der Fall, wobei es sowohl stärkende als auch bremsende und beeinträchtigende Isomorphien zwischen der erlebnispädagogischen Aktion und Erlebnissen aus der Kindheit/Jugend einzelner Patienten gegeben hat. Ein Teil der Patienten befürchtete außerdem, Schwierigkeiten damit zu haben, sich auf andere einlassen zu können.

Insgesamt ist zu den Erwartungen und Befürchtungen im Vorfeld der erlebnispädagogischen Aktionen allerdings zu sagen, dass bei allen Teilnehmenden die Offenheit und Neugier auf das Projekt überwog.

8.2.2 Wirkimpulse der erlebnispädagogischen Methoden

Wenn im Folgenden von Wirkimpulsen die Rede ist, so liegt diesem Begriff die Annahme zugrunde, dass eine einzelne erlebnispädagogische Aktion keine exakten Vorhersagen in Bezug auf ihre Wirkungen erlaubt (vgl. zu dieser Thematik näher: Lakemann 2004, 2005a, 2005b). Stattdessen gehen wir von dem systemtheoretischen Grundsatz aus, dass ein Erlebnis in Form eines Impulses auf das Individuum und die Gruppe trifft, dieser Impuls im günstigsten Fall aufgenommen und verarbeitet wird, aber die innersystemische Verarbeitung weitestgehend offen und kontingent bleibt.

Genau dies konnte auch empirisch belegt werden, da Isomorphien beispielsweise zwischen der erlebnispädagogischen Aktion und Erlebnissen zu einer völlig individuellen Verarbeitung und teilweise nicht erwarteten Wirkungskonstellationen geführt haben (vgl. dazu näher ▶ Abschn. 8.2.1, unter der Abschnittsüberschrift: »Bezüge zu biografischen Erfahrungen«).

Ein weiterer Aspekt, der mit Blick auf die Wirkimpulse der durchgeführten erlebnispädagogischen Aktionen berücksichtigt werden muss, ist die Frage des »Bewusstseins« und der »Bewusstheit«. Ein Teil der Befragten stellte in manchen Interviewzusammenhängen keine Wirksamkeit der erlebnispädagogischen Aktionen fest. Insbesondere mit Bezug auf abstraktere und eher generalisierte Wirkungen wurde es für die Befragten manchmal schwierig, diese zu erkennen. In anderen Gesprächsteilen zeigte sich hingegen deutlich, dass für den einzelnen Patienten aus der konkreten Aktion sehr wohl Wirkimpulse resultierten. So nahmen die Teilnehmenden zwar bestehende Wirkimpulse wahr, konnten diese aber nicht differenziert reflektieren. Das Feedback der Patienten ergab dann einfach allgemein, dass die Teilnahme gut, schön oder angenehm gewesen sei.

Ausschnitt 2 (G2)

Interviewer – [...] was denken Sie, was für Vorteile hatten Sie davon, was hat Ihnen das gebracht [...]?

Befragte – Vorteile auf jeden Fall 'ne ganze Menge, ich kann's jetzt gar nicht einzeln benennen, einfach, einfach das Ganze an sich.

In der Konsequenz ist davon auszugehen, dass erlebnispädagogische Methoden auch dann Wirkungen entfalten können, wenn sie dem Individuum nicht in allen Facetten bewusst sind. Gleichzeitig ist aber auch das Gegenstück denkbar, dass Wirkungen behauptet werden, etwa um dem Erlebnispädagogen oder Therapeuten einen Gefallen zu tun, letztendlich aber die möglichen Effekte einer erlebnispädagogischen Aktion am Individuum und/oder an der Gruppe »abgeprallt« sind. Empirische Anhaltspunkte dafür gab es im Projekt allerdings nicht. An den Untersuchungsergebnissen wurde aber deutlich, dass es erwartungsgemäß Übungen gibt, die an manchen Teilnehmenden praktisch »vorbeirauschen«. Wirkimpulse waren hier nicht erkennbar.

Ausschnitt 3 (F2)

Interviewer – Wir hatten dann, wir hatten an dem Tag ja auch noch diesen Säureteich, wissen Sie, wo in der Mitte der Schatz lag, der geborgen werden musste, was haben Sie damit in Verbindung gebracht?

Befragte – Gar nichts, nee.

Interviewer – Das hat Ihnen nichts bedeutet …

Befragte – Nee.

Am Ende des Projekts meldete ein Teil der Befragten zurück, dass die erlebnispädagogischen Aktionen für sie generell kein Problem dargestellt hätten, selbst wenn im Verlauf der Übungen Situationen mit eher unangenehmen Gefühlen aufgetreten waren. Insbesondere bei körperlicher Überforderung war dies für einige der Fall. In der Gesamtbilanz scheinen solche spezifischen Situationen bei bestimmten Patienten jedoch nicht ins Gewicht gefallen und im Vergleich zu den positiv bewerteten Erlebnissen in ihrer Bedeutung eher untergeordnet gewesen zu sein.

Ausschnitt 4 (G2)

Befragte – *Hm, ja, Nachteile gibt's eigentlich nicht wirklich, was?*

Interviewer – *Hm.*

Befragte – *Nö.*

Interviewer – *Fällt Ihnen nichts ein, oder wüssten Sie nichts, gibt es auch nichts?*

Befragte – *Nö, gibt, gibt nichts.*

Interviewer – *Sehr gut, es gab also keine Situationen, wo Sie irgendwie gedacht haben:»Na, das hat mir jetzt nicht gefallen!«?*

Befragte – *Nö.*

Ausschnitt 5 (M2)

Interviewer – *Ja, o. k., ja, was gibt es für weitere, eher ja nicht so tolle Sachen im Zusammenhang mit Erlebnispädagogik, die Sie jetzt erfahren haben?*

Befragte – *Auch jetzt fällt mir jetzt auf Anhieb eigentlich nichts ein.*

Interviewer – *Hm, o. k.*

In den folgenden Unterkapiteln werden einige nachgewiesene Wirkimpulse bei Einzelpersonen und innerhalb der Gruppe beschrieben und analysiert. Die unter bestimmten Themen subsumierten Ergebnisse werden durch Interviewauszüge belegt.

Einzelperson

Die Wirkimpulse von erlebnispädagogischen Maßnahmen auf das einzelne Individuum lassen sich in folgende Kategorien einteilen: Erlebnis, Aktivierung und körperliche Bewegung, Entspannung, Stärkung des Selbstbewusstseins, Anregung und Bewusstmachung von Gefühlen, Spaß, Ängste, Freiheit und Glück, Selbstwirksamkeit, Herausforderung und Bezüge zu biografischen Erfahrungen.

Erlebnis

Zunächst einmal wurde das Erlebnis an sich, also die außergewöhnliche, neue Situation als vorteilhafter Wirkimpuls aufgefasst. Dies galt beispielsweise für die Erfahrung, in erlebnispädagogischen Aktionen andere Rollen einnehmen zu können. Auch in diesem Sinne sahen die teilnehmenden Patienten das Projekt als Beitrag an, um wieder gesund zu werden.

Als Erlebnis wurde auch des Öfteren die Naturerfahrung hervorgehoben. Man könne die Natur genießen; Sonne, Wasser, frische Luft und Tiere

hätten einen ausgesprochen positiven Einfluss auf die Genussfähigkeit der Teilnehmenden.

Ausschnitt 6 (G3)

Interviewer – *Und äh, o. k., gehen wir noch ein Schritt zurück, das Bootfahren auf'm Hücker Moor – welche Eindrücke hat das bei Ihnen hinterlassen, die Woche davor?*

Befragter – *Na ja, das Rudern [...] ist auch gut, eine schöne Sportart, kann man auch öfters machen, auf dem Moor fahren, Sonne genießen, Sonnenuntergang, auch auf dem Wasser, ist auch ein Element von Leben irgendwie.*

Ausschnitt 7 (U3)

Interviewer – *[...] zu der Bootsaktion auf dem Hücker Moor, das war ja die Woche davor, und da würde ich eigentlich auch gern Sie noch mal fragen: Was hat das an Eindrücken bei Ihnen hinterlassen?*

Befragte – *Ja, das hat auch einen sehr guten Eindruck für mich hinterlassen. Was ich schön fand, ist, dass wir diese Tierwelt auch so nah erleben konnten. Also das war noch mal so ein kleines Sahnehäubchen.*

Aktivierung und körperliche Bewegung

Hervorgehoben wurde außerdem, dass die Erlebnispädagogik dazu beigetragen habe, vor allem auch wieder körperlich aktiv zu werden, Spaß an der Bewegung zu haben und Sport zu treiben. Insbesondere wurden diese Wirkimpulse mit Depression in Verbindung gebracht, unter der einige teilnehmende Patienten litten, und es wurde von ihnen bemerkt, dass die Aktion und die Aktivität sehr hilfreich seien, um gegen die Depressionen anzukämpfen.

Ausschnitt 8 (T3)

Befragter – *[...] und natürlich, das, was mir sehr geholfen hat, diese Aktivität mit anderen, in die Aktion zu gehen.*

Interviewer – *Ja ...*

Befragter – *Auf die, ich sag das immer so flapsig, auf die Handlungsebene zu gehen. Ich kann viel überlegen, aber ich bin da sowieso ein sehr kopflastiger Mensch. Ich muss den ersten Schritt machen, es muss aktiv werden, ich muss mich bewegen und das tut mir gut. Die Erlebnispädagogik hat mir immer gut getan und nicht nur das, weil man das immer sagt:»Bei einer Depression hilft viel Aktivität!«, aber das habe ich auch gespürt.*

Neben der Aktivierung wurden sehr häufig Wirkimpulse angesprochen, die im Zusammenhang mit körperlicher Bewegung stehen. In den meisten Fällen wurden die Impulse auf die Bewegung und die Bewegungsmotivation als sehr positiv bewertet.

Ausschnitt 9 (G3)

Interviewer – *Ja, o. k. Was würden Sie sagen, was bringt Ihnen Erlebnispädagogik, diese ganzen Aktionen, die wir gemacht haben mit Blick darauf, wieder gesund zu werden?*

Befragter – *Also das ist mit Sport verbunden, mit Genießen verbunden, mit was erreichen wollen. Ja, ich weiß nicht, kann auch die ganze Atmosphäre sein, das ganze Aufleben [...]. Man lebt ja dabei auf. Das ist alles neu. So was macht man nicht jeden Tag, so was erlebt man vielleicht einmal im Jahr, einmal im Leben so was. Das letzte Mal, das erste Mal, das letzte Mal, das war für mich ein Erlebnis. So kann man das sehen eben, und was mich das gesund machen kann, keine Ahnung, muss man dabei sein, mit Leib und Seele mit dabei sein.*

Manche Befragte hatten ohnehin sportliche Ambitionen, die aus der Zeit stammten, in der sie noch psychisch gesund waren, andere stuften die körperliche Bewegung aber auch als neue Entdeckung ein. In einer ganzen Reihe von Fällen war offensichtlich, wie körperliche Bewegung, Zielerreichung und eine Stärkung des Selbstbewusstseins miteinander verbunden waren. Dies war beispielsweise auch beim Klettern der Fall, selbst wenn die Bewegung nicht immer damit verknüpft wurde, das selbst gewählte Ziel zu erreichen. Von Bedeutung war es vielmehr, es überhaupt versucht zu haben.

Aus den positiven Erfahrungen ergaben sich auch Perspektiven und Absichten für die Zukunft. So zeigte sich, dass mit der Erlebnispädagogik auch zukünftige eigene Vorhaben wie beispielsweise Exkursionen mit Freunden hervorgingen.

Ausschnitt 10 (L3)

Interviewer – *Ja, o. k. kommen wir vielleicht mal zum Abschlussteil. Noch was: [...] Was hat Erlebnispädagogik Ihnen gebracht [...], auf dem Weg, wieder gesund zu werden?*

Befragter – *Hm. //Pause// Ja, es hat mir gezeigt, es hat mir Selbstvertrauen geschenkt, irgendwie in der Gruppe einen Part einnehmen zu können und halt auch sportlich irgendwie was leisten zu können. Und ja das, das hat mir auch gezeigt, dass das Bedürfnis von mir da ist, so solche Sachen zu machen. Also ich kann mir jetzt auch gut vorstellen, ich möchte jetzt auch mal wieder in näherer Zukunft, vielleicht auch mit Leuten, mal wieder nach Holland fahren. Ich hätte auch nicht gedacht, dass das so schnell geht, dass man da in drei, vier Stunden da, in Nähe Enschede, sein kann.*

Interviewer – *Hm.*

Befragter – *Und ja, dass man halt seinen Beitrag leisten kann. Ne?*

Interviewer – *Hm.*

Befragter – *Und das auch gut ankommt.*

Auf der anderen Seite schränkten die individuelle körperliche Konstitution sowie die Einnahme von Medikamenten die positive Erlebensweise der körperlichen Bewegung in gewisser Weise ein. Zum Teil gab es Situationen, in denen einige Teilnehmende körperlich überfordert waren. Dies äußerte sich in Schwitzen, Atemnot, Schwindel, Kopf- oder Rückenschmerzen.

Ausschnitt 11 (U3)

Befragte – *Richtig, als ich das erste Mal dabei war, dabei war, ja, da kam zuerst der Anstieg auf die Wiese. Also ich, schon bevor wir überhaupt losgefahren sind, hatte ich schon wieder entweder aus Aufregung oder medikamentenbedingt Hitzewallungen und Schweißausbrüche.*

Interviewer – *Ja.*

Befragte – *Und dann kam dieser Anstieg, und alle sind ziemlich flott vorangegangen, und ich wieder die Letzte. Da bin ich da hinterhergehechelt und kam dann oben an: klitschnass und ja, erschöpft. Und dann hieß es: »So jetzt machen wir erst mal 'ne kleine Übung zum Aufwärmen.« //Lachen// Ja und ich dachte, ja, ich wusste nicht, ob ich lachen oder schreien sollte. »Wie zum Aufwärmen?«, habe ich nur gedacht. Ja und dann also dieses Kinderpackenspiel. Also das lag mir überhaupt nicht. Also ich – nicht nur wegen der Bewegung –, also weiß nicht, da wusste ich also, bei dem Spiel kann ich nur verlieren. Ich kann nicht so schnell rennen und so schnell auf die Reihe mit diesem Zauberer und dings kriege ich das auch nicht, wer jetzt wen packen soll, also es war eigentlich nur noch etwas Erschöpfendes auf meine Erschöpfung schon drauf.*

Zum Teil standen die als belastend angesehenen körperlichen Folgeprobleme auch in Verbindung mit einer eher negativen, depressiven Stimmung. Vor diesem Hintergrund wurden körperliche Herausforderungen zusätzlich negativ bewertet.

Ausschnitt 12 (L3)

Befragter – *Weil irgendwie, es war kein Wind, und ich hab' das auch noch nie gemacht, irgendwie gesteuert und so weiter, und es war ja überhaupt kein Vorankommen. Das fand ich ein bisschen deprimierend. //Lachen// Es war ja ein bisschen lahm alles, und dann fand ich es superknallig heiß auch da drauf. Ich hatte ja auch noch eine schwarze Hose angezogen und irgendwie falsche Klamotten angezogen. Dann hatte ich Sonnencreme am Anfang in den Augen. Und so die letzte Zeit bin ich eher sehr depressiv. Ich hab zurzeit 'ne sehr schlechte Phase, hier ein Down, und ich wollte eigentlich gestern was Wichtiges anpacken. Ich hab ja auch so mit Ängsten zu tun und dann zusehen, das anzugehen, und deswegen konnte ich gestern auch, am Dienstag, bei dem Segeltörn auch nicht abschalten und das nicht genießen, und es war, es war ganz schön, aber irgendwie hat es mir nicht wirklich Spaß gemacht.*

Entspannung

Als Kontrast zur Aktivierung und Bewegung zog eine ganze Reihe von erlebnispädagogischen Aktionen für fast alle Befragten auch Entspannungseffekte nach sich. In den Interviews äußerten die Teilnehmenden, dass man bei den durchgeführten Aktionen auch einmal hätte loslassen und sich einfach in eine Situation hätte hineinbegeben können. Auch innerhalb der Gruppe wurde, obwohl es zum Teil für alle offensichtliche Sympathien und Antipathien gab, häufiger hervorgehoben, dass die Kommunikation untereinander recht entspannt verlaufen sei. In der Konsequenz stellte sich dann auch die zum Teil formulierte Erwartung ein, dass man im Verlauf des Projekts und Gruppenprozesses ruhiger geworden sei.

Je nach Übung war es aber für manche Teilnehmenden nicht möglich, ein Entspannungsangebot, wie etwa die Entspannungsschaukel, anzunehmen. Hier hielten Befürchtungen – wie beispielsweise sich womöglich in einer zu exponierten Stellung zu befinden – Patienten von Erfahrungsmöglichkeiten ab.

Ausschnitt 13 (T2)

Befragter – *Bei der Entspannungsschaukel war ich nur passives Mitglied. Das wollte ich nicht. Ich wollte mich dann nicht da reinlegen. Das ist mir zu nahe, das merke ich, zumal ich von allen Seiten beobachtet werden kann, und dann kann ich mich nicht entspannen. Entspannen kann ich eher so in Ruhe für mich.*

Interviewer – *Ja.*

Befragter – *Das war aber als Mitglied dabei, ohne dass ich mich dann in exponierter Weise dann da oben darauf lege, war es kein Problem.*

Außerdem wurde geäußert, dass krankheitsbezogene Entwicklungen die Entspannungspotenziale einer Situation verhindern konnten:

Ausschnitt 14 (L3)

Befragter – *Und ja und am Dienstag oder schon die letzte Zeit ist alles nicht so bei mir, irgendwie bin ich halt in 'ner Downphase, und irgendwie war es nicht, konnte ich nicht, mich dann nicht so entspannen.*

Stärkung des Selbstbewusstseins

Eine ganze Reihe von Befragten fühlte sich durch die Erlebnisse und Erfahrungen im Zuge der erlebnispädagogischen Übungen gestärkt. Insbesondere wenn Situationen bei den Befragten mit gewissen Befürchtungen hinsichtlich der Zielerreichung verbunden

gewesen waren und das Ziel dann doch erreicht wurde, gingen davon stärkende Wirkimpulse aus. Dies traf beispielsweise für das Klettern zu, wenn Teilnehmende lernen mussten, mit ihrer Angst vor der Höhe umzugehen oder Routen kletterten, die sie sich zuvor nicht zugetraut hatten. In der Konsequenz wurden daraus auch Schlussfolgerungen gezogen, die einen Transfer auf andere Lebenssituationen im Alltag der Patienten eröffneten. Einigen wurde dabei klar, dass sie Ziele erreichen und etwas schaffen können, was sie sich zuvor selbst nicht zugetraut hatten.

Ausschnitt 15 (F2)

Interviewer – *Schön, was bringt Ihnen das?*

Befragte – *Das bringt mir so Stärke, nun ich kann vieles schaffen, merke ich das.*

Interviewer – *Ja.*

Befragte – *Merke ich das, denn ich will.*

Interviewer – *O. k.*

Befragte – *Das ist, das ein gutes Zeichen.*

Interviewer – *Auf jeden Fall. Das ist auch durchaus ein Ziel dieser Aktionen, dass Sie ein Stück weit auch Stärke gewinnen können.*

Befragte – *Ja.*

Interviewer – *Und können Sie vielleicht Beispiele nennen aus dem, was wir an Aktionen gemacht haben?*

Befragte – *Zum Beispiel Klettern. Ne?*

Interviewer – *Ah, ja!*

Befragte – *Zum Beispiel Klettern: innen drinnen ich hab' gesagt, ich schaffe es nicht, ich hab' nie gemacht oder und danach habe ich geschafft.*

Interviewer – *Sehr schön!*

Befragte – *Ja.*

Von den Befragten wurde ebenso betont, dass die Integration in die Gruppe die Teilnehmenden stärken kann. Es gemeinsam geschafft zu haben, schien auch individuell mit einem stärkenden Erfolgserlebnis verbunden zu sein. Es wirkte sich vor allem positiv auf das Selbstbewusstsein aus.

Ausschnitt 16 (L2)

Befragter – *Es gibt, es kommen viele Sachen zusammen. Ich glaube, auch die Erlebnispädagogik hat in gewissen Bereichen mein Selbstbewusstsein gestärkt.*

Interviewer – *Hm.*

Ähnliches traf auch auf die Übernahme von Rollen in einer Gruppe zu. Wenn die Betreffenden es nicht gewohnt waren, in einer Gruppe Führungsrollen einzunehmen, ging die Übernahme solcher eher ungewohnter Positionen innerhalb einer Gruppe häufig mit einem das Selbstbewusstsein stärkenden Gefühl einher.

Ausschnitt 17 (M3)

Befragte – Ja, des bringt mir insofern was, dass, dass es vielleicht auch ein bisschen mehr so mein Selbstwertgefühl, so ein bisschen zu steigern, dass ich lerne, mich zu trauen, auch mal die Führung zu übernehmen, dass das durchaus auch, auch geht.

Anregung und Bewusstmachung von Gefühlen

Typisch für die Erlebnispädagogik ist, dass sie die Menschen nicht nur kognitiv, sondern ganzheitlich und damit auch auf der Gefühlsebene anspricht. Ein Teil der Befragten bemerkte in den Interviews, dass mit den erlebnispädagogischen Aktionen angenehme Gefühle verbunden gewesen seien. Zum Teil läge dies daran, dass man sich entspannen konnte und aufgefangen fühlte, wie z. B. bei der Übung »Entspannungsschaukel«. Zum Teil seien die Aktionen aber auch von dem angenehmen Gefühl begleitet gewesen, den anderen in der Gruppe vertrauen zu können. Außerdem empfanden es einige als eine positive Erfahrung, in der Gruppe auch teilweise neue Rollen übernehmen zu können.

Ausschnitt 18 (L2)

Interviewer – Wo es auch darum ging, sich so ein bisschen fallen zu lassen, in dieser Entspannungsschaukel zu sein …

Befragte – Ja, das fand ich ja sehr gut mit dieser Schaukel.

Interviewer – Das hat Ihnen gut gefallen.

Befragte – Ja.

Ausschnitt 19 (T2)

Befragter – Das ist schon, das ist ein fester Bestandteil dieser Struktur [Krankenhaus] jetzt für mich, und ich weiß, dass mir das gut tut. Am Ende eines, dieses ergebnispädagogischen Teils fühle ich mich immer sehr wohl.

Spaß

Sehr häufig wurde im Zusammenhang mit den erlebnispädagogischen Aktionen und Erfahrungen von den Befragten auch der Spaßfaktor genannt. Dies war insbesondere der Fall, wenn die Aktivitäten in Verbindung mit Spiel und Bewegung gebracht werden konnten und den Beteiligten dadurch Spaß und Freude bereitet hatten.

Ausschnitt 20 (G2)

Interviewer – […] und beim letzten Mal, das war ja jetzt schon 14 Tage her, waren wir in der Kletterhalle.

Befragte – Das war richtig toll!

Interviewer – Das war richtig toll?

Befragte – Ja.

Interviewer – Was war das, was Ihnen das gebracht?

Befragte – Das wüsste ich jetzt gar nicht. Es war einfach nur ein Spaßfaktor.

Interviewer – Spaßfaktor ist auch immer wichtig, ne?

Befragte – Ja.

Ausschnitt 21 (M3)

Interviewer – […] was bedeutete das für Sie? […] Also da einfach auf dem Boot zu sitzen, da lang zu fahren. Was hat das für Eindrücke bei Ihnen hinterlassen?

Befragte – Ja, also fand ich sehr entspannend auch, und auch das Paddeln hat Spaß gemacht, und dann da unter dieser Fontäne her zu fahren war sehr schön.

Ausschnitt 22 (F2)

Interviewer – Was gab es sonst für Sie bei den Aktionen, wo Sie sagen können, das hat Sie gestärkt.

Befragte – Diese mit Fee.

Interviewer – Diese Riese – Zauberer – Elfe?

Befragte – Ja, das hat auch Spaß gemacht, ja. //Lachen//

Ängste

Zum Teil waren die erlebnispädagogischen Aktionen für manche Befragte allerdings auch mit Ängsten verknüpft. Befürchtet wurde vor allem, bestimmte Aufgaben nicht zu schaffen und nicht mitmachen zu können. Zum Teil war es auch die bereits beschriebene Angst vor Nähe, die einen Einfluss auf die Gefühlslage der Teilnehmenden hatte. Zum Teil äußerten sich Ängste auch spontan in Situationen, die durch eine gewisse Herausforderung gekennzeichnet waren und bei denen die Überforderung mancher Teilnehmer spontan hervortrat. So bekam eine Teilnehmerin bei der Übung »blinde Karawane« plötzlich gegen Ende Panik und nahm sich schnell die Augenbinde ab. Obwohl dies keine weiteren Folgeprobleme zur Konsequenz hatte, war es für sie ein unangenehmes Erlebnis:

Ausschnitt 23 (A2)

Interviewer – […] oder auch diese blinde Karawane da gab's, glaub ich, mal eine Situation ganz kurz, die für Sie nicht so gut war.

Befragte – *Ja, ich war ein bisschen ängstlich.*

Interviewer – *Da hatten Sie plötzlich Angst gekriegt.*

Befragte – *So im Kopf gedreht hat es irgendwie, habe ich ein bisschen Schreck gekriegt.*

Interviewer – *Ja, klar.*

Befragte – *Musste ich abmachen, weil ich plötzlich Angst gekriegt habe, ne?*

Interviewer – *Aber war ja auch erst ganz zum Schluss.*

Befragte – *War o. k. schon eigentlich.*

Interviewer – *Und hat sich das im Laufe der Zeit, also hat sich das dann sofort wieder stabilisiert?*

Befragte – *Ja, also manchmal bin ich noch sehr aufgeregt. Das kommt jetzt dieses Extreme, weil ich hab Drogen konsumiert, und das war auch sehr heftig, habe ich so die Erlebnisse mit Atemstocken.*

Interviewer – *Ja.*

Befragte – *Das habe ich immer noch, ein bisschen nur.*

Interviewer – *Ja.*

Befragte – *Atemstocken, wenn was Aufregendes ist, oder so.*

Freiheit und Glück

Immer wieder wurde im Zusammenhang mit erlebnispädagogischen Aktionen in unserer Gruppe auch das Gefühl von Freiheit und Glück genannt. Vor allem die Bewegung in der Natur erzeugte bei vielen, obwohl sie sich aus eigenem Willen in der Klinik aufhielten, doch ein Kontrasterlebnis zur klinischen Situation. Die natürlichen Räume wie Wald, Wiese und Wasser wurden im Gegensatz zum Klinikalltag mit Freiheit assoziiert.

Ausschnitt 24 (F3)

Befragte – *Im Freien fühle ich mich immer sicherer, ja im Wald sowieso. Ich liebe so Wälder, ich fühle mich frei.*

Ausschnitt 25 (G2)

Interviewer – *Na ja, was hat das für Sie gebracht, was hat Ihnen das gebracht, da teilzunehmen?*

Befragter – *Ja vielleicht: mehr in die Freiheit zu gehen. Freiheit, die Freiheit, die fehlt mir. Ich bin verschlossen, ich brauche mehr Freiheit.*

Interviewer – *Ja.*

Befragter – *Will frei wie ein Vogel sein irgendwie, ich brauch die Freiheit, die Freiheit, Freiheit im Raum.*

Interviewer – *Das ist wichtig.*

Befragter – *Ja und so in die Wildnis reinkommen, das kann nicht jeder. In der Wildnis, das heißt schon etwas. Mit der Freiheit in der Natur etwas frei, freien Raum, Freiheit und Freiheit genießen. Die Freiheit, das, keine Ahnung, das Freiheit hat das zu tun.*

Auch das Gefühl, Dinge in die Hand zu nehmen, also selbstwirksam zu sein, ging bei manchen mit Freiheitsgefühlen einher. So stellte ein Teilnehmer, der am Ruder saß, während des Segeltörns fest: »Ich habe mich lange nicht mehr so frei gefühlt.« Er hatte offenbar das Gefühl, dass er die Dinge – im wahrsten Sinne des Wortes – lenken kann und nicht gelenkt wird. In diesem Zusammenhang lenkten die Freiheitsgefühle den Betreffenden offenbar auch ansatzweise von einer eher defizitorientierten Sichtweise auf seine Krankheit ab.

Ausschnitt 26 (F3)

Befragte – *Frei …*

Interviewer – *Freiheit?*

Befragte – *Ja, Freiheit.*

Interviewer – *Das würden Sie mitnehmen?*

Befragte – *Ja.*

Interviewer – *Das ist wichtig, ja.*

Befragte – *Frei sein ist schön, echt.*

Interviewer – *Ja.*

Befragte – *… habe ich gelernt.*

Interviewer – *Sie waren vorher nicht frei?*

Befragte – *Nein.*

Freiheitsgefühle sind in der Regel Glücksgefühle. Die Patienten nutzten den Begriff »Glück«, um ihre Gefühle während des erlebnispädagogischen Projekts zu charakterisieren. Zum einen bestand das Glückserlebnis in der Bestätigung seitens der Gruppe, zum anderen aber auch darin, bestimmte Aufgaben, wie beispielsweise das Klettern, geschafft zu haben.

Ausschnitt 27 (L3)

Befragter – *Und allgemein, wenn man irgendwas macht, besonders was aus der Reihe fällt, hatte ich ja von Anfang an zu Ihnen gesagt, möchte möglichst außergewöhnliche Sachen machen, dass das irgendwie ja umso abgedrehter so wie Klettern. Das ist ja nicht abgedreht, aber umso ausgefallener. Das weiß nicht, das macht einen irgendwie auch ein bisschen glücklich, immer die Woche so was gemacht zu haben.*

Ausschnitt 28 (A2)

Befragte – *Ja, die haben bei jedem geklatscht. So ist das halt dann für jeden ein Glückserlebnis.*

Interviewer – *Ja, ist ein Glückserlebnis.*

Befragte – *Ja, …*

Interviewer – *Ja.*

Befragte – *… ist für jeden halt gut, zu klatschen, wenn er da hochgekommen ist.*

Selbstwirksamkeit

Ein weiteres wichtiges Element der erlebnispädagogischen Aktionen, das zum Teil auch mit der Übernahme von Führungsrollen zusammenhing, war das Gefühl der Selbstwirksamkeit. Dieses ließ sich recht gut anhand der Steuerposition auf dem Segelboot trainieren. Auch andere Aktionen, wie beispielsweise das Klettern, führten zu dem Bewusstsein, dass man etwas bewegen und aus der eigenen Anstrengung heraus etwas schaffen kann.

Ausschnitt 29 (F3)

Interviewer – *Ja, wenn Sie mal an die erlebnispädagogischen Aktionen denken, was haben Sie über sich selbst herausgefunden?*

Befragte – *Vieles, ja, ich kann vieles machen, wenn ich will.*

Interviewer – *Was ist zum Beispiel wichtig für Sie gewesen?*

Befragte – *Zum Beispiel Klettern, ich hab nie geklettert, ich dachte, ich schaffe es nicht, aber ich hab geschafft.*

Interviewer – *Ja.*

Befragte – *Das war Schönes.*

Allein das Gefühl, aktiv an etwas beteiligt zu sein, scheint gerade für einige Patienten, deren Perspektive manchmal sehr stark auf ihre Erkrankung ausgerichtet war, ein sehr positiver, für das bewusste Wahrnehmen der Selbstwirksamkeit wichtiger Effekt zu sein.

Ausschnitt 30 (T2)

Befragter – *Also für mich ist es positiv, dass ich wieder aktiv etwas mitgestalte, …*

Interviewer – *Ja.*

Befragter – *… dass ich, dass ich in der Gruppe etwas mitgestalte.*

Interviewer – *Hm.*

Ausschnitt 31 (T3)

Befragter – *Das war immer […], vor dem Donnerstag. Da habe ich mich darauf gefreut, und nach dem Donnerstag habe ich gewusst: Manometer, das, was, das ist also, hat doch so geklappt, wie ich das wollte. –*

Herausforderung

Das Gefühl der Selbstwirksamkeit war oftmals gekoppelt an die Bewältigung von Schwierigkeiten und die Annahme entsprechender Herausforderungen. Herausforderungen wurden beispielsweise als »Mutproben« angesehen, die eine gewisse Überwindung erforderlich machten.

Ausschnitt 32 (G2)

Befragter – *Ja, ich denk doch schon, irgendwie ja schon bisschen mehr Mutproben ausprobieren, mutig sein, bisschen mehr aus sich rauskommen, mehr rauskommen, von sich rauskommen. Soll nicht stillschweigend sein, nix von mir gelassen, so schweigen wie immer, aber ich mag das, so hat Spaß dran. Man steigert sich da rein. So sind auch ab und zu Mutproben, so, wie man mutig ist, auch da hochzuklettern. Das macht nicht jeder so was, da hochzuklettern, so mit 'nem Strick da so auszuprobieren. So sind einige Mutproben, da muss man sich überwinden.*

Zum Teil werden solche »Mutproben« allerdings dann problematisch, wenn sie von Seiten der Teilnehmenden in eher risikoreiche Situationen münden. Eine derartige Situation ergab sich beispielsweise, als ein Teilnehmer in der Kletterhalle plötzlich kopfüber im Klettergurt hing. Da diese Position nur etwa 1,5 Meter über dem Boden eingenommen wurde und die Kletterstelle zudem durch dicke Matten gesichert war, drohte allerdings keine wirkliche Gefahr.

Ausschnitt 33 (G2)

Interviewer – *[…] wobei ich einen Schreck kriegte, als Sie plötzlich kopfüber hingen.*

Befragter – *Ja, ich weiß auch nicht, wie das passieren konnte. Ich hab schon mal geklettert, sollte das nicht passiert sein. Irgendwie, keine Ahnung, so weit hinten rübergelehnt.*

Interviewer – *Das war von Ihnen nicht beabsichtigt, ne?*

Befragter – *Nein, das war's nicht, weiß nicht, Schreckreaktion.*

Im Zusammenhang mit sich einstellenden Herausforderungen während der Übungen erlebten es manche Teilnehmer auch als sehr befriedigend, dass sie ihre Ängste erfolgreich überwinden konnten. Dies galt beispielsweise für Patienten mit Angst vor der Höhe beim Klettern. So schaffte es eine Teilnehmerin, diese zumindest soweit zu beherrschen, dass sie nicht daran gehindert wurde, die Route bis oben hin zu klettern. Dies war mit einem entsprechenden Erfolgserlebnis verbunden.

Ausschnitt 34 (M2)

Befragte – *Ja, was hat mir das gegeben? Also ich habe ja eigentlich Höhenangst, und ich fand es gut, dass ich mich überwunden habe, auch die Höhenangst ein Stück weit, und ja, dass ich auch dieses Vertrauen so entwickeln konnte, gehalten zu werden, mit dem Seil und so.*

Interviewer – *Ja.*

Befragte – *Ja und eben auch oben anzukommen, am Ziel anzukommen.*

Eine Herausforderung stellte auch die Angst vor der Dunkelheit dar, die eine Teilnehmerin beim Verbinden der Augen unter Kontrolle bekommen musste.

Ausschnitt 35 (F2)

Interviewer – *Was hat das für Sie bedeutet?*

Befragte – *Dunkel, hab ich immer Angst.*

Interviewer – *Ach?*

Befragte – *Ja.*

Interviewer – *Aber Sie haben es trotzdem ausgehalten.*

Befragte – *Ja.*

Interviewer – *Sehr schön!*

Befragte – *Dunkel, hab ich immer Angst. Ich kann das nicht, ich schlafe immer mit Licht. //Lachen//*

Als besonders positiv wurde es dabei angesehen, dass die Gruppe – offenbar im Kontrast zu anderen biografischen Gruppenerfahrungen – in einer herausfordernden Situation auch dann einen gewissen Schutz darstellte, wenn die Herausforderung nicht gemeistert worden war. Dies galt beispielsweise für das Ausprobieren von schwierigen Routen beim Klettern.

Ausschnitt 36 (L2)

Befragter – *Das ist mir nur aufgefallen, da habe ich angefangen zu schwitzen und wusste nicht mehr weiter. Das wäre mir vielleicht auch früher richtig peinlich gewesen, besonders zu Schulzeiten, wenn man mal 'ne Schwäche zeigt oder so, weil da wird dann ja draufgehauen.*

Interviewer – *Auch solch eine Schwäche bei einer so hohen Herausforderung?*

Befragter – *Weiß ich nicht, aber kommt mal ein dummer Spruch oder so. Nur da war mir das ziemlich egal, weil man ist ja hier nicht mehr in der Schule, sondern in der Klinik, und jeder hat hier ja seine Schwächen, und das kriegt man ja auch mit.*

In diesem Sinne stellte die Gruppe einen gewissen Schutzraum dar, in dem gerade im Rahmen von erlebnispädagogischen Aktionen neues, auch sozial riskantes Verhalten ausprobiert werden konnte, ohne dass damit gleich Versagensängste aufkamen,

wie sie in der »Normalität« oftmals typisch sind. In jedem Fall erzeugte die Kontrolle der eigenen Ängste und die erfolgreiche Bewältigung von Herausforderungen ein positives Gefühl, etwas schaffen und wieder gesund werden zu können.

Ausschnitt 37 (G3)

Befragte – *Ich kann wieder gesund werden, wenn ich will.*

Interviewer – *Ja, den Eindruck haben Sie gewonnen jetzt.*

Befragte – *Ja, habe ich gewonnen.*

Interviewer – *Und wollen Sie wieder gesund werden?*

Befragte – *Ja, natürlich, für meine Kinder.*

Interviewer – *Für Ihre Kinder?*

Befragte – *Ja, für meine Kinder.*

Bezüge zu biografischen Erfahrungen

Ein Teil der Befragten hob den spielerischen Charakter einzelner Aktionen positiv hervor, bei einem anderen Teil waren diese Assoziationen jedoch eher negativ besetzt. Die negative Bewertung hatte mit Belastungssituationen aus der Kindheit zu tun, an die man sich ungern erinnerte.

Ausschnitt 38 (U3)

Befragte – *Und ja, also das hat mich an ein Referat in der Schule erinnert. Also zwei Leute haben da die Führung übernommen, und ja, ich hab mich da ziemlich als Außenseiter gefühlt.*

Ausschnitt 39 (M3)

Interviewer – *Ach so, ja, da fällt mir jetzt noch mal diese Aktion mit der Nassspritzerei ein, an der Sie ja großen Spaß hatten, habe ich das richtig interpretiert?*

Befragte – *Ja, das war eigentlich das Schönste an der Segeltour. //Lachen//*

Interviewer – *Was bedeutete das für Sie?*

Befragte – *Ja, mal wieder so Kind sein, Kind sein zu können.*

Interviewer – *Sehr schön, ja, das ist ein Aspekt dabei, ne?*

Befragte – *Ja.*

Über den Bezug zum kindlichen Spiel hinaus gab es eine Reihe von weiteren biografischen Erinnerungen, die durch die erlebnispädagogischen Aktionen aktiviert wurden. Insbesondere die Bezüge zur Natur und zur Freiheit weckten bei den Befragten, die dies positiv bewerteten, Erinnerungen an eine unbeschwerte Zeit.

Ausschnitt 40 (F3)

Befragte – *[...] ich hab vor 15 Jahren, ich hab in X mit meine Cousine so, das hat auch Spaß [...]*

Interviewer – *Auch Boot gefahren?*

Befragte – *Ja, mit meine Cousine, das hat mich erinnert, vor 15 Jahren fast, ja, nein länger, mein Sohn ist 15, 17 Jahre, ja.*

Interviewer – *Was war das damals für Sie für ein Gefühl und was war das heute?*

Befragte – *Meine Cousine hat gesagt: »Komm mit, wir segeln!«, ne, und dann sind wir gegangen, ist nicht so weit vom Meer, von uns, wo meine Eltern wohnen.*

Interviewer – *Ja.*

Befragte – *Da waren wir, da sie kann gut, und da hat sie mir ein bisschen beigebracht.*

Interviewer – *Und daran haben Sie sich jetzt erinnert?*

Befragte – *Ja.*

Interviewer – *War das ein gutes Gefühl?*

Befragte – *Ja.*

Zum Teil lagen in der erinnerten Zeit allerdings auch Ursachen für psychische Probleme, die dann mit eher negativen Assoziationen verbunden waren. So wurde im Kontrast zu den positiven Bewertungen das Spiel zum Teil auch kritisch gesehen – es erinnerte manche Teilnehmer zu sehr an ihre Kinder- und Jugendzeit. Als Erwachsene gestatten sie sich dann nicht, sich in eine spielerische, spaßige Situation hineinzubegeben.

Ausschnitt 41 (L1)

Befragter – *Ja und ich hoffe nicht, dass das irgendwie so in Richtung, so spielerisch »Kindergarten« geht. Also dass das zu ulkig werden würde sozusagen. Weil ich war früher [als Kind mit seiner Mutter; Anm. U. L.] auch immer, z. B. auf so Lehrgängen für alleinerziehende Mütter, da gab's ja auch immer so Beschäftigung für die Kinder, und da haben wir ja auch so Gruppendynamikspiele gemacht oder so, und manche davon sind ja halt irgendwie ein bisschen – weiß ich nicht –, irgendwie ja ulkig. Keine Ahnung.*

Biografische Bezüge konnten aber auch mit eher melancholischen Gefühlen verknüpft sein. Dies galt beispielsweise für Patienten, die sich an Situationen erinnerten, in denen das Leben aus der heutigen Perspektive noch deutlich einfacher war. In jedem Fall zeigte sich hier sehr deutlich, dass der biografische Rahmen eine völlig individuelle Hintergrundfolie bietet, die, wenn sie bei einer erlebnispädagogischen Übung aktiviert wird, eine Vorhersagbarkeit von Effekten unmöglich macht.

Ausschnitt 42 (L3)

Befragter – *[...] und wie gesagt, ich hatte schon zweimal da Urlaub gemacht, als ich so 14, 13 war, und da, wo wir waren, die beiden Seen, da bin ich auch schon mal mit 'nem Schiff rübergefahren, und das war auch schön zu sehen. Da kamen auch so Erinnerungen bei mir die ganze Zeit hoch. Ja, da und da bist du schon mal gewesen und das und das hast du erlebt. Das war aber gleichzeitig auch irgendwie so ein bisschen melancholisch – ah, das war vor 10 Jahren, da war alles noch schön und gut und so was. Also es war irgendwie schön, solche Erinnerungen zu haben, aber irgendwie auch gleich so: Hm, früher war noch alles anders.*

Einige Isomorphien zwischen biografischen Erfahrungen und einer aktuellen erlebnispädagogischen Aktion waren auch prospektiv in die Zukunft gerichtet. Einerseits konnten diese Bezüge in Pläne münden, die sich auf bestimmte zukünftige Freizeitaktivitäten und Kontakte bezogen.

Ausschnitt 43 (G3)

Befragter – *Ja, jetzt will ich am Wochenende eine Freundin besuchen. Was ich damals, mit der ich damals zusammen war, baue ich mir langsam wieder so auf, den Kontakt, so mal gucken. Vielleicht ergibt sich da was an Kontakt, mal gucken. Ich fahre jetzt die besuchen. Sie ist auch mal mich besuchen gewesen mit meinem Bruder. Sie kann ja nicht kommen, das kann ich gut verstehen. Sie ist auf dem Campingplatz, und da fahr ich am Wochenende mal hin. Ist auch wieder Erlebnispädagogik, Ruderboot, Fluss fahren oder so, ein bisschen, keine Ahnung. Ich muss da im Zelt schlafen.*

Andererseits wurden aus den Erlebnissen auch generalisierte Lernerfahrungen abgeleitet, die in klassischer Weise eine veränderte Verhaltensabsicht für die Zukunft in verallgemeinerter Form beinhalteten.

Ausschnitt 44 (G3)

Befragte – *Ja und, und ich denke, wenn ich jetzt noch öfters, ich meine, da kann ich ja auch ein bisschen was fürs Leben lernen. Den ersten Kletterversuch, da bin ich ja nicht so weit gekommen, weil ich mir den Weg gar nicht vorher angeguckt habe.*

Interviewer – *Genau*

Befragte – *Also erst auf den Weg gucken, sich einen Weg ausmachen und dann drauflos.*

Interviewer – *Ja.*

Befragte – *Ich denke, das kann man auch so ein bisschen aufs Allgemeine beziehen, also nicht nur aufs Klettern.*

Interviewer – *Sondern was, was fallen Ihnen für Situationen im Allgemeinen, also im Leben, dazu ein, die parallel sind zum Klettern?*

Befragte – *Ja, ich gehe immer ein bisschen wahllos drauflos, auf die Sachen, und erstelle mir keinen genauen Plan.*

Interviewer – *Ja.*

Befragte – *Wie es laufen könnte.*

Interviewer – *Muss man ja auch nicht immer, ne? Aber manchmal ist es ganz gut.*

Befragte – *Ja, zwischendurch schon – das ist vorteilhaft.*

Gruppe

Neben den zahlreichen Wirkimpulsen, die auf die Person gerichtet waren, gab es auch Wirkimpulse auf die Gruppe, die aus erlebnispädagogischen Aktionen resultierten. Auch diese lassen sich in Kategorien zusammenfassen. Sie lauten wie folgt: Vertrauen, Ausmaß und Veränderungen der sozialen Integration und Kohäsion, Nähe und Distanz, Rollenstrukturen und ihre Entwicklung sowie Zielerreichung.

Vertrauen

Ein wichtiges Gefühl im Zusammenhang mit den Gruppenerlebnissen war das Vertrauen. Zum Teil musste sich die Gruppe der Führung einer einzigen Person überlassen und war gezwungen, ihr zu vertrauen. Zum Teil spielte es natürlich auch beim Klettern eine große Rolle, jemand anderem Vertrauen schenken zu können. Deutlich wurde, dass die erlebnispädagogischen Aktionen einen positiven Einfluss auf die Stärkung des Vertrauens in andere gehabt haben. Dabei entwickelte sich zum Teil auch eine vertrauliche Beziehung zu Personen, zu denen vorher keine existierte, wobei die Befragten dies auf die Erlebnispädagogik zurückführten.

Ausschnitt 45 (T2)

Befragter – *Mit der, mit der, mit der blinden Schlange, das war auch in Ordnung. Das da, kann ich nichts zu sagen. Ich hatte einen guten Vordermann, auf den ich mich verlassen habe und mit dem die letzte Übung, da habe ich auch ein gutes, einen guten Pendant, gutes Pendant gehabt, nämlich mit dem X, da also, bei dem wusste ich, dass der mich hält, da war es, dieses, gar keine Schwierigkeit.*

Ausschnitt 46 (M2)

Befragte – *Außer dem Spaßfaktor, auch dass ich dadurch auch durchaus viel lernen kann.*

Interviewer – *Worin besteht dieses Lernen?*

Befragte – *Ja eben Vertrauen, loslassen, auch mal die Führungsrolle übernehmen und ja, sich einlassen ...*

Interviewer – *Ja.*

Befragte – *... auf neue Situationen.*

Interviewer – *Sehr gut!*

Befragte – *... auf Menschen.*

Interviewer – *Ja.*

Befragte – *Die mir vielleicht auch teilweise nicht so nah sind.*

Ausmaß und Veränderungen der sozialen Integration und Kohäsion

Aufgrund von verschiedensten Erfahrungen und Selbstbildern hatte ein Teil der Befragten eher einen eingeschränkten Grad an sozialer Integration in der Gruppe. Zurückhaltung oder die biografische Erfahrung als Einzelgänger wurden dafür als Gründe angegeben.

Ausschnitt 47 (G3)

Interviewer – *Was hat Ihnen das gebracht, also auch z. B. mit Blick auf den Kontakt zu anderen?*

Befragter – *Weiß ich nicht, keine Ahnung, ich habe mich da nicht so angeschlossen. Ich hab mich eher zurückgehalten, nicht so Kontakt aufgenommen, aber so allgemein habe ich das gut gefunden, wie so Abwechslung reinkam, Action reinkam, das ist schon gut irgendwie.*

Zum Teil liegt eine fehlende oder unzureichende Integration auch darin begründet, dass man sich nicht genug in die Lösung der gestellten Aufgaben einfinden kann. Ein anderer Aspekt ist die eingeschränkte Wahrnehmung der anderen, etwa bei Situationen, in denen man nur auf eine Teilgruppe oder auf sich selbst konzentriert ist. Dies gilt beispielsweise für das Segeln – die Besatzung der anderen Boote wird nur begrenzt wahrgenommen.

Ausschnitt 48 (U3)

Befragte – *Also man ist ja schon auf engem Raum mit den anderen zusammen, auf kleinem Raum und die ganze Aufmerksamkeit lag eigentlich da, war eigentlich darauf gerichtet.*

Als Kontrast zur Kontaktbegrenzung wurden jedoch im Rahmen der erlebnispädagogischen Übungen auch zahlreiche positive Integrationserfahrungen gemacht. So boten die Übungen Raum, um ins Gespräch miteinander zu kommen, was bei einer ganzen Reihe von Teilnehmenden ein positives Integrationsgefühl auslöste.

So wurde in mehrfacher Hinsicht von fast allen geäußert, dass die Gruppe durch einen relativ großen Zusammenhalt gekennzeichnet gewesen sei. Dies hatte eine besondere Bedeutung für manche, die sehr gruppenorientiert waren und demnach auch sehr viel davon profitierten. Das Miteinander in der Gruppe, das Zusammensein mit anderen hatte für sie einen sehr hohen Stellenwert und führte dazu, dass sie sich individuell gestärkt fühlten.

Ausschnitt 49 (G3)

Interviewer – O. k., wenn Sie mal ein paar Begriffe nennen, so ganz assoziativ, was Ihnen ganz spontan einfällt, wenn Sie an diese Sachen denken, was ist das, was Sie mitnehmen würden?

Befragte – Ja, also im Ganzen halt das Gruppenzusammensein.

Interviewer – O. k.

Befragte – Das Miteinander in der Gruppe und nicht jeder für sich alleine.

Auch bei Teilnehmenden, die nicht unbedingt gleich einen guten Kontakt zu den anderen hatten, wurde das Miteinander und auch die gemeinsame Reflexion über die Erlebnisse als sehr positiv angesehen.

Ausschnitt 50 (M3)

Befragte – Ich war in gutem Kontakt mit den anderen, man hat sich unterhalten und hatte Spaß zusammen.

Ausschnitt 51 (T2)

Befragter – Ich finde auch die Abschlussrunde schön. Das ist wirklich ein Miteinander.

Die Erfahrung einer zunehmenden sozialen Integration in die Gruppe im Verlauf des Projektes galt für fast alle Teilnehmenden. Am Anfang nach der ersten Übungsrunde brachte beispielsweise eine Teilnehmerin zur Reflexion zehn Blüten mit und erklärte, dies seien die Gruppenmitglieder, die aber noch zusammenwachsen müssten. Später bestätigte sie, dass dieses Zusammenwachsen stattgefunden habe.

Ausschnitt 52 (G3)

Interviewer – Ja, Sie hatten ja am Anfang, da haben wir zwischendurch auch mal kurz drüber gesprochen, im Laufe der Reflexion, Sie hatten am Anfang ja diese Blüten mitgebracht, und Sie hatten gesagt:»Das ist die Gruppe, aber die Gruppe muss erst noch zusammenwachsen.«

Befragte – Ja, ja.

Interviewer – Und wie beurteilen Sie das jetzt, aus der jetzigen Sicht?

Befragte – Ja, ich glaub schon, dass die jetzt eigentlich ganz gut zusammengewachsen ist.

Mehr oder weniger explizit wurde zum Ausdruck gebracht, dass die Erlebnispädagogik in einer Gruppe zum gegenseitigen Kennenlernen und zum Gefühl verstärkter sozialer Integration beitragen kann.

Ausschnitt 53 (M3)

Interviewer – [...] hat sich das eigentlich im Laufe der Aktionen jetzt von Ihrer Rolle, die Sie in der Gruppe haben, irgendwie verändert?

Befragte – Ja, doch, ...

Interviewer – Ja?

Befragte – ... eigentlich schon.

Interviewer – Inwiefern, was hat sich da getan?

Befragte – Also ich hatte das Gefühl, dass ich mich doch einbringen kann und dass die anderen mich auch lassen, wenn ich das auch, wenn ich das äußere.

Auch bei der Erfahrung, in der Gruppe eher am Rande zu stehen, suchten die Beteiligten die Ursachen dafür primär in sich selbst. Sie kamen zu dem Schluss, sich nicht genug zuzutrauen und sich manchmal zu stark zurückzunehmen. Hier gab es im Grunde bei allen Teilnehmenden Situationen, in denen eine anfängliche Zurückhaltung oder ein Außenseitergefühl überwunden werden konnte. Im Übrigen wird die relativ starke Integration in die Gruppe als positives Kontrasterlebnis zu Erfahrungen angesehen, die mit Depressionen zusammenhängen.

Ausschnitt 54 (T2)

Befragter – Dass ich Spaß daran habe, ich sag immer wieder, das war für mich, das war immer für mich so ein ganz wichtiges Moment, dass ich wieder Spaß habe, mit anderen etwas zusammen zu tun.

Interviewer – Ja.

Befragter – Der ich ja aus der totalen sozialen Isolierung heraus hierher kam.

Eine Zunahme an sozialer Integration zeigte sich auch in der Hinsicht, dass ein bestehender Streit im Anschluss an die erlebnispädagogische Segelaktion zumindest zeitweilig beendet werden konnte.

Ausschnitt 55 (T3)

Befragter – Ja, letztendlich muss ich sagen, jetzt komme ich noch mal zurück mit der Frau X, obwohl ich das gar nicht so als ein so, so ein großes Feld haben sollte; es ist jetzt so, dass sie nach dem Abschluss der Erlebnispädagogik so auf mich zugekommen ist und unseren, unseren Streit begraben wollte, und das habe ich auch zugelassen. Das ist, ich hab ja von mir aus keinen Streit mit ihr gehabt, und ich denke, dass das auch, was damit zu tun gehabt hat, gerade auch die letzte Aktion mit dem Segeln. Da habe ich gemerkt, und wir haben uns jetzt auch, bevor wir jetzt hier zu diesem Gespräch kamen, jetzt auch, sage ich mal »auf Kleinkinddeutsch« vertragen.

Mit zunehmender sozialer Integration und Sicherheit wurde auch immer öfter die Möglichkeit wahrgenommen, eigene Bedürfnisse innerhalb der Gruppe offen zu äußern, obwohl klar war, dass dies nicht nur auf Sympathie, sondern auch Antipathie seitens der anderen Teilnehmenden stoßen könnte. So ergab sich in einer Situation, dass eine Teilnehmerin die Übung lieber mit einer Frau anstelle mit dem ihr zufällig zugewiesenen Mann durchführen wollte und dies auch imstande war, offen zu sagen. Es ist ein Beispiel neben anderen, das belegt, dass ein anfänglich mehr oder weniger stark ausgeprägtes Fremdheitserlebnis in der Gruppe zu überwinden war und die Gruppenkohäsion mit Zunahme des Kennenlernens der Patienten untereinander sich im Verlauf des Projekts verbesserte.

Dazu beigetragen hat gewiss u. a. auch das Erlebnis, dass man beim Klettern oder bei Interaktionsübungen von relativ fremden Leuten gut gesichert und gehalten wurde. Interessant war auch, dass die gemeinsamen Erlebnisse, bei denen man nicht nur sich selbst, sondern auch die anderen in den unterschiedlichsten Situationen und Rollen wahrnehmen konnte, dafür sorgten, das Fremdheitsgefühl nach und nach schwinden und ein gutes Gruppengefühl entstehen zu lassen. Die Teilnehmenden erlebten ihre Mitpatienten in unterschiedlichen Rollen und mit Verhaltensweisen, die sie für diese als eher untypisch angesehen hatten. Je länger das Zusammensein währte, desto mehr erweiterte sich das Spektrum der Eindrücke, die einzelnen Personen wurden facettenreicher, damit individueller und persönlicher.

Im Übrigen wurde darüber berichtet, dass die Erlebnisse im Rahmen der erlebnispädagogischen Aktionen im Klinikalltag eine nachhaltige Wirkung hatten, indem man durch das zunehmende Kennenlernen der an den Aktionen beteiligten Mitpatienten immer mehr bereit war, mit diesen auch außerhalb der Übungen über persönlichere Themen zu sprechen.

Ausschnitt 56 (T2)

Interviewer – *Was würden Sie sagen, also welchen Einfluss [...] haben diese erlebnispädagogischen Aktionen auf Sie gehabt?*

Befragter – *//Pause// Ich komme direkter mit den Menschen, die dabei sind, in Kontakt.*

Interviewer – *Ja.*

Befragter – *[...] die Beziehungen sind intensiver, das sehe ich natürlich auch außerhalb dieses Bereiches hier, dass wir uns besprechen, dass wir auch ganz intensivere und gehaltvollere*

Gespräche führen, als das nur so zwischen Tür und Angel geschieht, also gibst du mir mal das und mal das, sondern dass es wirklich auch lebendig wird und persönlich wird, und das hat also meines Erachtens gerade dieses, dieses Miteinander gebracht, dieses in Bewegung, in der Aktion etwas zu tun.

Interviewer – *Sehr schön!*

Befragter – *Und das finde ich auch sehr schön.*

Interviewer – *Ja, das heißt, Sie haben zu den Leuten, die in der Gruppe sind, jetzt einen anderen und auch, ja, intensiveren Kontakt.*

Befragter – *Ganz genau.*

Interviewer – *Als zu anderen, die nicht in der Gruppe sind.*

Befragter – *Ganz genau, ganz genau.*

Eine neue Perspektive auf Mitpatienten war selbst dann möglich, wenn man die anderen, wie es häufig der Fall ist, bereits recht lange kannte, sie aber bisher lediglich im Kontext der Klinik wahrgenommen hatte. Somit war die Gruppenkohäsion insgesamt intensiver geworden und wurde zunehmend als angenehmer empfunden. Gleichzeitig war erkennbar, dass diese Entwicklung nicht in eine diffuse und kritiklose Haltung zur Gruppe mündete, sondern bis zum Schluss ein klares Bewusstsein für Sympathie und Antipathie, für Nähe und Distanz aufrechterhalten werden konnte und auch musste.

Die Nähe und die Erweiterung der Wahrnehmungsperspektive mit Blick auf einzelne Teilnehmer führte dann auch zu offenen positiven Äußerungen, was wiederum eine Stärkung des Selbstbewusstseins der einzelnen Personen nach sich zog.

Ausschnitt 57 (U3)

Befragte – *[...] und bei dem vorletzten Termin habe ich auch ein positives Feedback bekommen von einem anderen Mitglied, ja, was auch sehr gut bei mir ankam, weil ich nicht gedacht hätte, dass andere ja meine Teilnahme oder meine Leistungen schätzen.*

Ähnliches galt für Bestätigungen durch die Gruppe, wenn beispielsweise Übungen erfolgreich absolviert wurden.

Ausschnitt 58 (A2)

Interviewer – *O. k., und beim letzten Mal waren wir Klettern.*

Befragte – *Das war toll!*

Interviewer – *Was hat das bei Ihnen hinterlassen, als Eindruck?*

Befragte – *Ja, war schön, haben geklatscht und so.*

Interviewer – *Ja.*

Nähe und Distanz

Als Kontrasterlebnisse zur gelungenen Entwicklung von Gruppenkohäsion und sozialer Integration gab es dann allerdings auch Situationen, in denen die anfänglich geäußerte Befürchtung, dass man seinen Gruppenmitgliedern zu nahe komme, sich tatsächlich auch einstellte. Zum einen galt dies für die körperliche Nähe, die einigen in manchen Situationen unangenehm war, wobei die Übungen in der Regel so angelegt waren, dass Ausweichmöglichkeiten bestanden. Dadurch eskalierten die Situationen nicht, gleichzeitig waren sich die jeweils Betroffenen darüber allerdings im Klaren, dass ein weiteres Aufeinanderzugehen mit der Erfahrung problematischer Nähe verbunden gewesen wäre. Eine zu starke Nähe wurde auch dann empfunden, wenn man sich einer Situation ausgesetzt fühlte, in der die anderen die eigene Leistung beobachten. Dies galt beispielsweise für Situationen beim Klettern, aber auch für solche in der Entspannungsschaukel.

Ausschnitt 59 (M2)

Interviewer – *[...] wenn Sie jetzt so an ein paar eher problematische Elemente aus den erlebnispädagogischen Übungen denken, was fällt Ihnen dazu ein?*

Befragte – *Problematisch, ja man muss sich auch schon überwinden. Es ist immer auch Überwindung, so mit dem Klettern, alleine dieser Punkt. Man klettert da hoch und alle gucken zu.*

Interviewer – *Ja.*

Befragte – *Das sind schon auch so Situationen, ne, was dann auch 'ne Herausforderung ist.*

Interviewer – *Auf jeden Fall!*

Befragte – *Sind ja eigentlich immer so unangenehme Situationen, ne?*

Interviewer – *Wenn andere zugucken.*

Befragte – *Ja, [...].*

Interviewer – *Wie überwinden Sie diese?*

Befragte – *Ja, indem ich es einfach mache.*

Interviewer – *Gut!*

Befragte – *Ja.*

Ausschnitt 60 (T2)

Befragter – *Bei der Entspannungsschaukel war ich nur passives Mitglied. Das wollte ich nicht. Ich wollte mich dann nicht da reinlegen. Das ist mir zu nahe, das merke ich, zumal ich von allen Seiten beobachtet werden kann und dann kann ich mich nicht entspannen. Entspannen kann ich eher so in Ruhe für mich.*

Im Übrigen wurde der Gruppenprozess im Laufe des Projektes am Rande durch eine Situation tan-

giert, die sich zwischen drei Teilnehmenden (einem Mann und zwei Frauen abspielte): Die eine Frau wollte mit dem Mann eine Beziehung haben. Er wies dies jedoch relativ rigoros von sich. Sie insistierte relativ stark, worauf sich sein Gefühl der Abneigung und Ablehnung zusätzlich verstärkte. Zu einer anderen Frau aus der Gruppe hatte der Mann einen relativ guten, zu Anfang freundschaftlichen Kontakt. Diese sah sich nunmehr den Vorwürfen ihrer Mitpatientin ausgesetzt, dass sie ihr diesen Mann »ausspannen« wolle. Außerhalb des Projektes gab es in der Klinik dazu einige mehr oder weniger heftige Auseinandersetzungen, die in der Erlebnisgruppe selbst allerdings kaum zum Tragen kamen. Auf die Nähe-Distanz-Frage wirkte sich dies jedoch so aus, dass sowohl der Mann als auch die Frau, die mit diesem ein freundschaftliches Verhältnis pflegte, den Kontakt zu der verärgerten und eifersüchtigen Mitpatientin eher mieden. Dies äußerte sich etwa darin, dass die beiden darauf achteten, beim Segeln oder Paddeln nicht mit ihr in einem Boot zu sitzen. Im Anschluss an die Segelaktion gab es sogar den Versuch, sich zu versöhnen. Dies funktionierte auch für kurze Zeit, aber nicht über den Ablauf des Projektes hinaus.

Ausschnitt 61 (F3)

Befragte – *Sie hasst mich.*

Interviewer – *Warum?*

Befragte – *Ja, weil wegen X. X redet mit mir, sie ist eifersüchtig [...]. Darum habe ich immer Abstand gehalten so [...].*

Interviewer – *War das von Anfang an schon so?*

Befragte – *Sie hat mich gestritten, ja, an meine Tür geklopft wie eine Verrückte, hat mich angeschrien.*

Interviewer – *Hat Sie angeschrien?*

Befragte – *Ja.*

Interviewer – *Was ist Ihr Vorwurf an Sie?*

Befragte – *Ja: »X redet immer mit dir. Habt ihr was?«, »Wir haben nichts, wir sind nur so. Wenn ich was habe, dann sage ich das. Wir haben nichts.«*

Im Übrigen konnte beobachtet werden, dass Aktionen mit relativ großer Nähe auch dann einen gewissen Stressfaktor darstellten, wenn die Teilnehmenden nur daran dachten, mit jemand anderem, als sie es sich vorgestellt hatten, diese durch Nähe gekennzeichnete Situation erleben zu müssen. So kam es beispielsweise, dass eine Teilnehmerin bei der »Nuggetsuche« unter Stress geriet, weil sie in

Gedanken durchspielte, nicht mit ihrem Freund, auch ein Mitglied der Gruppe, diese durch relativ große Nähe charakterisierte Übung durchführen zu können.

Ausschnitt 62 (U3)

Befragte – *Da kam ich auch richtig ins Schwitzen, in der prallen Sonne. Es gab nicht wirklich ein Erfolgserlebnis mit diesen Nuggets. Die Schnur schnitt in das Bein ein, richtig parallel laufen klappte auch nicht unbedingt flüssig, und ja, wenn das nicht X gewesen wäre, mit dem ich das zusammen gemacht hätte, also mit 'nem andern, wär' das unvorstellbar: also so Arm in Arm und richtig eng. Man hat uns ja auch lange suchen lassen, oder zumindest kam es mir sehr lange vor.*

Interviewer – *Das stimmt.*

Befragte – *Also ich weiß nicht, ob ich, ob ich mich getraut hätte, mich von vornherein zu weigern, das mit jemand anderem zu machen, oder ob ich es einfach durchgezogen hätte und noch 'ne schlechtere Laune gehabt hätte.*

Rollenstrukturen und ihre Entwicklung

Einen wesentlichen Themenbereich in den Reflexionen sowie in den Interviews stellte das Rollenverhalten der Teilnehmenden dar. Hier kam vor allem das Thema Führung und Randständigkeit sehr stark zum Tragen, was noch näher zu analysieren sein wird. Positiv wurde von Befragten grundsätzlich herausgestellt, dass die erlebnispädagogischen Aktionen dazu beigetragen hatten, zum Teil ein anderes Rollenverhalten auszuprobieren und mit unterschiedlichen Positionen zu experimentieren, zum Teil sich aber auch in der selbst gewählten Rolle bestätigt zu fühlen, ohne dass damit ein Leistungsdruck oder ein Rollenzwang verbunden gewesen wäre. Auch hier war eine wertvolle Erfahrung, selbst Mitglied eines Teams zu sein, was häufiger besonders hervorgehoben wurde.

Ausschnitt 63 (T2)

Befragter – *Ja, grundsätzlich ist das, im, im, im Team ein- und aufzugehen, eine sehr schöne, sehr schöne Sache. Dass man miteinander etwas tut, miteinander an einer Arbeit, an einer Aufgabe, an einem Ziel arbeitet und jeder was beisteuern kann.*

Interviewer – *Ja.*

Befragter – *Ja und dass man ja genau das, das, dass man miteinander reden muss, dass man wirklich ganz, ganz konstruk, ganz konstruktiv [...], dass alle was beizutragen haben, dann abwägen, und man dann aber auch eine gemeinsame Linie findet, weil nicht ein, zwei danebenstehen, sondern etwas tun, sondern wirklich ein Team zu sein.*

Interviewer – *Sehr gut.*

Befragter – *Das finde ich schön, und das hilft mir auch, weil ich mal, weil ich verschiedene Rollen spielen kann. Mal kann ich mich zurückhalten, mal kann ich an vorderster Front sein, mal bin ich Zuarbeiter, mal Unterstützer, dann bin ich mal Wortführer und ohne großes Brimborium, ohne dass man hier die Hand heben muss und so, das läuft dann.*

Interviewer – *Ja.*

Befragter – *Und vor allem das, je häufiger man das macht, desto mehr, das ist ja dieses Selbst- und Fremdbild, desto mehr geben andere einem auch, schieben einen auch in die Rolle, die man dann aber auch spielen möchte.*

Interviewer – *Ja.*

Überdies zeigte sich, dass ein gewisser Druck, der von manchen Aktionen, aber auch von der Gruppe ausging, hilfreich war, um neue Rollen auszuprobieren und zu übernehmen, ohne dass dies immer gleichzeitig auch mit Zwang verbunden gewesen sein musste. Vor diesem Hintergrund wurde die neue Erfahrung der Rollenübernahme zugleich mit Entspannung und Experimentierfreudigkeit verknüpft.

In vielen erlebnispädagogischen Projekten ist das Thema »Führung« ein zentrales Thema. Es ist wichtig, dieses auch in unserem Projekt differenziert zu betrachten. Als problematisch beim Thema Führung wurde von manchen Patienten geäußert, dass mehrere Teilnehmende es als sehr störend empfanden, wenn die Führungsposition von einem, zwei oder drei Gruppenmitgliedern einfach übernommen wurde. Sie betrachteten es als »in den Vordergrund drängen« und fühlten sich infolgedessen eher zurückgedrängt.

Ausschnitt 64 (U3)

Befragte – *[...] dass sich halt, also stärkere Persönlichkeiten, so für mich spürbar in den Vordergrund drängen und ich dann automatisch zwei Schritte zurückgehe.*

Zum Teil wurde auch vom Erlebnispädagogen verlangt, dass er darauf zu achten habe, »dass jeder mal zum Zuge kommt« und »nicht immer so einzelne dominieren«. Gleichzeitig versuchten diejenigen, die eine Führungsrolle zumindest zeitweise übernommen hatten, die damit verbundenen subjektiv empfundenen problematischen Begleiterscheinungen einzuschränken. Dies galt beispielsweise für Äußerungen, die verdeutlichen sollen, es sei nicht die eigene Art, sich in den Vordergrund zu spielen.

Ausschnitt 65 (T2)
Befragter – *[...] was mir eigentlich nicht so gut gefällt, dann da so vorzupreschen.*

Ein anderer wichtiger Aspekt war, dass die Führung zum Teil völlig unerwartet von prägenden biografischen Erfahrungen beeinflusst wurde und so für die jeweilige Person einen besonderen emotionalen Stellenwert einnahm. Das zeigte sich beispielsweise darin, dass ein Teilnehmer seine zweifellos in einer Übung vorhandene emotionale Führungsrolle in späteren Gesprächen nicht wahrhaben wollte, weil damit für ihn unangenehme Assoziationen in Bezug auf seine Biografie verbunden gewesen waren. Er weigerte sich, »der Nette« zu sein, da er immer nur mit Frauen – seiner alleinerziehenden Mutter und seinen zwei Schwestern – aufgewachsen sei und damit »Nettigkeit« verband. Mit emotionalen Führungspositionen assoziierte er offenbar eher weibliche Anteile und konnte in der Führungsrolle dieses von ihm empfundene männliche Sozialisationsdefizit nicht akzeptieren.

Ausschnitt 66 (L2)
Befragter – *Eins wollte ich noch sagen, vielleicht interessiert Sie das, beim Reflexionsgespräch schon zweimal vorgekommen, dass Sie einmal zu mir gesagt haben, dass ich da an die Aufgaben mit emotionaler Intelligenz herangegangen bin.*

Interviewer – *Ja?*

Befragter – *Und dass ich irgendwie ein anderes Mal, dass ich da versucht habe, auf die anderen Rücksicht zu nehmen und irgendwie deren Gefühle zu beachten.*

Interviewer – *Ja.*

Befragter – *Und so weiter und das sind zwei Sachen, die ich eigentlich gar nicht gerne höre.*

Interviewer – *Aha!*

Befragter – *Weil das Sachen sind, die man eher Frauen anrechnet, und ich bin nur in einem Frauenhaushalt aufgewachsen. Also ...*

Interviewer – *O. k.*

Befragter – *... mit zwei Schwestern und meiner Mutter, und daher ist vielleicht die Seite bei mir auch stärker ausgeprägt als bei anderen Männern, aber so was von wegen »total Netter«, »total Emotionaler« oder so was, das höre ich eigentlich nicht gerne. //Lachen//*

Neben der zum Teil kritischen Reflexion der Führungsrollen war der Gruppenprozess bei den erlebnispädagogischen Aktionen bei einer ganzen Reihe von Teilnehmenden durch den Wunsch nach Führung geprägt. Auch hier wurde deutlich, wie wichtig

die Befragten die Erfahrung fanden – zum Teil abweichend auch von anderen Gruppenerfahrungen –, eine Führungsrolle zu übernehmen, die sie als nicht typisch für sich empfanden.

Der in Reflexionen und Interviews geäußerte Wunsch wurde zu einem großen Teil auch umgesetzt und entsprechend positiv bewertet. Selbst Teilnehmende, die sich als Einzelgänger bezeichneten, hatten an irgendeinem Punkt des Projektes eine Idee, welche die Gruppe einer Lösung näherbrachte. Die Ideenträger rückten dadurch zumindest für die Zeit der Übung unmittelbar in die Führungsposition. Interessanterweise ist es der Gruppe dabei gelungen, die Ideen auch dann zu akzeptieren, wenn sie von Personen kamen, die eher randständig waren. Eventuell führt zumindest im erlebnispädagogischen Kontext die Schwächung der seelischen Gesundheit in der Gruppe zu einer stärker ausgeprägten Bereitschaft, seelisch beeinträchtigte Menschen zu integrieren.

Ausschnitt 67 (G3)
Befragter – *Mit der Kiste, da habe ich dann hinterher, kann man sich draufstellen, das war auch gute Idee, ich, ich weiß nicht wie ich darauf gekommen bin [...], wo ich dann auch was zu sagen haben konnte, was auch geklappt hat, ist irgendwie gut gewesen.*

Zum Teil wurden an den Führungsrollen Kritik übende Teilnehmende, welche in der Gruppe eher eine randständige Stellung einnahmen und den Wunsch hegten, selbst einmal die Führung in der Gruppe zu übernehmen, vom Erlebnispädagogen gezielt in eine Führungsposition gebracht. Dies ermöglichte es ihnen dann, eine für sie bedeutsame sowie für ihre ganze Person gewinnbringende Führungserfahrung zu machen.

Ausschnitt 68 (M2)
Interviewer – *Da hatte ich Sie auch bewusst rausgesucht, weil ich gedacht habe: Naja, Sie hatten das eigentlich als Wunsch auch angemeldet. Wie war das für Sie?*

Befragte – *Ja, hat mir Spaß gemacht.*

Eine typische Übung, bei der dies möglich war, ist die »blinde Karawane«, bei der sich die Gruppenmitglieder die Augen verbinden und von nur einer sehenden Person als Gruppe durch das Gelände geführt werden. Eine vergleichbare Führungserfahrung konnte man aber auch sehr gut in der Steuerposition beim Segeln machen.

Ausschnitt 69 (M3)

Interviewer – *Haben Sie auch die Rolle der Steuerfrau eigentlich übernommen? [...]*

Befragte – *Ja, doch ja, ich hatte das Steuer des Öfteren in der Hand.*

Interviewer – *Was hat das für Sie bedeutet so ein Boot zu steuern?*

Befragte – *Ja, war ein schönes Gefühl, so Verantwortung und ja, …*

Interviewer – *Verantwortung übernehmen ist wichtig.*

Befragte – *… ja, genau.*

Solche Situationen, die für den Patienten eine gewisse Überwindung bedeuteten, konnten im Nachhinein als Erfolgserlebnisse gewertet werden und dienten der Stärkung des Selbstvertrauens der führenden Personen.

Ausschnitt 70 (U3)

Interviewer – *[…] Sie haben ja auch gesteuert. Das Boot, was bedeutete das für Sie, so als Steuerfrau so ein Boot in die richtige Richtung lenken zu können?*

Befragte – *Also Herr X hat […] mich, also das war praktisch meine erste Aufgabe, als wir losgesegelt sind. Also ich war schon erstaunt, dass er uns so Aufgaben mit relativ viel Verantwortung gegeben hat. Also ich war überrascht.*

Interviewer – *Ja.*

Befragte – *Also ich dachte, dass er das alles irgendwie mehr oder weniger in die Hand nimmt, und wir nur so kleine Lakaienarbeiten machen müssten: //Lachen// das Deck schrubben. Ja, also das hat mich wirklich positiv überrascht, und ja, also, ja ich fand's auch gut, dass er mir das zugetraut hat und mir das einfach so überlassen hat.*

Zielerreichung

Bei den durchgeführten erlebnispädagogischen Übungen bestand in der Regel der Anspruch, das im Vorgespräch formulierte Ziel zu erreichen. Auch hier war die Gruppe gefordert, wenngleich aus den bereits angesprochenen, zum Teil gruppendynamischen Entwicklungen nicht immer das Ziel der Übung völlig erreicht werden konnte. Wichtig war für einige Teilnehmende auch, dass sie bei den Übungen an ihre Grenzen stießen und bewusst Situationen eingingen, bei denen ihnen schon vorher relativ klar war, dass sie das Übungsziel wahrscheinlich nicht erreichen würden. Andere Teilnehmende nahmen sich im Gruppenprozess als eher randständig wahr, wenn sie aus der Strategieentwicklung zur Zielerreichung oder dem Lösungsprozess ausgeschlossen waren bzw. bestimmte, seitens

der übrigen Gruppe eingeschlagene Strategien nicht verstanden. Dies war allerdings nicht grundsätzlich mit negativen Gefühlen verknüpft, sondern auch hier konnte zumindest in manchen Situationen die Freude über das Erreichen des gemeinsamen Zieles das eher negative Gefühl kompensieren, daran nicht wesentlich beteiligt gewesen zu sein. So war es für einige Befragte interessant, zu erleben, was andere Teilnehmende ihrer Gruppe zutrauten oder sogar zumuteten.

Ausschnitt 71 (L3)

Interviewer – *Das war ja auch recht schwierig bei Ihnen, ne?*

Befragter – *Und alles, mit den Seilen irgendwie, so Knoten und Quadrate legen, alles, was mit, was wir mit dem Seil gemacht haben, das hat mir auch nicht so gefallen.*

Interviewer – *Warum, was war das Problem?*

Befragter – *Weil ich da stand. //Lachen// Nur so, hä? Da konnte ich nicht viel beitragen.*

Die Verantwortung für Schwierigkeiten bei der Zielerreichung schrieben sich dann einige Teilnehmende typischerweise selbst zu. Eine solche Internalisierung der Verantwortung kam vor allem dann zustande, wenn sich die entsprechenden Personen in einer leitenden Position befanden, und war selbst dann feststellbar, wenn es offensichtlich die äußeren Bedingungen waren, die es erschwerten, ein Ziel zu erreichen – beispielsweise beim Segeln ohne Wind.

Ausschnitt 72 (U3)]

Interviewer – *Was bedeutete das für Sie, also mit Blick auf den, ja, den Eindruck, den man von sich selber hat, so am Steuer zu sitzen?*

Befragte – *X hat ja auch gesagt: »Also der Steuermann, der bestimmt praktisch die Richtung.« Ja, also ich hab auch im Nachhinein, wo ich reflektiert habe, habe ich auch schon ein bisschen den Druck gemerkt. Also wenn es dann wieder windstill war und die Segel nicht richtig standen, und dann dachte ich: Oh nein! Wegen mir bewegen wir uns kein Fleckchen vorwärts und schippern hier nur durch die Gegend! Und ja, also da habe ich mich schon ein bisschen auch verantwortlich gefühlt. //Lachen// Ja aber sonst bin ich das nicht gewohnt, dass man mir ja so eine Position zutraut und mich einfach machen lässt.*

Ausschnitt 73 (L3)

Befragter – *Ja, irgendwie wollte ich, dass es halt abgeht, und es ging nicht. Da habe ich immer … Hä? Machst du was falsch oder so? Und von wegen mal usw., bin da auch nicht ganz durchgestiegen. Ich hab ja auch so was noch nie gemacht. Und da dachte ich immer: Ja bist du zu doof, dass das Boot nicht vorwärts fährt oder ist der Wind daran schuld? Ja. //Lachen//*

Trotz zu erwartender Probleme bei der Zielerreichung wurden Situationen eingegangen, von denen schon im Vorhinein mit ziemlicher Sicherheit anzunehmen war, dass sie ein Misserfolgserlebnis nach sich ziehen würden. Zum Teil konnten solche Misserfolgserlebnisse, wenn sie Konsequenzen für die gesamte Gruppe hatten, zu einer Verstärkung der Außenseiterpositionen beitragen. Auch dabei kamen zum Teil Erinnerungen aus der eigenen Biografie hoch, die mit der Erfahrung, nicht dazuzugehören, verknüpft waren.

Eine Teilnehmerin machte beispielsweise bei der Übung »Säureteich« einen zweiten Vorschlag, nachdem bereits ein erfolgversprechender Vorschlag formuliert, angenommen worden war und kurz vor der Umsetzung stand. Offenbar um die eher am Rande der Gruppe stehende Teilnehmerin stärker zu integrieren, übernahmen die anderen Gruppenmitglieder ihren Vorschlag, ohne ihn zu diskutieren, und führten ihn dann auch aus, obwohl deutlich wurde, dass er weitaus weniger praktikabel war als der erste. Infolgedessen erreichte die Gruppe dann auch nur mühsam ihr Ziel. In der Reflexion wurde dies nur sehr zögerlich thematisiert und bescherte der Gruppe ein eher frustrierendes Erlebnis.

Ausschnitt 74 (U3)

Interviewer – *Ja, dann gab's noch diese Übung mit dem Säureteich, wo die Frau X dann, glaube ich, diesen Schatz dann geborgen hat. Da ist mir in Erinnerung eine Situation, wo Sie einen Vorschlag gemacht hatten, der dann umgesetzt worden ist, aber auch irgendwie nicht richtig funktionierte.*

Befragte – *Den ich auch nicht, den ich auch nicht richtig durchdacht hatte, […] also der auch zuerst abgewunken wurde und dann doch umgesetzt, und irgendwie hatte ich das Gefühl: Warum hast du überhaupt was gesagt? […] Zuerst wurde die Idee zuerst angezweifelt, und dann wurde sie doch umgesetzt, und aber auch nicht so ganz richtig. Und ja, ich weiß nicht, es war ja auch sehr viel wieder mit, mit, mit körperlicher Anstrengung verbunden.*

8.3   Resümee und Schlussfolgerungen

Insgesamt haben die Auswertung der Beobachtungen während der zweimonatigen Projektlaufzeit und die Analyse der qualitativen Interviews in den drei Evaluationsphasen des Modellprojekts gezeigt, dass die Erlebnispädagogik zahlreiche wichtige

Wirkimpulse auch für Menschen mit psychischen Störungen bereithält. So ließen sich durch die qualitative Inhaltsanalyse zahlreiche Kategorien entwickeln, die Wirkimpulse auf die einzelne Person und die Gruppe verdeutlichten.

Das Verlassen der Klinik und das Erleben der Natur eröffnete den Patienten neue Sinneseindrücke, Kontemplation und Entspannung, was mehrheitlich als wichtig für die Gesundung angesehen wurde. Einen positiven Stellenwert hatten auch die Aktivierung und die körperliche Bewegung, beispielsweise bei Vorliegen einer depressiven Erkrankung. Zum Teil mündeten die Erfahrungen, die bei den erlebnispädagogischen Übungen gemacht wurden, in der Absicht, sich auch in Zukunft mehr körperlich zu betätigen.

Ein weiterer Wirkimpuls war die Stärkung des Selbstbewusstseins, die oftmals aus Erfolgserlebnissen bei der Überwindung von Schwierigkeiten und dem Bewältigen neuer Rollenerfahrungen resultierte. Vor allem die Übernahme von Führungspositionen in der Gruppe stärkte die Selbstwirksamkeitserfahrung. Auf diese Weise wurden eigene Gefühle in den Aktionen stärker bewusst und drückten sich beispielsweise im Erleben von Spaß und Freude aus. Einige Patienten berichteten bei den erlebnispädagogischen Aktivitäten auch angenehme Gefühle, wie Freiheit oder Glück, empfunden zu haben. Vor allem die Natur, aber auch die Erfahrung, selbst etwas bewirken zu können, waren Auslöser hierfür gewesen. Manches hatte sie positiv an vergangene biografische Phasen erinnert, beispielsweise an Situationen in der Kindheit.

Zum Teil gab es aber auch unerwünschte Assoziationen zu Erfahrungen aus der eigenen Biografie, wenn diese mit der Entstehung der vorliegenden psychischen Störung in Verbindung gebracht wurden. Weiterhin zeigten sich zu Beginn und während des Projekts einige Ängste und Befürchtungen, beispielsweise hinsichtlich einer zu starken körperlichen Nähe oder Überreizung durch herausfordernde Situationen. Zum Teil hatten die Patienten auch Sorge, sich nicht genug auf andere einstellen zu können oder bestimmte Aufgaben nicht zu schaffen. Bei Einzelnen wurden die Beteiligungsmöglichkeiten tatsächlich durch die körperliche Konstitution und die Nebenwirkungen von Medikamenten eingeschränkt. Ansatzweise ergaben sich auch bei einigen

Patienten problematische Situationen, wie beispielsweise aufgrund von ungünstigen Vorerfahrungen die kurzzeitige Panik und Angst vor Dunkelheit bei einer Teilnehmerin, die eine Augenbinde trug, oder bei einer riskanten Situation aufgrund von Unachtsamkeit eines Teilnehmers beim Klettern.

Wenngleich sich manche im Gruppensetting auch zu sehr beobachtet fühlten und kommunikativ problematische Beziehungen unter den Teilnehmenden erkennbar waren, bot die Gruppe für viele Patienten in der Regel einen Schutzraum. Infolgedessen konnte ein wachsendes gegenseitiges Vertrauen, verbunden mit einer Zunahme sozialer Integration und Gruppenkohäsion nicht nur während, sondern auch außerhalb des erlebnispädagogischen Projekts im Klinikalltag festgestellt werden. Der Schutz der Gruppe ermöglichte es auch, mit neuem, zum Teil ungewohntem Rollenverhalten zu experimentieren. Dies galt beispielsweise für die Übernahme von Verantwortung in Führungspositionen. Um diese Erfahrungen zu ermöglichen, wurde manchen, zu Beginn eher zurückhaltenden Patienten nach Vereinbarung mit dem Erlebnispädagogen gezielt die Führung der Gruppe überlassen. Am Ende stand dann in der Regel die Erreichung des Ziels einer jeweiligen erlebnispädagogischen Übung als Ergebnis einer Gruppenleistung. Schwierigkeiten, das gesetzte Ziel zu erreichen, wurden in auffälliger Weise aber häufiger sich selbst zugeschrieben, insbesondere dann, wenn man in einer Führungsposition gewesen war. Zeitweilig verstärkten sich in Misserfolgssituationen auch bestehende Außenseiterpositionen.

Betrachten wir die Ergebnisse unseres Projektes in ihrer Gesamtheit, so ist feststellbar, dass sich die oben beschriebenen Wirkeffekte nicht grundsätzlich von denen unterscheiden, die auch für andere erlebnispädagogische Zielgruppen feststellbar sind. Damit eröffnet die Erlebnispädagogik einen wichtigen Beitrag zu einer normalisierten, ressourcenorientierten Sichtweise auf Menschen mit psychischen Störungen. Andererseits erhalten bestimmte Wirkimpulse, wie z. B. das Gefühl der Freiheit, in der oftmals freiheitsbeschränkenden Situation einer psychischen Erkrankung einen deutlich höheren Stellenwert als bei anderen Zielgruppen. Die psychische Erkrankung und der damit in der Regel verbundene biografische Hintergrund eines Patienten

lassen die aus der Sicht des Erlebnispädagogen manchmal gewohnten Wirkimpulse so zu sehr spezifischen, individuellen Wirkeffekten werden. Diese sind im Rahmen einer erfahrungsorientierten Therapie weiter nutzbar, was in diesem Projekt jedoch eine zweite, noch nicht realisierte Stufe darstellt. Zweifellos sind Erfahrungsräume mit Selbst- und Gruppenerlebnissen auch außerhalb von Klinik und Patientenrolle von großem Vorteil, um wichtige Basiskompetenzen[5] zu trainieren, Selbstbewusstsein und Selbstwirksamkeit zu stärken.

Es gibt jedoch in Bezug auf das Setting einen entscheidenden Unterschied zur klassischen Erlebnispädagogik. Menschen mit psychischen Störungen können eher in kritische Situationen geraten, als mehr oder minder gesunde. Deshalb ist unbedingt die Anwesenheit von Therapeuten während der erlebnispädagogischen Aktionen erforderlich. Dies ist zumindest im Ansatz in Situationen deutlich geworden, in denen die Patienten an ihre auch krankheitsbedingten Grenzen stießen. Die Anwesenheit von Therapeuten ist während der erlebnispädagogischen Aktionen außerdem wichtig, um die Erlebnisse therapeutisch nutzen und durch entsprechende Techniken, etwa Metaphernarbeit, den Transfer des Erlebten in alltagstaugliche Erfahrungen zu unterstützen.

Eine auf psychotherapeutische Ziele ausgerichtete Erlebnispädagogik sollte also stets von Therapeuten professionell begleitet werden, um kritische Situationen im Notfall durch fachliches Know-how auffangen zu können. Die Anleitung der Übungen und deren Reflexion sowie eine Beobachterfunktion, wie im Fall des Projekts, können durchaus Erlebnispädagogen übernehmen. Die therapeutische Nutzung der Erlebnisse und Erfahrungen sowie die Nachsorge, um therapeutische Lernerfolge des Patienten nachhaltig zu gestalten, sind jedoch Sache der Therapeuten.[6] Erst durch das enge Zusammenwirken der therapeutischen und pädagogischen

---

5 Eine nähere Erläuterung des Begriffs »Basiskompetenzen« findet sich in dem weiteren Beitrag von Lakemann, ▶ Kap. 3, ▶ Abschn. 3.5.2, Fn. 6 und in dem Einführungskapitel von Mehl, u. a.: ▶ Abschn. 1.1: »Systemkonzeption Mensch – Ort, wo Erfahrung entsteht«.

6 Zur Ab- und Eingrenzung der Arbeitsfelder von Pädagogik und Therapie vgl. ▶ Abschn. 1.1.5 in dem Beitrag von Mehl, ▶ Kap. 1.

Professionen kann die Methode der erfahrungsorientierten Therapie ihre volle Wirkung entfalten.

Literatur

Lakemann, U. (2004). Erlebnispädagogik als selbstorganisierter Lernprozess. Konsequenzen für Personen, Gruppen
und Teamer. In A. Ferstl, P. Schettgen, & M. Scholz (Hrsg.),
*Der Nutzen des Nachklangs. Neue Wege der Transfersiche-
rung bei handlungs- und erfahrungsorientierten Lernpro-
jekten* (S. 52–61). Augsburg: Ziel.

Lakemann, U. (Hrsg.) (2005a). *Wirkungsimpulse von Erlebnispädagogik und Outdoor-Training. Empirische Ergebnisse
aus Fallstudien.* Augsburg: Ziel.

Lakemann, U. (2005b). Die Angst des Trainers vorm Transfer.
Erlebnispädagogische Erfolge aus systemtheoretischer
Sicht. *Zeitschrift für Erlebnispädagogik*, 25(4), S. 7–18.

Lakemann, U., & Koppmann, L. (2008). Erlebnispädagogik
in der Rehabilitation psychisch kranker Menschen.
In A. Ferstl, M. Scholz, & C. Thiesen (Hrsg.), *Menschen
stärken für globale Verantwortung* (S. 218–233). Augsburg:
Ziel.

Lamnek, S. (2005). *Qualitative Sozialforschung – Lehrbuch.*
4. überarb. Aufl. Weinheim: Beltz.

Mayring, P. (2015). *Qualitative Inhaltsanalyse. Grundlagen
und Techniken.* 12. überab. Aufl. Weinheim: Beltz.

Reiners A. (2007a). *Praktische Erlebnispädagogik. Bewährte
Sammlung motivierender Interaktionsspiele.* Bd. 1. Augsburg: Ziel.

Reiners, A. (2007b). *Praktische Erlebnispädagogik. Neue
Sammlung handlungsorientierter Übungen für Seminar
und Training.* Bd. 2. Augsburg: Ziel.

Senninger, T. (2000). *Abenteuer leiten – in Abenteuern lernen.*
Münster: Ökotopia.

Serviceteil

K. Mehl (Hrsg.), *Erfahrungsorientierte Therapie*,
DOI 10.1007/978-3-662-54544-7, © Springer-Verlag GmbH Deutschland 2017

Stichwortverzeichnis

Ihr Bonus als Käufer dieses Buches

Als Käufer dieses Buches können Sie kostenlos das eBook zum Buch nutzen.
Sie können es dauerhaft in Ihrem persönlichen, digitalen Bücherregal
auf **springer.com** speichern oder auf Ihren PC/Tablet/eReader downloaden.

Gehen Sie bitte wie folgt vor:

1. Gehen Sie zu **springer.com/shop** und suchen Sie das vorliegende Buch
   (am schnellsten über die Eingabe der eISBN).
2. Legen Sie es in den Warenkorb und klicken Sie dann auf:
   zum Einkaufswagen/zur Kasse.
3. Geben Sie den untenstehenden Coupon ein. In der Bestellübersicht wird
   damit das eBook mit 0 Euro ausgewiesen, ist also kostenlos für Sie.
4. Gehen Sie weiter **zur Kasse** und schließen den Vorgang ab.
5. Sie können das eBook nun downloaden und auf einem Gerät Ihrer Wahl lesen.
   Das eBook bleibt dauerhaft in Ihrem digitalen Bücherregal gespeichert.

EBOOK INSIDE

eISBN
Ihr persönlicher Coupon

Sollte der Coupon fehlen oder nicht funktionieren, senden Sie uns bitte
eine E-Mail mit dem Betreff: **eBook inside** an **customerservice@springer.com**.

978-3-662-54544-7

EdN2SNRAAFZ3kn3